"十二五"普通高等教育本科国家级规划教材
普通高等学校公共体育新形态教材

U0771629

大学体育理论与实践教程

（第四版）

李重申　李小唐　主编

中国教育出版传媒集团
高等教育出版社·北京

内容提要

本书为"十二五"普通高等教育本科国家级规划教材。本教材改变了以往公共体育教材过于概念化的叙述形式，强调给学生留下思考和探究的空间，注重教材的科学性、实用性、发展性和主体性。全书内容包括体育的起源、大学体育概述、体育锻炼的基本原理、身体文化与体育文化、体育审美教育、身体素质锻炼、田径运动、球类运动、操舞类运动、游泳运动、民族传统体育运动、课余运动选择。

本书可作为普通高等学校公共体育教材，也可供从事学校体育教学的教师和广大业余体育爱好者自学使用。

图书在版编目（CIP）数据

大学体育理论与实践教程 / 李重申，李小唐主编. —— 4 版. —— 北京：高等教育出版社，2024.8. —— ISBN 978-7-04-062567-7

Ⅰ. G807.4

中国国家版本馆 CIP 数据核字第 2024KS9004 号

Daxue Tiyu Lilun yu Shijian Jiaocheng

策划编辑　王　曼　　　责任编辑　王　曼　　　封面设计　张　志　　　版式设计　杜微言
责任校对　胡美萍　　　责任印制　刘弘远

出版发行	高等教育出版社	网　　址	http://www.hep.edu.cn
社　　址	北京市西城区德外大街 4 号		http://www.hep.com.cn
邮政编码	100120	网上订购	http://www.hepmall.com.cn
印　　刷	湖南天闻新华印务有限公司		http://www.hepmall.com
开　　本	787 mm×1092 mm　1/16		http://www.hepmall.cn
印　　张	19.25	版　　次	2002 年 8 月第 1 版
字　　数	440 千字		2024 年 8 月第 4 版
购书热线	010-58581118	印　　次	2024 年 8 月第 1 次印刷
咨询电话	400-810-0598	定　　价	40.00 元

编 委 会

前　言

　　青少年是国家的未来和民族的希望。促进青少年健康是建设体育强国、健康中国的重要内容。党的十八大以来，习近平总书记高度重视青少年体育工作，在不同场合对青少年体育工作提出要求，鼓励广大青少年积极参与体育锻炼，为体育强国建设打下坚实基础。2018年，习近平总书记在全国教育大会上指出："要树立健康第一的教育理念，开齐开足体育课，帮助学生在体育锻炼中享受乐趣、增强体质、健全人格、锤炼意志。"2020年，习近平总书记在教育文化卫生体育领域专家代表座谈会上指出："要坚持健康第一的教育理念，加强学校体育工作，推动青少年文化学习和体育锻炼协调发展。"

　　大学体育课程是大学课程体系的重要组成部分，是大学生以身体练习为主要手段，通过合理的体育教育和科学的体育锻炼过程，达到增强体质、增进健康和提高体育素养为主要目标的公共必修课程。大学体育课程是寓促进身心和谐发展、思想品德教育、文化科学教育、生活与体育技能教育于身体活动并有机结合的教育过程，是实施素质教育和培养全面发展的人才的重要途径。

　　教材是育人育才的重要依托，教材建设是铸魂工程。党的二十大深刻指出"加强教材建设和管理"，将教材建设作为深化教育领域综合改革的重要环节。新时代，体育教材编写必须要以思想性与教育性、理论性与实践性、科学性与可行性、健康性与文化性、民族性与世界性、艺术性与审美性、竞技性与传统性、统一性与选择性等为原则，用心打造培根铸魂、启智增慧、适应时代要求的精品教材。

　　为积极贯彻党的二十大关于"广泛开展全民健身运动""加快建设体育强国""要增强中华文明传播力、影响力""提炼展示中华文明的精神标识和文化精髓"等要求，进一步深化体育教学改革，提高体育课程的教学质量，增强大学生的体质与健康，我们在总结大学公共体育教学多年实践经验的基础上对第三版教材进行了修订。本版教材围绕《关于全面加强和改进新时代学校体育工作的意见》《全国普通高等学校体育课程教学指导纲要》

《高等学校体育工作基本标准》等文件精神进行编写，努力贯彻"健康第一"的指导思想和"终身体育"的理念，高度重视对学生体育锻炼意识、习惯与能力的培育，并充分展现体育的全面育人功能和价值。

本教材为"十二五"普通高等教育本科国家级规划教材。作为全国通用教材，本版教材具有以下特点：

1. 注重人的自我完善与自我发展，充分发挥体育的育人功能，使学生在体育锻炼中享受乐趣、增强体质、健全人格、锤炼意志，从而真正实现体育的宗旨目标。

2. 充分体现了教育性、科学性、探究性、实用性、发展性和主体性的特点，改变了以往大学体育教材过于概念化的叙述形式，强调给学生留下思考和探究的空间，引导学生通过观察和实践，去发现问题和解决问题，从而获得体育与健康知识，掌握体育运动技能，使学生在学习方式上有所突破，学会锻炼身体、学会体育竞争、学会完善人格、学会以美怡情、学会与人交往。

3. 依照体育的本质属性，按照运动参与、运动技能、身体健康、心理健康、社会适应 5 个领域目标构建教材内容。全书共分为十二章，在第三版的基础上增加和删改了部分章节内容，增加了体育史的内容，使学生了解体育的来龙去脉；增加了课余运动选择内容，使学生根据爱好选择较合适的运动项目。

4. 创新教材的呈现形式，关联了丰富的技术动作视频、案例拓展阅读等数字化资源，使教材可视、可听、可练，以提高学生的学习兴趣和对重要技术动作、体育文化内涵的理解与掌握。

本教材编写组主要由在高校体育教学中承担各项目授课的教授组成，教材在编写过程中，所有参编人员通力合作，并得到了上海交通大学孙麒麟教授、上海体育大学毛丽娟教授、上海体育大学郭玉成教授、深圳大学陈小蓉教授，以及高等教育出版社文科出版事业部范峰主任和王曼编辑的指导，在此一并致以深切的谢意！

由于编者水平有限，教材中不足之处在所难免，诚望广大读者不吝指正。

本教材编写组
2024 年 5 月

目　　录

基础理论篇

实践技能篇

基础理论篇

第一章

体育的起源

中华文明源远流长、博大精深，体育作为推动文化发展与繁荣的载体，发挥着重要的作用。早在史前社会，人类主要用语言和图像来认识世界，这是人类进化的基本能力和手段。劳动是人与动物的本质区别。由于人类刚学会制造工具，手工制作的砍砸器、刮削器、石球、石刀、石斧等所能触及的范围十分有限。随着人类的进化、思维能力的提高，史前人类在接受外界信息时，主要依靠"耳闻"和"目睹"，即听觉和视觉来感知世界，当时的人们创造了陶罐和岩画，这是人类历史时空中最早的文化印迹。

随着时间的变迁和社会的不断转型，原始的氏族社会变为奴隶社会，我国出现了第一个奴隶制王朝——夏。随后自秦汉至明清，出于人类的本能以及教育的出现，我国逐渐产生了游戏、娱乐、竞技、养生等与体育相关的活动，这些活动历经漫长的历史演变，逐渐形成现代意义上真正的体育。

第一节　原始时期的体育

原始时期的体育，可以借助考古学、史学的视角依据史前遗迹进行推测和考察。体育的发生是以人类及其史前文化的形成为物质基础的，它伴随着人类的进化而产生，也昭示人类已不再为繁衍后代而生存，而是向适应生产生活、军事等需要而发展。

一、图腾崇拜

体育的萌芽主要产生在旧石器时期，当时原始人类处于群体状态，他们主要以野果、野菜及猎物充饥，所用器具是木棒、石块、骨头、石球等，我国考古出土有大量石球，都是史前人类广泛使用的工具。当时，史前人类还没有较强的生存能力，需要有一种物质依赖和精神寄托，于是就本能地产生了一种崇拜心理，如祖先崇拜、神灵崇拜、图腾崇拜、自然崇拜等。而图腾崇拜是史前人类文化发展过程由自然崇拜向祖先崇拜过渡时期的产物。图腾的内容比较丰富，首先，部族群体具有强大的凝聚力，图腾又可以依据"神力"来保护族群；其次，图腾还具有宗教和巫术的意义；最后，图腾崇拜还可以直接成为体育发生的诱因，如鸟图腾最后发展形成鸟舟竞渡等。图腾崇拜在人类文化史上的意义广泛而深远，它不仅有益于社会的文明和进步，而且也对人类体育的萌芽产生了积极的影响。所以，我们认为图腾崇拜是一种具有宗教性质的文化现象，它与史前人类的意识密切相关。图腾崇拜的出现，是史前人类企盼从图腾活动中寻求到情感和精神的寄托。

二、摹仿、游戏、巫术与体育的发生

（一）摹仿与史前体育

摹仿是丝绸之路上史前体育发生的重要渊源，也是人类文化史上重要的体育范畴。摹仿是人类的天性、本能，是人类认识世界的前提。例如，儿童嬉水，逐渐摹仿游水；人们需要跋山涉水，逐渐学会攀登；儿童喜欢石球，逐渐学会投掷；人们为追寻野兽要发展奔跑能力和跨越沟坎的跳跃能力并逐渐学会使用弓箭猎获食物。所以，史前人类的知识和身体动作绝大多数是从摹仿中学来的。

史前人类的体育摹仿主要是格斗、手搏、弓箭、飞石索、投掷、手舞足蹈等。这种摹仿总是与人类的认识和创造相互渗透，它是一种文化塑造人的过程，也是创造体育历史的过程。此外，人类通过体育摹仿学会人和社会的沟通，成为部族的一员。

（二）游戏与史前体育

游戏是伴随人类成长出现的一种自然现象，它能够给人类带来多种感官上的满足，是人类的本能和行为，如动物和人在幼儿阶段便开始在游戏中练习本领。随着时代的发展，人们的游戏逐步向体育过渡，人们常常在游戏中通过自我炫耀等形式获取胜利的快感和身心的愉悦。

游戏与劳动也有密不可分的联系，人类历史上的体育创造大都来自生产劳动。而游戏多数有很大的趣味性和娱乐性，但它的产生也应该源自生产劳动，人类的生存与发展需要劳动，人类的自我实现需要劳动，因此，劳动是人类智慧的结晶。

可以说，游戏是人类体育发展史上的重要环节，它源自人类的生产劳动和生活，从游戏中可以看到人类文化发展的许多印迹。而它的出现，是有社会环境、历史背景及现实意义的。

（三）巫术与史前体育

巫术是在史前人类仪式化活动及处理人与自然的关系时，用来进行交流和沟通的一种手段。在以信仰崇拜为主要内容的巫术活动中，各种仪式化活动成为当时人类必不可少的生活内容。可以说，巫术也是一种运动、一种体育、一种文化。

巫术在当时被广泛运用，它渗透在人类的早期生活中，浸润人类的原始知识和实用技艺，成为人类在蒙昧阶段对物质世界和精神世界的一种认识形式和实用手段。这种状况下形成的文化称为巫术文化。史前体育正是从巫术文化的仪式中获得了许多灵感。

巫术仪式中有巫舞、武术、角抵等，以此事神，博得神的欢心。当巫术仪式中的歌舞、角抵、百戏作为一种体育本体的基质进入我国史前体育形态之后，它便超越于巫术仪式本身而被赋予了体育的形态。从中国古代岩画残留的巫术活动中也可窥见体育的雏形。

（四）史前体育的发展历程

人类经过数百万年的生产实践，积累了许多丰富的生活经验。他们改进了生产工具的制作技术，提高了生产效率。从文化遗址中出土的生活器物类型来看，有砍砸器、刮削器、石球、石刀、石斧、飞石索、骨鱼叉、石镞、矛等。尤其是石球、飞石索、石镞的出现，在人类文化史上具有非常重要的意义。石球是原始狩猎和敲击骨物的工具；飞石索的使用，表明史前人类已掌握了投掷的技巧；石镞的使用标志着史前人类已开始使用弓箭。随着原始工具制作技术的进步、磨制技术的出现和发展、带柄工具的发明，客观上使史前人类的身体运动形式发生很大变化，如带柄工具能延长人的力臂作用，挥动时加大线速度，人的运动量随之增大，人体各肌群和关节得到了相应的均衡运动，也为人类适应和使用各种运动器械打下了基础。

新石器时代，由于部族之间的战争频繁，出现了原始兵器，如弓箭、刀、匕首、盾牌、石矛、石戈、骨护臂等。这些专门的原始兵器已具有远射、格斗、刺杀、防护功能，并向军事武艺和武术演化发展。

随着人类婚姻形态的进步，史前人类健康意识增强，史前人类在居住处通抹一层白灰，以防潮湿，并出现了"引导按跷""行气术"等养生功法的雏形。

史前人类在长期的生产实践过程中，积累了越来越多的经验。人类开始进一步增强改造大自然的能力，并把各种改善人体机能的活动形式，从劳动、生活实践中提炼出来，成为一种独立的原始体育文化。当然，体育的起源不仅仅是生产劳动、军事战争、摹仿、游戏、巫术等，而是多元因素促成的，它从混乱到清晰，并逐渐形成一种社会风尚。

三、岩画与体育

在历史研究中，岩画是原始文化的印记，在人类文化发展史中具有特殊意义。我国在春秋战国时期已有对岩画的记载，如《史记》《韩非子》等。到公元 5 世纪，北魏地理学家郦道元在《水经注》中，也有许多关于岩画的记载。这说明，我国是世界上最早发现和记录岩画的国家。之后，宋、元、明、清时期都有对岩画的记述。我国对史前岩画开始进行考察、调查始于 20 世纪初，由岭南大学黄仲琴教授先后对福建华安汰溪仙字潭石刻及内蒙古阴山岩画进行了考证调查。而对原始岩画进行全面调查与研究是在 20 世纪 50 年代之后，我国按照分布将岩画分为南北两大类：北方的岩画基本特点是制作手法以凿刻为主，题材主要为动物、狩猎、骑射、舞蹈、宗教祭祀等内容；南方岩画以红色涂绘手法为主，题材以人、社会生活、宗教祭祀、狩猎、舞蹈等情景表现较多。我国的岩画分为 4 个大系统，即丝绸之路上的岩画、山地型岩画、草原与森林型岩画、海洋型岩画。例如，丝绸之路上有甘肃祁连山、黑山岩画；宁夏有贺兰山、大麦地、苦井沟岩画；青海有海南、海北、海西、玉树等地岩画；新疆岩画主要在阿尔泰山、天山、昆仑山等山脉之中。山地型岩画主要分布在云南的沧源、元江、怒江、丽江等地；贵州的山地型岩画主要分布于乌江以南的布依族聚居地区；广西的山地型岩画主要分布在左江和右江及其支流明江、桃城河流域的断崖峭壁上；四川的山地型岩画主要被发现在珙县麻塘坝崖面、博什瓦黑的巨石上；西藏的山地型岩画主要分布于拉萨、日喀则、那曲、阿里、林芝、昌都等地区。草原与森林型岩画主要分布在内蒙古的大兴安岭、阴山、乌兰察布、百岔河、阿拉善地区；黑龙江的草原与森林型岩画分布在阿城县和牡丹江畔的海林县（今海林市）等。海洋型岩画主要分布在江苏连云港的将军崖；福建的华安仙字潭、石井、石门坑、高安、莆田、良村等地；广东的珠海市高栏岛宝镜湾的宝镜石、天才石、大坪石等地区。香港地区的岩画主要在长洲、黄竹坑、大浪湾、龙虾湾、东龙洲等石壁中；澳门地区的岩画主要在东涌和寇娄岛等地区；台湾地区的岩画主要位于高雄县万头兰山、祖布里、大轧拉乌等处。

岩画具有丰富的文化意蕴。另外，原始体育岩画在"尚圆""开放式身体""天人合一"等中表现出审美意蕴。其利用自然的力量，并在与自然的共存中展示宝贵的"天人合一"思想，显示了史前人类在处理人与自然关系中表现出来的生存智慧，并浸润了不同时空中人类的生存意识、社会理想与憧憬，体现了民族精神、思维方式和文化传承。近年来，随着岩画研究的勃兴，岩画得到了国家文化、文物、考古等部门和地方人民政府的重视和支持，在全国举办了数十次岩画学术交流活动和国际性的学术研讨会，国际岩画学会主席及官员曾到贺兰山等地考察。2013 年 6 月中国岩画学会成立，推动了中国岩画走向世界。迄今为止，全国已有 17 个省、自治区、直辖市发现了岩画。其中体育元素尤为丰富，大都反映了原始人类生活、生存的情景，如狩猎、放牧、征战、格斗、搏击、操练、飞石索、镖枪、攀登、奔跑、投掷、石球、球戏、赛马、骑射、马术、摔跤、滑雪、舞蹈、棋类、百戏、杂技、武术、御车、操舟、击鼓、踢毽、兵器、竞渡等。

体育岩画是人类在长期活动中创造的精神和物质文明的实物载体，是历史遗留下来的社会发展水平的依据，它积淀着丰富的体育历史信息，是原始先民留给我们的宝贵文化财富。它不仅具有重要的历史价值，而且也为重建人类历史提供了珍贵的形象资料。

四、中国的体育图纹彩陶

陶器是人类文化史上的一项重大发明和创举。陶器文化是世界性的文化。人类开始在陶器上绘制图画，约在新器时代。与岩画图像的意义基本倾向于神性不同，陶器上出现的图像主要是为了使这些器物"好看"，它预示着人类图像语言开始从神性走向世俗性。彩陶的出现象征着物质文明的进步，并与审美要素紧密联系在一起。它不仅是瓷器之祖，而且为青铜器、玉器的出现提供了工艺技术上的基础。陶器在原始社会不仅满足了人们日常生活的需要，而且是当时人类最重要的存物器具，同时与人类的生产实践和社会生活密切相关，成为人们的生产工具，与人们的衣食住行发生了紧密的联系。陶器不仅为人类早期的物质文明保存了珍贵的实物证据，而且也为今天体育历史的研究提供了最早期的信息。

中国的彩陶主要分布于陕西、甘肃、青海、新疆等地区。其中，陕西境内的彩陶文化遗存较为集中，一般沿泾渭流域分布，主要属于老关台文化和仰韶文化。自 20 世纪 70 年代以来，在陕西西安东郊半坡遗址、宝鸡北首岭，甘肃大地湾遗址、马家窑文化遗址，青海大通县遗址，新疆的天山、昆仑山文化遗址，相继出土了一大批彩绘陶器，其中不乏与体育相关的彩陶。例如，青海大通县孙家寨、同德县宗日遗址出土的舞蹈纹彩陶盆，其内壁绘有先民们连臂起舞的画面。另外，在甘肃会宁、临夏、武威、酒泉也相继出土了舞蹈纹彩陶盆。甘肃秦安县五营乡邵店村出土了一件狩猎纹彩陶罐，图像表现出猎手持弓箭正射向兽类。兰州市博物馆藏有两件新石器时期的彩陶鼓。国家博物馆还藏有裸体人物气功图像、棋纹彩陶罐等。

彩绘陶器是先民用智慧和劳动创造出来的实用品，更是造型艺术和装饰艺术结合的艺术品，也是科学与艺术的结晶。中国彩陶目前被世界许多著名博物馆收藏，对它的研究已走向世界，它不仅具有深厚的历史价值，而且还有重要的学术价值。

第二节　中国古代体育的形成与发展

"体育"一词在我国出现得比较早，约在东汉时期，思想家王符在其《潜夫论·五德志》中写道："自古在昔，天地开辟。三皇迭制……天命五代……或皇冯依，或继体育，太暤以前尚矣。"其意是帝王对从先人那里继承来的身体要善于养育，并使后代繁荣昌盛。北宋曾巩、张君房等的论著中均有对"体育"一词的记载。直至清代，杨氏太极拳创始人杨禄禅所传《老谱》中，体育一词均有多次出现。如"文者，体也，武者，用也。文功在武，用于精气神也，为之体育；武功得文，体于心身也，为之武事""文修于内，武修于外，体育，内也，武事外也"。另外，《四库全书》也发现有几处关于"体育"一词的记载，这说明中国的传统文化早有"体育"的概念了。西方关于"体育"一词的记载可追溯至 1762 年，卢梭的《爱弥儿》一书中出现了"体育"一词。之后，18 世纪末，德国、瑞典曾把各种身体活动称为"体操"。1868 年，日本从欧洲引进"体育"一词，戊戌变法前后由留学生传入中国。因此，学者普遍认为"体育"一词由日本传入中国。其实，东汉王符的《潜夫论·五德志》、杨禄禅的《老谱》及《四库全书》中的"体育"都与国外的"体育"一词一脉相承，均是身体文化。

中国古代体育气魄恢宏的历史内蕴，海纳百川的文化包容，是中华优秀传统文化的重要体现，更呈现出独具特色的时代风采，生动地展示出中国古代人民真实的心路历程、生存状态及鲜活的生活风貌。

一、奴隶社会的体育萌芽

殷商时期，各种巫术祭祀等宗教仪式的出现使古代体育也得到了发展。如在殷墟的甲骨文中就有对蹴鞠、养生等的记述。春秋战国时期，社会上"文武兼备"思想的形成，为体育的发展奠定了坚实的基础。《史记·律书》载有夏桀和商纣能"足追四马"；《管子·小匡》载："于子之乡，有拳勇股肱之力，筋骨秀出于众者，有则以告。"管仲："三分齐国以为三军……且以田猎，因以赏罚，则百姓通于军事矣。"西周《礼记》中还有关于射礼的记载。西周时期，"动以养生"的思想逐渐成熟。1975 年，我国出土的春秋战国时期的行气铭玉杖首上刻有铭文："定则固，固则萌，萌则长，长则复，复则天。天其本在上，地其本在下，顺则生，逆则死。"阐述了行气的要领、过程与作用，说明古人们很早就掌握了运用行气等深呼吸方法来增进肺的通气量。尤其是这时期战争频繁，为了适应步兵近战的需要，剑术成为步兵的主要装备之一，"杠""杠鼎"也是军队校阅士兵力量的重要内容。在军事训练中，如奔跑、距跃、曲踊、投掷都是士兵必须具备的能力。西周时期崇尚"六艺"，即礼、乐、射、御、书、数 6 项基本技能，尤其是"射"和"御"是当时体育教育的重要内容，它既受制于"礼"，又以独特的体育教育方式进行教学实践。

在我国古代由奴隶社会向封建社会过渡的进程中，民间的视角、意识、逻辑，记录了古人对原有巫术、禁忌、信仰、祓禊、禳除的神秘气势逐步在社会中消失，娱乐性、游戏性、竞技性与养生性的色彩逐渐浓厚，在当时诠释出人们一定的精神寄托和生活向往，期待实现自身生活美好的心境。这时期，身体活动不仅反映了中国古人的游艺活动，如弄丸、跳丸、弄剑、斗鸡、投壶、拔河、风筝、垂钓、登山、秋千、角抵、蹴鞠、举重、游泳、竞渡、六博等，体会作为人之本能的游艺给中国古人带来的乐趣，而且折射出一定的文化特色和时代特征。

二、秦汉时期我国体育的发展

秦汉时期，秦始皇建立了中国历史上第一个统一的多民族的封建中央集权国家——秦国。秦始皇统一全国后，采取了一系列巩固统一的制度，即废分封制，设郡县；统一度量衡、货币、法律、文字、服饰、历法等，这些措施对封建经济文化的发展，有巨大的促进作用，也使各民族、地区间的体育得到了较快的发展。西汉吸取秦的失败教训，承袭秦制而又废秦苛法，实行轻徭薄赋、与民休息的政策，经过"文景之治"，使经济得到恢复和发展，各地区、各民族的体育活动及交流蓬勃发展。同时，丝绸之路的开拓促进了我国同其他国家和地区的文化交流、商贸往来。

这一时期，为了抵抗匈奴的侵犯，军事人民的尚武精神和兵器的铸造工艺有了很大的提高，出现了戟、矛、长刀、斧、盾、狼牙棒、锤、匕首、剑等。尤其是佩剑之风十分盛行，社会上出现了一批精通剑术的"剑客"。而且射箭技术理论有了较快发展，出现了一大批有关射箭技术的论著。仅《汉书·艺文志·兵书略》中收录的射箭著作，就有《逢门射法》《阴通成射法》《李将军射法》《魏氏射法》等。同时，在我国西陲居延一带还出土了简牍《秋射》，在武威出土了《秦射》等。这些关于射术的书籍反映了当时射箭技术已相当成熟，并且形成了不同特点的射法。这一时期，手搏、角抵、蹴鞠、马球、龙舟竞渡、投壶、藏钩、马伎、橦技、斗鸡、舞蹈、六博、樗蒲、双陆、弹棋、围棋、投石超距、超乘、跳跃、举重、舞狮、舞龙、走索、戏车等空前繁荣，并形成了一种内容丰富的身体文化。除此之外，导引、行气等养生术有了较大的发展。1973年，湖南长沙马王堆 3 号汉墓出土了一幅帛画《导引图》，其中绘有 44 个运动姿态各异的人物图像。1984 年，考古工作者在湖北江陵张家山对三座西汉古墓进行挖掘时，发现了用隶书写成的竹简《引书》，指出了导引对身体 24 个部位的益处。这时期，还有华佗的《五禽戏》、王充的《论衡·气寿》把人的寿命与遗传因素、体质强弱联系起来。养生已被人们普遍重视，并作为重要的防病健身之法。

三、魏晋南北朝时期的体育融合

魏晋南北朝时期，由于连年不断的战争极大破坏了正常的经济秩序和生活秩序，导致民间娱乐性体育活动萧条衰落，但对秦汉时期的各类体育项目有所继承。由于士大夫好逸乐、玄学的兴起，体育项目中的投壶、博弈、弓射、驿传、歌舞、养生等逐渐摆脱儒学礼教束缚，向娱乐化、竞技化发展，为隋唐的体育发展奠定了基础。这可以从甘肃河西十六国的魏晋墓的彩绘砖画中得以印证。这一时期，角力和拳术得到了很快的发展，如《魏书·傅永传》记载道："有气干，拳勇过人，能手执鞍桥，倒立驰骋。"北魏太和十九年（495年），孝文帝拓跋宏为天竺禅僧跋陀（又称"佛陀"）在嵩山五乳峰创建了少林寺，引领僧人开始习武，出现了历史上少有的繁荣兴盛的景象。

魏晋时，历代帝王下棋成瘾，并悉心研究围棋，校定棋谱，如梁武帝写有《棋法》《棋品》，梁简文帝写有《棋品》，齐高帝写有《棋围》。当时还出现了衡量棋艺高低的"棋品制"，多次举行全国性的围棋比赛。那时棋手分九品，一品为最高，这是围棋棋手分等级的最早记录。

养生术和养生思想在这一时期得到了飞速发展。嵇康著有《养生论》，他主张"修身以保神，安心以全身，体气和平，又呼吸吐纳，服食养生，使形神相亲。"这与道家养生法近似，有一定的科学性。葛洪是晋代著名道士，好神仙导引之术，著作颇多，代表作有《抱朴子》等。他还十分重视"胎息"，提倡"龙导、虎引、熊经龟咽、燕飞、蛇屈、鸟伸、天俯地仰"等导引术势。颜之推，北齐文学家，他以儒家传统思想为主的养生主张，提倡"叩齿"等小术；主张"养生先虑福""全身保性，有此生然后养之，勿徒养其无生也"，他的养生思想在当时得到社会的广泛认可。陶弘景是南朝医学家，善辟谷导引，著有《养性延命录》，是我国历史上第一个对导引资料进行整理的专辑，辑录了华佗的"五禽戏诀"。主张"服气疗病"和"导引按摩"，推崇道家养生思想。

四、隋唐五代体育的繁荣

隋唐五代由于农业发展、人口增长、经济繁荣，政治、法律、军事、科举等制度完备，出现"贞观之治"到"开元之治"百余年盛世，体育也得到了较大的发展。府兵制、武举制的推行，使得士兵、将领的军事技术水平有了很大的提高，在军队训练中开展了奔跑、投掷、翘关、负重、射箭、骑射、剑术、枪术、刀术，以及蹴鞠、马球等项目，训练士兵的力量、速度和耐力，军事体育有了长足的进步。

隋代特别兴盛百戏，在城市和乡村常有百戏演出。隋炀帝还用百戏来招待各国使节。百戏中的角抵逐渐演变为相扑，寻橦变成了爬竿和顶竿等，百戏内容更加丰富，各类表演项目有200余种。当时的长安、洛阳每年会举行长达一个月的百戏表演，生动地体现了隋唐时期繁荣兴旺的社会环境。

唐代是我国马球和驴鞠项目发展的兴盛时期。马球在古代史籍中称为"击鞠""击球"或"打球"。司马光在《资治通鉴·唐纪》中就有记载："上好击球，由此，通俗相尚。"唐代马球的兴盛与统治者的倡导有关。皇宫中有好几处马球场是专供皇帝打球的。唐代也把马球列为军事训练的重要手段，它不仅可以增强士兵策马控驭的技艺，而且可培养人灵敏机智的反应能力，备受士兵的青睐。在这期间，女子马球也蓬勃发展。新疆和陕西出土有许多女子打马球俑，充分体现大唐体育运动的雄伟气势。

唐时期，有一部分人喜欢骑驴打球，当时称其为驴鞠。尤其是仕女更喜爱，因驴比马小，奔跑速度慢，因而运动强度较小，危险性也很低，所以当时驴鞠在女子中就十分流行。

隋唐五代时期，不仅马球盛行，诸如蹴鞠、步打球、举重、弓射、绳伎、拔河、马术、相扑、剑器、乐舞、双陆、围棋等体育活动开展也十分广泛，深受人们喜爱，尤其是养生保健普遍得到社会的认可，这为养生术的发展打下良好的基础。如隋朝巢元方的《诸病源候论》一书，从保健养生的角度，对养生和导引进行了区分，并指出养生保健的前提是防病治病。唐代医学家孙思邈（约581—682年）著有《千金翼方》《摄养枕中方》等多部医学养生书籍，辑录了许多导引、行气、按摩等运动养生的具体方法，并提出动静结合、动中有静，才能符合生命运动客观规律，有益于强身防病。由于隋唐五代的体育发展成熟，为进一步扩大与世界的联系交往，我国的许多体育项目开始传入世界各国。蹴鞠、马球、步打球、相扑、射技、舞蹈、围棋、投壶、十五柱球相继传入朝鲜、韩国、日本、印度及古罗马，使我国体育开始走向世界。

五、宋元时期体育的兴盛

宋元时期，结束了五代十国长期的分裂局面，又因"两税法"的实施大大减轻了农民的负担，宋代的社会经济发展比唐代有了更大进步。元代是多民族杂居与融合、游牧文明与农耕文明等相互交汇或碰撞的时期，与外域的交往也达到空前规模，民族融合的广度和深度不断加强。

宋代统治者曾一度重视马球活动。宋代的马球分为大打和小打两大类。大打即唐以来流行的形式，小打即女子马球或驴鞠。由于备受统治者重视，马球进一步制度化和礼仪化。南宋时期，马球开始传出宫廷及豪门府第，进入社会，在平民阶层中得到了开展，并成立了专门的民间马球组织，为人们提供更广泛的打球条件。

蹴鞠在宋代仍然得到了宫廷和民众的喜爱，但比赛方式有了新的变化，比赛以进球门洞多者为胜，其对抗性不强，但表演性很强。由于商业经济的发展，市井出现了勾栏、瓦肆等专供体育比赛与观赏的场地，蹴鞠向团体组织发展，出现了相应的蹴鞠组织，时称"圆社""蹴鞠打球社""齐云社"等。陈元靓的《事材广记·续集》、周密的《武林旧事》、汪云程的《蹴鞠图语》、孟元老的《东京梦华录》《宋朝事实类苑》等论著，清晰地表明宋代蹴鞠的发展。

宋代对摔跤和相扑的记载较多，如《宋史·礼志》《都城纪胜》《梦粱录》《武林旧事》《水浒全传》中均有记述。当时不仅出现了宫廷中专为宴会举行的"内等子"相扑比赛，而且在城市中有"瓦子"供市民娱乐观赏相扑或摔跤，当时还出现了女子相扑手，这些都说明宋代的相扑运动已具有广泛的群众性。

宋代是中华武术开始走向独立发展的重要时期。不仅建立了武学，而且颁布了《教法格》，其中有马射、马枪、格斗等，为当时的各种武艺提供了规范化的动作要求，对武术套路的形成起了积极的促进作用。

宋太祖赵匡胤十分重视对水军的训练，他下诏书在汴梁（今开封）修建金明池、琼林苑、玉津园、宜春园四大皇家名园。金明池是神卫虎翼水军专习水战的地方，南方战事平定后，宋徽宗于池内增建殿宇，金明池用途开始从实用转向娱乐和体育竞技，变为皇帝春游和龙舟竞技之处，《东京梦华录》中有详细记载。另外，北宋画家张择端创作的《金明池争标图》描绘了北宋都城汴梁的金明池中龙舟竞渡和水上百戏的盛大场面。杭州钱塘水系弄潮也是当时颇具特色的水上活动。每年钱塘江大潮时，便有一大批弄潮儿披发文身、手持彩旗，迎潮而上、奋勇争先。除弄潮外，还有水秋千表演，其在船上立秋千架，一人荡秋千，旁还有音乐伴奏。当秋千荡得很高时，秋千上的人，借助惯力撒手翻着跟头跃入水中。这种表演与现代的跳水运动十分相似。

围棋也是一项宋代市民、文人及宫廷贵族修身养性、陶冶情操的主要娱乐活动。王安石、黄庭坚、文天祥、苏轼、陆游等人都是围棋高手。而且在京城汴梁（今开封市）、临安（今杭州市）等地还出现了职业棋手，称为"棋工"，他们以下棋谋生，并在棋艺方面有较高的研究水平。上述项目都在一定程度上反映了宋代体育的广泛影响及其繁荣景象。

元代是中国历史上第一个少数民族建立并统治的封建王朝，尽管对汉族的传统有诸多摒弃，但在当时节庆传统方面却沿袭颇多并有更丰富的发展。

元代的清明寒食节，人们邀朋引伴，踏青春游，将大自然的生机和游乐气氛展现得淋漓尽致。赏花、斗百草、风筝、百戏、竹马、秋千、蹴鞠、马球、捶丸等展现了元代清明寒食节日丰富多彩的节俗活动。端午节除马球、蹴鞠之外，还开展龙舟竞渡，以纪念伟大爱国诗人屈原。中秋节以观潮领略大自然的壮美。重阳节市民们娱乐登高，陶冶人们的心境。双陆、象棋、围棋的盛行，反映了当时的棋风棋艺，当时人的弈棋之乐、弈棋之思，这些都可以使后人了解元代社会的体育活动和精神风貌，并通过元代节日的风俗发展，帮助我们从多视角去认识中华民族的传统文化，启发人们去思考传统文化与现代文化的关系。

六、明清时期体育的演变

由于始终存在边患，倭寇频繁出没，尚武之风使民族矛盾尖锐及农民起义频发等，明清的经济社会发展陷入困境，但明清时期体育活动已深入人心，瓦舍、勾栏、庙台、酒肆、茶坊等为体育的兴盛提供了蓬勃发展的舞台。人们在生产劳动之后需要靠娱乐健身来满足生活的享受。同时，也为近代体育的形成奠定了基础。

14—16世纪日本在沿海地区大肆劫掠、走私，给沿海人民造成了巨大的威胁与深重的灾难。明朝统治者决心重振军队威风，派俞大猷、戚继光等著名爱国将领抗击倭寇，这些将领还著述了《纪效新书》《阵记》《武编》等，尤其是戚继光的《纪效新书》更是他抗倭斗争的经验总结。书中描述了拳法、刀法、枪法、棍法、射法等技艺，并把套路训练与实战杀敌统一起来，明确提出了练心力、手力、足力、身力的一整套身体训练原则，使武术的体能、技术和心理训练形成一个完整的体系，推动了中国武术的发展。

清代军队中的习武活动十分频繁，《清史稿·兵志十》有较详细的记载。另外，当时八旗军除骑射训练外，还以长枪、藤牌、扁刀、短刀作为训练士兵的重要内容，足见清代统治者对武术活动的重视。民间习武者始终浪潮如涌，甚至有不少文人受习武之风的影响，研习武术，成为文武兼备的学者，如黄宗羲、顾炎武、王夫之、陆世仪、颜元等。这一时期对武术的传播、发展与拳派的形成产生起了积极的推动作用。

随着明清时期城市经济的发展，中国武术有了真正意义上的跨越，不仅更加强调健身、娱乐作用，而且形成了完整的体系，分化成"内家"与"外家"两大流派。同时，这一时期的中国武术还形成了完整的武术结构，许多拳械之术都有了完整的套路，不但可以攻防，而且也可以有效地锻炼身体。另外，明清有关武术发展的另一成就是创编了太极拳，并开展了太极拳运动。它吸取内家拳、外家拳的精华，刚柔相济、动静使合。《八段锦》《易筋经》《夷门广牍》《遵生八笺》等也都收录了不少古人锻炼身体的方法和养生格言，这表明人们对身心健康有了更深的认识。

满族人极其喜爱冰雪运动，清代统治者也把它作为重要的军事训练内容。每年冬季，皇帝要在北京的北海或中南海举行盛大的冰嬉表演，以校阅八旗军冰上的高超技艺。清乾隆时的《冰嬉图》栩栩如生地呈现了冰上健儿们各显绝技的壮观场景。清代民间还流行冰上杂技，如冰上爬杆、盘杠（即托着木杠滑冰）、飞叉、耍刀、使棒、弄幡、跑旱船、冰床、打骨挞等，甚至还有冰上蹴鞠比赛。

明清时期，骑射被看作一项基本的作战手段，也是北方游牧民族的传统习俗，尤其是田猎这项活动，由上古时期传承至清代，普遍受到军队和民间的重视。而清代的"木兰秋狝"便是田猎的集中表现。这项活动，要登山入林，追逐野兽，非常激烈，彰显出竞技体育的观念，体现出通过竞技体育运动加强民族团结的精神风貌和崇尚勇力的习俗。

围棋和象棋运动在明清都得到了长足的发展。围棋之道以兵家、道家等多家思想作为脉络，充分体现了中国人民的智慧。这时期，儿童游戏得到了较快的发展，如踢毽子、踢石球、鞭陀螺、骑竹马、捉迷藏、跳绳、放风筝、垂钓、摔跤、步打球、锤丸等。《帝京景物略·春坊》《帝京岁时纪胜—岁时杂戏》《燕京岁时记》等的记载，以及明清时期画家所绘的《婴戏图》凸显了当时儿童游戏的色彩缤纷、种类繁多。

思 考 题

1. 试述原始时期的体育、古代体育与现代体育之间的联系。

2. 请思考在现代社会，中国传统体育运动如何在保持自身特色和文化内涵基础上，借助科技手段和创新理念，实现更广泛的传播和更深入的普及？

第二章

大学体育概述

第一节　中国学校体育的发展

一、学校体育概述

根据古籍记载，我国在夏代就出现了"校""序""庠"等不同名称的学校。商代出现了"大学"和"庠"等教育场所，到了西周又创建了"国学"和"乡学"。但这些所谓的学校都是为奴隶主贵族子弟设立，主要培养统治者和官吏。这时学校已形成了较为完备的系统，其教育内容主要是礼、乐、射、御、书、数，称为"六艺"。其中，"射"和"御"是军事技能的教育，也含有一定的体育性质。此外，"乐"中的舞蹈，也具有体育的性质。西汉兴起了私人讲学、办学之风，儒学兴盛。唐代实行文举、武学分开的制度，教育仍以"四书""五经"为主。宋朝开始兴办武学，理学在全国占有重要位置。明清时期，学校教育主要是书法、背诵、做八股文章。直到明清末年，我国学习日本和欧美各国开办了近代式的学校，在这些学校中开始有了瑞典式、德国式、日本式的体操和游戏等，并开展了以西方体育为主的各种体育活动，从而使学校教育出现了体育课程。戊戌变法后，以康有为、梁启超、严复等为代表的资产阶级维新派积极地推广西方教育，学校中出现了德、智、体并重的教育思想，并强调各类学校都应重视体育教育。19 世纪初，清政府颁布了《奏定学堂章程》，各级学校都设置了体育课，章程的颁布成为我国近代学校体育的开端。1923 年，《新学制课程标准》的公布正式将田径、球类、游泳、体操，以及生理卫生、养生保健等纳入体育教学内容，这是我国学校体育史上的一个新的里程碑。1940 年，教育部公布《各级学校体育实施方案》，与此同时，还聘请了国内外的体育学者编写了各种体育教材和教学参考书，培养体育师资队伍。这时期，我国把中国武术列为教材内容，并出现了董守义、吴蕴瑞、袁敦礼等体育大家。

1950 年和 1951 年，毛泽东曾两次作出"健康第一"指示。1953 年他将"身体好"作为三好学生的第一条，更加强调了增进学生健康的重要性。1952 年，教育部和国家体委联合颁布了《学校体育工作暂行规定》，明确指出我国学校体育工作的基本目标是"促进学生身心发展，增强体质"。

为进一步推动学校体育工作，国家体委于 1954 年制定了《准备劳动与卫国体育制度》（简称《劳卫制》），要求在校学生毕业时得通过《劳卫制》一级或二级标准。并且，为了培养师资力量，党和政府采取了一系列措施，于1952年创办了中华人民共和国第一所体育学院，即华东体育学院（后改为上海体育学院，2023年更名为上海体育大学）。之后，又相继成立了中央、中南、西南、西北等6所体育学院，还有许多高等师范学院设立了体育学科，从而缓解了体育师资严重不足的问题。

1978年12月，党的十一届三中全会胜利召开，恢复了学校体育管理机构。1979年5月在扬州召开了"全国学校体育、卫生工作经验交流会"，同年还由教育部和国家体委联合下发了《高等学校体育工作暂行规定》和《中小学体育工作暂行规定》。1990年3月12日，经国务院批准，国家教委、国家体委颁布了《学校体育工作条例》，从而使我国学校体育工作进入法治化轨道。为了保证《学校体育工作条例》的实施，国家教委还分别制定了大、中、小学生体育合格标准。2000年，教育部颁布了《体育教学指导纲要》，并提出"健康第一"的指导思想。2014年，"全民健身"上升为国家战略；2019年，《体育强国建设纲要》颁布实施；2020年，中共中央办公厅、国务院办公厅印发《关于加强和改进新时代学校体育工作的意见》，要求把学校体育工作摆在更加突出的位置，构建德智体美劳全面培养的教育体系。党的二十大报告中指出，加强青少年体育工作，促进群众体育和竞技体育全面发展。这些政策的颁布和新举措的实施，有力地推进了我国学校体育工作的课程建设、教学、课外活动等，对于加快推进教育现代化、建设教育强国和体育强国具有深远的战略意义。

二、学校体育教学特点

学校体育教学是教与学这个空间中的统一活动，是学生在教师有目的、有计划的指导下，积极主动地学习与掌握体育知识和基本技术、技能，以及培养思想品德的一种有组织的教学过程，是实现学校体育目的、任务的主要途径。

学校体育教学包括体育科学、卫生保健、理论知识的教学和体育技术、技能、体能的实践课教学，目的是为增强学生体质，促进健康。体育课程教学主要以思想活动为基础，以身体活动为主要手段来传授和使学生掌握知识、技术、技能。

学校体育教学与其他学科教学有显著的差别，其他学科的教学主要通过思维活动来学习和掌握教师所传授的知识和技能。而学校体育教学有以下几个方面的特点：

（1）体育课程是文化传承的工具，主要通过传承社会文化而实现学生身心健康发展的教育目的及其自身功能。体育课程更多反映的是人类的表现欲望、竞争意识和游戏娱乐本能，坚持以人为本，关注人的精神解放，提升人的生活和生命质量，既体现体育"育人"的本质功能，也承担体育的文化使命。

（2）体育课程教学中可增强学生的人际交往能力，如在篮球、排球、足球的技术和战术的学习中，田径的接力赛跑、武术的攻防对练等都离不开学生相互间的默契配合，学生和教师之间的交流更加频繁，有利于培养学生与人相处的能力。

（3）体育课程教学中学生要承受一定的生理、心理负荷。由于学生从事各种身体练习，人体器官系统和心理都要承受一定的负荷，有利于学生加速机体的新陈代谢活动，从而增强学生体质。

（4）体育课程寓思想道德教育于身体活动之中。运动实践可以锻炼人顽强、勇敢、机敏、拼搏等精神和品质，培养良好的社会公德，以及胜不骄、败不馁的良好品德，使学生的思想行为达到社会所需的标准。

总之，我国学校体育教育所提出的"健康第一"的理念关系到民生问题，从接受体育教育到在体育实践中得到体能、体力的发展，从营养结构到合理的膳食；从生活习惯到生命质量，处处都有健康的道理，由此引发出体育课程所关注的是人最根本的问题，即是人与健康的关系问题，以及对生命的敬畏。这也明确了体育教育的根本意义在于将学生的健康调控到最佳状态，把学生的体质塑造得强壮坚实。这不仅是体育教育的主题，而且也是国际社会一项重要的社会目标，即打造出一个符合世界卫生组织（WHO）所制定的健康标准的教育模式和社会氛围，促使学生实现全面的健康发展。

第二节　大学体育的功能

随着现代社会的发展和人类需求层次的提高，特别是体育科学的飞速发展，体育自身与其他社会现象之间的关系被不断地揭示，体育的功能也得到了进一步的开发和认识，并在实践中向纵深发展。体育的功能是多方面的，既有生物方面，又有社会和心理方面。

一、大学体育的生物功能

体育的生物功能表现在健身、健美和审美、保健等方面。

（一）健身功能

体育通过各种身体活动，对有机体产生全面而深刻的影响，引起生理、心理的一系列变化，有利于增强体质。体育的健身功能表现为：

（1）改善和提高中枢神经系统的工作能力。

（2）促进机体内脏器官机能的改善和提高。

（3）促进机体的生长发育，提高身体素质和运动能力。

（4）提高人体的适应能力。

（5）调节心理，使人朝气蓬勃，充满活力。

（6）防病治病，延年益寿。

（二）健美和审美功能

体育运动不仅可以使人体健美，而且可以给人以动态美的享受。首先，健美运动就是塑造人体美和培养人们对个体审美能力的一个重要手段。健美运动锻炼可使人在形成健康美、体型美、姿态美和动作美的同时，培养人的内在气质美和风度美。其次，竞技体育紧张、激烈，运动员技战术的高超发挥及他们顽强拼搏的精神，都会带给人心灵的震撼，使人在观赏中得到一种壮美的体验。当我国运动员获得冠军登上最高领奖台，五星红旗冉冉升起、国歌奏响之际，不仅是运动员，观众也会油然而生一种崇高的爱国主义情感。再次，体育还以体育雕塑、体育摄影、体育舞蹈等各种艺术形式，带给人们许多艺术美的享受。

（三）保健功能

体育能增强人体免疫力，对防治疾病、康复身心、延缓衰老都具有良好的作用。实践证明，经常练习太极拳、气功、养身功、保健操等，对防治高血压、心脏病、胃病、肝病和肺病等都有良好的效果。

二、大学体育的社会功能

大学体育的社会功能表现在政治、经济、教育和娱乐等方面。

（一）政治功能

在阶级社会，不同的社会制度和阶级利益决定着不同的体育目的和任务，体育有时会成为阶级斗争、政治斗争的工具。例如，1936 年，国际奥委会某些成员不顾舆论的反对，坚持在德国柏林举行第 11 届奥运会。在该届奥运会上，希特勒拒绝给美国黑人运动员杰西·欧文斯颁奖；1980 年，以美国为首的西方多个国家以苏联入侵阿富汗为由，抵制了在莫斯科举行的第 22 届奥运会；4 年后，苏联和一些东欧国家报复性地抵制了在美国洛杉矶举行的第 23 届奥运会。

现代体育工作者被誉为"穿着运动衣的外交家""和平使者""外交先行官"。1971 年，在日本名古屋举行的第 31 届世界乒乓球锦标赛上，我国与美国运动员建立了友好关系，从而实现了两国乒乓球队互访，促成了美国总统尼克松成功访华。"小球转动大球"史称"乒乓外交"，在我国外交史上书写了崭新的一页。体育竞赛和交往促进了政治的一体化。如运动员参加国际体育比赛，可以为国争光，提高民族威望，振奋民族精神。在 1984 年第 23 届奥运会上，中国体育代表团实现了金牌"零"的突破，夺得了 15 枚金牌，为祖国赢得了荣誉，外国报纸称赞"醒狮怒吼了""东方巨龙腾飞了"，由此可见体育竞赛的意义之大和影响之深。

（二）经济功能

体育的发展依赖于经济的发展，同时对经济的发展又具有促进作用。经常参与体育活动，可以使民众身体健康、精力充沛、劳动效率提高，进而提高生产力。劳动生产力的提高是社会经济发展的重要标志。体育还能促进国民经济的增长，表现在大型比赛可以获取经济收入，如电视转播权、门票、彩票、广告赞助收入等。体育还能促进第三产业的发展，如推动运动器材、运动服装、运动食品及保健品等方面的发展；举办重大国际比赛还可以推动体育场馆设施建设、邮电通信、旅游、餐饮等服务行业的发展。

（三）教育功能

教育功能是体育最早和最基本的功能。体育最原始的形式来源于教育，原始人类为了生存，必须学会准确地投掷石块、猎取食物和抵御袭击，必须要发展跑、跳跃、攀爬等能力，而这必须通过"身体教育"的形式来习得。这就是原始的体育和教育中的体育，这也是体育原始的教育功能。

体育是现代教育的组成部分，是学校培养全面发展人才的重要内容与手段。由于体育具有群众性、技艺性、礼仪性和国际性，所以它在激发人们的爱国热情、振奋民族精神和培养青少年优良品德方面具有特殊的作用。体育的国际性，不仅扩大了体育运动本身的活动范围，而且把本来属于运动技艺的比赛，扩大和延伸到国与国之间的竞争，从而使这种竞赛超越了体育运动本身的价值，增强了它所产生的社会影响和教育作用。

（四）娱乐功能

体育运动是现代人们闲暇生活的重要组成部分，具有丰富社会文化生活、满足精神需要的作用。马克思把人的需要分成生理需要、心理需要和社会需要三个方面。人们可以通过参加自己喜欢的体育活动，在身体完成各种复杂动作的练习过程中，在与同伴的默契配合中，在与对手斗智斗勇的拼搏过程中，获得各种美妙的体验，满足心理和生理上的需要。例如，跑步能使人有条不紊，勇往直前；打球能使人机智灵活，豁达合群；人们在工作、学习、劳动之余观看各种精彩的体育比赛，可以从中获得一种愉悦的精神享受，并得到教育和激励。现代奥林匹克运动的创始人顾拜旦在《体育颂》一文中，热情歌颂了体育的这种功能："啊，体育，你就是乐趣！想起你，心中充满欢喜，血液循环加剧，思路更加开阔，条理更加清晰。你可使忧伤的人散心解闷，你可使快乐的人生活更加甜蜜！"

（五）促进个体社会化功能

个体的社会化是指由生物人转变为社会人的过程。体育运动是一种有章可循、有统一规则、有一定约束力、在一定的执法人直接监督下进行的有组织的社会活动，它对青少年遵守社会生活的各种准则和规范起着很好的督促作用。同时，在体育运动特别是在竞赛中，人与人之间、个人和集体之间、集体与集体之间发生频繁而激烈的思想和行为上的交锋，有助于培养人处理各种人际关系的能力。由此可见，体育是促进人社会化的一个有效手段。

（六）社会感性功能

社会感性功能是指体育具有调整人的社会心理平衡的作用。由于体育运动具有较强的竞赛性和对抗性，竞赛的结果具有不确定性，因此，它能引起悬念和广泛的社会关注，而且能使人们产生强烈的感情刺激和体验，调整失衡的心理。

第三节　体育运动对大学生身心健康的意义

体育是随着人类社会发展而发展起来的一种社会现象，它是人们锻炼身体、增强体质、延年益寿的重要方法，并发展成为与德育、智育、美育、劳动教育相结合的全面教育的组成部分。健康是人类生存发展的基本要素。如今，健康问题，人口、环境和能源问题等已成为21世纪人类共同面对的问题。当今社会，不断发展的科学技术给人们的生活带来诸多便利的同时，也为人们的健康带来了许多不利的影响。据世界卫生组织统计，"亚健康状态"约占人群总数75%。在影响健康的诸多良性因素中，体育运动作为一种特殊的活动，已远远超出其本质的功能，随着社会的进步，人们不断赋予体育新的功能。对于大学生群体，体育更是培养爱国主义、集体主义、社会主义精神和奋发向上、顽强拼搏的意志品质的重要手段。

一、生命在于运动

法国启蒙思想家伏尔泰有句名言："生命在于运动。"随着科学技术的发展和医学的进步，人们越来越认识到运动与休息、劳与逸的重要性，只有两者处于相对平衡的状态，生命才能健康。

国外科学家曾做过实验：把一些善于飞翔和奔跑的幼小喜鹊和羚羊关在笼子里饲养，由于笼子太小，这些动物在生长发育期间得不到足够运动，等它们长大后，表面看来，与其他野生的同类并无多大差异，甚至还要显得健壮美丽，但将它们放生后，悲剧发生了——喜鹊在天空飞了半圈，就一头栽下死了；羚羊刚跑了几步便跌倒在地再也起不来了。事后，实验者对喜鹊和羚羊的尸体进行解剖，发现喜鹊死于动脉撕裂，羚羊死于心脏破裂，这些都是因为缺乏必要的运动锻炼所致。苏联的一个心脏病研究所，曾把身体健康状况相似、年龄都在 20~30 岁的若干男子分成两组，第一组在 30 个昼夜中一直躺在床上，不准他们做其他活动；第二组受试者也同样躺在床上，但允许他们在专门的机械上进行锻炼。实验进行到第 5 天，第一组受试者觉得头晕目眩，四肢无力；而第二组受试者则没有什么大的反应。实验结束后，第一组受试者一站起来，便感到心慌气短，力不从心，严重者甚至昏迷；而第二组受试者仍保持了相当的体力和工作能力，没有第一组人员反应那么强烈。实验结果表明，运动对人而言也同样是非常重要的。

许多伟人的事例进一步证明了"生命在于运动"的意义。毛泽东在《体育之研究》一文中指出，运动可以"强筋骨，因而增知识，因而调感情，因而强意志。筋骨者，吾人之身；知识，感情，意志者，吾人之心。身心皆适，是为俱泰。"而他本人也看到了运动对身体的益处，在青少年时期，就坚持锻炼身体，如爬山、爬树、游泳、徒步远行等。1966 年，在他 73 岁高龄时，仍能畅游长江，这与他平常坚持运动有密切关系。美国前总统里根也非常喜欢运动，他擅长骑马、跑步、滑冰、登山、拳击和滑雪等体育项目。1981 年 3 月，70 多岁的里根刚任总统不久便遭遇枪击，在全世界都为此而震惊时，里根凭借着强壮的身体，顺利地度过手术和康复的道道难关，仅用 12 天，就重新出现在办公室里恢复工作。

二、体育活动与现代生活方式病

（一）现代生活的特点

随着科学技术的进步和经济社会的发展，我们的生活环境和劳动条件发生了巨大的变化，信息化、智能化成为现代生活的特征。然而，科学技术的迅猛发展，在为我们提供诸多便利的同时，也给我们带来了新的危机——运动不足及运动不足病。其原因在于：

1. 精神过度紧张

随着生活和工作节奏的加快，现代人都处于不同程度的紧张状态之中。此外，随着城市人口的高度集中，交通拥挤，噪声增加，以及为了生存、生活而带来的激烈竞争等，均会导致人精神紧张和疲劳。

2. 身体运动不足

生产过程中的效率化、管理科学化，以及互联网和通信的普及，使得人们在日常生活中身体运动的机会越来越少。而运动不足必然导致体力下降。体力下降后，面对日常生活和工作一般表现还不明显，但稍微一超过日常生活负荷水平，就会感到困难吃力。例如，稍微走快些或赶乘汽车，心脏就像快行的钟表一样，感到气喘胸闷、两腿疲倦无力；有些人，工作之后疲劳得已毫无余力再料理家务。

据统计，全球每年有 300 多万人的死亡原因与缺乏运动导致的疾病有关，其危害仅次于吸烟。我国的情况也不容乐观，据统计，我国 2023 年慢性病患者总人数已达 1.8 亿。膳食不合理和缺少运动是引发上述疾病的重要原因。

3. 营养过剩和肥胖

近 20 年来，"过胖"已成为幼儿至中老年人普遍存在的问题。肥胖的成因，不仅仅是因为营养摄取过量，也是随着城市化和自动化，人们日常生活中运动量减少、运动不足的结果。肥胖应得到重视，不仅是因为随着肥胖程度加大，运动能力也会越来越下降，而且很容易引起心血管系统疾病。

（二）运动不足和运动不足病

研究表明，每周只要维持 500 千卡的轻微活动量者，就会比完全静态生活者降低 13% 的死亡风险。若能坚持参与适量的体能活动（大于 2 000 千卡），即可降低高达 24% 的死亡风险。

运动不足病是指由于运动不足而诱发的疾病，包括肥胖病、心肌梗死、冠心病、高血压病、动脉硬化症、神经官能症、腰痛病、网络依赖症等。研究表明，高密度脂蛋白胆固醇（简称 HDL-C）有预防动脉硬化的作用。HDL-C 能把沉积在动脉壁上的胆固醇运送到肝进行代谢，从而减慢或防止动脉粥样硬化斑块的生成与发展。高密度脂蛋白越多，人患冠心病的可能性就越低。还有人专门调查了一些 HDL-C 含量高的家族，发现他们很少得冠心病，寿命也比一般人长。有人认为，运动能增强体质的奥秘，就是由于运动增加了血液中 HDL-C。近年来的研究表明，任何人采用任何形式的运动，都可以提高 HDL-C 的含量，如慢跑、骑自行车或适当距离的步行，均可使 HDL-C 含量显著增高。

三、延年益寿、抵抗疾病离不开体育活动

人的寿命可以多长？为此，人们想出多种方法来测量人的寿命，主要有以下三种：

生长期测算法：一般来说，哺乳动物的寿命相当于生长期的 5～7 倍。人的生长期需要 20～25 年，以此推算，人的自然寿命应在 100～175 岁。

性成熟期测算法：哺乳动物的寿命一般相当于其性成熟期的 8～10 倍。人的性成熟期为 14～15 岁，由此推测，人的寿命在 112～150 岁。

细胞分裂数与分裂周期测算法：即哺乳动物的寿命等于其细胞分裂周期与分裂次数的乘积。人体的细胞分裂周期平均为 2.4 年，而细胞分裂次数为 50 次左右，由此推测，人的寿命应为 120 岁左右。

由此可见，无论采用哪种测算方法，人的寿命都应在百岁之上。人类生存历史也证

明，人确实也能够活到百岁以上。1953 年，我国进行第一次人口普查时，发现百岁以上老年人有 3 384 人；1964 年第二次人口普查时，百岁以上老人为 3 765 人；1982 年第三次人口普查时，百岁以上老人有 4 900 人；2020 年第七次全国人口普查数据显示，我国百岁老人数量约 11.9 万，首次突破 10 万人。

那么，为什么绝大多数的人都活不到自己的自然寿命呢？其重要原因就在于人的衰老期提前到来。那么人为什么会衰老呢？对此，人们用不同的方法、从不同的角度来解释这一现象：有人认为，人体衰老可分为生理性衰老和病理性衰老两种，生理性衰老指随着年龄增加，机体器官系统的功能发生衰退性变化，从而引起衰老；病理性衰老则指由于各种疾病引起的人体老化。通常，这两种衰老是结合存在的，以病理性衰老占主导地位。有人认为，人体衰老是细胞死亡所致，人的大脑约有神经细胞 14 亿个，人过花甲以后，这些神经细胞便开始死亡，每天大约有 10 万个细胞死亡，而人体也开始衰老。因为神经细胞很难再生，当减少到一定数量时，人便自然死亡。此外，还有遗传学说、免疫学说、大脑中心学说、内分泌学说、细胞分裂学说、消耗学说和自由基学说等。这些学说站在科学立场上，从某一方面解释了人体衰老的原因。人体的衰老是一个功能性变化与器质性变化相统一的过程，是一个综合性的衰退过程。从根本上说，人体衰老有两大因素：一是外在因素，如环境、情绪、疾病等影响，或者因激烈竞争而引起的高度紧张等；二是内在因素，如遗传因素。总体来看，人的衰老是一个不可逆转的过程，但人们可通过各种途径延缓衰老。科技的日益发展，社会经济的不断增长，为人们提供了良好的营养条件、医疗条件和生活条件，这些条件都可不同程度地防止衰老，延年益寿。但最重要的一点是"生命在于运动"，运动锻炼可成为延缓衰老的良方。

四、体育活动对人整体素质的影响

党的二十大报告指出，人民健康是民族昌盛和国家强盛的重要标志。体育活动也是人类整体素质的明显标志。因此，如何正视身心健康，如何拥有身心健康，是人生价值的一个重要课题，也是人生质量的内涵。知识、体质、精神理念、行为方式、形象气质、言谈举止和专业技能等都是个人的无形资产。

身体素质是人一生的本钱。青少年时期打下的体能和体力基础至关重要，它是人类身体素质的基础。身体素质是人在运动中、在生产劳动和日常生活的身体活动中表现出来的身体机能能力。它是人体健康水平的综合表现之一，衡量着人体的形态结构，包括人体生长发育的水平、身体的整体指数与比例（体形）、身体的姿态、营养状况及身体组成部分等。体能、体力是指人体各器官系统的机能在肌肉活动中表现出来的能力，它包括力量、速度、灵敏、柔韧性、耐力，以及走、跑、跳、投、攀登、爬越和举重等人体基本活动能力。适应能力是指人体在适应自然环境中所表现的机能能力，它包括对自然环境的适应力和对疾病的抵抗力（气温、气压、饥饿、疲劳、震动、心理刺激、病菌侵袭和种族、生理、疾病遗传等）。

身心素质在当前已成为提高生产力和经济增长的内在动力之一。这意味着人的寿命、力量、耐力、经历、心态和生命力等都带有一定的投资性质，而这种投资具有资本属性，它不仅可以延长人的寿命，使人们从事日常工作的体力有所增长，也会使人们的热情和抱负大大提高，而且还可以改善人体健康状况，使缺勤、体弱、疲劳、倦怠和残疾的概率大大减少。健康的身体和旺盛的精力还可以使每个工时的产出得到增长，从而提高国民的素质和劳动生产力，推动社会的进步。

提高人类素质的核心是建立人类对社会的责任感，而完成这一使命主要依靠教育，因为教育是发展人类素质的基础手段，既是人生的系统工程，也是社会的系统工程，其根本目的是提高人类的责任感，增强人类的体质，开发人类的体能，把人类身心健康调控到最佳状态，降低人们对身心健康所支付的成本，避免人的发展严重失衡和体能的衰退，达到既会做事，又会做学问，更会做人的时代要求。

人的生命过程，即是运动的过程，运动本身就是一种生命现象。接受体育教育就是学会开发生命的成本，并通过传递体育与健康知识、传递健身与环保行为，使受教育者的身心健康水平更符合人类的理想。

五、大、中、小学生体质健康现状需要体育活动

目前，肥胖、近视及心理健康问题是影响学生健康的主要问题。32.3%的学生因心理压力过大而患心理疾病。

第八次全国学生体质与健康调研结果显示，我国学生体质与健康优良率逐渐上升，学生肺活量水平全面提升，但学生视力不良和近视率偏高，超重肥胖率上升，握力水平有所下降，大学生身体素质下滑等问题亟待解决。因此，大、中、小学生减轻学业负担，加强体育锻炼，实施《全民健身计划纲要》，贯彻全民健身的"一二一"工程，在当前显得尤为重要。

第四节　大学体育的地位和目标

一、大学体育的地位

中共中央办公厅、国务院办公厅印发的《关于加强和改进新时代学校体育工作的意见》指出，学校体育是实现立德树人根本任务、提升学生综合素质的基础性工程。大学体育是以身体练习为主要手段，通过合理的体育教育和科学的体育锻炼，达到增强体质、增进健康、提高体育文化素养为主要目标的必修课程。大学体育作为我国学校体育的最高阶段，又是实现人们社会体育、终身体育的基础体育教育。大学体育的地位主要表现在以下几个方面：

（一）大学体育是高校全面发展教育的重要组成部分

大学体育是全面发展教育的重要组成部分。大学是培养高层次人才的基地，要造就优秀的高层次人才，必须要抓紧对大学生进行身心健康的基础教育。学校体育的目标应该从属学校教育的目标。大学体育在大学教育中的地位，是由大学体育的功能和社会发展对大学体育的要求所决定的。大学体育既是大学教育的重要内容，也是大学教育的重要手段。

人整体素质的发展依赖于接受的全面教育，而大学生健康的体魄和心理主要由大学体育教育来实现。缺少体育的教育是不完整的教育。毛泽东在 1957 年就提出"我们的教育方针应该使受教育者在德育、智育、体育方面都得到发展，成为有社会主义觉悟的有文化的劳动者。"实践证明，体育在健全发展大学生体格、体能，提高心理、社会适应能力及民族素质，促进大学生的全面发展中起着不可替代的作用，要坚持健康第一的教育理念，推动青少年文化学习和体育锻炼协调发展，帮助学生在体育锻炼中享受乐趣、增强体质、健全人格、锤炼意志，培养德智体美劳全面发展的社会主义建设者和接班人。

（二）大学体育是增进大学生身心健康的重要手段

大学生正处于青春期，从人体生理、心理的发展规律来看，其身心发展已进入一个较为成熟的阶段，并处在不断发展与完善之中。大学体育是全民体育的基础，重视大学体育教育不仅是学校全面教育的需要，更是增进大学生身心健康的需要。大学生经过青春发育期后，同化与异化作用基本达到平衡，人体生长发育渐趋稳定，器官系统的机能和适应能力均已发展到较高水平，性发育也已经成熟，此时正处于人体生命力最旺盛的时期。因此，大学体育教育应抓住这个良好的契机，在体育教育过程中将增进学生身心健康放在首位，让学生了解健康的基本常识，掌握体育锻炼的基础知识、基本技术和技能，提高自身的运动能力，并养成良好的锻炼习惯，以促进大学生身心健康发展与自我完善，这对提高全民族的身体素质和全民健身战略的实施都具有深远的意义。对于大学生来说，应牢牢树立"健康第一"的意识，养成良好的体育习惯，努力提高自身体育素质，获得良好的体能，形成良好的生活方式，这对祛病健身、增进健康和生活幸福等都有深远的影响。

（三）大学体育是校园文化生活的重要组成部分

体育作为社会主义精神文明建设的重要手段，是文化建设的一项重要内容和思想建设的重要方式。大学生在紧张学习生活中，需要健康、文明、和谐的课余文化生活，以适应身心全面发展的需要。因此，通过开展丰富多彩、形式多样的体育活动，扩大校园体育教育空间，这对引导学生文明健康生活、抵制精神污染、防止和纠正不良行为等，都具有十分重要的意义。

（四）大学体育是我国体育事业发展的需要

学校体育是大众体育的基础，发展大学体育是学校教育的需要，也是我国体育事业发展的需要。学校体育对增强民族体质、提高国民素质有深远的意义。当前，世界范围内的经济竞争、综合国力竞争，实质上是科学技术和民族素质的竞争。大学生是祖国的未来，只有青少年学生这一代身体强壮了，才能使我国国民的体质一代胜过一代，从而逐步提高中华民族整体的体质水平。

学校体育对发现和培养体育后备人才、提高运动技术水平有着重要意义。青少年是我国人口的重要组成部分，学校体育的发展程度，实际上已成为我国群众体育普及的重要标志。同时，学生时代受到的良好体育教育，毕业后可以成为社会体育骨干、社会体育指导员，从而推动我国群众体育的发展，更好地实施全民健身计划。

（五）大学体育为终身体育打下坚实的基础

体育已成为人类社会生活的重要内容，在文化、社交、生活节奏、社群认同、美育生活、心理建设乃至民族凝聚力等领域都具有重要的意义和作用。科技的发达，生产力和生活设施的日益自动化，客观上促进了人们对体育的需要，主观上促进了人们对回归自然的向往。参与体育运动，可以使人们在参与中得到娱乐，接受熏陶、教育和锻炼。因此，体育已成为现代人不可或缺的社会生活内容。

大学体育是学生接受体育教育的最后阶段，是人生体育的中间环节，具有承前启后的作用。大学时代受到良好的体育教育，特别是对体育的本质与价值有积极和正确的认识，能使学生成为主动从事体育运动的实践者，从而为终身体育打下坚实的基础。

二、大学体育的目标

2002 年，教育部颁布了《全国普通高等学校体育课程教学指导纲要》（以下简称《纲要》）。《纲要》是国家对大学生在体育课程方面的基本要求，是新时期普通高等学校制订体育课程教学大纲，进行体育课建设和评价的依据。2020 年，中共中央办公厅、国务院办公厅印发了《关于全面加强和改进新时代学校体育工作的意见》，其中指出：学校体育是实现立德树人根本任务、提升学生综合素质的基础性工程，是加快推进教育现代化、建设教育强国和体育强国的重要工作，对于弘扬社会主义核心价值观，培养学生爱国主义、集体主义、社会主义精神和奋发向上、顽强拼搏的意志品质，实现以体育智、以体育心具有独特功能。

（一）体育课程基本目标

基本目标是根据大多数学生的基本要求确定的，分为 5 个领域目标。

1. 运动参与目标

积极参与各种体育活动并基本形成自觉锻炼的习惯，基本形成终身体育的意识，能够编制可行的个人锻炼计划，具有一定的体育文化欣赏能力。

2. 运动技能目标

熟练掌握两项以上健身运动的基本方法和技能；能科学地进行体育锻炼，提高自己的运动能力；掌握常见运动创伤的处置方法。

3. 身体健康目标

能测试和评价体质健康状况，掌握有效提高身体素质、全面发展体能的知识与方法；能合理选择人体需要的健康营养食品；养成良好的行为习惯，形成健康的生活方式；具有健康的体魄。

4. 心理健康目标

根据自己的能力确定体育学习目标；自觉通过体育活动改善心理状态、克服心理障碍，养成积极乐观的生活态度；运用适宜的方法调节自己的情绪；在运动中体验运动的乐趣和成功的感觉。

5. 社会适应目标

能表现出良好的体育道德和合作精神，正确处理竞争与合作的关系。

（二）体育课程的发展目标

发展目标是针对部分学有所长和有余力的学生确定的，也可作为大多数学生的努力目标，分为 5 个领域目标。

1. 运动参与目标

形成良好的体育锻炼习惯，能独立制订适用于自身需要的健康运动处方，具有较高的体育文化素养和观赏水平。

2. 运动技能目标

积极提高运动技术水平，发展自己的运动才能，在某个运动项目上达到或相当于国家等级运动员水平；能参加有挑战性的野外活动和运动竞赛。

3. 身体健康目标

能选择良好的运动环境，全面发展体能，提高自身科学锻炼的能力，练就强健的体魄。

4. 心理健康目标

在具体有挑战性的运动环境中表现出勇敢顽强的意志品质。

5. 社会适应目标

形成良好的行为习惯，主动关心、积极参加社区体育事务。

思 考 题

1. 简述大学体育的功能。
2. 简述体育运动对大学生身心健康的意义。
3. 试述大学体育的地位和目标。

第三章

体育锻炼的基本原理

体育锻炼的基本原理是指通过有意识的、有目的的身体活动来促进个体健康和提高身体能力的科学依据。这些原理基于对人体生理、解剖、生物力学和心理等多方面因素的理解。

第一节　体育锻炼的生理学基础

运动的主体是人体，生命在于科学地运动，因此，大学生有必要了解人体的结构、功能及其与运动的关系。人体由运动、消化、呼吸、泌尿、生殖、脉管、神经、内分泌和感觉器官9大系统构成。在人生的不同时期与不同的环境条件下，选择不同的运动项目、不同的运动方式与不同的运动方案，对人体各器官系统产生的效应不同。了解人体各器官系统的结构与功能，了解运动对人体器官系统的正、负面影响，根据人体不同发展时期的特点，科学地从事运动是终身健康的基本前提与保障。

一、骨、关节、肌肉、神经与运动

（一）运动系统构成

运动系统由骨、骨连接和骨骼肌三种器官组成。骨以不同形式连接在一起，构成骨骼，形成了人体的基本形态，并由骨骼肌提供附着，在神经支配下，骨骼肌收缩，牵拉其所附着的骨，以可动的骨连接为枢纽，产生杠杆运动。

1. 骨（图3-1-1）

（1）骨的形态与结构：正常人体共有206块骨，根据形态可分为长骨、短骨、扁骨与不规则骨。骨由骨膜、骨质与骨髓构成，并有血管和神经分布。骨膜有营养、感觉功能；骨质可分为骨密质和骨松质；骨髓可分为红骨髓与黄骨髓，红骨髓具有造血功能。

（2）骨的理化特性：

有机物：成年人骨中的有机物占骨重量的1/3，主要成分是骨胶原纤维和黏多糖蛋白，使骨具有一定的弹性和韧性。

无机物：成年人骨中的无机物占骨重量的2/3，主要成分是磷酸钙、碳酸钙，它们沉积在骨胶原纤维的周围，使骨具有很大的硬度。

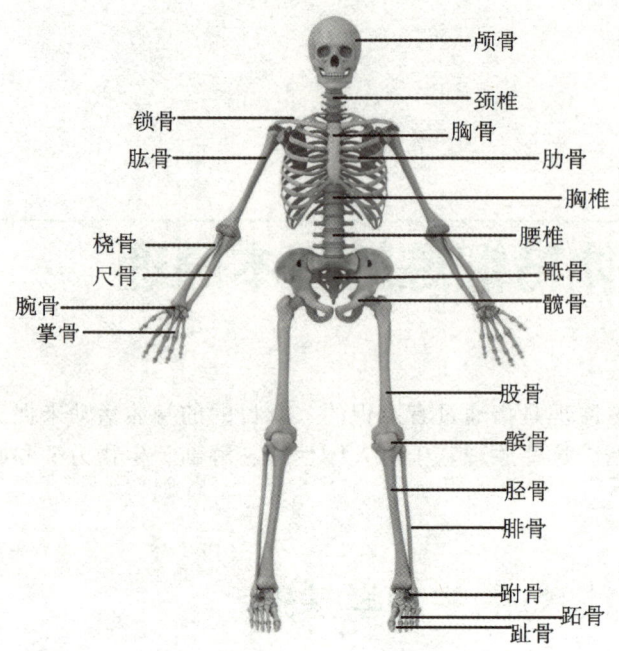

图 3-1-1　人体骨骼示意图

功能：骨在运动中充当杠杆的角色，具有支持体重、保护器官、造血等功能。此外，骨也是体内最大的钙、磷储存库。

（3）骨龄：指骺及小骨骨化中心出现的年龄，以及骺与骨干的愈合年龄。测量骨龄可以预测身高，了解、评价儿童少年生长发育的情况与规律。在参加全国中小学生的某些比赛时，小运动员通常需要拍一个手骨的 X 射线片，为运动会的主办单位提供判断运动员年龄的依据。

2. 关节

骨与骨之间借结缔组织相连结形成的部分称为关节。

（1）关节结构：关节包括关节面与关节软骨、关节囊与关节腔等基本结构，还包括关节内外的韧带、关节内软骨等各种辅助结构。

（2）关节类型：人体有球窝、平面、椭圆、鞍状、车轴与圆柱等各种类型的关节，不同类型的关节可以完成不同的运动。

（3）关节的运动：关节可以完成屈伸、外展内收、旋转与环转等多种运动。

3. 骨骼肌

（1）骨骼肌的结构与功能：骨骼肌由中部的肌腹（骨骼肌细胞）与两端的肌腱（排列致密胶原纤维）构成，里面有丰富的血管与神经分布。

骨骼肌是人体运动的动力来源，通过骨骼肌的收缩与舒张，可引起其附着的骨以关节为支点进行运动；当骨骼肌收缩与舒张时，可以促进血液循环；骨骼肌除具有一般感觉功能外，还具有本体感觉功能，能感受肌肉收缩时长度与力量的变化，及时调整运动动作。

（2）人体主要关节的肌群：

运动肩胛骨的肌群：位于胸前外侧的前锯肌、胸小肌与位于颈背部的斜方肌。

运动肩关节的肌群：屈肌群有胸大肌、三角肌前部、肱二头肌等胸、肩部与上臂前肌群，伸肌群有背阔肌、三角肌后部、肱三头肌等肩、背部与上臂后肌群。

运动肘关节的肌群：屈肌群有肱肌、肱二头肌、肱桡肌等上臂、前臂前肌群，伸肌群有肱三头肌和肘肌等上臂后肌群。

运动腕关节的肌群：屈肌群主要有前臂前肌群，伸肌群主要有前臂后肌群。

运动髋关节的肌群：屈肌群有髂腰肌、股直肌、缝匠肌等骨盆与大腿前肌群，伸肌群有臀大肌、股后肌群等骨盆后外侧与大腿后肌群。

运动膝关节的肌群：屈肌群有股后肌群与小腿三头肌等大、小腿后肌群，伸肌群为股四头肌。

运动足关节的肌群：屈肌群有小腿三头肌等小腿后肌群，伸肌群有胫骨前肌等小腿前肌群。

运动脊柱的肌群：屈肌群有胸锁乳突肌、腹肌等，伸肌群有斜方肌、竖脊肌、臀大肌等。

（3）肌肉的物理特性：

伸展性与弹性：伸展性是指在外力作用下，肌肉可以被伸展拉长的特性；弹性是指除去外力后可恢复原长度的特性。肌肉伸展性越好，关节运动幅度越大。肌肉弹性好，收缩时的弹性回缩力大，肌肉的力量越大。

黏滞性：指肌肉收缩与舒张时，肌纤维内部分子间、肌纤维肌肉间因摩擦产生的阻力。肌肉的黏滞性大，工作时易拉伤，且妨碍肌肉的快速收缩与舒张。黏滞性受温度影响，温度高，黏滞性降低，肌肉的收缩速度快，且不易拉伤。因此，运动前应做好充分的准备活动，使体温升高，以降低肌肉的黏滞性。

（二）体育锻炼对骨、关节与骨骼肌的影响

1. 对骨的影响

（1）促进骨的生长发育：在运动过程中，骨承受各种运动负荷的刺激，可促使骺软骨细胞的正常增殖，有利于骨的增长；在运动过程中，血液循环加快，可保证骨的营养供给，促进新陈代谢，从而促进骨的生长发育；在进行户外运动时，由于阳光中紫外线的照射，可使人体皮肤内的部分胆固醇转化为维生素 D，有助于人体对钙的吸收，这对儿童少年骨骼的生长发育特别有帮助。

（2）使骨增粗：经常参加体育锻炼的人，骨表面的隆起更为显著，骨密质增厚，管状骨增粗，骨小梁分布更符合力学规律。

（3）提高骨的机械性能：经常参与体育运动，可使骨在形态结构方面获得良好变化，使骨的抗压、抗弯、抗折断和抗扭转等机械性能得到提高。如一般人股骨仅能承受 236~400 千克的压力，而运动员的股骨能承受 700 千克以上的压力。

（4）不良运动的负面影响：持续、过量的运动负荷，可能会使骨产生疲劳，形成疲劳性骨折；过早地从事大强度负重练习，可能会使骨过早钙化，影响骨长度的正常发育。

2. 对关节的影响

（1）增强关节的稳固性：经常运动，可使关节周围的肌肉力量和关节的稳固性增

强，关节软骨和关节囊增厚，韧带增粗。

（2）增大关节的运动幅度和灵活性：经常参与运动锻炼，可在使肌肉力量增强的同时提高伸展性，从而使关节的运动幅度增大、灵活性提高。

（3）不良运动的负面影响：冲击性过大、持续时间过长的运动，可能会造成关节软骨的损伤；运动幅度过大、准备活动不充分或动作不合理，可能会造成关节周围软组织的损伤。

3. 对骨骼肌的影响

（1）肌肉体积增大，重量增加，肌力提高，脂肪减少：经常参加体育运动者，肌肉体积显著增大，这种增大常以肢体的围度作为评定指标。线粒体是细胞中进行有氧氧化供能的结构，系统地进行有氧运动者，肌肉中线粒体数量增多，体积增大。线粒体的增加，可为肌肉收缩提供更多的能量以适应耐力项目等有氧训练的需要。有氧运动可使肌纤维中的脂肪和肌膜上的脂肪相应减少，脂肪的减少可使肌肉收缩时的黏滞阻力变小，肌肉的收缩效率相应提高。

（2）肌肉中毛细血管数量及其分支吻合增多：经常参与运动锻炼，可使肌肉中毛细血管的数量增多，肌肉的血液供给得到改善；静力性负荷练习可使肌肉中毛细血管行程迂曲，分支吻合丰富，毛细血管吻合处出现膨胀状；动力性负荷练习可促使毛细血管分支吻合增多。

（3）肌肉的结缔组织增厚：在运动过程中，由于肌肉收缩的反复牵引，促使肌腱和韧带中的细胞增殖，肌外膜、肌束膜和肌内膜增厚，肌肉变得坚实，抗张强度提高，从而增强了肌肉的抗断（拉伸）能力。

（4）肌肉的化学成分发生变化：肌球蛋白和肌动蛋白是肌肉收缩的基本物质。经常进行运动，能增加肌肉中的肌球蛋白和肌动蛋白，提高肌肉的收缩能力；运动可使肌红蛋白增加，酶活性提高，氧化供能的能力增强；运动可使肌糖原含量增加，使肌肉中储能能力提高。

（5）不良运动的负面影响：运动幅度过大、准备活动不充分或动作不合理都可能造成肌肉拉伤；从事不适应的运动或运动中肌肉以离心收缩为主，则会出现肌肉酸痛的现象。

二、呼吸系统与运动

（一）呼吸系统的组成与功能

呼吸系统由呼吸道与肺组成。呼吸道包括鼻、咽、喉、气管、支气管，主要功能是运输气体；肺的功能是进行气体交换（图3-1-2）。

1. 鼻、气管与支气管等器官

这些器官内腔面由具有纤毛的上皮构成，形成呼吸的第一道屏障，具有湿润、加温和净化空气的功能。

2. 肺

肺位于胸腔内，呈圆锥形，上部是肺尖，下部是肺底。肺由50～80个肺小叶组成，它是肺结构、功能的基本单位。肺泡与肺泡周围毛细血管之间有气血屏障，可限制细

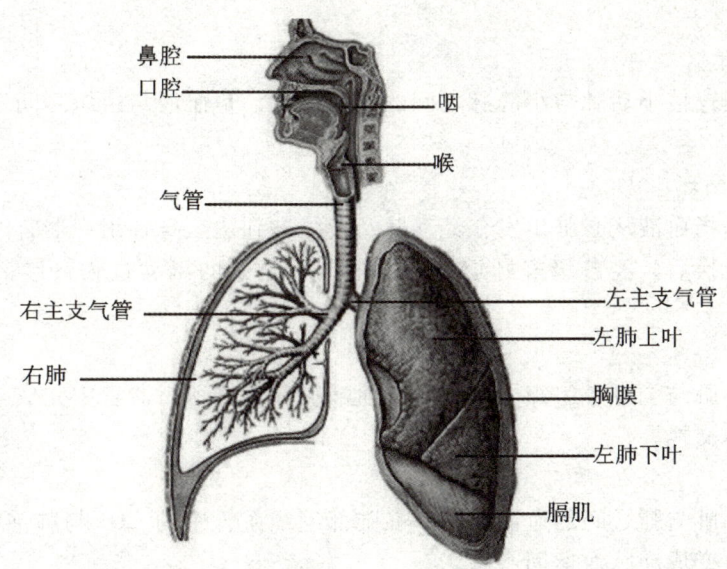

图 3-1-2 呼吸系统的组成

菌、异物进入血液，成为呼吸的第二道屏障。

（二）运动对呼吸器官系统的影响

1. 长期坚持合理运动的正面影响

（1）可使呼吸肌得到发展，胸围加大，呼吸深度加深。

（2）安静时的呼吸次数减少，肺活量增大，肺通气量增大。

（3）组织利用氧的能力增强，能适应和满足运动对呼吸系统的需求。

2. 过量运动的负面影响

随着负荷强度的增加，呼吸膜的厚度发生从正常到增厚，再到变薄，最后直到破裂的变化过程，使呼吸膜失去呼吸作用。

三、心血管系统与运动

（一）心血管系统的组成与功能

心血管系统由心脏与血管组成，在人体内构成一个封闭的管道系统，具有运输氧、营养、激素等物质到组织器官，将组织器官在代谢中产生的二氧化碳、废物排出体外的功能。

1. 心脏

心脏是血液循环的动力器官。通过心脏的舒缩推动，血液在心血管系统中周而复始地流动。

2. 动脉

动脉是运送血液离开心脏的血管。动脉自心脏发出，经反复分支，血管口径逐步变小，数目逐渐增多，最后分布到全身各组织内，成为毛细血管。

3. 静脉

静脉是引导血液回心脏的血管。静脉在其行进中逐步汇集成为大的静脉，进入心房。

4. 毛细血管

毛细血管是连接小动脉与小静脉之间的微细血管，是血液与组织之间进行物质交换的场所。

（二）血液循环

血液循环是指血液从心脏出发，经动脉及其分支到达全身各组织器官的毛细血管进行物质与气体交换后，经各级静脉返回心脏的周而复始的流动过程，包括体循环与肺循环。

1. 体循环

体循环指心脏与全身各组织器官之间的血液循环，在组织器官中完成与毛细血管之间的物质与气体交换。

2. 肺循环

肺循环指心脏与肺之间的血液循环，在肺部毛细血管中的 CO_2 与肺泡中的 O_2 进行交换，使静脉血变成动脉血运回心脏。

（三）运动对心血管系统的影响

经常从事体育运动的人，心血管系统会获得良好的发展，表现为心脏动员快、效率高、储备大、恢复快，血管的弹性好，缓冲血压的能力强。

1. 动员快

经常运动的人，在比赛或运动开始时，心脏能很快地通过心收缩力的增加与心跳加快，以适应运动的需要。

2. 效率高

经常运动的人，在进行相同负荷量的运动时，心脏的反应小，能以较少的心跳次数保证运动的需要，在负荷增大时，能更大限度地动用心率储备。

3. 储备大

（1）心肌收缩能力储备：经常从事力量项目训练的人，心肌纤维增粗，心肌层增厚，心肌收缩力增强；经常从事耐力项目训练的人，心腔容积扩大，心舒期回心血量增多，心缩力增强，每搏输出量较不运动的人大。

（2）心力储备：经常从事有氧运动的人，安静时的心率减少，运动时心率上升的幅度增大，心力储备大。

4. 恢复快

经常从事运动的人，在运动结束后，能很快恢复至安静时的水平。

5. 对血管的影响

（1）动脉：动物实验表明，运动使动脉管壁的中膜增厚，平滑肌细胞（中动脉）、弹性纤维（大动脉）增多，口径增粗。

（2）毛细血管：运动可使毛细血管数量增加，行程迂曲，分支吻合增加，有利于器官的供血。

6. 大运动负荷或超大运动负荷的影响

超大负荷的运动会造成心肌纤维中线粒体的供能系统损伤，供能不良；此外，还会造成肌节变长或变短，肌丝断裂，心肌收缩力下降，出现一系列不良反应。以健康为目的的适量运动，通常不会达到损伤心血管的程度。

四、神经系统与运动

（一）神经系统的组成与功能

神经系统由中枢神经系统与周围神经系统组成。中枢神经系统包括位于颅腔的脑和位于椎管的脊髓，周围神经系统包括与脑相连的 12 对脑神经和与脊髓相连的 31 对脊神经。

神经系统的功能有以下几点：

（1）协调各器官系统的功能活动：神经系统借助感受器，接受体内、外各种刺激，引起人体产生各种相应的反应，并能协调各器官系统的活动，使人体成为完整的有机体。

（2）提高人体的适应能力：使人体适应内、外环境的变化，并能有效、最大限度地改造自然环境。

（3）语言文字与抽象思维：人类在进化过程中，随着生产劳动、语言文字和社会生活实践的进行，使得人类的大脑皮质高度发展，不仅能适应客观环境，还能主动地认识和改造客观世界，使之为人类服务。

（二）反射与反射弧

1. 反射

反射是神经系统的基本活动方式，是指在中枢神经系统的参与下，机体对内、外环境变化的刺激产生有规律的应答反应。它可分为先天由种族遗传的非条件反射和后天在个体生活中获得的条件反射两类。

2. 反射弧

反射弧是完成反射活动的结构基础，包括感受器、传入神经元、中间神经元、传出神经元和效应器等部分。

（三）运动对神经系统的影响

1. 神经元形态结构的改变

运动时，多种感受器接受刺激，使感觉中枢接收的信息增多。同时运动中枢也不断地发出大量的信息支配肌肉活动。经常参加运动，在大量传入与传出信息的作用下，导致中枢神经元发生形态结构的改变。由于血液循环改善，使神经元得到充分的营养和氧供给，这为神经元形态结构的改变提供了物质基础。

2. 提高神经系统的灵活性与均衡性

人体的各种运动动作都是在神经系统的支配下完成的。在完成短时间周期性运动项目（如短跑）的过程中，神经中枢的兴奋与抑制快速交替进行，动作的频率越快，神经系统的灵活性越高。在完成长时间周期性运动项目（如长跑）的过程中，神经中枢长时间保持兴奋与抑制交替，从而提高神经过程的均衡性。

五、能量供应系统与运动

体育锻炼时所需要的能量来自营养物质的化学能。但营养物质不能直接为细胞提供能量，它储存的能量必须经过释放转变成含有高能磷酸键的化合物，后者释放的能量才能被细胞利用。在体内只有三磷酸腺苷（ATP）可以作为肌肉收缩的直接能源。ATP的含量很少，依靠肌肉的 ATP 做功只能维持 1 秒左右，因此，只有不停地合成 ATP 才能满足肌肉收缩的需要。体育锻炼时，体内代谢过程大大加强，能量消耗增加，各器官系统功能增强。为保持运动的持续性，人的机体还需要其他的供能方式。在体内有两种系统可以合成 ATP：一种是在无氧条件下产生 ATP，称为无氧供能系统；另一种需要氧的参与，称为有氧供能系统。

（一）无氧供能

无氧供能包括在无氧或氧供应不足情况下，高能磷酸化合物（ATP 和磷酸肌酸）分解供能及糖酵解供能，前者称为非乳酸供能，后者称为乳酸供能。

非乳酸供能（ATP-CP 供能）是指运动开始时，所有能量都由 ATP 和磷酸肌酸（CP）供给。ATP 和 CP 的分解不需要氧也不产生乳酸。磷酸肌酸是由肌酸合成的高能磷酸化合物，存在于肌质中，含量是 ATP 的数倍，CP 在酶的作用下可迅速分解，使ADP（二磷酸腺苷）合成 ATP。非乳酸供能是短时间、大强度运动的主要供能方式。

乳酸供能（糖酵解供能）是指由肌糖原或葡萄糖分解为乳酸时放出的能量，此能量由二磷酸腺苷（ADP）接受，合成 ATP。乳酸供能产生乳酸，乳酸的积累可导致疲劳。乳酸供能是速度耐力等体能的基础，人在从事时间较长、运动强度大的身体活动时，乳酸供能比例较大。

（二）有氧供能

在氧供应充足的条件下，糖类（葡萄糖或肌糖原）和脂肪被氧化成二氧化碳和水，并释放出大量的能量，这一过程称为有氧供能。有氧供能释放出大量的能量，供 ADP再合成 ATP。除糖类和脂肪可氧化供能外，蛋白质也可氧化供能，但比例较小。运动初期，糖是主要的供能物质，随着时间的延长和脂肪供能比例的增加，蛋白质也参与供能。有氧供能是耐力运动的基础。

无氧供能和有氧供能是人体在不同运动强度下，根据需氧量的不同，所表现出的两种供能方式，两者紧密相连，不可分割，只是比例有所不同而已。如持续 10 秒以内的最大强度运动几乎完全依靠无氧供能；持续几十分钟甚至几小时的运动，有氧供能占主导地位；而在 800 米跑中，有氧供能和无氧供能的比例相差不大。

（三）能源物质的消耗与补充

人体运动时直接消耗 ATP，但最终却是消耗糖、脂肪和蛋白质。

1. 糖和脂肪的供能特点

糖和脂肪是运动中合成 ATP 的主要来源，但由于运动持续时间、强度以及糖和脂肪供能特点的不同，所消耗（能量物质）的比例也不相同。因为糖可以进行无氧酵解和有氧代谢，而脂肪仅能进行有氧代谢。正是这一特点，使不同运动中两者的供能比例不同。例如，运动初期或时间短、强度大的运动，主要是消耗糖，因为这时主要是无氧代谢过程；而时间长、强度较小的运动，脂肪的消耗（供能）比例增加（马拉松跑等长时间持续运动的后期，约有 80% 的 ATP 供能来源于脂肪的氧化），蛋白质也将参与供能。因此，要消耗体内的脂肪，应进行强度不大，但持续时间较长的运动，才能达到效果。

2. 运动后能量物质的恢复

运动时，体内代谢过程加强，以不断满足运动时能源的需要，运动中及运动停止后，能量物质需要不断进行补充与恢复，能量物质的恢复过程大致可分为三个阶段。

第一阶段：在运动进行当中，恢复过程就已开始。这时机体一边进行锻炼消耗，一边进行能量物质的恢复补充，但由于锻炼中消耗多，此时的恢复跟不上消耗的量，因此能量物质储备逐渐下降。

第二阶段：运动结束后，此时体内能量物质消耗逐渐减少，而恢复过程却不断加强，锻炼中消耗的能量物质不断得到补充，直至补充到锻炼前的水平。

第三阶段：超量恢复阶段，即能量物质恢复到原水平时并未停止，而是继续恢复补充。运动后的一段时间，能量物质的恢复可超过原来储备的水平，比锻炼前能量物质的储备量还要多。超量恢复是对未来重复较大运动负荷时能源物质再次耗尽的一种预防性保护机制。一段时间后，能量物质的储备又回到原来水平。

第二节　体育锻炼的心理学基础

一、心理发展的一般规律

一个自然人从出生到成熟至衰老，其心理状况都在发展与变化之中，这种发展变化表现为从简单到复杂的心理转化和从低级到高级的心理演进。青少年心理发展变化具有明显的阶段性特点，表现出分阶段的由数量积累到质量转化的过程。美国著名的心理学家埃里克森（Erikson）在其《人类发展的心理——社会理论》一书中，根据其丰富的临床诊断经验，按照个性发展各时期主要矛盾的出现，把人生个性发展分为 8 个阶段（表 3-2-1）。

表 3-2-1　埃里克森的心理发展阶段理论

阶段	年　　龄	心理—社会转变期的矛盾
一	婴儿期（0~1.5岁）	自信感——怀疑
二	儿童期（1.5~3岁）	自主感——羞耻、疑惑
三	学龄初期（3~5岁）	自动感——内疚
四	学龄期（5~12岁）	勤奋感——自卑感
五	青春期（12~18岁）	同一性和否认——同一性的混乱
六	成年早期（18~25岁）	亲密和团结——孤僻
七	成年期（25~65岁）	繁殖——自我吸收
八	成熟期（65岁以上）	完美——绝望

　　这 8 个心理发展阶段相互联系、相互影响、相互促进、相互制约，如果某一个发展阶段出现问题，则会影响到下一个阶段的发展变化，轻则产生心理障碍，重则出现行为偏离。埃里克森关于心理、社会发展的理论，关于人类心理发展划分为 8 个阶段的学说，是心理动力学的代表作，对中国人而言，具有较高的参考价值。这里将青春期划分为两个阶段即少年期（12～15 岁）和青年早期（15～18 岁）进行探讨。

（一）少年期阶段的心理特点

　　少年期阶段是 12～15 岁。这个阶段的特征是个体有了统一感、个性感、差异感，即对自己和别人已经形成了一个完整统一的认识，但又有弥散性的"自我"角色和个性的不确定性；逻辑思维能力明显增强，知其然，更想知其所以然；学习动作技能侧重于对"概念"的理解。这个阶段的典型特征是"角色延缓"，他们尝试充当各种角色，但是，还没有等他们懂得这些角色的内涵时，一切又很快地过去了。这个时期，环境、人际交往、良性或不良刺激都将对人的一生产生决定性的影响。

（二）青年早期阶段的心理特点

　　青年早期阶段是 15～18 岁。从学习年龄上说，这一阶段是大学学习期并开始走向社会的阶段。这个阶段的特征是心理上需要与他人建立亲密的交流，其中包括对异性的亲近感，既需要朋友的友谊，更渴望爱与被爱。他们在学有所成的基础上，开始考虑自己的婚姻恋爱问题，考虑自己毕业后的社会定位问题等。由于这一阶段会出现极其复杂的心理变化，自然会产生许多的矛盾。这一阶段常会出现烦恼和孤独感，青年经常出现两极分化现象。即有的学生性格开朗，喜交朋友，推崇团队活动，而有的学生个性孤僻，独来独往，具有明显的自卑感。这部分学生虽然知道自己和周围环境存在着适应问题，但却不知怎样去解决，或者知道解决的方法，但又不能付诸行动。因此，情绪波动较大，主动性、创造性等都处于抑制状态。

二、体育运动的心理学因素

（一）体育与智力

　　正常的智力水平是人们从事各种活动最基本的心理条件。学生的学习效率是由大脑高级神经系统决定的。经常从事体育活动和身体锻炼，可促进机体的新陈代谢，提高神经系统的活动能力，增强呼吸系统和循环系统的功能，使大脑供氧充分，进而使记忆力增强，思维更加敏捷灵活，提高学习效率。

（二）体育与情绪

　　情绪是因人的自然需要是否得到满足而产生的一种体验。情绪几乎参与人的所有活动，对人的行为活动起着很大的调节作用。良好的情绪对人的行为具有正向作用，而消极的情绪不但会影响人的正常学习工作，还会对人的身体和心理产生许多不良影响。长时期的情绪压抑、忧虑和紧张，还可导致疾病。

　　经常参加体育锻炼，可使机体产生极大的舒适感。在各种运动项目中感受运动的美感、力量感和韵律感，从而陶冶情操、开阔心胸，激发对生活的自信心和进取心，形成豁达、乐观、开朗的良好心境。

（三）体育与人格

人格，也称为个性。体育教学的功能之一，就是帮助学生形成正确的世界观和人生目标，以及健康、积极、进取向上的人格。在体育竞赛中，取胜催人奋发向上，有利于个性形成；而失败也是对人格的考验，可以让学生明白"重要的是参与，而不是取胜"，让他们能挖掘失败中的有利因素，能看到成功的希望。体育运动能提高学生的心理耐挫水平，使学生能正确地面对和处理各种挫折和困难，形成高尚的人格和独特的个性。

（四）体育与意志

意志即指人们自觉地确定目的，根据目的支配和调节自己的行动，并克服各种困难，最终实现预定目的的心理过程。受意志支配的行动，称为意志行动。

人的行动主要是有意识、有目的的行为。人在从事各种实践活动时，通常是先根据自己对客观规律的认识，在头脑中确定行动目的，然后再选择实现这一目的的方法，并克服各种困难，最后达到预期目的。例如，学生认识到只有加强素质训练才更有利于掌握运动技术动作后，会自觉地确定素质训练的目的并制订训练计划，按照计划一步一步地进行训练，最后较好地提高运动素质水平，不断提高运动技术水平。

良好的意志品质不是先天就有的，而是在后天生活实践中，在教育过程中逐渐形成的。只有经过长期磨炼，才可能逐步养成良好的意志品质。意志是人意识的能动性，是主观见之于客观的心理过程，它受立场、观点、信念的制约，也和一个人的认识水平有关，充分地表现出一个人的立场、观点、信念及认识水平。因此，培养良好的意志品质应当从世界观教育着手，还要提高认识，发展情感，加强锻炼，并把教学过程与有目的地培养意志品质的过程统一为整体，使教学、训练促进意识品质的培养。

（五）体育与心理素质

良好的心理素质主要包括自信心、勇敢精神、竞争意识、意志力、自制力及自我心理调节能力等。对于体育而言，意志坚忍顽强是十分重要的。参加体育活动既是对身体的锻炼，更是对意志的考验。锲而不舍、勇于拼搏，是体育精神的充分体现。要让学生通过参加体育活动，体验运动的乐趣，展示自己的风采，并自信地加入各项活动中，同时初步了解人类意志和精神的力量是不可战胜的。

三、体育运动的动机及培养

（一）什么是体育运动动机

体育运动动机是促进一个人参与体育活动的心理动因或内部动力，它引起并维持人的活动进而将活动导向一定的目标。动机是个体的内在过程，其作用是：引起和发动个体活动；指引个体选择活动的方向；调节功能，即维持、加强或制止、减弱某一活动。

（二）体育活动动机的产生

引起动机的条件有两个：一是内在需要，二是外部诱因。人们参与体育活动的内在需要主要包括生理、心理和社会三个方面的需要。

（1）生理方面的需要：参加体育活动是出于保持身体健康，增强体质，提高力量、速度、耐力素质，解除脑疲劳，促进和保持良好睡眠的需要。

（2）心理方面的需要：参加体育活动是为了调节和控制情绪、保持良好的精神状态、提高注意力、锻炼意志力、培养开朗的性格、养成文明健康的生活习惯等。

（3）社会方面的需要：参加体育活动是为了扩大社交范围，结交更多的朋友，增强集体凝聚力，提高竞争能力和社会适应能力。

外部诱因是指能激起参与体育活动的外部原因，它是引起体育活动、满足个体需要的外在刺激。这些刺激包括物质因素和精神因素，统称为环境因素。环境因素有很多，如优良的体育设施器材、老师的表扬或批评、同伴之间的情绪感染、考试分数、竞赛的奖励（包括精神的、物质的）等。

体育活动动机可能由需要诱发，也可能由环境因素引起，在多数情况下，体育活动动机是由内在条件和外在条件相互影响、交互作用而产生的。人出生后就有身体活动的需要，随着年龄的增长，在学校教育的影响下，儿童少年有了对某项体育活动的兴趣。这时主要是强烈的需要导致动机，为了满足需要，他们积极创造条件参与体育活动。但同时也不宜忽视环境因素的影响，如教师的优美示范、学校的传统优势项目、学校的运动竞赛等都可能诱发个体已有的需要产生体育活动动机，最终引发外显行为。由此可见，在形成体育活动动机、产生外显行为的过程中，体育活动需要是根本条件，外部环境因素是必备条件，只有两者相互作用，才能激发积极的体育行为。

（三）体育动机的培养

（1）树立正确的价值观：价值观是一个人对周围客观事物的评价和态度体系，决定着一个人对该事物的态度和行为。对学生进行体育运动价值观教育，使之树立正确的价值观是十分重要的。通过体育教育，要使学生了解体育运动可以增强体质，而身体是精力充沛地为祖国作贡献的物质基础，了解体育运动对学生全面发展的意义，提高其对体育的认识水平。

（2）目标设置：在体育教学训练过程中，要为练习者确定一定的目标，如跑步、游泳的距离，体操动作的次数和质量等。当这种目标转化为练习者的内心需要时，就会使练习经常处于自己的意识控制之下，提高练习者的努力程度和动机水平，调动其积极性。

（3）积极反馈：反馈是通过对技能操作或学习结果的评定及自我知觉使学生了解自己学习的情况，并对以后的行为进行调节的过程。在技能练习过程中，反馈的无论是正确的动作信息，还是错误的动作信息，都有利于练习者坚持目标或修正目标。它是最有益的动态调节信息，十分有利于激发学生坚持目标和努力的欲望，使已有动机得到强化。

（4）情境创设：情境具有诱发动机的功能。学生在体育教师设计的情境中进行学习或锻炼，由于情境的不同，效果会有很大差异。例如，同一教材内容，如果老师组织教法丰富多变、新颖，学生就会感到有趣，愿意学。反之，学生就可能兴趣黯然，不愿意学。所以，教师应创造问题情境，引起期待心理，满足学生的好奇心，诱发其学习和锻炼的内驱力。

第三节 常见运动性疾病与运动损伤的预防和处理

一、常见运动性疾病的预防和处理

运动性疾病是指由于体育运动安排不当，造成体内功能紊乱而出现的异常症状或疾病。它不仅在运动训练和体育比赛中较为常见，在体育教学中也时有发生。

（一）过度疲劳

过度疲劳是指在工作或运动之后，由于连续疲劳积累造成的病理状态，过度疲劳会导致工作能力暂时下降。过度疲劳在大学生中多见于过度脑力劳动之后，但也可以见于劳动或体育锻炼之后。

1. 症状

第一度：早期过度疲劳。这一阶段人只有轻微的自觉症状，心电图、脑电图、机能试验均无异常改变；大运动量锻炼后感觉劳累，恢复时间延长。

第二度：自觉不良症状增强，情绪比较急躁，食欲下降，无锻炼欲望，锻炼时很快出现疲劳；体格检查时发现脉搏稍快，血压比原先稍高，机能试验反应类型正常，但恢复缓慢；心电图或脑电图检查可出现轻度的改变；运动成绩下降，动作的协调能力降低。

第三度：自觉不良症状增多，而且程度较第二度深。中小运动量后就感到疲劳，第二天也不能完全恢复。脉搏、血压比平时高，不能进行正常的锻炼；体格检查时机能试验反应明显异常，心电图或脑电图出现异常，运动成绩和工作能力下降，反应迟钝。

第四度：自觉不良症状较多，症状持续时间长，而且反复出现，虽经初步治疗也无明显效果。安静时脉搏、血压增高，心血管系统机能试验反应异常，心电图和脑电图均明显异常改变，运动后异常更为显著，恢复明显减慢，工作能力和运动成绩大大下降。

2. 原因

（1）连续参加大运动量锻炼，缺乏必要的间歇：当大运动量锻炼持续过久，缺乏必要的间歇，超过身体的机能潜力时，就容易引起身体的过度疲劳状态。

（2）运动量增加过快：锻炼者有时急于求成，违反循序渐进增加运动量的客观规律，过快过大地增加运动量。

（3）患病后身体尚未康复便急于锻炼且运动量过大。

（4）没有合理的生活规律：锻炼者在锻炼后得不到充分的休息或"开夜车"学习，破坏了正常的生活规律。

（5）其他原因：如为应付繁重的课程或考试而休息不足。

3. 预防与治疗

（1）预防：预防的关键在于根据锻炼者的性别、健康状况和训练水平等具体情况制订合理的锻炼计划。

（2）治疗：治疗基本上围绕4个方面进行：① 消除病因；② 调整锻炼内容、运动量或改变锻炼方法；③ 加强各种恢复措施，保证足够的休息和恢复；④ 对症治疗，如改善睡眠、服镇静剂、安眠药或营养药物等。

（二）运动中腹痛

1. 症状

运动过程中，腹部出现钝痛、胀痛或绞痛，但可坚持运动。运动中腹痛在中长跑、自行车等运动中较为常见。轻者仅觉不适，重者疼痛难忍。

2. 原因

（1）肝脾淤血：肝脾淤血肿胀以致肝脾被膜紧张，被膜上的神经受到牵扯，产生疼痛。

（2）呼吸肌痉挛或活动紊乱：由于运动中未注意呼吸节奏和动作的协调，导致呼吸肌活动紊乱，呼吸肌发生痉挛。此外，准备活动不足、运动强度增加太快、心肺功能满足不了肌肉工作的需要，也会导致呼吸肌缺氧，发生呼吸肌痉挛和疼痛。

（3）胃肠道痉挛或功能紊乱：饭后过早参加运动、运动前饮食或饮水过多、空腹运动、胃酸多或冷空气对胃的刺激等都可引起胃部胀痛或痉挛。

（4）腹部慢性病：如病毒性肝炎患者在运动时也会引起腹痛。

3. 预防与治疗

（1）预防：锻炼时膳食安排要合理，加强全面身体训练，饭后约 1.5 小时之后再进行剧烈运动，运动前不宜过饥或过饱，也不要饮水太多。要充分做好准备活动，运动中要注意调整呼吸节律，中长跑时要合理分配速度。

（2）治疗：运动中出现腹痛应减慢运动速度并降低运动强度，调整呼吸和运动节奏，加深呼吸，用手压按疼痛部位，或弯着腰跑一段距离，在通常情况下疼痛即可减轻或消失。若无效或疼痛加重，应停止运动，口服解痉药物，如颠茄片、阿托品等。还可以针刺或掐点足三里、内关等穴位或进行腹部热敷，如仍无效，则需及时就医。

（三）延迟性肌肉酸痛

刚开始运动、间隔较长时间未运动或进行一次较大强度运动后，往往会在运动后的第二天出现肌肉酸痛，由于肌肉酸痛不是在运动结束后即刻出现的，而是发生在运动结束后 1~2 天，因此称之为延迟性肌肉酸痛。

1. 症状与原因

延迟性肌肉酸痛是由于运动时肌肉活动量大，引起局部肌纤维及结缔组织的细微损伤，或部分肌纤维痉挛所致。由于只是肌纤维细微损伤和局部肌纤维痉挛，虽有酸痛感，但肌肉仍能完成其运动功能。酸痛后，经过肌肉内局部细微损伤的修复，肌肉组织会变得更为强壮，之后进行同样负荷运动后将不易发生酸痛。

2. 处理

（1）热敷：针对酸痛的部位进行热敷，可促进血液循环和局部代谢，有助于损伤组织的修复与痉挛的缓解。

（2）拉伸练习：对酸痛肌肉进行静力性拉伸练习，保持 2 分钟，然后休息 1 分钟，重复以上步骤。每天做几次伸展练习有助于缓解疼痛，但不要轻易采用动力性拉伸，以免控制不好力度造成肌纤维再度损伤。

（3）按摩：按摩有助于肌肉放松，促进血液循环；有助于损伤的修复及痉挛的缓解。

3. 预防

根据自身健康状况合理安排运动量，避免运动量增加过快。运动时，还应避免长时间重复某一动作，以免做该动作的主要肌肉负担过重。要做好准备活动，尤其是专项准备活动要充分，对损伤有预防作用。整理活动除进行一般性的放松练习外，还可做一些静力性拉伸练习，这有助于预防局部肌纤维痉挛，从而避免酸痛的发生。

（四）肌肉痉挛

肌肉痉挛俗称抽筋，指肌肉不自主地强直收缩。运动中，最易发生痉挛的肌肉是小腿三头肌，其次是足底的屈蹬肌和屈趾肌。

1. 症状与原因

痉挛肌肉僵硬或隆起，剧烈疼痛，且一时不易缓解。在寒冷的环境中运动，如准备活动做得不够，肌肉受到寒冷的刺激后，兴奋性增高很容易发生肌肉痉挛，如游泳时受到冷水刺激，会引起小腿抽筋；在热环境中进行长时间运动或剧烈运动时，由于大量排汗，体内会丢失大量电解质，使肌肉的兴奋性增高，也会导致痉挛；肌肉快速地连续收缩，放松时间太短，收缩与放松不能协调地交替，也会引起痉挛；有时因情绪过分紧张也会引起痉挛。

2. 处理

对痉挛肌肉进行牵引，几分钟后即可缓解。

3. 预防

运动前做好充分的准备活动，运动前对容易发生痉挛的肌肉进行适当按摩。在高温环境下长时间运动时，应注意补充含无机盐的运动饮料。在寒冷的环境中运动时，应注意保暖。游泳时，下水前应先冷水淋浴，且不要在水里停留时间太长。疲劳和饥饿时，不要进行剧烈运动。

（五）运动性晕厥

运动中，由于脑部突然血液供给不足而发生的一时性知觉丧失现象称为运动性昏厥。

1. 症状

发生运动性晕厥前期会出现全身乏力、头晕、耳鸣、眼前发黑和面色苍白等症状，紧接着失去知觉，突然倒地，出现手足发凉、脉缓而弱、血压下降、呼吸缓慢、瞳孔缩小等症状。

2. 原因

（1）心排血量减少：平时缺乏锻炼者，突然参加较大运动量的锻炼，心脏机能一时无法满足运动需要，加上技术水平低、动作不协调、憋气等，造成血液回流量减少，心脏出血量也随之明显减少，因而出现暂时性脑缺血。

（2）重力性休克：如久站不动、久蹲突然起身、长跑后突然停止运动等，均可因重力作用使血流量减少而形成脑缺血。

3. 预防与治疗

（1）预防：坚持锻炼，增强体质。久站时，要经常交替活动下肢。久蹲后，不要突然起立，要缓缓站起。做力量型运动时，要注意呼吸和动作的配合，避免过度憋气。

（2）治疗：有前期症状时，应下蹲或躺下休息片刻，以避免发生晕厥。发生晕厥者应使其平卧，头低足高，解松衣领，注意保暖，下肢做向心性推揉按摩。还可指掐或针刺患者人中、百会、涌泉、合谷等穴位，或嗅氨水，一般可醒。对停止呼吸者，应及时进行心肺复苏，此时要注意防止痰液或呕吐物阻塞呼吸道。

（六）中暑

中暑是人处于高热环境中易发生的一种急性疾病，是热失神、热疲劳、热痉挛和热射病的总称，在夏季锻炼和比赛中较易出现。

1. 症状

表现为多汗、口渴、无力、头晕、眼花、耳鸣、恶心、心悸、注意力不集中、四肢发麻和动作不协调等。

2. 原因

在高温环境中运动时，由于身体大量排汗，体内的水分和盐分会大量丢失，再加上血管扩张，血容量更显不足，从而引起周围循环的衰竭，这称为中暑衰竭。

3. 预防与治疗

（1）预防：夏季天气炎热时要安排好锻炼时间，避免在一天中最热的时段锻炼。锻炼过程中要适当休息。要安排好营养和饮水，注意适当增加食物中蛋白质的供给量，额外增加维生素（维生素 B_1、维生素 B_{12}、维生素 C）的补充量，合理补充水盐饮料，补水应少量多次，避免一次暴饮。要注意运动环境的通风和降温。要加强适应性锻炼，提高适应高温的能力。

（2）治疗：使患者迅速离开热环境，到阴凉通风处休息，静卧，头稍垫高，解松衣服，扇风降温，头部可冷敷，上身用温水擦浴按摩，忌用冷水降温。对昏迷者，可先按照晕厥救法救醒，并保持呼吸道畅通，测量血压、脉搏，适量饮用冷开水或淡盐水等，严重者要及时送往医院抢救。

二、运动损伤的预防和处理

在体育锻炼过程中所发生的各种损伤统称为运动损伤。运动损伤与一般的工伤或日常生活中的损伤有所不同，它的发生与运动项目、训练安排、运动环境、运动者的自身条件及技术动作有密切的关系。运动损伤会影响锻炼者的健康、学习和工作，也会对其心理产生不良影响，妨碍健身活动的正常进行。

（一）运动损伤产生的原因

1. 对运动损伤的认识不够充分，重视不足

对运动损伤的认识不足或者思想上麻痹大意，缺乏安全防范意识等，这些是造成运动损伤的主要原因。

2. 缺乏合理的准备活动

准备活动指机体在进入运动状态前进行的活动。它可以增强各器官系统的功能活动，使人体从相对静止状态过渡到紧张的活动状态，让机体在兴奋状态下进入运动过程中。各个器官通过预热，可以更好地相互配合进行运动。缺乏准备活动或准备活动不合

理，是造成运动损伤的主要原因。

3. 技术动作不正确

在运动过程中，由于技术动作错误，如违背人体结构的特点和运动生物力学的原理，极易造成各种损伤。例如，"网球肘"（肱骨外上髁炎），就是由于技术动作不正确造成的。此外，在做前滚翻时，由于技术动作不正确易导致颈部受伤；排球传球时的手型不正确，很容易导致手指挫伤等。

4. 缺乏自我保护意识

由于人体在运动过程中处于动态，常常会出现机体功能与运动要求不相符合或因重心偏离造成的人与人、人与器械碰撞等情况，因此损伤的概率大大增加。特别是在学生参加对抗性运动时，发生碰撞的概率很大，如果缺乏自我保护能力，很容易造成运动损伤。

5. 运动量过大

安排运动负荷时，教师应考虑学生的生理特点和可能承受的运动负荷量。当前，大学生的身体素质普遍低下，如果教师忽略了这些细节，盲目加大运动量，使运动负荷超过学生可以承担的生理负荷量，就极易发生运动损伤。

6. 身体功能或者心理状态不佳

当学生睡眠或休息不好，患有先天性疾病或大病初愈时，不能科学地参加体育锻炼，都可能出现不同程度的运动损伤。

7. 气候条件的影响和场地设施不完善

在恶劣的条件下运动，很容易出现运动损伤。在夏天参加运动，极易引起疲劳和中暑；在寒冷的天气运动，易因肌肉僵硬而导致肌肉拉伤和肌肉韧带的损伤；在潮湿、高热的环境下运动，易因大量出汗而引起肌肉痉挛或虚脱。锻炼时，场地不平整、器械安置不牢固或缺乏必要的保护用具，都很容易导致运动损伤。

（二）常见运动损伤的处理

1. 擦伤

皮肤表面被粗糙物摩擦所引起的表面损伤称为擦伤。如在跑步、球类运动中摔倒时，身体表面与地面摩擦易引起皮肤擦伤。发生擦伤后，伤处皮肤会擦破或剥脱，有少量出血点和组织液渗出。

小面积擦伤时，可先用生理盐水或2%硼酸液冲洗局部，再用1%～2%红汞或1%～2%甲紫涂抹；面部擦伤宜涂抹0.11%苯扎氯铵溶液。发生大面积擦伤，应先用生理盐水冲洗伤口（无条件时可用冷开水冲洗），再用2%碘酒和75%酒精在伤口周围消毒，伤口局部用1%雷夫奴尔纱布覆盖，并用绷带包扎，感染的伤口应每日或隔日换药。

关节部位擦伤时，要在局部冲洗消毒后，用凡士林油纱布覆盖伤口或局部涂抹消炎软膏，用敷料包扎，以防干裂。如果创面中嵌入沙粒、炭渣、碎石等，应在1%普鲁卡因局部麻醉下，用消毒毛刷轻轻刷洗，清除异物后再行处理。

2. 裂伤、刺伤

（1）裂伤：指受钝物打击引起的皮肤和皮下组织撕裂，伤口边缘整齐，组织损坏较广泛。在运动中，以头面部撕裂伤较多见，如在篮球运动中，因对方肘部碰撞易引起眉弓部撕裂。

（2）刺伤：指被尖利物体刺穿皮肤及皮下组织器官引起的损伤，如在田径运动中被钉鞋、标枪刺伤。裂伤和刺伤伤口小、污染较轻者，可先用生理盐水冲洗伤口，在伤口周围皮肤用碘酒和酒精消毒，再贴"创可贴"或用消毒纱布覆盖。伤口较大、较深、污染较重者，应及时到医院处理。

3. 挫伤

挫伤又称为撞伤，是人体某部位遭受钝件暴力作用而引起的闭合性损伤，这类损伤多发生在篮球、足球、体操、武术、拳击及散打等项目中。单纯性挫伤仅指皮下组织挫伤，包括皮下脂肪、肌肉、关节韧带等挫伤，表现为局部疼痛、压痛、肿胀、功能障碍。严重挫伤指皮下挫伤合并某些组织器官挫伤，如大腿挫伤多合并股四头肌断裂。发生头部挫伤，轻者可发生脑震荡，严重者可有颅骨骨折或合并脑挫伤而危及生命。

对单纯性挫伤，在伤后 1 小时内可采取局部冷敷，加压包扎，抬高患肢，局部休息并外敷创伤药予以止痛和消肿。遭严重挫伤后有休克症状出现者，应首先进行抗休克处理，保温、止痛、止血，并将伤员置于头低脚高位，在纠正休克后立即送医院治疗。

4. 肌肉拉伤

由于肌肉主动强烈的收缩或被动过度的拉长所造成的肌肉细微损伤或部分撕裂或完全断裂称为肌肉拉伤。在体育运动中，大腿后群肌肉的拉伤较为常见。

肌肉拉伤后，表现为局部疼痛、压痛、肿胀，出现肌肉痉挛、僵硬及功能障碍。轻度拉伤时，可局部冷敷、加压包扎、抬高患肢或使肌肉处于放松状态；48 小时后开始按摩或针灸理疗；伤后一周，症状基本消除，可做徒手静力牵引练习，进行功能锻炼。

5. 关节韧带扭伤

由于外力作用使关节的活动超过正常的范围会引起关节韧带扭伤，其中以踝关节、膝关节、指关节、腕关节韧带的扭伤最为常见。发生轻度扭伤时，伤部疼痛、压痛、轻度肿胀、功能无明显障碍。韧带部分断裂时，伤部疼痛较重，表现为压痛、明显肿胀、活动受限。韧带完全断裂时，伤部剧痛、肿胀、大面积瘀斑、关节不稳定，功能明显障碍或丧失，伤部可触及韧带断裂的凹陷。

对轻度扭伤，局部可敷消炎止痛的中药（如新伤药），内服七厘散。肿痛减轻后，伤部可用推摩、按摩、揉捏、搓等手法按摩。韧带部分断裂者，早期可局部冷敷，加压包扎，抬高受伤部位，固定关节 1～3 周，外敷新伤药，内服中、西止痛药。48 小时后做按摩、理疗、外敷活血生新剂，或继续外敷新伤药，并适当进行肌肉力量练习以避免粘连，帮助恢复关节功能。韧带完全断裂者，应尽早进行手术缝合，否则会影响愈合和关节稳定性。

（三）运动损伤的预防

产生运动损伤的原因很多，如缺乏必要的预防运动损伤知识，参加体育锻炼者身体素质不良，体育健身活动安排不当等。另外，参加体育锻炼者的心理状态、场地、器材、保护用具、服装不符合卫生要求及不良气候等与运动损伤也有密切关系。因此，运动损伤的预防措施必须是综合性的。一般来说，在体育健身锻炼中，预防运动损伤应做好以下几个方面工作：

1. 思想上高度重视

要在思想上对运动损伤给予重视，遵守体育锻炼的一般原则，同时要加强身体的全面锻炼，提高机体对运动的适应能力。

2. 调节身体处于良好状态

（1）准备活动和放松活动：锻炼或比赛前的准备活动十分重要，它不但能使基础体温提高，使深部肌肉的血液循环加快，使肌肉的应激性上升，关节柔软性增强，还能调整心理状态，减轻紧张感和压力感。在剧烈运动后，通过放松活动可使体温、心率、呼吸、肌肉的应激反应恢复到安静水平，可防止在运动后出现肌肉酸痛及损伤，而且对于解除精神压力也有很大的帮助。

（2）肌力训练：肌肉力量不够、协同肌与拮抗肌力量的不平衡，常常会造成损伤。加强肌力训练，使肌群力量保持动态平衡，对于预防运动损伤有重要作用。

（3）自身保护：锻炼者还应了解和懂得初步处理运动后肌肉酸痛、关节不适的方法。运动损伤早期可做温水浴、物理治疗或自身按摩等。

3. 注意环境安全

体育器具、设备、场地等周围环境在锻炼和竞赛前都应进行严格的安全检查。钥匙、小刀、项链、耳环等锐利物品在运动时应摘下。防护器材的使用可使运动损伤的发生概率大大降低，但如果防护器材质量低劣、不合格或已残破，其防护功能会受到影响。

4. 保持正常的心理状态

锻炼者参加运动竞赛时，应保持正常的心理状态，不做粗鲁和危险动作，避免猛烈冲撞，做到既保护好自己，也不致伤害别人。

5. 加强易伤部位的训练

加强对易伤部位和相对较弱部位的训练，增强其功能，是预防运动损伤的积极手段。

（四）运动损伤的康复训练

康复训练是指锻炼者遭受损伤后进行有利于恢复或改善功能的身体活动。对锻炼者来说，除严重的损伤需要休息治疗外，一般损伤是不必绝对停止身体练习的。相反，通过适当的、有目的的身体练习和功能锻炼，对于损伤的治疗和功能的恢复有着积极的促进作用。

1. 康复训练的原则

（1）伤后的康复训练以不加重损伤、不影响损伤的愈合为前提，应尽量不停止全身和局部活动。

（2）在进行康复训练时，要根据自己的年龄、损伤的部位和特点来选择伤后锻炼的手段和内容，安排好局部和全身的锻炼时间和活动量。

（3）康复训练时活动量的安排，必须遵守循序渐进的原则：特别是在损伤愈合过程中进行局部锻炼时，其动作的幅度、频率、持续时间、负荷量的大小等都应逐渐增加。

（4）康复训练应注意局部专门练习与全面身体活动相结合的原则。

2. 康复训练的内容和方法

（1）主动运动：指由患者自己主动完成的训练，包括静力练习、动力练习和等动练习。

（2）被动运动：适用于康复伤后的各类功能障碍。通过各种被动运动，可以使痉挛的肌肉得到放松，挛缩的肌肉、韧带和关节囊得到牵伸，关节的活动度加大，关节功能得到恢复。

（3）渐进抗阻运动：该练习可以增进肌肉的力量和耐力，增加关节的活动范围与柔韧性，对伤愈后从事正常锻炼防止损伤也有益处。

第四节　运动营养与保健

在运动中，体内的营养物质被消耗或分解，因此，必须给予补充。运动后及时补充营养，不仅能满足运动者生理恢复过程的需要，而且根据不同项目的物质代谢特点，及时补充营养还能促进体育锻炼的效果，提高身体健康水平。运动中热能代谢的水平和营养素的需求，受到运动类型和项目、运动强度和密度、持续时间，以及运动者的年龄、体重、运动水平和环境等多种因素的影响。

一、体育锻炼与营养补充

食物与营养是人类生存的基本条件。人体摄入食物，目的是补充食物中的七大营养素：糖类（碳水化合物）、脂肪、蛋白质、维生素、无机盐、水和膳食纤维。这七大营养素是维持生命必不可少的物质，缺少任何一种，人都无法生存。而所谓均衡营养，就是从饮食中摄取适当的能量及各种营养素，以供人体新陈代谢及活动所需。

（一）糖类

1. 来源及功能

糖类也称碳水化合物，是一类含碳、氢、氧的物质，常见的糖类有葡萄糖、果糖、蔗糖和淀粉。糖的功用包括：

（1）提供热能：糖易于氧化，能迅速氧化分解供给人体热能，每克糖氧化可释放出 4 千卡的热量，是机体热能的主要来源。

（2）帮助脂肪酸氧化，帮助肝解毒，促进生长发育。

（3）血糖供给脑部及身体的营养：糖原可储存于人体肌肉及肝中以备急时之需。

（4）构成身体组织：所有的神经组织、细胞和体液中都含有糖类。

2. 运动营养补充

运动员在大强度训练期间，要保证其膳食中有充足的糖，其含量应达到总热量供给的 70%～75%，这对维持血糖水平、保证运动中糖氧化供能充分、运动训练后肝糖原和肌糖原水平快速恢复均有良好作用。长时间运动训练或比赛时，于运动前或运动中适量补糖，可以减少糖原消耗，提高血糖水平，有利于提高运动能力，延缓疲劳的发生。研究证明，不同种类的糖，其补糖功效不同，如葡萄糖、蔗糖较易引起胰岛素升高反应，而果糖的此种反应较小；低聚糖对增加糖原储备、维持血糖、减少胰岛素反应、提高运动能力等有良好作用。运动后补充碳水化合物可促进糖原储备的恢复。运动后即刻摄入果糖对恢复肝糖原的效果较好，葡萄糖与蔗糖可使肌糖原储备在 24 小时后保持较高水平。

当然，对参加一般体育锻炼的大学生而言，不必过多食用高糖膳食或补糖，以防热能积蓄而发胖。但从事耐力项目的高水平学生，应适当增加糖的摄入量，以满足运动训练和比赛的需要。

（二）脂肪

1. 来源及功能

脂肪是油和脂的总称。脂肪的主要来源包括动物油脂（如猪油、牛油、肥肉）、植物油脂（如菜籽油、花生油、果仁油）、蛋类和奶类。其主要生理功能是：

（1）供给人体热量：每克脂肪氧化可产生 9 千卡的热量，是蛋白质和糖类产生热量的两倍多。

（2）构成体内细胞：脂肪是构成细胞的重要成分。

（3）帮助维生素溶解：维生素 A、D、E 和 K 是脂溶性维生素，只有脂肪存在时才能被人体吸收利用。

（4）保护内脏器官，形成皮下脂肪以维持体温。

2. 运动营养补充

大学生膳食中适宜的脂肪含量应为总热量的 25%～30%。高脂肪膳食氧的利用率较低，加之脂肪不易消化，在胃内停留时间长，且在运动时人的消化机能常处于抑制状态，因而不宜在运动前食用高脂肪食物。因此，大学生的日常膳食应避免过多摄入脂肪。当然，脂肪不足时，食物的质量及味觉会受影响，也会造成食物的摄取量减少，而且运动员的膳食要求量少质精、发热量高，所以也不可过多减少脂肪的供给量。

（三）蛋白质

1. 来源及功能

蛋白质是组成人体的主要成分之一，是生命的基础。除水以外，蛋白质在人体细胞中的含量比其他任何成分都高。蛋白质的主要来源有牛奶、鸡蛋、肉类、豆类和鱼。其主要的功能是：

（1）构成机体、修补组织：人体的肌肉、血液、皮肤、毛发等都是由蛋白质构成的。

（2）调节生理功能：人体内的酶、激素、抗体等，也都直接或间接地由蛋白质构成。

（3）供给能量：每克蛋白质在机体内氧化可释放出 4 千卡的热能，供代谢所需。

2. 运动营养补充

运动员的蛋白质日供给量应高于一般人。成年运动员为 1.8～2 克/千克体重，少年运动员为 2～3 克/千克体重，儿童运动员为 3～3.4 克/千克体重。运动员的蛋白质供热量应为一日总热量的 12%～15%（或 15%～20%）。对参加体育锻炼的大学生来说，饮食中应适当增加摄入蛋白质。参加业余训练的高水平运动员，可参照运动员的标准供给蛋白质。

（四）无机盐

1. 来源及功能

无机盐包括不同的金属与非金属元素。无机盐（包括微量元素）的主要生理功能是：

（1）构成机体组织的材料：如钙、磷、镁是骨骼、牙齿的重要成分。

（2）调节生理功能：一些无机盐是酶的活化剂。

（3）无机盐还参与调节体液平衡以及维持机体的酸碱平衡。

对人体较重要的无机盐有三类：钙、磷和铁。钙的主要来源是牛奶、蛋、绿叶蔬菜、豆类和硬壳果；磷的主要来源是蛋、鱼、肉类、豆和牛奶；铁的主要来源是肝、蛋黄、肉类、全谷、坚果和绿叶蔬菜。

2. 运动营养补充

在运动过程中，人体代谢机能旺盛，因而对经常参加体育活动的大学生或运动员来说，无机盐的营养状况对其健康和运动能力有重要影响。大学生较易缺乏或对运动有特殊生理意义的无机盐有钙、磷、铁、锌、铜等。

大学生应注重从富钙的食品中摄取钙以预防骨营养不良。牛奶及奶制品的钙含量高、吸收率高，每天喝 0.5 千克奶，可满足人体对钙的需求。磷广泛分布于食物中，且吸收率高于钙，一般情况下人不会缺磷。如果膳食中铁的含量不足，会造成运动性贫血和运动能力下降，预防性补铁时应采用小剂量铁。关于运动后锌需要量的研究尚不充分，但可以直接从富锌的食品中获取锌，如高蛋白食物、海洋生物及鲜肉。有关运动对铜代谢影响的报道不一，但长时间进行大强度训练和比赛，尤其是在高温、湿度大的环境下训练的运动员应注意多摄入富含铜的食物，如甲壳类、动物肝、动物肾、坚果类等食物。

（五）维生素

1. 来源及功能

维生素是维持生命的元素，是人类食物中不可缺少的营养素。维生素不足会导致维生素缺乏症。维生素的来源很多，不同的维生素有不同的食物来源（表3-4-1）。

表 3-4-1　维生素来源功能表

维生素	食物来源	功　　能
A	肝、奶类、蛋黄、蔬菜	维持眼底视网膜的正常功能，预防眼干燥症，促进钙化作用，维持表皮黏膜细胞的功能
B_1	麦胚、麦芽、瘦肉、牛奶、肝、豆类、酵母	促进发育，预防及治疗脚气病，促进食欲
B_2	牛奶、蛋、豆类、瘦肉、内脏、麦胚	促进细胞中的氧化还原作用，维持皮肤、神经系统和细胞的正常功能

续表

维生素	食物来源	功　能
C	蔬菜、水果	预防及治疗维生素 C 缺乏病（坏血病），维持齿龈、皮肤和血管的正常功能，增强免疫系统能力，促进激素（荷尔蒙）分泌及伤口愈合；促进体内氧化
D	鱼肝油、肝、蛋黄	增进钙化，促成齿骨发育
E	糙米、胚芽、植物油	保护细胞膜和组织，维持红细胞及循环系统的正常功能

2. 运动营养补充

在热能营养充足和平衡膳食的情况下，大学生一般不会发生维生素缺乏症，但在大运动量训练或减体重期，热能营养不能满足需要，或添加食物的营养密度不够，以及蔬菜、水果摄入较少时，应适当补充维生素制剂，因为维生素大多不能在体内合成或合成量甚微。

（六）水

1. 来源及功能

水是人体含量最多的营养素，占人体重的 60%～70%。人体器官都含有水，如血液含水约 83%，心脏含水约 79%，肝含水约 70%，骨也含有约 30% 的水分。在正常状况下，人体通过皮肤、肺及大小便不断排出水分，同时也不断地摄取水来补充。每日所进的水分与所排出的水分几乎相等，这称为"水平衡"。若体内水分损失达到 20%，便无法维持生命。水在人体内有极其重要的生理功能。

（1）水是细胞和体液的重要成分。

（2）水是很好的润滑剂：水的黏度小，可使摩擦面润滑，减少损伤。体内各关节、肌肉、呼吸道等处都能分泌润滑剂。

（3）帮助体内消化、吸收、循环及排泄等。

（4）保持和调节体温：水的比热容高，能吸收较多的热量，以保持体温不发生明显的波动。例如，人体可通过出汗带走大量热量，有效地维持正常体温。

（5）保持脏器的形态和机能：体内水与蛋白质、糖和磷脂等相结合而形成胶体，使脏器维持一定的形态和坚固性。

2. 运动营养补充

参加锻炼补水时，应少量多次，水温适宜。运动前补水为预防性补水，可以避免运动中脱水。合理的方法是采用运动前 15～20 分钟补水或饮料 400～700 毫升，要少量多次摄入，每次 100～200 毫升，分 2～4 次饮用。运动中也要适量补水，以保持水分的平衡。补液量根据出汗量的多少而定，在一般情况下，每小时补液总量不要超过 800 毫升，在运动中可以每隔 15～20 分钟补液 100～300 毫升，或每跑 2～3 千米补液 100～200 毫升。运动后也要注意补水，使进出机体的液体达到平衡。运动后补液同样要遵循少量多次的原则，切忌暴饮。运动后补液量的多少可根据体重的丢失量确定，一般是运动前后体重差的 150%，如运动前后的体重相差 0.5 千克，那么补充水量应控制在 750 毫升左右。

（七）膳食纤维

1. 来源及功能

膳食纤维是指人体不能消化的多糖类，包括纤维素、半纤维素、果胶、树胶等。膳食纤维的主要生理功能包括：

（1）预防便秘：这是由于它们有很强的吸水性，可在肠道内吸收水分，增加粪便体积并使之变软利于排出。

（2）控制体重，防止肥胖：这是由于富含膳食纤维的食物体积较大，能量密度（单位重量所含能量）较低，有利于减少能量摄入量。

（3）降低血液中胆固醇浓度：膳食纤维可抑制胆固醇的吸收，加速其排出，从而降低其在血液中的浓度。

2. 运动营养补充

含膳食纤维较丰富的食物有谷类（特别是一些粗粮）、豆类及一些蔬菜、薯类、水果等。一般认为，每天膳食纤维总摄入量可达 40～50 克，过多摄入膳食纤维将影响维生素和微量元素的吸收，建议每天总摄入量为 20～30 克。

二、体育运动保健

（一）体育锻炼的个人卫生保健

1. 定期进行体格检查

为了解体育锻炼对增强体质的功效，了解运动中身体健康和机能的变化状况，检查锻炼的方法是否正确、运动负荷是否适合等，应定期进行体格检查，从而进一步修订体育锻炼计划和改进锻炼方法。

2. 运动前要做好准备活动

准备活动的作用在于提高中枢神经系统的兴奋性，扩大肌肉、肌腱和关节的活动范围，克服内脏器官机能的惰性，加强心血管和呼吸系统的活动能力，使机体各方面的功能达到适应锻炼或训练的需要，预防或减少肌肉、关节和韧带的损伤。准备活动量的大小和时间的长短，可因锻炼项目、内容、强度，以及季节、气候的不同而有所差异，一般达到微微出汗，身体各大肌肉、韧带和关节都得到了适量的活动，感到灵活、舒适即可。

3. 运动后要做整理活动

运动结束时，应做些使身体放松的练习，这样可以使人体更好地从紧张的运动状态逐渐过渡到相对安静的状态。整理活动是促进体力恢复的一种有效措施。因为运动引起的一系列生理变化，并不会在运动停止的同时消失。如呼吸和血液循环等机能变化，在运动停止后，还会维持在较高的水平上，它们需要有一个恢复的过程。同时，整理活动可以改善肌肉的血液循环，使肌肉中血液流畅，有利于偿还氧债，排除二氧化碳并清除代谢产物，以减轻肌肉的酸痛感，消除疲劳。

4. 饭后不宜进行剧烈运动

有些人常常在放下饭碗后便去打球或从事一些剧烈的运动，这是不符合体育卫生要求的。因为饭后胃肠已经开始了紧张的工作，毛细血管开放，大量血液流入消化器官。此时若进行剧烈的运动，大量的血液就要从胃肠流入骨骼肌，使消化机能减弱。长此以往，轻则引起消化不良，重则发生如胃炎、胃溃疡等消化道慢性病。同时，饭后胃内已经积累了大量的食物，进行剧烈运动时，由于食物的重力和运动的颠簸作用，会牵拉肠系膜，容易引起腹痛、呕吐等。因此，饭后应避免立即进行剧烈运动。

5. 运动饮水卫生

参加体育锻炼时，由于出汗多，需要补充水分，不然会引起机体缺水，影响正常的生理机能活动，导致全身无力、口唇发干、精神不振和疲劳现象。但在剧烈运动中或运动后，都不宜一次性大量饮水。如果在运动中大量饮水，会使胃部膨胀，妨碍膈肌的活动，影响呼吸，不利于运动。同时，大量饮水会使血液容积增加，增加心脏和肾的负担。运动时饮水应以少量、多次为原则，同时，最好饮用接近于血浆渗透压的淡盐水或饮料，以保持体内水盐平衡。

（二）体育运动与环境卫生

在运动环境中，空气、水和各种体育设施在人与人之间起着联系和媒介作用。运动场所如果通风不良、空气质量下降，可诱发体育运动参与者患呼吸系统疾病，水质污染可传播皮肤和病毒性结膜炎（红眼病）等疾病。因此，做好运动环境的卫生工作，对于更好地利用环境条件、发挥体育运动的效能、预防疾病和增进健康，具有十分重要的意义。

1. 非正规的室外运动场所

许多非正规的室外运动场所，如公园、广场、健身走廊、人行道等，由于经济实惠、方便、环境好，吸引了越来越多的锻炼者。在非正规的室外运动场所进行锻炼时，应尽量选择绿化好、空气清新、噪声少、地面平坦干净的地点。如条件许可，可到海滨、森林、乡村、旷野等场所锻炼，这些地方空气新鲜、环境优美令人心旷神怡，可收到最佳的锻炼效果。

2. 运动场馆卫生

（1）室内体育馆的卫生：人们去体育馆的目的是参加或观看比赛和表演。根据运动员和观众在比赛和表演时的生理、心理等特点，体育馆除了应具有良好、舒适的馆内环境，还应具有完善的卫生和生活服务设施。

（2）室外运动场的卫生：田径场和球场是学校最常见的室外运动场。田径场的跑道应坚固，不怕雨水冲淋，并具有一定的弹性和湿度。跑道的表面应平坦，无凹坑、碎石、浮土和其他杂物，也不能太滑，以防止运动者滑倒摔伤。

3. 运动服装与器械卫生

运动服装应符合运动项目的要求，并具有透气性和吸湿性，既有利于身体活动，又能防止运动损伤。在夏季，运动服装应通气、质轻、宽松和色淡；在冬季，室外运动服装既要保暖，又不能妨碍动作的完成。运动后，潮湿的运动服装应立即换掉，以免受凉感冒。

运动时，使用的器械要坚固、安装得当，器械的重量和大小要符合规定和练习者的年龄和性别特点。平时应注意器械的检查和维修，防止生锈及连接处脱落，预防运动伤害的发生。

（三）女子体育锻炼与卫生

女子参加体育锻炼，除注意普通卫生外，还要讲究某些特殊卫生。

1. 女子体育锻炼的特点和内容的选择

女子肩部较窄，臂力较差，做悬垂、支撑及大幅度摆动动作较吃力。学习这些动作时，要注意循序渐进，并给予必要的保护。

女子身体重心较低，平衡能力较强，柔韧性较好，适宜进行平衡性及健美操等运动。在体育锻炼中，应注意保持和发展其柔韧性，有目的、有步骤地加强肩带肌、腹肌、腰背肌和盆底肌的锻炼。

女子不宜做过多的从高处跳下的练习，地面不可过硬，并注意落地姿势，以免身体受到过分震动而影响盆腔、脏器的正常位置及骨盆的正常发育。

女子应根据自身的身体条件、体育爱好和特长积极参加体育锻炼，有效地发展力量、速度、耐力等素质，提高健康水平。

2. 女子经期的体育卫生

月经期间，人体一般不出现明显的异常变化。因此，月经正常的女子在月经期间，可以参加适当的体育运动，如做健美操、打乒乓球、打羽毛球或打排球等。通过这些活动，不仅可以改善盆腔的血液循环，减轻盆腔的充血现象，而且腹肌与盆底肌收缩与放松的交替对子宫所起的柔和按摩作用有助于经血的排出，使人感到舒畅。此外，丰富多彩的体育活动还可以调节大脑皮质的兴奋和抑制过程，从而减轻全身的不适反应。

（1）月经期间不宜游泳：女子经期子宫内膜脱落后，子宫内会形成较大的创面，子宫颈口处于微张状态，宫腔与阴道口位置对直，游泳时病菌容易侵入内生殖器官引起炎症。此外，月经期间应避免寒冷刺激，特别是下腹部不要受凉，冷水浴锻炼也应暂停。

（2）月经期间应避免做剧烈、大强度或震动大的跑跳动作，如快跑、跨跳、腾越，以及使腹内压力明显增高的屏气或静力性动作，如推铅球、举重、收腹等，以免子宫受到过大的震动或由于腹内压过高而使子宫压过大，造成经血过多或引起子宫位置的改变。

（3）月经紊乱（经量过多、过少或经期不准等）、痛经或患有内生殖器炎症的女生，月经期间应暂停体育活动。

思 考 题

1. 人体进行科学体育锻炼的生理学、心理学基础是什么？
2. 常见的运动性病症与运动损伤有哪些？如何防治？
3. 如何根据自我锻炼的实际情况进行运动营养补充和自我保健？

第四章

身体文化与体育文化

身体文化是体育文化的基础，因为体育活动是身体文化的重要组成部分。没有身体文化的发展，体育文化就失去了根基。同时，体育文化是身体文化在体育领域的具体体现，它为身体文化的实践提供了指导和支持。体育文化的发展能够推动身体文化的进步，使人们更加重视和关注自己的身体状态，从而促进身体健康和全面发展。

第一节　身体文化

一、对身体的认知

人的身体，从来就不是一个简单的生物体，它承载着人不同于动物的全部文化的丰富性和复杂性，它本身就是一种文化的存在，认识这个世界，首先要从认识身体开始。人类所有的发明创造，主要的驱动力之一就是解放人类的身体。对舒适、力量、速度、美感以及竞争刺激的追求，驱使人类不断丰富身体的内涵，也不断拓展身体追求的极限。

人类从诞生以来，就有了对身体的基本认识，因为身体感知觉是人类最初的体验。希腊雕塑家米隆在公元前 450 年创作了雕塑《掷铁饼者》，这尊被誉为"体育运动之神"的雕像把体育的动感和人类肌肉线条相结合，放大了身体的美感。

我国对"身体学"的研究，早在先秦时期就形成了儒家"身体观"，抽象出"行—气—心"的理论类型。儒家的身体观指出身体是礼的象征符号又是践礼的场域，礼的精神借社会空间中的身体实践而实现，生理之身乃由之转化为社会的身体、道德的身体。孔子以体合礼的威仪身体观，以体习礼的体育身体观，孟子仁内义外的践行身体观，荀子以礼导体、以体行礼的礼义身体观、乐舞身体观，都使社会规范与个体身心形成了统一。儒家的礼义教育，特别强调形体与心志的正直，身体运动特别强调形体要求与道德要求融合在一起，达到身心高度的和谐。此所谓，"身体"非唯生物性的肉体，是蕴含身与心、感性与灵性、自然与价值及生理、意识和无意识，且在时空中动态生成展现的生命整体。

费特在他编著的《体育百科全书》第一卷《体育史稿》中首次使用"身体文化"一词，但直到 20 世纪上半叶，"身体文化"才被扩展到体育文化的意义上来。从 20 世纪80年代开始，"身体学"成为西方人文与社会科学研究的新领域，美国、英国、法国、德国、日本等国家哲学、社会学、人类学、宗教学、体育学、艺术学等学科领域的学者竞相涉足这一研究领域，进行了一系列卓有成效的理论探索，至今有关"身体学"的研究仍然方兴未艾。我国香港、台湾地区的学者也早着先鞭，对问题的积累与材料的梳理走在前列。

二、古代的身体观

古人认为，"身"不仅作为我们人的生命现实载体，与我们每一个人的生命须臾不可离，而且亦以一种现象学意义上"天人一体"的方式，和一种实用主义意义上"利用安身"的方式，使"身"出神入化地体现为宇宙之根本、天地之依据。

体育承载着国家强盛、民族振兴的梦想。体育强则中国强，国运兴则体育兴。而中国传统文化崇尚"天人合一"、崇尚"乐天知命"，并提出"君子以自强不息"。这意味着，无论我们的处境如何艰难曲折、穷苦困顿，都必须始终委坚持"自强不息"的天赋秉性，一往无前地投身于对自己命运不屈不挠的抗争之中。而对所谓"更强"的追求固然无可非议，但又要尊重中国古人所谓"物壮则老"的生命规律；对所谓"更快"的追求固然理所应取，但又要以所谓"欲速则不达"的中国古训引为警训；对所谓"更高"的追求固然值得希冀，但又要切记在"一览众山小"的无限风光后，接踵而来的可能是与"高处不胜寒"不期而遇。因此，我们要坚持"人定胜天"，又要对"天道"保持敬畏。尤其是古人非常强调"和"的精神，认为真正的体育竞赛乃是"竞争"与"礼让"的统一。也就是说，真正的体育竞赛既要服从"物竞天择""优胜劣汰"这一生物物种进化的规律。此外，真正的体育团队是人类协作精神的集中体现。因此，正是由于体育运动，才使人类得以持剑为犁、止戈为武地远离战争而走向和平，尤其是体育外交，往往可以使交战双方国家一笑泯恩仇；也正是由于体育运动，才使人类在奥林匹克五环旗下，在这项每一个人都可以参加的盛宴和狂欢中，以一种"近取诸身"的方式，在"身体语言"的直接交流之中，至为真切地体验到无论如何人都是生活在同一个星球上并具有同等身份、同样的生命尊严的人。

"身心一体"是我国古代身体观的又一突出特点。身心一体、身心兼修的思想，尤其在武术、气功、禅定等传统体育项目中表现得淋漓尽致。中国传统武术讲究"内练一口气，外练筋骨皮"。中国传统气功讲究"外练筋骨皮，内练精气神"。在这些传统习武项目中，都是以"意念引导"的技艺成为登其堂入其室的不二法门。

中国古代体育中的"身心一体"思想不仅没有成为历史的过去，反而随着时间的推移愈彰显出其不朽的魅力。它以一种独特的东方西化的视角，为我们再次强调一种健全的体育运动，以其身心兼修，培养坚强体魄，而不失为一个民族伟大精神的象征，为构建人类命运共同体贡献力量。

以"为国争光、无私奉献、科学求实、遵纪守法、团结协作、顽强拼搏"为主要内容的中华体育精神是中华优秀传统文化的传承发展。我们应立足中华优秀传统文化理解和弘扬中华体育精神，为社会主义现代化事业提供源源不断的精神动力。

三、身体运动与身体教育

身体运动最初是原始社会人们为了延续生命的一种生存需要，后来逐渐发展成为劳动之余的娱乐游戏。随着社会的进步与发展，现已成为一种人们为了获得生理和精神享受而专门设计的体育运动。

体育运动是完成身体教育的一种手段、一种形式。首先，人们通过走、跑、跳、投、跨越障碍、攀爬等形式不但可以改善身体机能，提高身体素质，发展体能，增强体质。其次，通过这些身体运动形式，还可以达到培养人的良好思想品德、稳定心理素质、锤炼意志以及培养人健康向上的精神风貌等目的。对大学生进行身体教育，可使其正确认识自己的身体，重审自己的身体，淘汰陈腐的身体观念，用更深厚的思想塑造健康而美丽的身体。

体育运动在发展的过程中，由于受各种因素的影响与制约，根据不同层次、不同群体、不同社会意识形态和社会政治经济发展的需要，逐渐形成各有特色的运动类别。这些不同形式的体育运动之间不是相互独立存在的，而是密切相连的。首先，都是以人的身体为素材，通过不同的形式和方法，而达到对身体的完善与改造。其次，不同的体育运动形式不是永恒不变的，它是动态的，是随着人所处环境的变化而不断发生变化的。无论体育运动形式怎么变，其中心轴始终是人。

强健的身体是每个人健康生活、工作的基础。日常生活中人的肉体受存在的琐事支配，如不断从事吃饭、洗漱、穿戴打扮和睡眠这样的活动，如果忽视了身体的这种管理与保养，就会导致提前衰老、患病或精神失常。现代社会生活节奏越来越快，对社会环境的适应能力、人际关系的适应能力、自我调节的能力、应激能力等都需要有健康的身体作保障。

第二节 体育文化

一、什么是体育文化

（一）文化的本质特征

文化是人类所特有的，是指人在改造客观世界、协调群体关系、调节自身情感的过程中所表现出来的时代特征、地域风格和民族样式。人是文化的创造者，但一定的文化反过来又会影响人的生存和发展。人类通过这样不断地创造新的文化、新的历史和新的文明，不断地向前发展。

（二）体育是一种文明

人类在体育还是全民性社会活动时就已发现，体育可以让人类结成坚不可摧的群体，因为它是力量、团结、合力的象征。它还是人的生命表现，它可以给人健康，使人缓解疲劳，战胜疾病，形成健壮的体格。源于古希腊的西方文明是海洋文明，代表这种文明的典型就是奥林匹克运动。

（三） 体育是一种文化

从人类学角度来说，体育是一种文化现象；从运动学角度来讲，体育是一种经济文化现象。因此，它既是某个民族、某个国家或某个地区的文化表现，也是某种体育的文化表征。每个民族都会创造出自己的体育文化，它透视着一个民族的精神风貌，通过它可探索一个民族的文化根源。

人类在语言产生之前，主要通过手势、身体姿势辅助简单的发音或触及语言来相互表情达意，正是这些用于交流的本能性动作形成了人类最初的体育语言，人们通过这种语言可以互相交流情感、排解疾病、传习生存技能、提高战斗力、加强凝聚力。因此，作为最初的一种人际交流方式，体育就是一种身体语言。人类通过动作的表达，如拥抱微笑、蹦跳击掌、摇头晃脑、捶胸顿足、仰天振臂，既能满足族群物质和精神、生理和心理上的需要，同时也成就了文化的初始内容，在人类文化史上留下了充满动感的第一笔生命痕迹。

人类的体育文化，随着人类意识的变化而变化，随着物质文明的进步而进步。可以说，体育文化现象既是对祖先传统文化的承接，也是当代人每时每刻在创造的新的文化和精神。

在人类社会的发展进程中，由于历史的原因而形成了不同的文化类型，体育作为一种观念文化，也体现着各个民族所独有的精神气质，这是基于长期历史沉淀而形成的普遍文化现象。

二、中国传统体育文化和古希腊体育文化

（一） 中国传统体育文化

起源早、成熟晚是中国体育的一大特点。考古发现，中国体育的起源是很早的，在旧石器时代的原始狩猎活动中，就出现了早期的竞技活动，但它的发育成长过程却很长，经过汉唐直到宋元才算形成。它不仅比早在公元前 5 世纪就已成熟的古希腊体育晚了 16 个世纪，而且与早在秦汉时代就已出现兴盛局面的音乐、舞蹈、杂耍等艺术形式相比较，也未能获得同步发展。严格地讲，在漫长的历史长河中，中国体育主要以一种"泛体育"的形态存在着，即缺乏具有"公平"和"竞争"核心思想的体育观，之所以如此，主要与封建的体制有关。在长达 2 000 余年的封建社会中，等级森严，尊卑分明，绝不可能出现规则统一和公平竞争，以及推崇"以民为尊"为精髓的竞技体育运动。中国古代体育一开始就被赋予了训练士兵体能的军事目的，并且受儒、道、佛三家中庸、和谐、刚柔、平心等哲学理念的影响，则无法出现"更快、更高、更强——更团结"的体育精神，反而逐步形成了一种逆体育内涵的发展趋势，有的甚至成为不正当的娱乐——赌博。另外，雅、俗文化的长期分流，文人、士大夫尚雅轻俗，绝不可能与民间艺人合作，其结果是民间技艺只能口传手授。宫廷或官府的体育，多数由皇帝钦定，由于环境氛围的严肃和上层社会保守观念的限制，不可能形成多种技艺高度融合的体育形式。

体育还有其独特的文化生成土壤与具体的审美规定性。体育的形态和功能、传播与交流、衍生与发展等，无不与其本体特征密切相关。

　　盛唐时期，我国出现了历史上空前繁荣的经济局面，我国文化史上诗、乐、舞等也进入全盛时代，角抵、百戏、马球、棋弈、蹴鞠等也取得了令人瞩目的成就。实际上，这个时期的体育已经渗透到社会体制和民众生活中，各类技艺形成杂列纷呈的格局，并由此产生了一种群体生态，一种文明方式。但为什么没有迎来我国竞技体育的繁荣景象？其原因是缺乏融合。

　　中国古代的休闲与娱乐始终紧密相连，休闲既是一种生活方式，同时也是一种人生境界，它具有超越性、日常性、体验性等特征，强调心灵的自由，追求人生的境界，求得生命的超越与融通，并更多地将生活与生命过程视为一种游戏。中国人最初是率性而为的，并不顾及放开自己的心理之阀，让生命之流尽情奔涌，所谓"手之舞之足之蹈之"。而后，随着中国伦理文化日趋成熟，礼仪禁忌越来越周密，个人的生命冲动在这种封建礼教束缚之下几乎窒息而死。于是人们努力成为温良恭谨、庄重敦厚、尊严凛然、真心诚意的君子。人们若要寻找精神平衡（心安理得），唯一途径就是使自己成为一个在各个方面都通情达理、合乎规范的人。因此，人们始终把游戏、娱乐、体育等充分展现自己身姿的活动看作是一种"罪恶"，或视为"小道末技"，不愿意在众人面前展示自我，怕被人笑话，甚至对自己的身体产生羞耻感。

（二）古希腊体育文化

　　希腊的历史记录了这样一些事实：被"亚细亚人"征服了的广大爱琴海沿岸一带，形成了松散的经济城邦，它们彼此之间由于利益目标的不同或经济收入的差别而经常互相讨伐。于是，战争便成了这些城邦的基本生活内容。决定战争胜败的最重要因素当然是人与人的力量。为了保卫自己的城池或攻克他人的城堡，希腊人在上古遗风的教化下，在这种新型海盗文化的指引下，各城邦竞相发展了历史上最为伟大的教育——体育。

　　我国著名哲学家陈康在其《希腊哲学》一书中，对斯巴达的体育教育做了详细的记述："在希腊各邦之间，最先有教育制度的乃是那个以崇尚武力文明的斯巴达。它的教育制度是很别致的。那个教育制度相传是出于莱克古斯（公元前9世纪为斯巴达制定法律的人）。那个教育制度乃是用以实现一种特殊的教育方针，即维持斯巴达在军事方面的优越地位。当时的斯巴达是征服者，为了控制四周的人，它必须拥有强大的军队，于是，国家的命运系于军队的训练，教育即用以完成这一工作。这个简单的教育思想很明显地在斯巴达的教育制度里透露出来。"那么，斯巴达的体育教育又是怎样呢？陈康指出，斯巴达的教育是由国家管理的。

　　雅典虽然与斯巴达在教育理念和方法上不尽相同，但也成绩显著。据陈康说，雅典的教育制度是在改革以后才逐步建立起来的，它明显晚于斯巴达，至少要晚200年。在初期的雅典教育中（约公元前6世纪—公元前5世纪中叶），雅典有三类学校：Palaistra、Didaskleion和Gymnasion。儿童7岁入Palaistra，在那里学习游戏（games），即初步体育，科目包括跑、角力、掷标枪、掷铁饼等。儿童在这时期同时入Didaskleion，受音乐教育；至14岁或15岁，他们接受完初步的体育训练后，富有的家庭再将孩子送入Gymnasion，接受两年或更长久高深的体育训练。

　　在古希腊的各个城邦，体育作为儿童和青少年的必修课，在每所学校里均开设。在古希腊，不懂体育的人或没有受过体育教育的人是不可想象的。希腊公民矫健、勇猛威武的身躯就是来自体育教育。

丹纳在考察希腊体育和艺术的关系时这样评价斯巴达："锻炼士兵的身体，使他越耐苦越好，越强壮矫健越好。总之，要塑造体格最好、最持久的斗士。"为了完成这一任务，在公元前800年左右，斯巴达制订了一种极其复杂，也极其有效的制度，这种制度成了全希腊的榜样和推动力量。伟大的柏拉图长期在斯巴达生活并进行考察，深深被这种"尚武精神"所吸引，他对这种制度格外感兴趣，并从中获得了伟大的灵感。罗素说，柏拉图的《理想国》就是来自斯巴达。柏拉图认为，未来理想社会的教育应该像斯巴达一样——用音乐陶冶情操，用体育锻炼身体。

要有强健而完美的身体，就必须打造强大的种族。斯巴达的体育制度就是为了这种目的而制订的，它力图"像办种马场一样"，培养出世界上最强健的人种。所以，这种体育制度是不讲民主的，它强迫所有公民一律参加体育运动。柏拉图曾描绘过斯巴达的体育场景："青年人大半时间都在训练场上角斗、跳跃、拳击、赛跑、掷铁饼，把肌肉练得既强壮又柔软，其目的就是要练成一个最结实、最轻灵和最健美的身体，而没有一种教育在这方面做得比希腊更成功了。"希腊这种尚武之风一直延续到公元前776年，为古代奥林匹克运动会的发展奠定了良好的基础。

由于斯巴达"人少而敌多"，打仗时必须要求人们"以一当十"。体育教育拯救了斯巴达。强壮的斯巴达人没有被四周的敌人所击败，反而成了全希腊境内政治、军事最强盛的城邦。从此，各城邦都开始了对斯巴达体育的虔诚模仿，甚至学起了斯巴达祖先阿利多人的风俗和体制，体育运动和舞蹈从此成了希腊人最神圣的教育活动。由于有以人为美、以运动员健美身躯为美的审美尺度，希腊人从此便有了新的体育风格：凡参加体育活动的人一律改为赤身裸体。雅典深受斯巴达的影响，并尾随其后于公元前700年修建了自己的第一个练身场。这时的雅典，"连统治者在内，非成为出色的运动家不可"。可惜这种"体育觉悟"比斯巴达迟了许久，比第1届古代奥运会整整迟了76年。

希腊人崇尚人体力量和人体之美已到了如痴如醉的地步。一切违背这个基本审美尺度的人或事，都要遭到人们的谴责。在斯巴达，即使是国王，由于娶了一个身材矮小的妻子，都会被公民指责将来能否生一个像样的王子。在整个希腊，谁要是在奥运会上获得了奖牌，死后人们一定会为其修建一座庙宇以示纪念。即使是希腊的敌人波斯国王的亲戚，从亚洲赶到希腊参加奥运会，在奥运会上显示了自己的身材高大和力大无比，最后虽死在希腊，但希腊人还是把他当成英雄加以祭典和称颂。这就是希腊人的胸襟，为了健与美而忘记了仇恨。

丹纳说："希腊人在态度、举止、姿势上所显示的，绝非出自宫廷的朝臣，而是运动场上的人。"希腊人的一举一动都渗透着体育成分，连人的表情和基本动作都完全是体育的架势，大概这种现象也是世界上独有的。其他民族的仪态追求，都在于皇家气概或贵族风范，生怕过于本能的动作或近似体育的行为有辱自己的身份和修养。但在希腊很难找到脂粉味的打扮，看到的只是铜浇铁铸的身材和生机盎然的活力。

三、中国体育文化的分类

文化类型的划分和文化因素的探索，是体育文化研究的两个方面。类型划分是纲，各种文化因素是目，纲举目张，就可以寻找出中国体育文化的脉络，便于看清 56 个民族之间体育文化的内在联系和纵横关系，有助于对中国体育文化的研究。

（一）地理环境对中国体育文化的影响

地理环境是一个民族文化形成的重要因素。汉族人口占我国总人口的 90% 以上，主要居住在黄河、长江、珠江三大流域和松辽平原；其他 55 个少数民族的人口所占比例虽小，但居住面积却占全国总面积的 60%。这些民族居住在草原、高原、山区、平原、沙漠和边疆，居住地区的维度差距与自然环境差异都很大，这些特点在我国古代体育中明显反映出来，形成了丰富多彩的体育项目。北方在大草原与游牧生活的影响下，体育形式主要有马伎、马球、摔跤、射猎、赛马、贵有赤（蒙语：快行者）、冰嬉、秋千等；南方在平原与农耕生活的影响下，体育形式主要有百戏、角抵、嬉水、划船、舞狮、棋弈、蹴鞠、捶丸、杠鼎、武术、养生术、登山等；西北在古丝绸之路与农牧生活的影响下，体育形式主要有马术、马球、赛马、射铁鼓、摔跤、六博、赛骆驼、跳马、滑沙、拔河等。

（二）中国体育文化类型

中国传统体育文化可划分为农耕文化型、草原文化型、海洋文化型、农牧文化型和绿洲文化型 5 种。

农耕文化在中国几千年的文化中占主导地位。在中国传统体育中，也以农耕文化型居多。骑牧与狩猎民族所创造并带有流动性的草原文化和农耕文化相比，其发展速度虽然缓慢，但它们代表着广大草原地区诸多民族的文化，为农耕文化所不能替代。因此，农耕文化与草原文化是 5 种文化类型的基础。

第三节　中西体育文化的交流、融合和冲突

一、中国体育文化与西方体育文化的差异

民族文化的差异性，是由这些民族所处的地理环境、所从事的物质生产方式、所建立的社会组织形态的多样性决定的。不同的文化类型，支配了各民族的行为方式、思维模式、价值观念和情感态度。因此，要把握好东西方体育这一民族智慧的结晶和实践产物，首先必须了解东西方各民族的文化得以繁荣的自然环境和社会条件。东西方两大体育体系的产生和发展经历了不同的道路，形成了不同的形式、方法和理论，但它们在满足人类愉快、欢快、舒适、放松等方面都曾经发挥了积极的作用。由此可知，东西方在文化发展的最初阶段，就呈现出不同的形态，也经历了不同的过程。从古代到近代，中西方文化之间经过间接的交流、碰撞，开始向现代体育转型。因此，研究中西方体育发展的异同以及两大体系的交流、碰撞与融合，不仅能更好地了解东西方体育的不同特

点，更有利于今后的交流。

（一）古代中国和古希腊的历史文化语境

在史前社会，强壮勇武的北欧游牧民族库尔甘人率先进入父系社会并拥有强大的武力，他们用武器横扫了南欧母系氏族社会及其文化，从而完成了欧洲的父权制社会构建。但是，迄今尚无考古依据能证明在公元前5000年至公元前3000年前有类似现象在中华大地发生。由于自然条件的差异，亚洲的游牧民族要比欧洲的游牧民族进化慢，而父权制一直到公元前2000年夏朝建立后才得以进化。远在黄帝、炎帝时代，男子开始在生产和战争中居于主导地位。直到商周时期，父权制文化随"周礼"逐渐发展，但母性崇拜风气依然浓厚。另外，早熟的农业文明得到了稳定的发展，它为造就中国人的亲和自然意识、母性崇拜情结、以素食为主的饮食习惯、平和淡然的民族性格提供了适宜的温度。

不同的文化及文化类型都是不同生态环境的产物。从源头上看，农业起源于原始采集。它不同于以男性为主的狩猎，承担采集活动的主要是女性。狩猎需要男性勇敢、机智、攻击力、充满动感，而采集需要女性的耐心和细心。考古证实，中国人的祖先没有像世界大多数民族那样在经历漫长的游牧、游耕时期以后才进入农业生活，这是中华文明起源的一大特点。而古希腊在公元前9世纪或8世纪中叶才结束了漫长的游牧、游耕的生产生活方式，其转入定居的农耕生活比中国晚了三四千年。原始农业在中华民族是从以女性为主的原始采集生活过渡而来的，人们靠天吃饭。因此，中华民族多感恩、依附心理，他们更多地保留了慈柔温和的女性特征。此外，长期以狩猎为主的游牧生活使古希腊男性充满了勇武刚强之气，随之诞生了崇拜英雄的文明。这也意味着中西文化上的差异，形成了中国人"内向情感型"和西方人"外向情感型"的民族性格差别，并由此打下各自的心理原型基础。中华民族由于深受上古母性文化的渗透，雌柔性文化基因已在其心理上遗传。

（二）不同信仰产生不同文明

古希腊的主神叫宙斯，他崇高威严，是神界和人世的主宰，他既保有人性，又生人体，与人同形同性，还有爱情故事。天神、太阳神、女神、美神等其他诸神也都有人的七情六欲。可以说，神话孕育了古希腊的文明。我国也有对神的信仰，也有神话。先秦古籍记录了大量的上古神话，而这些神大都是人兽同体，并排斥人性。上古神话就有"鲧腹生禹"的故事，《山海经》记述了神的世系。炼石补天的女神女娲与伏羲结成夫妻，他们都是人首蛇身。中华民族的始祖神炎帝则是牛头人身，还有战神蚩尤也是铜头铁额，兽身人语。这些神，不但不与凡人同性同体，出生也与人不同，即不是与人结合而生，而是动物化生，或是感应天象而生。如伏羲是华胥"感蛇而生"，炎帝是女登"感神龙而生"，黄帝是其母见"电光绕北斗，枢星光照野，感而孕"，舜乃其母"见大红，感而生舜"。故而，古希腊的神具有人性，并崇拜人性，神与人的面貌和身体没有两样，而神更是具有最美的人体和美好的人性。当然，古希腊人在创造神时，与我们先祖在创造神时也有过不谋而合。他们同我们一样有过兽体的神、人兽合体的神，这说明一切民族的先祖都创造过这样的神。于是，兽体的、人兽同体的图腾神被创造出来。它使人结成了最初的社会群体——民族，形成了制约人与人关系的图腾制度。但是，文明没有停止在图腾崇拜上，先祖们为了要从群体中独立出来，实现自我，成为社会的主体，他们开始萌发人的主体意识。有了主体意识的新人就再不肯屈从对图腾神的崇拜，于是，他们创造了新神，即以宙斯为主神的奥林匹克诸神。诸神很快为全体古希腊人所崇拜，而不再是某一氏族、部落所崇拜。由此，古希腊不仅"发现了人"，而且也发现了对人的尊严和个性尊重，并形成了现代西方文化之根。

古希腊创造了神，认为神是最完美的人。但古希腊人从不匍匐在神的脚下卑躬屈膝、顶礼膜拜，从不一步一磕头，以示自己的卑微和虔诚，也不以为自己的自然欲望是罪恶而去当苦行僧。他们越是敬神，越表示人的高贵、自尊、伟大。

敬神的另一种方式是举办体育竞技运动会。古希腊人认为，神有最完美的人体，故应喜欢最完美的人。当时的敬神活动常常是裸体的，人们认为向神展示自己美的体魄，自然会取得神的青睐。自荷马时代开始兴起了各种竞技比赛，奥林匹克竞技会是最负盛名的，地点是伯罗奔尼撒半岛的奥林匹亚，那里有宙斯的最大神庙，被视作圣地。当时进行的运动项目有战车赛、摔跤、拳击、赛跑、标枪、铁饼、跳跃、混斗、射箭等。随着城邦经济的日益繁荣，孕育、产生了更多地方性的运动会，如伊斯特摩斯竞技会、皮托竞技会、尼米亚竞技会、海峡竞技会和只有妇女参加的赫拉竞技会等。其中，古希腊所盛行的主要运动项目和奥林匹克竞技形式也流传到全世界，所形成的体育思想和人文精神也一直影响着世界体育的发展。当时的各类竞技会实际上也是宗教盛会，优胜者得到的荣誉是无以复加的，凡获得奥运冠军者都奖以用圣树（月桂树）做成的桂冠并戴在头上。在这种宗教氛围下，崇尚健美已成为古希腊人的时尚。

中国古代的先祖们一直崇拜图腾神——女娲、伏羲、炎帝、黄帝等，认为图腾是氏族人的祖先，而图腾崇拜少不了血缘崇拜，人伦准则也以血缘关系辨亲疏、识远近。由于血缘崇拜，中国的历代帝王也一般是世袭，刑法里便有了族刑，看重"五伦"（君臣、父子、兄弟、夫妇、朋友），把忠、孝、节、义、悌视作纲常。因为重血缘关系，即使人与人之间没有血缘关系，为了亲近，也喜欢称兄道弟。

由于图腾崇拜为群体崇拜，故要强化人的亲和力，出现了"礼"。人的一切都有礼管着，礼要对人进行规范和整合。

古希腊人正是因为摆脱了氏族血缘关系的纽带才使自己成为自由的人。他们的关系不是从属的，而是平等的。他们视人为神圣的，肯定人的七情六欲。他们来到人世就是为享受人生，他们视人世为人生的娱乐场、竞技场。当体育运动对古希腊人民产生吸引力的时候，便创造了奥林匹克运动会。

（三）不同的文化造就了不同的国民风度

古希腊、斯巴达、古罗马对儿童从小就进行身体和军事训练，他们重视身体的健美匀称，他们追求体育竞技的价值，主张身体和精神的统一。

我国汉代具有中华民族初步形成时期所特有的积极进取、蓬勃向上的乐观主义精神，这是一种崇尚阳刚之美、大气磅礴的英雄主义精神。后来，这种精神渗透在我们的民族精神之中，并在唐代得以发扬光大。汉代所褒奖的"事功"的人生态度，除积极开拓的乐观精神之外，还含有对军功及武力的赞赏。汉代人敬佩英雄，炫耀竞技场上的力量和技巧，崇尚强悍、质朴的游侠形象，这不仅构成了我国国民的社会风度，而且也是刚健有为、自强不息的国民素养的真实写照。但是随着专制统治的不断加深，与之配套的意识形态则不断加强对人们的驯化，从而忽视了人的独立存在价值。

（四）古代中国和古希腊不同的身体观

中国古代的身体观，可简括为身体是礼的象征符号。礼亦即社会空间中身体实践的展示，生理之身可转化为社会的身体、道德的身体、气的身体、形的身体。这种身心思想亦以"合一"为体，其特质即在身、心、气互渗，形、气、心是一体三相、全息相通的。孔子以体合礼的威仪身体观、以体习礼的体育身体观，孟子以仁内义外的身体观，荀子以礼导体、以体行礼的礼义身体观、乐舞身体观，都主张社会规范与个体身心达成统一。这种"寓体于礼，以体行礼，以体扬礼"的身、心、礼一体观是中国身体思想最突出的面相，由此而衍生出以"养"为人们整个生活的主导意向。身心都化入"礼"的精神中，体现出优雅从容、漫良恭谨、庄重敦厚、尊严凛然的君子风度。另外，中国人在传统文化的影响下，喜欢寻找精神平衡（心安理得），唯一的途径就是使自己成为一个在各方面都合乎规范的人。由此一直未能产生广泛、普遍的形体审美观念，没有对身体形象进行深入追求，也没有大规模、全民性的身体锻炼活动，更不可能有更快、更高、更强——更团结的竞技体育。

古希腊主流文化就是一种身体化的文化，崇尚快乐、健康、青春、激情、竞技，尊崇形体之美和统一、匀称、和谐的审美。他们充溢着对自然的惊奇及强烈持久的探索冲动，注重体力、体能、体质，强调力量和速度（出于军事搏击与体育竞技目的），表现为角力、射箭、掷标枪、拳击等运动。

古希腊文明追求身体的"力"与"美"，中华文明崇尚身体的"气"与"和"；古希腊文明"尚武健身"，中华文明却"崇和精神"，排斥"以力制胜"的个人勇武；古希腊人的身体锻炼注重体育竞技运动，而中国人重内在的修炼，强调的是体气的流通顺畅，体内各部位的和谐通泰以及身体与自然的气息沟通，关心的是柔韧性、持久性、灵活性、灵敏度；古希腊人注重身体的"肌肉发达"，而中国人则注重"宽大容最"；古希腊人对肌体强健、形体美观和技能完善是永恒追求，中国人强调的是内在和谐的形成。此外，中国与希腊身体观的差异还表现为内聚和外拓，外拓的人体动力形成的运动形态是"开、绷、直、立"，如艺术体操；内聚的人体动力形成的运动形态是"曲、圆、拧、倾"，如武术。

两种身体观的不同是明显的，对身体的不同认知反映出了对内在生命核心的不同看法。由于感性和理性分裂的不彻底，致使中国传统文化呈现出两者结合的特点。与此相关，中国的体育活动不重竞技而重欣赏，因此很大程度上被艺术化了，这体现出了民族心理结构的差异。中国文化从根本上说是情理交融的，既非情欲、感性、冲决一切的放纵，也没有那种生命力的奔涌激情。这是由中国悠久的历史文化传统以及中国人的心理追求造成的。

二、中华体育文化与西方体育文化的融合、交流和冲突

中华文化与西方文化的交流融合由来已久。考古研究发现，殷商甲骨文中就有来自国外的龟甲，说明那时就有了与西方文化的接触。从两汉开始，到魏、晋、南北朝、

隋、唐、宋、元、明、清，中西文化交流日益频繁。

汉武帝于公元前 138 年和公元前 119 年先后两次派使臣张骞率大型使团出使西域，促成了东西方文化交流，开辟了中外文化交流的新纪元。尤其是丝绸之路开通后，中西方的文化交流源源不断，西域诸国的优秀文化，如音乐、舞蹈、杂技、体育等，都接二连三地传入中国，中华文化与西方文化开始融合。隋炀帝曾于大业二年在丝绸之路的古都张掖举办了由世界 27 国参加的商贸盛会，并进行了百戏、角抵、马术、乐舞等比赛。唐朝时，与中国有商贸交往关系的国家多达 70 余个，仅长安就汇集了国内外百万余人，是当时的国际大都会，使中国文化与外来文化得到广泛交流。明末清初，西方一批传教士接踵而来，到中国进行传教活动，从而使中西文化交流掀起了新的高潮。这一时期，中国对西方的哲学、医学、音乐、美术、体育等进行了广泛吸收和采纳。

综上所述，中华文化是在与西方文明的交流中不断吸收、融合各民族文化的精华和宝贵营养不断丰富和发展而来的。可以说，没有东西方文明的交流融合，就不可能有今天丰富多彩的中华文化。体育文化也是如此，没有西方现代竞技体育的传入，就不可能有今日中国在奥运上的辉煌。

从中外文化交流的历史来看，相互吸收融合占据着主导地位，但碰撞冲突也时有发生。在中国体育与西方体育的发展过程中，由于不同的文化语境、不同的地域地理环境、不同的宗教信仰和不同的身体观等，致使两者之间存在不少冲突，如人与神、练与养、阳刚与阴柔、尚武与崇和、运动与修炼、艺术与竞技、祭坛与竞技场等均有明显的文化冲突。冲突不仅使中华体育文化经受了空前的严峻考验，同时也使中华体育文化吸收包容了西方的体育文化因素。

古希腊崇仰人的主体意识，认为勇于张扬自我的人才有资格参与竞技角逐。中国的文明为祭坛，祭坛是供人膜拜的，人的性情自然会被束缚；古希腊的文明为竞技场，竞技场是供人实现自我的，是展示人的力与美的角逐，也可以充分地欣赏人的力与美。古希腊认为优胜者是最健美的人，也就是最接近神的人。

中国的祖先在宽广的土地上世代劳作、繁衍生息，与古希腊很早就在城邦林立、跨海征战、商船贸易中发展起来的个体间契约关系不同。农耕方式使我们祖先的生活与土地、植物、时令、物情、天象的循环变化息息相关，使人生老病死都与亲戚、村社、族群联系在一起，形成了一条柔性的血缘纽带，以血脉亲情为本，并化生出"礼"，进而用礼制束缚人的真性情，故养育出的是"不争之民"。因此，中国人追求安贫乐道、乐天知命、安息平和、与世无争，中国历史上也就没有过像奥林匹克那样推崇个性、以民为尊的竞技角逐。

通过中西方体育文化的比较可以看出，古希腊每个城邦的公民都是以武勇为荣耀的。每 4 年举办一次的奥林匹亚大会，乃是希腊城邦青年们较量竞技体育的场合，是一个表现天赋和才能的舞台，也是促进古希腊文化发展的力量。尤其是丝绸之路的开通，西方文化也随之传入中国。西方和中亚的商人长期居留在敦煌、长安等地，逐渐融入关中百姓，使其不排斥竞技体育的传播。但由于中国儒家本土文化的影响，致使中国古代的游戏、娱乐与竞技发生早、成熟晚，并走向"艺术化"，始终未能走向竞技体育。直到晚清洋务运动之后，中国广泛吸纳西方文化，现代竞技体育才真正被中国人所接纳。

思 考 题

1. 什么是体育文化？
2. 中国传统体育文化的内涵是什么？
3. 西方体育文化的内涵是什么？
4. 试述中西方体育文化的差异。

第五章
体育审美教育

美是纯洁道德、丰富精神的重要源泉。美育是审美教育、情操教育、心灵教育，也是丰富想象力和培养创新意识的教育，能提升审美素养、陶冶情操、温润心灵，激发创新创造活力。在学校体育教学过程中，蕴藏和孕育着丰富多彩的美学因素：身体锻炼所塑造的身体美和气质美、运动技术学习所体现的艺术美和科学美、竞技和群体比赛中所表达出的创造美与伦理美，无不透视出体育独特的美学特征和美育功能。将美学理论运用于体育实践过程，可以培养大学生良好的审美情趣和人文素养、陶冶高尚的道德情操、激发想象力和创新意识、拥有开阔的眼界和宽广的胸怀。追求人的全面发展，不仅是体育美育的终极目标，也是未来学校体育发展的本质要求。

第一节　美学与体育

体育与美学的相互融合诞生了体育美学。美学的最大社会功能和价值在于美育，美育的基础在学校。通过追溯"美的历程"，了解和领悟体育美育与大学生全面发展之间的辩证关系，有助于提高学生审美和人文素养，弘扬中华美育精神，以美育人、以美化人、以美培元。把美育纳入人才培养全过程，培养德智体美劳全面发展的社会主义建设者和接班人。

一、美学的历程

自从人类有了意向性的精神活动，就产生了审美情趣，开始了美的历程。这段历程随着人类文明的进程，在不同的文化体系中，产生了不同的审美观念和审美价值，并开启了美的学科化研究之路。

（一）西方美学源流

在古希腊文化教育中，体育是不可或缺的教育内容。古希腊人所创造的神灵都是人形、人性的，希腊神话中的诸神都长着人一样的体形体魄，也有着人一样的思维。因此，希腊人天生热爱体育与舞蹈。然而，按法国美学家丹纳分析，古希腊人让体育和舞蹈进入教育范畴，主要还是因为当时古希腊尚处于城邦制，城邦间的争夺会引发各种战争。为了保护城邦，古希腊人必须通过体育使孩子具有健康的体魄。他们从 5 岁开始就把孩子们集中到郊外进行训练。

在古希腊的几十个城邦中，斯巴达与雅典是两个最著名的城邦。前者继承了人类早期生活习俗，身体文化强于文字文化，在体育训练中，造就的是典型的西式人体美；后者是西方奴隶制完整的教育典型，也是西方民主政治的发源地，崇尚文化和艺术，爱美爱艺术，也具有典型的体育教育理念。中国台湾学者在《六艺通论》研究中发现，斯巴达教育的主要课程有运动与军事训练，以及社会公民的习惯、法律、舞蹈、音乐等。雅典初期教育的课程是读、写、算、音乐、运动训练、军事技能和公民道德，后期变成读、写、算、运动、文法、修辞和哲学等课程。那时，哲学家苏格拉底所列的课程是体操、舞蹈、几何、天文、算术、心理和伦理；柏拉图设定的小学教育内容是体操、音乐及文学（文法），中学教育内容为算术、几何、天文与音乐；亚里士多德设计的中学课程有三类：第一类是实习性课程，包括体操；第二类是创造性课程，包括音乐与图画；第三类是理论课程，包括文法、修辞、辩证法、算术、几何、天文。

有趣的是，在孔子传授"六艺"之时，西方也有"七艺"之说。所谓"七艺"，是指方法、修辞、辩证法、算术、几何、天文、音乐。前三艺是最早的智者学派的授课内容，后四艺是由柏拉图提出的。而这里的"音乐"同中国古人的"乐、舞、诗"一样，古希腊人的"音乐"也负载着众多的功能，除了音乐，它还包括体育、舞蹈、医疗甚至法律等。这样，在"音乐"广泛的名义之下，贵族的教育者们通过演奏里拉琴、歌唱、吟诗、舞蹈和体育锻炼来培养他们的学生。这个词汇的广泛含义持续影响了许多个世纪。

无论是中国还是西方，古人也常常将体育教育与德育联系在一起，他们甚至视它们为一体。对和体育与舞蹈天生亲近的欧洲人席勒来说，在提出用艺术进行审美教育的时候，必然想到这种情感性运动。通过体操训练虽然主要是培育体操运动员的身体，但是只有通过四肢自由而一致的游戏才能培育美。同样，个别的精神力量的紧张努力虽然可以造就特殊的人才，然而只有各种精神力量的协调一致才能造就幸福而完美的人。培养体操这种特殊人才与普通人的美的观点，也与舞蹈美育的观点相通。舞蹈与体育在"通过四肢自由而一致"使人获得"幸福而完美"的人性教育中有着特殊的意义，因而担负起神圣的历史使命。

（二） 中国美学的发展

中国美学最基本的思想产生和形成于我国早期的奴隶社会。先秦美学思想包含各种美学思想萌芽，其中对后世影响最大的是儒家和道家。儒家美学的中心思想是美与善的一致性，它强调审美的社会功用，要求美善统一，高度重视审美与艺术熏陶，提高人们伦理道德感情的心理功能，强调艺术对促进社会和谐发展的积极作用。例如，孔子提出的"里仁为美"的美学观点，强调人际关系以"仁"为美，即美是人的仁德，美即善。孟子认为："充实之谓美。"儒家美学以孔子为奠基人，经孟子、荀子到《周易》和《乐记》，获得了不断的深化和发展。道家的美学思想源起于老子，其美学思想在《老子》一书中有所论述。例如，老子说："甘其食，美其服，安其居，乐其俗。邻国相望，鸡犬之声相闻，民至老死，不相往来"，就表明了老子理想中崇尚朴素自然之美。他又说："天下皆知美之为美，斯恶已；皆知善之为善，斯不善已。故有无相生，难易相成，长短相形，高下相盈，音声相和，前后相随，恒也。"道家美学的另一个重要代表人物是庄子。庄子哲学究其本质来说，其所提倡的人生态度正是一种审美的态度，追求一种所谓的"万物与我为一"的自由境界，并且认为这种境界即是最高的美。《庄子》一书中对美有多方面的深刻见解。庄子在《天下》中指出："判天地之美，析万物之理，察古人之全。寡能备于天地之美，称神明之容。"庄子非常明确地肯定了美存在于"天地"——大自然之间，强调人要通过对大自然的观察去了解美、寻求美。他在《天道》中认为："夫虚静恬淡寂漠无为者，万物之本也……静而圣，动而王，无为也而尊，朴素而天下莫能与之争美。"庄子认为，自然无为是美的本质，是最高的美。综上所述，道家美学思想认为，真正的美不是世俗的人们劳心竭力地去追求的那种同名利富贵、纵欲享受分不开的美，而是一种自然无为，在精神上获得绝对自由的状态。由于道家看到了审美同超功利之间的联系，把超越外在必然性而取得自由看作是达到美的根本所在，对审美的特征和艺术有着更为深刻的认识，从而对中国古代关于审美与艺术特征的认识产生了深刻的影响。

19 世纪后，西方美学思想作为西方知识体系的一部分，也进入了中国，中国现代美学开始出现与成形，体现在三个方面：一是美学名称的确立；二是美学渗透到中国文化的各个方面，即与中国文化原有的美学内容对接；三是构建出美学学科的内容。

"美学"一词最早由日本人中江兆民在 1883 年翻译的《维氏美学》中提出。后来，康有为、沈翊福、夏偕复、吴汝纶等著名学者都在美学意义上使用了"美学"一词，王国维、梁启超、蔡元培等更是在其具有全国影响力的论著中采用此词。1901 年，"美学"一词与一系列汉语新词一起，成为我国教育体制中的正式词语。1904 年，张之洞等组织制订了《奏定大学堂章程》，规定"美学"为工科的"建筑学门"24 门主课之一。1906 年，王国维的《奏定经学科大学文学科大学章程书后》一文，主张文科大学的各分支学科除历史科之外，均设置"美学"课程。

在美学学科命名过程中，王国维、蔡元培、梁启超对美学与中国艺术、美学与教育体制和社会公共文化生活、美学与政治文化等方面的融通作了重要的论述和推进工作。其中，蔡元培提出了以"美育代宗教"的口号，凸显了美学在教育体制和社会文化中的重要位置，不但显示了用美育培养具有现代意识的全面发展的新人的现实需要，也使美学与教育体制和社会公共文化生活对接起来。

20 世纪 80 年代以后，随着中国现代美学研究的不断深入，美学理论研究和体系构建出现了新的转向，许多美学家创新和完善了自身的美学理论，实践美学成为主流，生态美学开始兴起，美学学科体系进一步丰富与完善，美学与各学科的融合愈加紧密，美学研究呈现出蓬勃发展的良好局面。

二、体育美和体育美育

（一）体育美

体育美，是人类有意识地培育身体活动所展现出来的美的总称。体育领域中有一些独特的审美对象，包括身体美、运动美、人格与精神美、体育生态环境美等。体育美是符合美的规律和审美目的的，既具有自然美和社会美的属性，又具有艺术美特征，是丰富多彩的体育活动之美的总称。

体育美是社会实践的产物，它并不是一种现实中按自然规律与生俱来表现的现象，是人的能动创造的结果。对于体育运动中美的研究，是根据社会和人的需求所决定的。人类用美学的理论和视角去充分发掘体育运动中的美，从而培养实践主体更加丰富的体育审美意识和行为。体育美既是体育运动中的人作为一种客体在活动中的反映，又是作为活动主体的一种自觉创造，其价值在于能够满足人们对体育的审美需求。体育美具有客观性、社会性、感染性和创造性等主要特征。

（二）体育美育

体育美育亦称体育审美教育，是将美学理论运用于体育实践活动过程，按照美的规律，利用体育美进行审美教育的过程。体育和美育是学校教育的重要组成部分，一般来说，在当今学校教育体系中，就其功能而言，体育以身体的健康为主要目的，美育则是以心灵的健康为主要目的，是通过各类美的事物培养学生健康的审美理想、审美观念和审美能力，陶冶高尚的情操，塑造良好的人格，启迪和开发智慧的教育活动。而人的身心健康是相互依存的有机统一体，体育和美育都把关注人的生存进步、尊重个性发展、促进个体的身心解放和自由创造作为根本的价值尺度，它们与德育、智育、劳动教育相辅相成、相互促进、相互融合，一起构成了我国学校教育的整体框架和纬度，其终极目标都是为培养全面发展的人而服务。

体育美所展现出来的美的意象、美的情趣和美的价值，具有其他学科无可比拟的学科优势。这些体育美能引领学生树立正确的审美观念和审美情结，陶冶高尚的道德情操，培育深厚的民族情感，激发想象力和创新意识，拥有开阔的眼界和宽广的胸怀，从而为培养德智体美劳全面发展的社会主义建设者和接班人服务。随着现代教育理论的不断深化以及实践美学与体育领域的融合愈加紧密，体育与美育的有机融合成为学校教育和学校体育改革发展的重要方面，体育美育在学校体育教学中的价值和重要性将日益凸显。

第二节　体育的审美对象及其范畴

实施体育审美教育，首先要明确体育运动中特有的审美对象，把握其特有的审美价值，才能科学、合理地以审美对象为桥梁，达到体育审美教育的目的。"身体"和"运动"是体育的两大要素，是有别于其他学科审美教育的最基本、最重要的审美对象，在此基础上创生出的人文美，则进一步丰富和深化了体育美的价值内涵。

一、身体美

身体美是人类健康的身体所呈现的美，它是个体良好的生理和心理状态综合显示出的健康之美，是生命存在之美。一方面，在体育活动中，人们最充分和最丰富地展示了富有生命力的身体美；另一方面，体育活动可持续塑造人类的身体美，从而具有特殊的人文价值。

（一）身体美的主要内容

人体是具有生命的有机体，它能显示出自然结构的美，主要表现在人体外部均匀而协调的体态、形状方面，因此有时也将身体美狭义地理解为形体美。身体美是由各种要素综合构成的，主要包括体型、骨骼、肌肉、皮肤、毛发、运动姿态等。

1. 体型

体型即人类身体结构的类型。体型主要由受遗传和环境因素影响的人体结构比例以及脂肪蓄积和肌肉发育程度所决定。因此，体型不是一成不变的，科学合理地进行体育运动，能有效改善身体结构，展现身体美。

体型的分类有多种，可以根据躯干与四肢长度来划分，可以根据脂肪蓄积来划分，还可以根据肌肉强壮程度来划分。端正、匀称、协调的健壮体型能给人带来愉悦的美感。

体型的美感程度主要取决于骨骼的组成与肌肉的功能状态，有严格的科学性。例如，四肢骨的长短粗细应有一定的比例，胸廓的左右径应大于前后径，男子骨盆上宽下窄，女子则差别小等，这些规律直接影响到体型美观与否。体型受遗传影响并在其基础上发展。体型的改善既是体育的根本目的之一，也是体育美育的主要任务。健美的体型不仅能给人带来美的视觉享受和美的生活体验，而且还可反映出民族体质的强健，表现出一个民族的气概和精神面貌，是社会精神文明的标志之一。

2. 骨骼

体型的好坏与骨骼有着重要的关系，身体的比例几乎都是由骨骼的形成状态所决定的。人体的骨骼以脊柱为轴，左右基本对称，呈现出平衡的形式美。在肢体核心起支撑作用的骨骼的长度，决定了人体外部形态均衡与否。胸部骨骼的形状对身体美的影响极大，如"鸡胸"或"驼背"。各骨关节的组合也与身体美有重要关系，关节粗大凸出一般被认为是不美的，而 O 型腿或 X 型腿则会严重影响身体的美感。

骨骼美在于匀称、适度。即站立时头、颈、躯干和脚的纵轴在同一垂直线上；肩部稍宽，头、躯干、四肢的比例以及头、颈、胸的连接适度。经常进行体育锻炼，可以很好地控制并改造骨骼形态。在体育比赛中，常常可以看到男性运动员身姿挺拔、骨骼健壮、精神抖擞，女性运动员体形匀称、线条优美、英姿飒爽，这些骨骼形态美的运动员，很好地展现和诠释了身体美。

3. 肌肉

肌肉约占人体重量的 40%，那些发达且富有弹性的肌肉，是构成身体曲线美的基础。人的身体比例因骨骼受遗传因素影响而相对固定，肌肉形态却可因肌肉的结构和功能状态发生变化。体育活动是唯一能有效促进肌肉均衡发展的手段，体育锻炼对于身体美的形成具有举足轻重的作用，尤其对于发达肌肉来改善形体的效果更为明显。

身体的形态美与肌肉的均衡发展关系密切，如三角肌发达，肩部圆润而宽阔；胸大肌发达，胸部厚实而丰隆；背阔肌和腹肌发达，腰肢挺拔；下肢肌群发达，步履坚实而轻快，从而给人以一种强健的美感。对于女性而言，科学的健身方式，则可以均衡肌肉与脂肪比例，使人变得苗条轻灵、婀娜多姿，不论在运动中还是在日常生活中，均表现出强烈的视觉美感。

肌肉还是力量产生的源泉，发达而富有弹性的肌肉能产生巨大的速度与力量，从而产生出速度美和力量美。关于肌肉与美的关系，古希腊哲学家赫拉克利特这样形容："肌肉和骨骼由这些美的曲线构成，这些曲线以其多种多样的对比关系而变成更加复杂的美的线条，并组成一股曲形的连绵不断的波浪。"这形象地描述出人体在运动时，肌肉所表现出来的美感。

4. 皮肤

覆盖于身体表面的皮肤也能显示美。车尔尼雪夫斯基认为：人体通过皮肤焕发光彩，因而赋予人类的美以百般的魄力。

构成皮肤美的三要素是颜色、光泽和洁净。皮肤新陈代谢好，血脉畅通，水分和皮质较多，会呈现出红润的颜色，无论白里透红或黑里透红，均给人以健美的感觉。皮肤的色泽同时也是人体健康的一项重要指标。经常参加体育运动，可以增加血液中的红细胞数量，使皮肤红润；通过日光、空气和水浴的锻炼，并进行适量的保健按摩，能使皮肤保持洁净和光洁感，从而给人以健美、光鲜的美感。在西方，日光浴、空气浴和水浴等已经成为保养护肤的生活方式。

5. 毛发

人体在运动时，毛发在身体美中所占的比例是不能忽视的。毛发中最引人注目的是发型，而其可塑性也最强。运动员的发型应适宜自己所从事的运动。就大部分运动项目而言，男性多为短发，女性多采用"马尾"或云髻，这些发型不但符合项目的运动特点和造型美的要求，还体现了运动中身体美的流畅曲线，显示出人体线条融合在一起的韵律。当然，长发在某些运动项目中也可以体现出另一种飘逸之美。例如，美国著名女子短跑运动员格里菲斯·乔伊娜，在第24届汉城（今首尔）奥运会上创造了至今无人企及的10.49秒的100米世界纪录，尤以她那风中飘舞的长发，成为奥运赛场上永恒的亮丽风景；而足球运动场上罗伯特·巴乔的"马尾"、卡尼吉亚的长发、古利特的小辫造型等均给人们留下了深刻的印象。

6. 运动姿态

运动姿态美涉及所有的体育运动项目，即形体美。形体美在身体美的表现中起着举足轻重的作用。狭义地理解，形体美往往可以用来代表身体美。在体育比赛中，主要欣赏运动员在运动过程中的人体姿态美。经常进行体育锻炼，会对身体的比例产生积极影响，使身材看起来更协调均匀，给人以美感。

体育运动中的形体美，主要表现在运动着的人体形态上。艺术家用寻找美的眼睛观察，发现所谓人体运动是从一个姿态到另一个姿态，身体活动表现出来的运动姿态美主要是身体形态的美和身体素质（运动能力）的美二者结合基础上的动作美。在训练与比赛中，各种高难度的技术通过身体形态的变化表现出来，被运动员熟练、轻巧并且优美地完成，身体各部分协调配合，观众欣赏起来完全就是在享受美的过程。例如，艺术体操运动员在运动场上身体轻灵，动作优美，宛如蝴蝶一样翩翩起舞；游泳运动员劈波斩浪，优美的身形在水中若隐若现，身体在技术的引领下呈现出美妙的形态。

（二）身体美的主要评价标准

身体美的标准是相对的，并且要考虑人种的差异。不同民族、不同国家甚至不同地域，具有不同的身体审美观念。尽管不同人种的体质特征尤其是容貌差异带来了不同的审美观，但人体毕竟有着许多共同之处。我国学者通过归纳古今中外美学家对身体美的评价，综合现代体育活动中的审美经验，提出了一个可供借鉴的身体美的定性标准：

（1）骨骼的发育正常，脊柱正视垂直，侧看曲度正常。

（2）四肢长而直，关节不显得粗大突出，肌肉均衡发达。

（3）头顶隆起，五官端正。

（4）双肩平正对称，男方女圆。

（5）胸廓饱满，正面和背面看呈"V"字形，侧看男宽女凸。

（6）腰细而结实，呈圆柱形。

（7）腹部扁平，腹肌隐现。

（8）臀部圆翘，球形上收。

（9）大腿修长而线条柔和，小腿腓部微凸。

（10）踝细，足弓高。

二、运动竞技美

现代的竞技比赛要求运动员能熟练掌握技术动作，运动技术也日趋向难、新方面发展，同时对运动员的身体素质要求越来越高，加上优美和谐的韵律、鲜明的节奏、运动员之间娴熟的配合，使人们在欣赏竞技运动比赛时，不仅仅关注比赛的胜负，更注重比赛中运动员所表现出的技术美、战术美、精神美和体育道德美。

（一）技术美

技术美是运动竞技美的重要组成部分，不论是个人还是集体，其技术的审美价值，都是通过竞技运动表现出来的。构成运动员技术美的要素包括技巧美、韵律美和力量美。从运动生理学的角度分析，最美的技术动作轨迹与动作方法，不仅是肌肉、骨、关节的完美配合，也是最合理、经济和有效的动作展现。技术美同时也是一种科学美，是通过无数高科技的计算和模拟所设计出来的最高效动作，通过无数次的练习与纠正而使动作效能最大化，同时接近完美的程度。

（二）战术美

战术美是运动竞技美的又一个重要组成部分。竞技运动层次越高、竞争越激烈，不仅需要运动员具有超强的体力和娴熟的技术动作，更需要提高战术能力。安排战术固然是为了掌握比赛的主动权，从而为赢得胜利服务，但灵活多变的战术以及战术运用的针对性、有效性，场上位置的排列和阵型的设计，都应运用一系列符合美的规律的原则和形式来指导，特别是在篮球、足球、排球等集体项目中。

三、人文美

在体育运动中，身体美和运动竞技美是显性的，比较容易被人观察；而人文美是隐性的，蕴含于体育文化和个性品格之中，属于精神层面范畴。体育人文美是人类精神世界的一种特殊追求，使人朝着健康美、心灵美的方向进步，使社会朝着更加文明、进步的方向发展。体育人文美包括体育意志品质、体育观念和体育道德等方面，他们都属于体育的审美对象，是体育人文美的重要组成部分。

（一）体育意志品质美

在竞技运动中所体现的意志品质美是指在竞技运动时，运动员个人或集体所表现出来的顽强拼搏、坚持不懈的精神状态，是一种以实际行动诠释奥林匹克运动"更快、更高、更强——更团结"的精神真谛。

我国著名乒乓球运动员马龙自小就展现出对乒乓球的热爱和天赋，但他之所以能够成为世界顶尖的乒乓球运动员，离不开他长期的刻苦训练和对技术的不断钻研。在2007年和2009年的世乒赛上，马龙都遭遇了挫折，分别止步16强和8强。然而，这些失败并没有击垮他，反而成了他成长的催化剂。他通过分析失败的原因，改进技术，增强心理素质，最终在后来的比赛中取得突破。分别于2016年和2020年连续两次获得奥运会男单冠军，完成了乒乓球男子选手前所未有的双圈"大满贯"成就。在2023年的杭州亚运会上，马龙坦诚这可能是他最后一次参加亚运会。尽管年龄不再是他的优势，但他依旧全力以赴，带领中国队获得男团冠军。

在体育比赛中，我们常常能观看到和体验到运动竞技中的意志品质美，这种坚持不懈、顽强拼搏的优秀品质所体现出的人文美，激励着人们积极面对生活的挑战，激励着人们同艰难的命运抗争，这也是体育运动所焕发出来的最具感染力的人性光辉和精神美。

（二）体育观念美

体育观念是指人们在体育运动实践中所形成的各种认识的集合体。体育观念是随着社会文明的进步不断发展的，只有树立正确的体育观念，人们才能积极主动地投入体育运动中来，才能正确透视和发现体育运动中的美。在体育观念美中，最重要的认识就是代表人文关怀的健康美。

健康美，是体育活动中大量显现出来的一种审美特征，它是体育有别于其他领域美的主要标志，是体育美区别于其他审美对象的一种特质。随着社会的发展，人们对健康的理解扩大到社会文化领域。一方面，追求身体的健康美、精神的健康美和行为的健康美是体育观念美的集中体现；另一方面，只有在良好的体育观念美的指引下，通过科学准确的认识、主动积极的行为，才能培养和塑造健康美。

体育观念美是体育美的精神基础，它既是体育美、社会美德的表现形式，又可以促进体育美和社会美的发展。只有拥有良好体育观念的人，才能充分体验到体育所带来的美感，才能真正体会体育的精神美。

（三）体育道德美

体育道德是指运动员、教练员和裁判员或其他体育运动主体在体育活动中应当遵循的道德规范。公平竞争是体育道德最基本的内容，这在体育竞赛中尤为突出，具有优秀道德情操的运动员常常受到对手和观众的喜爱和尊敬。有的运动员在对方受伤或摔倒时，主动终止比赛，帮助对手；有的运动员在自己犯规后主动向对方表示歉意；有的运动员在面对裁判员的漏判、错判等不公正判罚时，仍能镇静自若，甚至在观众起哄时，主动平息观众情绪。这些优良的道德行为，体现了良好的精神面貌，是心灵美的展现。

思 考 题

1. 简述体育美学和体育美育的概念。
2. 简述体育美学的审美对象及范畴。

实践技能篇

第六章

身体素质锻炼

　　身体素质，既是人自我理解的起点，又是人在与社会和自然的联系网络中沟通、交往的支点。探究人的身体运动轨迹，可以更好地理解和发展自我；对身体的认知与实践，可以更好地调整自我与他我的互动关系，从体育中寻绎可能蕴含的思想资源，使我们从身体与自然的互动中去探索增强体质之道、养生之道和培养精神之道。

　　中国古代十分重视对身体素质的训练。如重内在修炼，重精神涵养，强调的是体气的流通顺畅，体内各部位的和谐通泰以及身体与自然的气息沟通，关注的是柔韧性、持久性、灵活性和灵敏度，提倡"修身以道，修身以仁"。孔子的《论语·述而》认为修身的终极目标是："志于道，据于德，依于仁，游于艺。"这意味着修身的目标在于"道"的实现。修身过程中不能违背道德精神，修身又必须符合"礼"的标准。而"游于艺"对身心修持更具有特殊的含义。

第一节　身体素质概述

　　身体素质是指人体在运动中所表现出来的力量、速度、耐力、柔韧和灵敏等身体基本状态和功能，是人体各种与运动和生活能力相关的综合功能状态，同时也包括运动员在其特殊运动项目中的运动能力。身体素质还是人体生存及运动的基本条件，是人体从事体育运动的基础。

一、身体素质的内涵

　　身体素质的好坏，直接可以反映出人类的体质状况。而体质这个概念较为单纯，基本保持在身体的范围内。体质具有长期和稳定的特征，而健康具有短期和易变的特征。同样处在健康状态的人，基本体质状况可能千差万别；同样体质状况的人，在短期内可能由于疾病的影响出现健康方面的不同表现。

　　健康对人所作的评价相对静态，而体质则相对动态，重点在于对人的生活能力、劳动能力、适应能力和运动能力的评价。运动能力对于人类的进化和发展十分重要，不能把运动能力仅仅看成是一种游戏能力、竞技能力。儿童和青少年时代培养的身体素质和运动素质，对其一生的体质发展和生活、生产技能的掌握都是有益的。因此，对身体素质的评价更能反映出体质的价值和作用。

二、身体素质的外延

身体素质还有其外延，归纳起来，大致有三类：

（1）身体素质包括体质基础、心理发展水平、体育文化素养和终身体育能力等内容。

（2）身体素质由人体形态结构、生理机能、适应能力和心理素质等构成。

（3）身体素质主要包括以下素质：① 力量素质：由肌肉紧张或收缩时所表现出来的一种能力。适宜的力量，可更好地控制体重来抵抗地心引力和更快地操纵身体，力量在身体素质中占相当重要的地位；② 速度素质：指人体进行快速运动的能力，其表现形式有反应速度、动作速度和周期性运动中的位移速度；③ 耐力素质：指人体长时间进行肌肉活动的能力，也可看作是对抗疲劳的能力。耐力有肌肉耐力和心肺耐力两种。心肺耐力又分为有氧耐力和无氧耐力；④ 灵敏素质：是一种复杂的素质，是人体活动中的综合表现，指人体在复杂条件下快速、准确、灵活地完成动作的能力。灵敏素质表现了第一、第二信号系统的分析综合能力的高度发展；⑤ 柔韧素质：是人体各关节的活动幅度、肌肉韧带的伸展性的表现，是人体运动时加大动作幅度的能力。

三、身体素质的结构

身体素质一般可以分为三类：

（一）与健康有关的身体素质

（1）心肺耐力：是指一个人持续身体活动的能力。尤其是在进行有一定强度的活动时，良好的心肺功能则显得更加重要。心肺功能越强，走、跑、学习和工作就会越轻松，进行各种活动保持的时间也会越长。

（2）柔韧性：是指身体各关节的活动幅度，以及跨过关节的肌肉、韧带、皮肤和其他组织的弹性和伸展能力，可以通过经常性的身体练习得到提高，柔韧性对于提高身体活动水平、预防肌肉紧张及保持良好的体态等具有重要作用。

（3）肌肉力量：是一块肌肉或肌群一次竭尽全力从事抵抗阻力的活动能力，所有的身体活动均需要使用力量。肌肉强壮有助于预防关节的扭伤、肌肉的疼痛和身体的疲劳。如果腹肌力量较差，往往会导致驼背现象。

男性肌肉含量在 40 岁后就开始以每年 1% 的速度递减，到了 60 岁男性肌肉含量仅相当于年轻时的 75%。肌肉含量不断下降意味着三大危害：首先会导致男性基础代谢率降低，外在表现是发福；其次，肌肉是心脏等器官的重要组成部分，它的衰退，成了男性心血管病高发的帮凶；再次是会导致力量下降，甚至连上台阶都感到吃力，这是许多男性感到腰酸背痛的主要原因。

（4）肌肉耐力：是一块肌肉或肌群在一段时间内重复进行肌肉收缩的能力，与肌肉力量密切相关。一个肌肉强壮和耐力好的人能更好地抵御疲劳的发生，因为这样的人只需花很少的力气就可以重复收缩肌肉。

（5）身体成分：包括肌肉、骨、脂肪等成分。身体素质与体内脂肪比例之间的关系最为密切，脂肪过多者是不健康的，其在活动时比其他人需要消耗更多的能量，心肺功能的负担也更重，因此，心脏病和高血压发生的可能性更大。另外，肥胖会使人的心理健康水平下降，也会影响寿命的长短。

（二）与动作技能有关的身体素质

（1）速度：指快速移动的能力，即在短时间内移动一定距离的能力。在许多竞技体育项目中，速度对个人取得优异成绩至关重要。

（2）力量：指短时间内克服阻力的能力，举重、投铅球、掷标枪等体育竞技项目均能显示一个人力量的大小。

（3）灵敏性：指在活动过程中，既快速又准确地变换身体方向的能力。灵敏性在很大程度上依赖神经肌肉的协调性和反应时间，可以通过提高这两方面的能力来改善人的灵敏性。

（4）神经肌肉协调性：神经肌肉协调性主要反映一个人的视觉、听觉和平衡觉与熟练的动作技能相结合的能力。在球类和体操运动中，这种身体素质成分显得尤为重要。

（5）平衡：指当运动或静止站立时保持身体稳定性的能力。滑冰、滑雪、体操、舞蹈、技巧和武术等项目对提高平衡能力是很好的运动，闭目单足站立练习也有相当好的效果。

（6）反应时：指对某些外部刺激作出生理反应的时间。反应速度是许多项目优秀运动员的特征，特别是短跑的起跑阶段，反应时的作用更多。

与健康有关的身体素质和与动作技能有关的身体素质有重叠之处，如心肺耐力、肌肉力量、肌肉耐力、柔韧性和身体成分等，这无论是对健康还是对技能性要求较高的运动都是十分重要的。

（三）与心理有关的身体素质

（1）神经过程的强度：指神经细胞在工作中能经受得住刺激强弱的程度，如果一个人能经受得起较强的刺激，并能持久地工作，就表明其神经系统是强的，反之就是弱的。

（2）神经过程的平衡性：指兴奋与抑制的力量对比的程度。如果兴奋强度大于抑制强度，就是平衡性低或不平衡；如果兴奋强度与抑制强度势均力敌，那就是高平衡性。

（3）神经过程的灵活性：指兴奋和抑制互相转换或彼此替代的速度。如果兴奋转为抑制很快，或抑制转为兴奋也很快，就是灵活性高；如果兴奋与抑制的相互转换与彼此替代都很慢，就是灵活性低。

四、良好身体素质的特征

（1）身体发育正常，身高和体重均按时增长，无肥胖或豆芽形体型的发展。

（2）皮肤光滑、清爽、不干燥，表皮油脂不过多。

（3）毛发整齐且有光泽。

（4）眼睛明亮有神，眼白清洁无疵，眼圈不发黑。

（5）牙齿清洁整齐，无龋齿。

（6）不用口呼吸。

（7）手指清洁，指甲修整，不存污垢。

（8）脚趾向前，无弯曲现象，也不是扁平足。

（9）坐、卧、立、行都能保持良好的姿势。

（10）身体各部分功能均正常。

（11）运动后虽有正常的疲劳，但经过适当休息后，即可恢复如常。

（12）食欲良好，睡眠充足，且定时排便。

（13）能够完成日常学习活动和家庭作业，并且不产生过度疲劳或情绪紊乱。

（14）能够正常参加课程表中规范的体育课和其他体力活动。

（15）在游戏和身体基本姿势方面，能够表现出与其年龄、性别、体型和运动经验相适应的技巧。

第二节　身体素质与社会适应能力

随着身体素质概念的广泛传播，越来越多的人认识到身体素质对于人类适应生活、活动和环境，以及享受休闲、应付突发事件的重要性。提高身体素质水平不仅有助于身体健康，而且能更有效地改善情绪，减轻心理压力，缓解心理和情绪障碍，增强自尊、自信，提升自我意识，具有改变生活方式，提高生活满意度和幸福度等功效。因此，良好的身体素质已成为现代人重要的生活追求。

一、身体素质练习对心理的影响

身体素质练习对心理会有改善作用，如会减少焦虑和抑郁程度。身体素质对调节情绪的优势表现在：身体素质练习是人们调节情绪的最自然的选择；身体素质练习是情绪调节的一种建设性的行为。

身体素质练习具有显著的情绪效应。一次身体素质练习，使紧张、困惑、疲劳、焦虑、抑郁和愤怒等不良情绪状态显著改善，以及精力感和愉快程度显著提高；仅一次球类练习或自行车练习就可使健康和不太健康的大学生焦虑程度下降，如散步、慢跑都有助于提高心境状态。身体素质练习可使青少年的状态焦虑、抑郁、紧张和心理紊乱等水平显著降低，而精力和愉快程度显著提高。长期坚持身体素质练习，获得的心理效应比偶然进行练习的要好。

身体素质练习的强度也会直接影响心理效应。如高强度的练习虽能增强心肺功能，提高代谢水平，但对改善心理状态效果不是太好，而低强度练习却对心理状态更具积极作用。

二、身体素质练习对社会适应能力的影响

把身体素质练习作为一种手段，其根本目的是使青少年在和谐、平等、友爱的运动环境中感受到集体的温暖和情感的愉悦；在经历挫折克服困难的过程中，提高抗挫折能

力和情绪调节能力，培养坚强的意志和品质；在不断体验进步或成功的过程中，增强自信心和自尊心，培养创新精神和创新能力，形成积极向上、乐观开朗的生活态度；培养青少年忠诚、勇敢、顽强和坚忍不拔的意志、毅力；塑造坚强的人格和体魄，亦使他们有能力和意志完成各种使命和任务；培养青少年具有团队合作精神和阳刚之气，能够教他们在任何险境或困苦的条件下都能尽自己最大的努力，拼搏到最后；培养青少年身体的协调性和气质；培养学生"悦耳悦目""悦心悦意""悦志悦神"的审美能力，达到以美引善，提高青少年的思想品德；以美启真，增强青少年的智力；以美怡情，增强青少年的身心健康，促进青少年全面和谐发展，以更好地适应社会的发展。可以说，身体素质是青少年生活、事业、人生幸福的基础，也是青少年发展的理想追求。

社会适应是指个体为了适应社会生活环境而调整自己的行为习惯或态度的过程。良好的社会适应能力主要是指人际关系，协调能力是指一个人能否积极和谐地与他人相处。在社会生活中，每个个体都有自己独特的为人处世、待人接物的方式，都有人际交往、合作、友情、尊重、名誉及取得成就的愿望和需要，所有这些需要的满足，都依赖于个体的社会适应。身体素质练习本身所具有的种种特性及矛盾性，使其在促进个体社会化，提高社会适应能力方面具有不可代替的特殊意义。在学校体育活动环境中，青少年可以以更直接、生动和集中的方式接触、体验近似于社会上所能遭遇到的各种情境，如竞争、冲突、分享、合作、共处、避让、包容、突变、角色和角色转换、表扬、批评、成功、失败、规范、处罚、控制、对抗、磋商及展示……从而不断学习，不断调适个体社会适应的意识和能力。

第三节　身体素质的锻炼方法

身体运动技能主要是指力量、速度、灵敏、耐力和柔韧5个方面的素质，它是衡量身体素质的重要标志。这5项身体素质的增长速度呈现一定的顺序性，其顺序为：柔韧、速度、灵敏、力量和耐力。所以在进行身体素质练习时，必须按顺序和规律，有针对性地进行，以达到提高5项身体素质的目的。

提高身体素质，还要注意身心的协调发展。身体健康与心理健康是相互影响、相互制约的。身体健康是心理健康的基本条件之一，只有具备健康的身体，才可能具备健康的心理。而心理健康对于身体健康的影响也是很大的，如心理冲突、不安全感、长期抑郁、过分焦虑等不良情绪状态能严重影响个人机体的免疫系统，造成免疫能力下降，这为各种疾病的发生提供了条件。青少年处于身心发展阶段，无论是生理还是心理都是极不稳定的，容易产生心理冲突和困惑，如不能及时引导，就会产生不健康的心理，从而影响身体发育。因此，在发展青少年身体素质的同时，必须加强对其的心理教育，以利于身心协调发展。

一、柔韧性练习方法

根据人体生理解剖结构，柔韧性包括四肢和躯干各关节的柔韧性。其主要关节有肩、肘、腕、髋、膝、踝及脊柱等各关节。柔韧性的锻炼就是针对上述各关节灵活性的练习。

发展关节的柔韧性，应根据参加锻炼项目的特点，有目的、有选择地进行练习。柔韧性练习一般在适当的准备活动以后进行，也可安排在每次锻炼的结束部分进行。为了防止受伤，应先采用静态拉伸的方法，然后再采用动态拉伸的方法。

（一）肩关节柔韧性锻炼

（1）压肩：① 正压肩：伸展的肌肉包括胸大肌、背阔肌。方法：手扶一定高度的物体或两人手扶对方肩，体前屈直臂压肩；② 反压肩：伸展的肌肉包括胸大肌、三角肌前束。方法：反手扶一定高度的物体，下蹲直臂压肩。

（2）吊肩：伸展的肌肉包括胸大肌、背阔肌等肩带周围肌群。方法：单杠各种握法（正握、反握、反正握、翻握等握法）的悬垂；或单杠悬垂后，两腿从两手间穿过下翻成反吊。

（3）转肩：伸展的肌肉包括肩带周围肌群。方法：用木棍、绳、毛巾等做直臂或屈臂的向前、向后的转肩，握距应逐渐缩小。

（二）下肢柔韧性练习

（1）弓箭步压腿：伸展的肌肉包括大腿屈肌群、股四头肌。方法：前跨一大步成弓箭步，后脚跟提起，膝关节略屈，向前顶髋。

（2）后拉腿：伸展的肌肉包括大腿屈肌群、股四头肌。方法：一手扶一定高度的物体，另一手抓异侧的脚背，向后拉腿。

（3）正压腿：伸展的肌肉包括股后肌群、小腿三头肌。方法：单脚支撑，一腿搁于一定高度的物体上，两膝伸直，身体前倾下压。

（4）侧压腿：伸展的肌肉包括大腿内侧肌群、股后肌群、小腿二头肌。方法：侧立单脚支撑，一腿搁于一定高度的物体上，两膝伸直，身体侧屈下压。

（三）踝关节柔韧性练习

（1）跪压：伸展的肌肉包括小腿前肌群、股四头肌。方法：跪于平面上，脚背伸直，臀部坐在脚跟上。

（2）倾压：伸展的肌肉包括小腿后肌群。方法：手扶墙面站于一定高度的物体上，先提踵，后脚跟下踩，身体略前倾。

（四）腰腹部柔韧性练习

（1）体前屈：伸展的肌肉包括腰背及股后肌群。方法：两腿并步或开立，膝关节伸直，身体前倾下压。

（2）体侧屈：伸展的肌肉包括体侧肌群。方法：两腿开立，一手臂上举，上臂贴耳，身体侧屈下压。

（3）转体：伸展的肌肉包括躯干和臀肌。方法：把一只脚放于另一腿的膝关节外侧，向弯曲腿的方向扭转身体。

（五）柔韧性练习的注意事项

（1）柔韧性练习强度应采用缓慢、放松、有节制和无疼痛的练习，只有通过适当的努力才会提高。

（2）柔韧性练习的时间由采用的伸展方式决定，它主要取决于重复的次数和在伸展位置上停留的时间。

（3）柔韧性练习应循序渐进，持之以恒，还必须注意兼顾到身体各部分关节柔韧性的全面发展。同时，在练习结束后，应做些相反方向的练习，这有助于伸展肌群的放松和恢复。

二、速度练习方法

速度素质是人体在尽可能短的时间内完成动作的能力。神经系统的反应能力、做动作的频率和动作幅度的大小是影响速度素质发展的主要因素。发展速度素质，对于提高大脑皮质的反应能力和对身体快速指挥和协调能力，使身体更加灵活，做动作更加迅速，具有重要的作用。速度可分为反应速度、动作速度、位移速度。各种速度素质练习，都应在体力充沛、精力饱满的情况下进行。

（一）发展反应速度的方法

反应速度是指人体对外界刺激反应的快慢程度。它是以神经反射的反应时为基础的，反应时越短，反应速度越快；反之，则反应速度越慢。反应速度是由运动分析器和神经-肌肉系统的功能确定的。发展反应速度的基本方法与手段：听信号后用最快的速度完成规定的练习、运动中听信号或看到标记迅速改变运动方向和方式的各种练习、发展提高完成动作自动化程度的各种专门练习、各种游戏性质的反应练习和各种球类运动练习等。

（1）听号接球：练习者围好圈报数后向着一个方向跑动，教练持球站在圈中心，将球向空中抛起喊号，被喊号者应声前去接球。要求根据时间和空间采取应急行动。

（2）互相拍肩：两人相对 1 米左右站立，既要设法拍到对方的肩膀，又要防止对方拍到自己的肩膀。要求伺机而动，身手敏捷。

（3）围圈打猴：指定几个人当"猴"在圈中活动，余者作为"猎人"手持 2~3 个皮球围在圈外，掷球打圈的"猴"（只准打腿部），被击中的"猴"与掷球的"猎人"互换。要求：眼观六路，耳听八方，掷球准确，躲闪迅速。

（二）发展动作速度的方法

动作速度是指人体快速完成单个动作的能力。通常用单位时间内完成动作数量的多少来度量。动作速度取决于中枢神经系统的灵活性，以及完成动作的力量、幅度、协调性、力量耐力等因素。此外，还与技术水平、机能能力的发展水平等密切相关。提高动作速度的锻炼方法有：① 减少练习难度，加助力法，如牵引助力跑步或游泳、顺风跑、下坡跑、顺水游和推掷较轻的器械等；② 加大练习难度，发挥后效作用法，如负重跳或推掷超重器械练习后，接着做跳跃或推掷标准器械的练习；③ 时限法，按预定的音响节拍频率完成动作，以改变练习者的动作频率和速度。反应速度和动作速度与年龄密切相关，应在儿童少年年龄段加强反应速度和动作速度的训练。

（1）依靠肌肉克服由弹性物体形变而产生的阻力，发展快速用力的方法，如使用弹簧拉力器、拉橡皮带等。

（2）用轻重量哑铃，快速反复进行上举、前举、侧举等动作。每组 30~50 次，重复做 5~8 组。

（3）用轻重量杠铃，连续快速做上举动作。每组 20~30 次，重复做 5~8 组。

（三）发展位移速度的方法

位移速度是指单位时间内人体位移的距离。在周期性的运动中，指人体通过一定距离所用时间的多少。提高动作速度是提高位移速度的基础，并与四肢肌肉的爆发力密切相关。通常采用下列方法发展位移速度：① 快速跑，如短距离用最快速度重复跑、让距离追逐游戏、短距离游泳、速滑等；② 加速动作频率的练习，如快频率小步跑、快速摆臂练习等；③ 发展下肢的爆发力，如负重跳、单脚跳、跨步跳等。

（1）反复起跑：蹲踞式或站立式起跑 30~60 米，每组做 3~4 次，重复做 3~4 组。

（2）短跑：以最快速度跑 30~50 米，每组 1 次，重复做 4~5 组。

（3）反复跑：跑距为 60 米、80 米、100 米等。重复次数应根据距离的长短及学生水平而定。一般每组做 3~5 次，重复做 4~6 组。强度一般用心率控制。如 80 米跑，练习时心率应达到 180 次/分，间歇恢复至 120 次/分时，进行下一次练习。

（4）间歇行进间跑：行进间跑距为 30 米、60 米、80 米、100 米等，计时进行，每组 2~3 次，重复 3~4 组。

（5）计时跑：可做 30~50 米距离的重复计时跑或长于 50 米距离的计时跑。重复次数应根据学生水平及跑距而定。距离短，强度可大些。

发展速度素质应注意的问题：一般采用强度大、持续时间短的练习，应在精力充沛、运动欲望强的情况下交替进行各种练习。在疲劳时，如只用单一的练习方法，易形成速度障碍，不能收到良好的效果。同时，发展速度素质要与发展力量、耐力和柔韧素质结合起来，注意提高肌肉的放松能力。

三、灵敏练习方法

灵敏素质是指迅速改变体位、转换动作和随机应变的能力，是人体在各种突然变化的条件下，快速、协调、敏捷和准确地完成动作的能力。它是人的运动技能、神经反应和各种身体素质的综合表现。

（一）提高反应判断的练习

（1）按口令做相反的动作。

（2）原地、行进间或跑步中听口令做动作。

（3）一对一互看对方背后号码。

（4）听信号或看手势做急跑、急停、转身和变换方向练习。

（5）一对一做脚跳动猜拳、手猜拳、打手心手背、摸五官等练习。

（二）发展平衡能力的练习

（1）一对一面向站立，双手直臂相触，虚实结合相互推，使对方失去平衡。

（2）一对一弓箭步牵手面向站立，虚实结合互推互拉，使对方失去平衡。

（3）各种站立平衡，如俯平衡、搬腿平衡、侧平衡等。

（4）在肋木上横跳、上下跳练习。

（5）急跑中听信号完成急停动作。

（6）发展旋转的平衡能力练习。原地跳转 180°、360°、540°、720°，落地站稳。

（三）发展协调能力的练习

（1）各种徒手操练习。

（2）脚步移动练习：如前后、左右、交叉的快速移动，单脚为轴的前后、转体的移动，左右侧滑步、跨跳步的移动。

（3）跳起体前屈摸脚。

（4）选用健美操、体育舞蹈、街舞中的一些动作。

（四）选用体操中的一些动作

（1）前滚翻、后滚翻。

（2）连续前滚翻或后滚翻。

（3）连续侧手翻。

（4）鱼跃前滚翻。

（5）屈伸起。

（五）灵敏性游戏

在灵敏性游戏的设计、选择、运用中，要注意把思维判断、快速反应、协调动作和节奏感等内容有机地结合起来。进行游戏时，要严格执行规则，注意安全。

（1）抓"替身"：成对前后站立围成圈，指定一人抓，另一人逃，逃者通过站到一队人的前面来逃脱被抓，后面的人立即逃开。当抓人者拍打着被抓者时，两人交换继续抓"替身"。要求反应快、躲闪迅速。

（2）双脚离地：练习者分散在指定的地方任意活动，指定其中几个为抓人者，听到教练的哨音后，谁的双脚离地就不抓他，抓人者勿缠住一人不放。要求快速悬垂、倒立、举腿等。

（3）"老鹰"抓"小鸡"："小鸡"跟在"母鸡"背后，用手扶住前面人的髋，排成纵队。"老鹰"站在"母鸡"前面要抓后面的"小鸡"，"母鸡"伸开双臂设法阻止。要求斗智斗勇，巧用心计。

（4）传球触人：队员分散站在篮球场内，两个引导人利用传球不断移动，追逐场上队员并以球触及场内闪躲逃跑的队员。凡被球触及者参加传球，直到场上队员全部被触及为止。要求传球者不得运球或走步违例，闪逃者不准踩线或跑出界外。

四、力量练习方法

肌肉力量是身体素质的重要组成部分。提高肌肉力量和肌肉耐力，是提高身体素质的必然选择。力量素质只有在对肌肉不断强烈刺激下，并且加以刺激的强度超过上一次时，才会得到发展。所以，要不断地增加负荷，并超过原来的负荷，大负荷能够动员更多的肌群参加，增强肌肉力量，小负荷或中等负荷对发展肌肉体积有利。

肌肉力量的大小并非绝对来自先天，在后天的锻炼中亦能得到很大程度的增强。如经常进行肌肉锻炼的人，在肌肉收缩运动中，肌肉内 90% 的肌纤维都能在一瞬间收缩并发挥出很大的力量；而没有经过锻炼的人，只有 60% 的肌纤维在收缩。

负重抗阻练习是增强肌肉力量的基本手段。杠铃与哑铃练习法是典型的负重抗阻练习，是力量练习的基本方法。

1. 卧推

器械：杠铃、长凳。

练习方法：正握杠铃杆，将杠铃缓慢落到胸前，然后推起。

要点：屈膝90°，双脚不接触地面和长凳。

发展的肌肉：胸大肌、肱三头肌、三角肌。

2. 挺举杠铃

器械：杠铃。

练习方法：正握杠铃杆，爆发用力，将杠铃举到胸前。翻腕、屈膝后用力将杠铃举过头顶，然后屈臂、屈髋、屈膝，将杠铃降至大腿部后缓慢放下。

要点：握杠铃同肩宽，准备姿势成蹲姿抬头，背部挺直。

发展的肌肉：斜方肌、竖脊肌、臀大肌和股四头肌。

3. 负重半蹲

器械：杠铃。

练习方法：正握杠铃杆，屈膝成90°后还原。

要点：将脚跟踮起，下颌微朝前。

发展的肌肉：股四头肌、臀大肌。

4. 负重提踵

器械：杠铃，5厘米左右的厚板。

练习方法：正握杠铃于肩上，提踵。

要点：调整脚尖由朝前到向内或向外，保持身体正直。

发展的肌肉：腓肠肌、比目鱼肌。

5. 提杠铃

器械：杠铃。

练习方法：采用混合握法，屈膝使大腿与地面水平，然后用力，将杠铃提起，身体保持直立后，屈膝将杠铃缓慢落下。

要点：抬头、挺胸，握距同肩宽。

发展的肌肉：竖脊肌、臀大肌、股四头肌。

6. 提铃耸肩

器械：杠铃。

练习方法：正握，耸肩至最高点，然后回落。

要点：四肢充分伸展。

发展的肌肉：斜方肌。

7. 俯立飞鸟

器械：哑铃。

练习方法：弓身成水平状，两臂向后上振至哑铃与肩同宽，后缓慢还原。

要点：膝与肘微屈。

发展的肌肉：三角肌后群、背阔肌、斜方肌。

8. 哑铃弯举

器械：哑铃。

练习方法：手持哑铃，前臂弯举至肩部，后缓慢还原。

要点：使背部保持正直、稳定。

发展的肌肉：肘屈肌群。

9. 腕弯举

器械：杠铃。

练习方法：五指可稍微分开，握住（反握）杠铃杆屈腕。

要点：以适宜的握距，将前臂固定好。

发展的肌肉：腕屈肌群。

10. 肱二头弯举

器械：杠铃。

目的：发展肱二头肌的力量。

练习方法：前臂弯举。

要点：弯举尽可能靠近肩部，动作应有控制地还原。

发展的肌肉：肱二头肌、肘屈肌群。

11. 仰卧起坐

目的：发展腹部肌肉。

发展的肌肉：腹直肌。

锻炼的关节：脊柱各关节。

练习方法：躯干卷曲。

要点：仰卧，手置于胸前或背后，膝部弯曲成 90°，脚不要离地，上体起至与地面成 45°。

12. 俯卧撑

目的：发展手臂和胸部肌肉力量。

发展的肌肉：肱三头肌、胸大肌。

重复次数：初练者 10 次，中级水平者 20 次，有训练者 30 次。

要点：躯干与下肢保持在同一条直线上，下落时胸部不要触地。

注意：避免背部的过分伸展。

五、耐力练习方法

耐力是人体在尽可能长的时间内进行肌肉活动的能力，也可以看作是抵抗疲劳的能力。

拥有耐力是身体健康的必备条件。耐力运动可以使得大脑皮质长时间保持兴奋与抑制有节律地转换，使大脑皮质神经过程的均衡性得到改善，使神经系统的工作能力得到提高，支配肌肉活动的各运动中枢之间的协调性得到改善。

耐力运动可以增强心肺的功能。通过运动，心脏增大而心率降低，心肌肥厚有力，心脏体积和力量增大，射血量和血输出量得到提高；耐力运动还可以使肺内和肌肉的毛细血管网增加，这样，就可以保证肺内表面与血液之间进行更多的气体交换。

（1）综合练习：由几种不同的锻炼内容组成。如第一天跑步，第二天游泳，第三天骑自行车。综合练习的一个优点是可以避免日复一日进行同一种练习的枯燥感，并且可以防止对身体同一部位的过度使用。

（2）持续练习：指长时间、长距离、慢节奏和中等强度（约70%最大心率）的锻炼，也是一种最受欢迎的心肺锻炼方法。渐进阶段，如果运动强度不增加，锻炼者就能轻松地完成身体练习。在不受伤的情况下，一次锻炼时间可持续40~60分钟。同较大强度的运动相比，持续练习引起受伤的可能性较小。

（3）间歇练习：指重复进行强度、时间、距离和间隔时间都较固定的锻炼方法。练习持续的时间各不相同，但一般为1~5分钟。每次练习后有一个休息期，休息期的时间与练习时间相等或稍长于练习时间。有一定耐力基础和希望能获得更高适应水平的锻炼者或运动员常用这种方法。间歇练习比持续练习能使人完成更大的运动量，且锻炼的方式可以有所变化，这就减少了其他锻炼方式容易造成的冗长与枯燥状况。

（4）1分钟立卧撑：由直立姿势开始，两腿始终并拢，下蹲两手撑地，伸直腿成俯撑，然后收腿成蹲撑，再还原成直立。每次做1分钟，4~6组，间歇5分钟，强度为50%~55%。要求动作规范，必须站起来才算完成一次练习。也可以穿上沙背心做该练习，或做立卧撑接蹲跳起，但强度稍大，做30次为一组，组间歇10分钟。

（5）重复爬坡跑：在15°的斜坡道或15°~20°的山坡上进行上坡跑，重复5次或更多些，跑距为250米或更远些。也可根据训练目的决定强度，可由心率控制运动强度，可穿沙背心练习。

（6）沙滩跑：在沙滩上做快慢交替自由跑，每组500~1 000米，也可穿沙背心跑。速度变化和要求可因人制宜，一般做4~6组。

（7）变速越野跑：在公路、树林、草地、山坡等地进行越野跑，在越野跑中做50~150米或更长距离的加速跑或快跑。加速或快跑的距离为1 000~1 500米。

（8）跳绳跑：在跑道上做两臂正摇跳绳跑，每次跑200米，做5~8次，每次间歇5分钟。强度为最大锻炼强度的60%~70%。要求每次结束时心率达160次/分，间歇恢复到120次/分以下时开始第二次练习，也可规定速度指标进行练习。

（9）重复跑：在跑道上进行，重复跑的距离、次数与强度也应根据专项任务与要求而定。发展有氧耐力重复跑时，强度不宜大，跑距可长些。一般重复跑距离为600米、800米、1 000米、1 200米等，重复练习4~10次。

思 考 题

1. 体能和体力对健康有何影响？
2. 请制订一套适合自己身体条件的体能锻炼实施计划。

第七章

田 径 运 动

田径运动被称为"运动之母"，是体育运动的基础。早在古代奥林匹克运动会时，田径就被列为正式的比赛项目。田径是一种直接起源于人类的生存需求，并借此显示人类欲望、意志和技能的体育项目。

第一节　走和跑

一、走

（一）竞走

竞走起源于英国。19 世纪初，英国出现了步行比赛。19 世纪末，部分欧洲国家盛行从一个城市到另一个城市的竞走旅行。1866 年，英国业余体育俱乐部举行首次竞走冠军赛，距离为 7 英里（约为 11.27 千米）。竞走分场地竞走和公路竞走两种，场地竞走设世界纪录；公路竞走因路面起伏等不可控因素较多，成绩可比性差，故仅设世界最好成绩。1908 年，男子竞走首次进入奥运会，当时的距离是 3.5 千米和 10 英里（约为 16.09 千米）。此后几届奥运会距离有所不同，有过 3 千米、10 千米等距离，从 1956 年奥运会起，竞走项目的距离定为 20 千米、50 千米。女子竞走于 1992 年才被列入奥运会，距离为 10 千米。2000 年，奥运会将女子竞走改为 20 千米。

1. 竞走技术

腿部动作是竞走的主要技术环节。竞走时，练习者应做到步幅大、步频高、省力而无多余动作，两脚落地的足迹应保持在一条直线上。练习者躯干要自然伸直或稍前倾，两臂屈肘约 90°，在体侧做前后有力的摆动，与下肢动作相配合。

2. 常见错误

（1）双脚离地腾空较高。

（2）竞走时躯干左右摇摆过大。

（3）髋绕垂直轴转动幅度小。

竞走

（二）健身走

走是人们最基本的活动能力之一。人的走步姿势、速度、力度体现出一个人的气质与素质，同时也能提高长距离走步和在不同自然条件下走步的能力。因此，养成良好的

87

走步姿势和习惯非常重要。人在健身走时，全身绝大部分肌肉都在运动，掌握合理的走步方法、节奏、时间、距离等，可以增强下肢各部位关节、韧带、肌群的力量和柔韧性，以及控制身体的平衡能力，使肌肉发达，同时消耗身体内多余的脂肪，防止动脉硬化，降低胆固醇，减轻体重；健身走还能促进血液循环，增强心脏血管系统的功能，提高人体有氧代谢能力。此外，健身走还可以减轻精神压力，愉悦身心。

（1）健身走姿势：健身走是一种简便易行的健身方法，它适合于男女老幼。走步时身体要自然放松，抬头、挺胸、收腹，目视前方，两臂摆动自然，步伐稳健，呼吸平和。

（2）健身走的时间：每天坚持60分钟左右，可根据个人的生活习惯和时间安排在早上或晚上。平时也可利用上下班和购物等时机步行、上下楼梯健身，不必追求固定的时间。

（3）健身走的距离：现代人的走步健身标准是每天1万步，这是人体每天运动量的最低标准。同时，走步时脉搏需达到120次/分以上。

（4）健身走的速度：健身走的速度取决于练习者的身体条件和健康状况。初练时，速度不要太快，锻炼数周后可提高速度，采用中速，逐渐过渡到快速，每次匀速行进。

二、短跑

跑是人体向前运动中单脚支撑与腾空相交替、蹬与摆相配合的周期性运动。短跑是跑步项目的其中一类，短跑的比赛项目包括100米、200米、400米及110米跨栏（男子）和100米跨栏（女子），是人体在无氧状态下的极限运动。

短跑是田径运动的基础项目，在其他运动项目练习中也占有重要地位。目前，牙买加、美国是世界短跑实力较强的国家，男子100米、200米现世界纪录由牙买加选手博尔特创造，女子100米、200米世界纪录由美国运动员格里菲斯·乔伊娜于1988年创造并保持至今。

（一）短跑技术

短跑全程技术包括起跑、起跑后的加速跑、途中跑和终点冲刺。现代短跑技术的特点是动作幅度大、步频快、蹬地积极、摆腿高、上下肢协调配合。短跑全程跑的时间取决于练习者的起跑效果，途中跑的速度及速度耐力等。

1. 起跑技术

起跑的目的是使身体快速摆脱静止状态，为加速跑创造条件。田径规则规定，短跑起跑必须采用蹲踞式起跑姿势，使用起跑器。

起跑过程包括"各就位""预备""鸣枪"（或喊"跑"）三个阶段（图7-1-1）。

短跑

图 7-1-1 起跑

2. 起跑后的加速跑技术

起跑后的加速跑是指前脚蹬离起跑器到进入途中跑阶段，这一阶段的任务是逐渐加快速度，调整动作转入途中跑。

起跑后的加速跑动作要点为：上体逐渐抬起，步幅逐渐加大，两脚落点逐渐接近一条直线。

3. 途中跑技术

途中跑是全程中距离最长、速度最快的跑段，任务是保持和发挥最高跑速。其技术特点归纳为协调性、直线性、向前性、高重心和平稳性。跑动中要求头部正对前方，颈部放松，躯干稍前倾（前倾角 8°~12°），两臂以肩为轴前后摆动（图 7-1-2）。

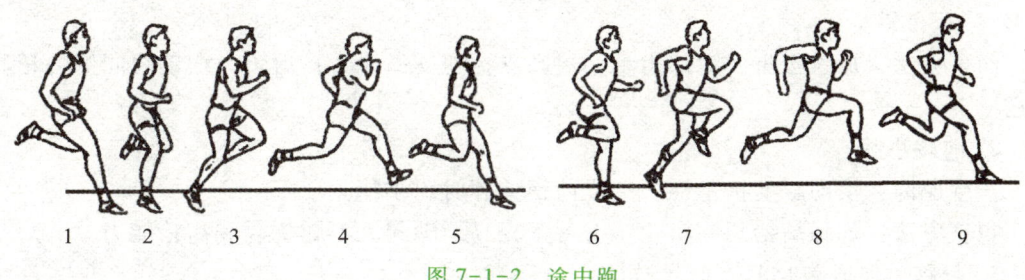

图 7-1-2　途中跑

4. 弯道跑技术

200 米和 400 米有一半的距离是在弯道上跑进，掌握合理的弯道跑技术，是取得优异成绩不可缺少的关键技术。

弯道起跑与直道起跑不同的是应将起跑器安放在靠近跑道外侧的分道线，并对着内侧分道线的切线方向（图 7-1-3）。

弯道跑时身体有意向内倾斜，左脚以前脚掌外侧着地，右脚以前脚掌内侧着地，右侧摆动幅度和力量大于左臂（图 7-1-4）。

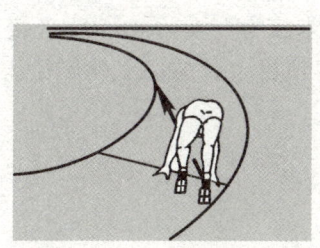

图 7-1-3　弯道跑起跑姿势

图 7-1-4　弯道跑技术

5. 终点冲刺技术

此阶段的任务是尽可能保持途中跑的最高速度。要求保持途中跑的身体动作，加快摆臂，在最后 15~20 米，迅速冲过终点，以胸或肩撞线（图 7-1-5）。

图 7-1-5　终点冲刺技术

（二）常见错误与纠正方法

1. "坐着跑"

产生原因：腿部力量差，支撑腿缺乏足够的支撑力；腰腹肌松弛，髋关节前送幅度不够。

纠正方法：加强腰腹、腿部力量，提高支撑腿支撑能力；后蹬时摆动腿同侧的骨盆前送。

2. 前踢小腿

产生原因：摆动腿上抬不够，造成前摆伸膝时踢小腿。

纠止方法：加强高抬腿和车轮跑练习，提高摆动腿人小腿折叠和高抬能力。

3. 起跑后加速跑时上体抬起过早

产生原因：起跑后头部上抬，以及支撑腿力量差；起跑器安装位置不合理。

纠正方法：加强腿部力量练习，提高支撑能力；调整起跑器与起跑线之间的距离。

三、接力跑

接力跑成绩取决于各棒次队员的跑速和传、接棒技术。练习接力跑不但可以发展基本身体素质，而且还可以培养团结协作与集体主义精神。接力跑是 4 名运动员传、接一根长 30 厘米，直径 3.8 厘米，红白两色的木棒或空心金属棒的集体项目，接力跑技术由跑与传、接棒技术组成。男子 4×400 米接力在 1908 年第 4 届奥运会被列为比赛项目。在 1912 年第 5 届奥运会上，又增加男子 4×100 米接力。女子 4×100 米接力和 4×400 米接力分别于 1928 年和 1972 年被列为奥运会比赛项目。目前，室外田径比赛接力项目包括 4×100 米接力和 4×400 米接力。

（一）接力跑技术

以下以 4×100 米接力跑为例介绍接力跑技术。

1. 起跑技术

（1）持棒起跑时，运动员用右手持棒采用蹲踞式起跑方式起跑，右手呈"八字形"支撑与地面，其他三个手指握住接力棒，接力棒的前端上翘，接力棒的前端不得触及起跑线及起跑线前的地面。起跑技术同弯道起跑技术。

（2）接棒者的起跑：第二、三、四棒运动员采用站立式起跑姿势，站在接力区后的预跑区起跑，运动员必须在规定的 20 米接力区内完成。第二、四棒运动员靠近跑道的外侧站立，第三棒运动员靠近跑道内侧站立。接棒运动员的起跑姿势应有利于观察传棒者的跑进，以及快速的启动和加速。

2. 传、接棒技术

目前主要采用的传、接棒技术为"上挑式"和"下压式"。

（1）"上挑式"：接棒者手臂自然后伸，虎口张开，掌心向后，由传棒者将接力棒由下向上送入接棒者手中。

其优点是接棒者向后伸手动作自然、顺畅，便于掌握；缺点是接棒时只能握住棒的中部，造成下一位运动员很难接棒和持棒者容易掉棒的情况。

（2）"下压式"：接棒者手臂向后伸出，掌心向上，虎口分开向后，由传棒者将棒的前端"压"放在其手中。

其优点是接棒者可以握住接力棒的前端，便于向下一位运动员传递；缺点是对接棒者要求较高，尤其是接棒时手臂容易形成紧张状态和身体前倾，影响交接棒的顺利完成。

在传、接棒的过程中，既可以采用"上挑式"或"下压式"的单一方法，也可以采用"混合式"方法。不论采用哪种方法都应根据运动员的身体特点、习惯，使传、接棒过程默契、快速顺利；此外，在 4×100 米接力中，由于第一、三棒队员在弯道跑进，应用右手握棒，第二、四棒队员用左手握棒。

（二）棒次安排

合理安排 4×100 米接力运动员的棒次，对取得优异成绩起着至关重要的作用。第一棒运动员应具有良好的起跑技术和善于跑弯道的能力；第二棒跑进的距离较长，应选择速度耐力好，交、接棒技术好的运动员担任；第三棒运动员除应交接、棒技术较好之外，还应具有较好的弯道跑技术；第四棒应是全队速度最快、冲刺能力和拼搏精神最强的队员。

四、跨栏跑

跨栏跑是短距离比赛项目，运动员在快速跑进中连续跨越 10 个一定高度、一定间距栏架的项目。跨栏项目技术性很强，动作复杂，而且对运动员的身体素质要求也很高。

青少年经常参加跨栏跑可以发展跨越障碍的能力，不但对提高身体的灵活性、速度、力量、协调性都有很大的帮助，而且可以培养学生不怕困难、勇敢、顽强、果断的良好心理素质。

110 米栏（男子）和 100 米栏（女子）在栏架高度、栏间距等之间有不同的要求，两者之间的区别见表 7-1-1：

表 7-1-1　110 米栏与 100 米栏差异对照表

比较项	项目	
	110 米栏（男子）	100 米栏（女子）
起跑至第一栏距离	13.72 米	13 米
栏间距	9.14 米	8.5 米
栏　高	1.067 米	0.84 米
步　数	全程 50~52 步	全程 49~50 步

（一）跨栏跑技术

跨栏跑全程由起跑、跨栏、栏间跑、终点冲刺4个部分组成。跨栏跑的成绩取决于运动员平跑速度、跨越栏架的技术和跑跨动作结合的能力。

1. 起跑至第一栏技术

跨栏跑各项目的起跑同短跑一样采用蹲踞式起跑，跨栏跑起跑后的加速跑上体抬起较早，后蹬角度相对较大，跑到第六步后身体已接近途中跑的姿势。

2. 跨栏技术

跨栏的任务是使身体迅速越过栏架，为栏间跑创造条件。跨栏过程是从起跨腿踏上起跨点后攻栏，到摆动腿积极下压脚接触地面止。这一过程又可分为起跨攻栏、腾空过栏和下栏着地三个阶段，各阶段动作要点见表7-1-2。

表7-1-2 跨栏技术动作要点

	技 术 阶 段		
	起跨攻栏	腾空过栏	下栏着地
动作要点	指从起跨腿踏上起跨点到后蹬结束脚离地阶段 当起跨腿踏上起跨点时，摆动腿大小腿向后折叠，膝关节领先，大腿带动小腿快速向前上方摆起。在这一过程中，上体随之前倾，摆动腿异侧手臂屈肘向前摆出，另一臂屈肘后摆至体侧，身体向前用力	指起跨腿蹬离地面到过栏后摆动腿着地这一阶段 起跨腿蹬离地面后，摆动腿大腿继续向前上方摆动，两腿在空中加大夹角。当摆动腿的脚接近栏板时，小腿继续前伸（快到伸直），摆动腿异侧手臂伸向栏板，与摆动腿平行，同侧臂后摆，上体加大前倾，目视前方	下栏时，上体保持适当前倾，着地瞬间摆动腿伸直，前脚掌向后扒地，起跨腿带动髋关节向前提拉，两臂积极有力摆动，形成有利的跑进姿势

3. 栏间跑技术

栏间跑的任务是尽可能加快栏间跑的节奏，提高跑速，为跨越下一个栏创造条件。110米栏和100米栏栏间用三步跑完。由于栏间各步的影响因素和作用不同，所以三步的步长也不相同。良好的跑进节奏和较快的步频是提高栏间跑速度的主要因素。好的栏间跑技术表现为步长比例合理，加速节奏明显，身体重心高，上下起伏小，直线性好，几乎接近于平跑。

（二）注意事项

（1）根据跨栏跑的技术要求，应发展髋关节柔韧性、灵活性和腰腹肌、腿部力量。

（2）初学者可采用降低栏架、缩短栏间距的方法练习。

（3）起跑器的安装应适合起跑，以免造成脚的位置错误。

（4）刚开始学习跨栏跑者，如果过栏时存在恐惧心理，可用橡皮筋代替栏板。

五、中长跑

中长跑是一项需要速度和耐力的综合性项目，一般把800～10 000米统称中长跑项目。中长跑需要人体能在较长时间内保持较高速度跑步。

经常参加中长跑锻炼，不但可以发展耐力素质，培养坚毅的意志品质、顽强的精神，而且还可以增强心肺功能，预防疾病。中长跑锻炼不受场地、器材、性别、季节等条件的限制。中长跑技术包括起跑及起跑后的加速跑、途中跑、冲刺跑三个动作环节。

六、健身跑

（一）健身跑的价值

（1）生理作用：健身跑可提高呼吸系统和心血管系统机能，可提高肺活量，改善心肌供氧状态，加快心肌代谢，同时还可使心肌肌纤维变粗，心收缩力增强，从而提高心脏的工作能力；健身跑有利于防病，加快血液循环，消除排泄系统中的有害物质，从而使有害物质难以在体内停留和扩散；另外，健身跑可使人情绪饱满乐观，有助于增进食欲，加强消化功能，促进营养吸收。

（2）心理作用：健身长跑有利于心情舒畅、精神愉快，这种跑步形式因不重视比赛胜负，只求在轻松愉快中健身，因此对缓解现代社会高节奏和激烈运动带来的精神心理紧张十分有益。此外，健身跑锻炼对于培养人们克服困难，磨炼吃苦耐劳的顽强意志具有良好的作用。

（二）健身跑的方法

（1）定时跑：30~60分钟。

（2）定距离跑：根据个人的身体情况选择跑步的距离，一般以 3 000~5 000 米为宜。

（3）变速跑或重复跑。

（4）越野跑：时间和距离可根据个人的实际情况而定。

第二节　跳高和跳远

跳高和跳远均属于跳跃运动。跳跃运动的特点是练习者在快速助跑起跳后，身体有一个明显的腾空阶段。在腾空过程中，身体重心的移动轨迹决定着练习者的高度和远度。跳高运动员的抛物线轨迹如同陡峭的山峰，跳远运动员的抛物线轨迹较平缓，三级跳运动员身体重心的轨迹为三个相连的平缓抛物线。

一、跳高

跳高是田径运动的田赛项目，是一项由有节奏的助跑、单脚起跳、越过横杆、落地等动作组成，以越过横杆上沿的高度来计算成绩的比赛项目。经常参加跳高锻炼，不仅能增强人的腿部力量，提高弹跳能力，发展协调性，还能培养勇敢、坚定、沉着、果断的意志品质。

跳高

跳高技术经过了跨越式、剪式、俯卧式到背越式的发展过程。现代跳高一般采用背越式姿势。

（一）背越式跳高技术

背越式跳高是人体经过一段直线与弧线助跑后，以远离横杆的脚起跳，摆动手臂、头、肩、腰、髋、大腿与脚依次仰卧旋转过杆，用肩、背的上部着垫的一种跳高技术。跳高成绩取决于身体重心离地时的高度、腾空前身体重心的高度至腾空最高点的垂直高度、过杆时身体重心与横杆的垂直距离三者之和。其中，身体腾起的高度是决定跳高成绩的主要因素。背越式跳高能充分发挥人体潜能，利用快速弧线助跑起跳有效降低和提高身体重心，为身体重心运动方向提早转变和垂直速度提早积累增大创造了有利条件。

背越式跳高技术由助跑、起跳、过杆、落地4个动作环节组成（图7-2-1）。

图 7-2-1　背越式跳高技术

1. 助跑技术

助跑的目的是获得必要的水平速度，在起跳前及时地调整动作结构和节奏，并取得合理的身体内倾角度，为起跳和顺利地越过横杆创造条件。

背越式跳高采用直线加弧线助跑，助跑大多采用8～12步。直线助跑采用逐渐加速的方式，要求提高身体重心，支撑腿充分后蹬，跑3～4步。进入弧线助跑后，以外侧脚的前脚掌内侧、内侧脚的前脚掌外侧着地，脚着地点靠近身体重心投影点，整个身体外侧的摆动幅度大于内侧，身体呈内倾姿势。助跑最后一步两脚的连线与横杆垂直面成20°～30°夹角。

2. 起跳技术

起跳的任务是迅速改变人体的运动方向，并获得尽可能大的垂直速度，同时还要产生一定的旋转动力，保证过杆动作的顺利完成。起跳是跳高技术的关键环节。

助跑最后一步摆动腿支撑过垂直部位后，起跳脚积极踏向起跳点，起跳腿以大腿带动小腿积极下压做向下的扒地动作。着地时，以起跳脚的外侧脚跟部接触地面，继而通过脚外侧滚动至全脚掌，脚尖朝向弧线的切线方向，随着身体由内倾转为垂直，迅速地完成缓冲和蹬伸动作。蹬伸动作依次由髋、膝、踝顺序用力。蹬伸结束时，三个关节充分蹬直。

在起跳过程中，摆动腿和两臂应协调摆动，在起跳腿进行有力蹬伸的同时，两臂配合腿部积极摆动，提肩拔腰，使身体向上腾起。

3. 过杆和落地技术

过杆是最终决定跳高成败的重要环节。人体腾空后，身体转为背对横杆的姿势，当头和肩越过横杆后，及时仰头、倒肩和展体，两小腿稍后收，积极挺髋，两手放在体侧，身体形成背弓姿势。当臀部过杆后，及时低头含胸，上甩小腿，使身体依次越过横杆。过杆后，用肩、背依次落于海绵包上。这时注意不要做大的团身抱膝动作，以免两腿撞击脸部。

（二）常见错误与纠正方法

（1）团身过杆：这是初学者最易出现的问题，因此，在学习中要多次练习原地跳起展体挺髋的动作，打好过杆的基本功。

（2）在没有跳起的情况下，急于后倒身体：这种错误可通过采用弧线助跑跳起手触或头顶悬空物体的方法来改进。

（3）助跑节奏较乱，步幅忽大忽小：可采用固定步点，反复练习助跑的方式加以改进。

二、跳远

跳远是人类跨越能力的体现，也是一种对极限的挑战。良好的身体素质，尤其是速度和力量素质是取得优异跳远成绩的基础。经常参加跳远练习，不但可以发展速度、下肢力量和身体的灵敏性，而且可以培养勇敢、顽强的品格和勇于克服困难的信心。

（一）跳远技术

跳远技术有蹲踞式跳远和挺身式跳远。这里仅介绍挺身式跳远技术。完整的挺身式跳远技术主要由助跑、起跳、腾空、落地 4 个动作环节组成（图 7-2-2）。

跳远

图 7-2-2　挺身式跳远技术

1. 助跑技术

助跑的目的是获得更快的水平速度，为准确踏板和快速有力的起跳做准备。助跑的起动方式有两种：一种是由静止状态开始，这种方式有利于掌握助跑的准确性，适合于初学者；另一种方式是由行进开始，先走或跑几步，待踏上起跑点后再逐渐加速。这种方式可以使身体放松，有利于助跑速度的发挥，但需要较高的助跑稳定性，以便能完成准确踏板。

（1）助跑距离：跳远的助跑距离根据运动员的速度、力量来定，优秀跳远运动员的助跑距离男子一般在 35~45 米，跑 18~24 步；女子在 30~40 米，跑 16~22 步。初学者由于身体素质的原因，一般跑 20 米左右，约 12 步。

（2）助跑的技术：跳远的助跑技术与短跑的加速跑基本相同，身体由前倾逐渐过渡到上抬。关键是最后几步助跑，步长相对缩短，加快步频，形成快速上板的技术特征。最后一步步长稍短于倒数第二步。

2. 起跳技术

起跳时，应充分利用助跑所获得的水平速度，在较短的时间内创造尽可能大的腾起初速度和适宜的腾起角度。起跳的技术分为起跳脚的着地、缓冲和蹬伸三个阶段。

（1）起跳脚的着地阶段：起跳脚应积极、主动着地，既可减少着地时的冲撞力，又为着地后快速前移身体做准备。着地时，起跳腿几乎伸直上板。

（2）缓冲阶段：由于助跑速度的惯性和身体重力的作用，迫使起跳腿的髋、膝、踝很快形成弯曲缓冲，它能为快速蹬伸起跳创造有利条件，缓冲的适宜角度为 135°~145°。

（3）蹬伸阶段：由起跳腿膝关节形成最大弯曲时开始，到起跳腿蹬离地面结束。起跳蹬伸时，整个身体快速向上伸展，起跳腿的髋、膝、踝关节充分伸展，上体和头部保持正直，摆动腿的大腿上抬至水平或高于水平位，小腿自然下垂。双臂前后摆起，肩、腰向上提起。

3. 腾空技术

起跳腾起后，身体形成跨步姿势向前上方腾起，摆动腿的大腿积极下压，小腿随之向下、向后摆动，在后边的起跳腿向前与之靠拢。当身体腾空至最高点时，充分伸展，挺胸展髋，两臂上举或后摆，最后收腹举腿，双腿前伸形成落地动作。

4. 落地技术

落地前，双臂快速向后方摆动，有利于双腿向上抬起和双脚前伸。双脚着地以后，及时屈膝缓冲，髋部迅速向前移动，双臂前摆，使身体快速移过落地点。

（二）跳远技术练习

1. 助跑结合起跳练习

（1）两脚前后站立，摆动腿在前，起跳腿前迈积极蹬地，摆动腿屈膝向前上方摆起，同时双臂上提肘至肩部时制动，起跳腿充分蹬伸，在空中形成"腾空步"姿势。反复练习。

（2）面向沙坑，助跑 2~3 步，起跳成腾空步后摆动腿先着沙坑。

（3）半程助跑，起跳成腾空步后落入沙坑（摆动腿先着地）。

（4）全程助跑练习注意事项：助跑起跳练习时，重点是利用起跳腿的充分蹬伸动作，使身体尽可能地向前上方腾起。因而，在起跳时，起跳脚要快速积极蹬地，腿部要充分蹬伸，以免水平前冲，没有足够的腾空角度，而使身体提早落地。

2. 空中挺身练习

（1）原地模仿空中挺身动作。原地向上做好腾空步姿势，接着摆动腿大腿积极下压、小腿向后下方摆动与起跳腿并拢，双臂配合腿的动作做绕环摆动成挺身动作。

（2）站在沙坑边，双脚原地起跳，在空中做挺身展髋和两臂摆动动作，双脚落地。

3. 落地技术练习

（1）原地跳起屈膝团身。

（2）站在沙坑边做立定跳远。落地前收腹，大腿上举，两臂后摆，接着小腿前伸，脚跟先落沙坑，然后迅速屈膝，两臂前摆使身体重心移过落地点。

三、跳跃健身法

跳跃运动是人体在神经系统的支配下，利用单脚或双脚，一次或多次使身体向上、向前跳起的运动方式。它反映的是人的弹跳力，即爆发力、速度、力量和协调性等综合能力。青少年经常进行跳跃练习，可以有效发展腰腹肌和腿部力量，提高下肢各关节支撑力，提高身体的平衡和协调能力，以及速度和柔韧性。

作为健身活动的跳跃练习，根据运动形式可以分为原地跳跃、行进间跳跃、障碍跳跃等，其中又包括单足跳跃、双足跳跃。可以采用形式简单、易实施、实效性较强的练习方法。

跳跃方法主要有：

（1）原地跳跃：纵跳、团身跳、立定跳远。

（2）行进间跳跃：单足跳、跨步跳、蛙跳、兔跳。

第三节　铅球、铁饼和标枪

运动员用旋转或直线助跑方式给器械预先加速，然后通过最后用力使器械运动达到最大的水平空间距离的运动称为投掷运动。投掷运动有铅球、标枪和铁饼等。

一、铅球

铅球是田径运动的投掷项目之一，是田径赛场上的传统项目。在1896年第1届现代奥运会上，男子铅球被列入正式比赛项目；从1948年第14届奥运会开始，女子铅球比赛也被列为奥运会正式比赛项目。铅球呈圆球形，表面光滑，用硬于铜的铁、钢或其他金属做外壳，内部灌铅或其他金属制成。正式比赛男子使用的铅球重量为7.26千克，直径为11~13厘米；女子铅球的重量为4千克，直径为9.5~11厘米。

铅球运动至今已有600多年的历史。铅球运动的发展史，也是铅球技术的变革史。铅球技术从最初的原地推技术，后来发展到侧向滑步推、半背向滑步推、背向滑步推等。1972年，苏联运动员巴雷什尼克夫发明了旋转推铅球这种新的技术。1990年，美国运动员兰迪·巴恩斯采用旋转推铅球技术以23.12米的成绩创造了新的世界纪录。

滑步推铅球的基本技术由持球、预备姿势、滑步、最后用力、维持身体平衡5个动作阶段组成（以右手投掷为例）。

1. 持球

五指自然分开，把球放在食指、中指和无名指的指根上，拇指和小指扶在球的两侧，将球放在锁骨窝处，贴着颈部和下颌，肘部稍外展略低于肩，躯干保持正直。

铅球

2. 预备姿势

滑步前的预备姿势分为高姿势和低姿势两种。

（1）高姿势：持球后，背对投掷方向，站在圈内靠近后沿处，两脚前后站立，相距 20~30 厘米，右脚尖靠近投掷圈内沿（脚也可稍向内转），左腿在后并自然弯曲以前脚掌或脚尖着地，上体保持正直放松，左臂自然上举，身体重心落在伸直的右腿上（图 7-3-1①）。

（2）低姿势：持球后，背对投掷方向，站在圈内靠近后沿处，两脚前后站立，相距 50~60 厘米（根据身高和下蹲的程度而定）。左脚在后，以前脚掌或脚尖着地，右脚尖贴近圆圈指向投掷相反方向（脚也可稍内转）。左臂自然下垂，左肩稍向内扣，两腿弯曲，上体前屈（图 7-3-1②）。

图 7-3-1　铅球预备姿势

3. 滑步

完成滑步前的预备姿势后，身体重心向后平移的同时，左大腿向抵趾板方向有力摆插，右腿积极有力地向投掷方向蹬伸，躯干仍保持很好的后倒姿势。当右腿蹬直、右脚跟或右脚掌即将离地时，积极收拉右小腿，边收边转约 90° 落在圆心附近，同时，左小腿积极向后插，脚掌稍外展落在抵趾板内沿约 15 厘米处，完成滑步动作。

4. 最后用力

滑步结束时，右脚比左脚先着地。右脚着地后，右腿积极蹬伸，推动右髋向投掷方向转动。上体在转动中逐渐抬起，同时躯干的肌群积极收缩。左臂和左肩高于右肩，铅球尽可能保持较低位置，重心大部分仍在弯曲而压紧的右腿上。

右腿蹬伸，进一步将右髋向投掷方向送出，右臂迅速而有力地将球推出。铅球快出手时，手腕稍向内转同时屈腕，快速而有力地拨球，将铅球推出，完成最后用力动作。

5. 维持身体平衡

铅球推离手后，为了避免犯规，获得有效的运动成绩，左右腿应及时换步，降低身体重心，维持身体平衡。在铅球落地和人体稳定后，从投掷圈的后半部走出。

二、铁饼

铁饼是在投掷圈内通过旋转，用单手将铁饼掷出，以投掷远度判断胜负的比赛项目。铁饼起源于人类投石击兽采用投掷石片的形式，后经过长期的发展，逐渐演变成为投掷铁饼。掷铁饼是在公元前 708 年第 18 届古代奥林匹克运动会上被正式列为竞赛项目的，它同时也是当时的五项全能运动项目之一。在 1896 年第 1 届现代奥运会上，男子铁饼即被列为比赛项目，当时的铁饼重量为 1.932 千克。女子铁饼在 1928 年第 9 届奥运会上被列为正式比赛项目。随着实践经验的积累和器械、场地、规则等方面的改变，以及科学的不断发展，掷铁饼的技术有了很大的改进，由过去的正面站立、侧向站立和换步旋转投掷等方式，发展成为背向旋转投掷的技术，现在又出现了宽站立、低姿势、背向大幅度旋转投掷的技术。现代正式比赛中使用的铁饼是一个木质圆盘加上金属包边，其表面光滑，中心是平的。男子铁饼重为 2.005～2.025 千克，直径为 21.8～22.1 厘米；女子铁饼重为 1.005～1.025 千克，直径为 18～18.2 厘米。

掷铁饼是一项对技术要求比较高，对运动员身体素质要求也较强的投掷项目，其完整技术是旋转加速的动作过程，其基本技术动作分为握法、预备姿势和预摆、旋转、最后用力和维持身体平衡 4 个技术环节（以右手投掷为例）。

1. 握法

五指自然分开，拇指和手掌平靠铁饼，其余四指的最末指节扣住铁饼边沿，铁饼的重心在食指和中指之间，手腕微屈，铁饼的上沿靠在前臂上，持饼臂自然下垂于体侧（图 7-3-2）。

2. 预备姿势和预摆

（1）预备姿势：背对投掷方向，两脚左右开立约一肩半，站于圈内靠后沿处的投掷中线两侧。两脚平行开立或左脚稍后，持饼臂自然下垂于体侧，两眼平视（图 7-3-3）。

（2）预摆：预摆是为了获得预先速度，为旋转创造有利条件。目前常见的预摆有两种，① 左上右后摆饼法：开始时，持饼臂在体侧前后自然摆动；当铁饼摆到体后时，重心靠近右腿，接着以躯干带动持饼臂向左上方摆起；当铁饼摆到左上方时，左手在下托饼，重心靠近左腿，上体稍左转。回摆时，躯干带动持饼臂将铁饼摆到身体右后方，身体向右扭紧，重心处于右腿上，上体稍前倾，左臂自然微屈于胸前，两眼平视，头随上体的转动而转动；② 身体前后摆饼法：开始时，持饼臂在体侧前后自然摆动，当铁饼摆向体前左方时，手掌逐渐向上翻转，右肩稍前倾，重心靠近左腿。铁饼回摆到体后时，手掌逐渐翻转向下，重心由左向右移动，上体向右后方充分转动，使身体扭转拉紧。这种方法动作放松，幅度大。目前大多数优秀运动员都采用这种技术。

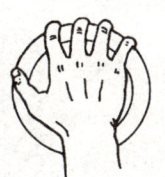

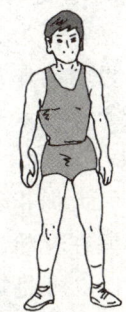

图 7-3-2　铁饼的握法　　　　图 7-3-3　铁饼预备姿势

3. 旋转

预摆结束后，弯曲的右腿蹬地，上体向左转动，同时左膝外展，重心由右脚向边屈边转的左腿移动。接着两腿积极转动，并以左脚前脚掌为轴向投掷方向转动，身体向投掷方向倾斜，投掷臂在身后放松牵引铁饼。当左膝、左肩和头即将转向投掷方向时，右膝自然弯曲，以大腿发力带动整个腿绕左腿向投掷方向转扣（右脚离地不能过高），这时左髋低于右髋，身体成左侧单腿支撑旋转；接着以左脚蹬地的力量推动身体向投掷圈的中心移动，右腿、右髋继续转扣。当左脚蹬离地面，右腿带动右髋快速内转下压，左腿屈膝迅速向右腿靠拢，左肩内扣，上体收腹稍前倾。接着，左脚积极后摆，以脚掌的内侧着地，落在投掷圈中线左侧，圆圈前沿稍后的地方，身体处于最大限度的扭转拉紧状态，铁饼远远留在右后方，左臂自然微屈于胸前，为最后用力做好准备。

4. 最后用力和维持身体平衡

当左脚着地时，右脚继续蹬转，使右髋积极向投掷方向转动和前送。接着，头向投掷方向转动，左臂微屈于胸前，胸部开始向前挺出，重心逐渐移向左腿。当重心移向左腿时，右腿继续蹬伸用力，以爆发式的快速用力向前挺胸挥饼。与此同时，左腿迅速用力蹬伸，左肩制动，成左侧支撑，使身体右侧迅速向前转动，将全身的力量集中在铁饼上，当铁饼挥至与右肩同高并稍前时，用小指到食指依次用力拨饼出手，使铁饼顺时针方向转动向前飞行。

铁饼出手后，应及时交换两腿，身体顺惯性左转，同时降低身体重心，维持身体平衡。

三、标枪

标枪是古代劳动人民在与大自然的斗争中，为了生存和获取必需的生活资料而创造的一种原始投掷工具。掷标枪具有悠久的历史，经过人类的不断探索后，现代的标枪运动则演变成了一个纯粹的田径运动项目。掷标枪也是公元前 708 年第 18 届古代奥运会的正式比赛项目，也属于古代五项全能项目之一。当时的标枪实际上是一根长矛，枪身平滑无把手，也没有固定的投掷方法。随着标枪运动的发展及现代科技的进步，掷标枪技术得到了完善。1792 年，瑞典举行了世界上的第一次现代标枪比赛。男子标枪和女子标枪分别于 1908 年和 1932 年被列为现代奥运会正式比赛项目。现代体育运动中的标枪一般用金属材料或碳素纤维制成，两端尖利，男子标枪重为 800 克，长为 260~270 厘米；女子标枪重为 600 克，长为 220~230 厘米。

掷标枪技术是一个连贯的动作过程，其完整技术由握枪与持枪、助跑、最后用力、标枪出手后维持身体平衡 4 个技术环节组成（以右手投掷为例）。

（一）握枪与持枪

将标枪斜放在掌心上，大拇指和中指握在标枪把手末端上沿，食指自然弯曲斜握在标枪上，无名指和小指握在把手上［图 7-3-4（a）］；也可将拇指和食指握在标枪把手末端上沿，其余手指按顺序握在把手上［图 7-3-4（b）］。

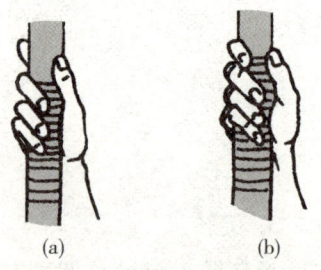

(a)　　　　　　(b)

图 7-3-4　标枪的握枪方法

常见的持枪方法有肩上持枪法和先肩下后肩上持枪法两种，由于肩上持枪的动作自然和便于控制标枪，目前多数人采用肩上持枪法。持枪的方法是屈臂举枪于肩上，大小臂夹角约为 90°，稍高于头，枪尖稍低于枪尾或枪身与地面平行（图 7-3-5）。

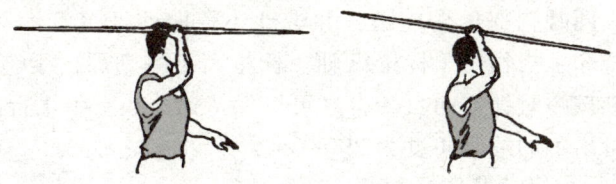

图 7-3-5 标枪的持枪方法

（二）助跑

助跑的距离应根据投掷者发挥速度的快慢而定，一般在 25~35 米。助跑分为两个阶段。

（1）预跑阶段：预跑阶段的主要目的是加速。在跑进中上体稍前倾，用前脚掌着地，大腿抬得较高，后蹬力量强，动作轻快而富有弹性，持枪臂随着跑的节奏与左臂配合，自然前后摆动，并与下肢动作协调一致，在加速中进入投掷步。

（2）投掷步阶段：投掷步阶段是掷标枪的专门助跑阶段，不但要保持较高的助跑速度，完成引枪、交叉步等动作，还要实现由助跑向最后用力的过渡和衔接。

下面介绍 4 步投掷步和直接向后引枪的技术。

第一步：左脚踏上第二标志线，右脚积极前迈，同时，右肩后撤并开始向后引枪，左肩逐渐向标枪靠近，左臂自然摆至胸前，眼向前看，髋部正对投掷方向，持枪臂仍保持弯曲。

第二步：右脚落地，左脚离地前迈，髋稍向右转，右肩继续后撤并完成引枪动作，右手接近于肩的高度，枪身与前臂夹角较小，枪尖靠近右眉，保证标枪纵轴和投掷方向一致。

第三步：由左脚落地开始，左脚一落地，右腿膝关节自然弯曲，大腿带动小腿积极有力地向前摆出，当右腿靠近左腿时，左腿快速有力地蹬伸，促使右腿加快前迈。此时髋轴转向投掷方向，并与肩轴形成交叉状态。左臂自然摆至胸前，有助于左肩继续向右转动，加大躯干的向右扭转。右脚尖外转用脚跟外侧先落地，然后过渡到全脚掌，与投掷方向成 45°左右。躯干和右腿成一条直线，整个身体向后倾斜与地面形成一定的夹角。

第四步：在交叉步右脚尚未落地之前，左腿就要积极前迈。右腿落地，重心落在弯曲的右腿上，接着，右腿积极蹬地，加快髋部向水平方向移动，同时也加快了左腿的前迈。左腿前迈时，大腿不宜抬得过高，左脚用内侧或脚跟先着地，做出强有力的制动和支撑，左脚落地的位置应在右脚落地前投掷方向线的左侧 20~30 厘米处。

（三）最后用力

投掷步的第三步右脚着地后，由于惯性，髋部迅速向前运动，在超越了右腿支撑点之后（左脚未着地），右脚就开始最后用力。当左脚着地，便形成了以左脚到左肩的左侧支撑，为右腿继续蹬地转髋创造条件。右腿继续蹬地，推动右髋加速向投掷方向运动，使髋轴超过肩轴，同时髋部牵引着肩轴向投掷方向转动，在肩轴向投掷方向转动的同时，投掷臂向上转动，带动前臂、手腕向上翻转，当上体转为正对投掷方向时，形成"满弓"姿势。此时投掷臂处于身后，约与肩高，与躯干几乎成直角。弯曲的左腿做迅速有弹性的蹬伸，同时胸部尽量前送，并带动小臂向前做爆发性"鞭打"动作，使全身的力量通过手臂和手指作用于标枪纵轴。标枪离手一刹那，手腕和手指的积极动作，能使标枪沿着纵轴按顺时针方向自转，这可以保持标枪在空中飞行的稳定性，提高标枪的滑翔效果。标枪出手的适宜角度为29°～36°。

（四）标枪出手后维持身体平衡

为了防止由于惯性作用使人体继续向前运动而造成犯规，在标枪出手后，右腿应及时向前跨出一大步，屈膝降低身体重心，减少向前的冲力，维持身体平衡。

知识窗

田坛风云人物

1. 杰西·欧文斯

美国男子田径运动员，生于1913年，卒于1980年。在1935年的全美大学生运动会上，23岁的欧文斯以在45分钟内打破5项世界纪录、平1项世界纪录的惊人表现轰动体坛，其中他在跳远项目中创下的8.13米的世界纪录，直到25年后才被人打破。

1936年，在柏林第11届奥运会上，他在12万观众面前夺得100米、200米、跳远和4×100米接力4枚金牌。

欧文斯曾获奥林匹克银质勋章。1980年，欧文斯被各国体育报记者评为20世纪最佳运动员。1990年，在欧文斯去世10年之后，他被追授美国国会金质勋章。

为了纪念欧文斯对世界体育发展作出的贡献，美国体育机构特以他的名字设立"杰西·欧文斯奖"，每年评选一次，以奖励在田径运动中成绩卓著的各国运动员。

2. 卡尔·刘易斯

1961年7月1日，卡尔·刘易斯出生于美国亚拉巴马州伯明翰市的一个体育世家。在1984年第24届奥林匹克运动会上，刘易斯夺得了100米（9.99秒）、200米（19.8秒）、跳远（8.54米）和4×100米接力（37.8秒、破世界纪录）4枚金牌。这位"神奇小子"重演了1936年由杰西·欧文斯在柏林奥运会的壮举，成为第二个在一届奥运会上一人夺得4枚金牌的运动员。此后，刘易斯连续参加了洛杉矶、汉城（今首尔）、巴塞罗那和亚特兰大4届奥运会，共获得9块金牌，并在跳远这一个项目上4次获得金牌。

1981年，刘易斯获美国体育最高奖——沙利文奖。1999年，他被评为20世纪最佳运动员。同时，国际奥委会官方杂志《奥林匹克杂志》评选他为20世纪5名最佳运动员之一，堪称世界田坛最具传奇色彩的运动员。

3. 谢尔盖·布勃卡

世界上第一个征服撑竿跳高6米大关的男子运动员，他曾35次刷新撑竿跳高世界纪录，有"空中飞人"之称。布勃卡用了8年时间，在其运动生涯中将撑竿跳高的世界纪录提高了整整30厘米。观看布勃卡撑竿跳高简直是一种艺术享受，他把体育运动中最快的速度、最高的飞跃、最完美的技巧和最惊险的效果都融合在了一起。布勃卡被《国际体育通讯》评为 1984 年和 1985 年世界最佳运动员之一，被世界上许多体育报刊和通讯社评为 1984 年世界十佳运动员奖；1985 年，布勃卡获法国体育学院大奖；1999 年，布勃卡当选为国际奥委会委员。

4. 刘翔

中国 110 米栏运动员，1983 年出生于上海市。在 2004 年雅典奥运会上，刘翔获得男子 110 米栏金牌，并以 12.91 秒的成绩追平了当时的世界纪录。2006 年 7 月，刘翔以 12 秒 88 的成绩获得瑞士洛桑田径超级大奖赛金牌，并打破了沉睡了 13 年之久的由英国名将科林·杰克逊创造的 12 秒 91 的世界纪录。这也是亚洲男子 110 米栏选手迄今为止唯一一次打破世界纪录。

5. 尤塞恩·博尔特

牙买加田径短跑运动员，1986 年出生，世界男子 100 米世界纪录及男子 200 米世界纪录保持者。他在 2008 年北京奥运会上创造了 9.69 秒的男子 100 米新世界纪录，其后于 8 月 20 日创出 19.30 秒的 200 米新世界纪录，再于 8 月 22 日代表牙买加创出 37.10 秒的 4×100 米接力新世界纪录，是田径赛场上当之无愧的"闪电侠"。2009 年，博尔特凭借在 2008 年北京奥运会上不可思议的精彩表现，获得劳伦斯奖最佳男子运动员奖。

6. 格里菲斯·乔伊娜

美国女子短跑运动员，1959 年生于美国洛杉矶，1998 年去世。在 1988 年汉城（今首尔）奥运会上，乔伊娜获得了 100 米、200 米、4×100 米接力三枚金牌和 4×400 米接力银牌，并以 21.34 秒的成绩创造了女子 200 米世界纪录，这个世界纪录保持至今。1988 年，乔伊娜获世界十佳运动员奖，1989 年获欧文斯奖。由于她健美的体格、披肩的长发、姣好的容貌、比赛时独特的单袖筒高领长袖紧身衣，以及涂成彩虹颜色的长指甲，因此她也获得了"花蝴蝶"的美誉。

思　考　题

1. 试述田径运动对提高身体素质的作用。
2. 简述你对田径运动美的感悟。
3. 你掌握了哪些走、跑、跳、投的技术？

第八章

球类运动

　　球类游戏和竞赛有直接对抗和间接对抗之分，前者如篮球、足球、橄榄球、曲棍球、马球等，后者如排球、乒乓球、羽毛球、网球等。球类运动也有大球小球之别，大球一般指篮球、排球、足球、橄榄球等，而小球主要指乒乓球、羽毛球、网球等。在球类运动的发展过程中，球门、球网、球洞、球筐、界线等的出现，使得球类运动变得更加富有挑战性和魅力。而在球类运动中，运动员们通过身体动作表现出的走、跑、跳、投等技能，以及展示出的特定技术、策略，使得球类运动体验更为即时、生动与直接。

　　强健身心、休闲娱乐、弘扬文化、体育教育等是球类运动的功能属性。集体行为与个人主义的博弈、休闲诉求与竞争精神的平衡、公平公正的伦理，以及现代人对球类运动继承与传习的丰富性演绎，从个人到国家，每个层面都能从球类运动中找到自己想要的价值与意义，而球类竞赛的技术和战术的美妙结合，时间和空间的运动变化，都给人们留下了回味无穷的艺术魅力。

第一节　篮球

一、简介

　　篮球是用球向篮筐进行投准比赛的球类运动。现代篮球运动是一项将巧妙的技术和变化多端的战术相结合的团队竞赛活动。从事篮球运动能促使人体的力量、速度、耐力、灵活性等素质全面发展，并能提高内脏器官、感觉器官和神经中枢的功能。

　　篮球是 1891 年由美国体育教师詹姆斯·奈·史密斯发明的。起先他将两个竹篮分别钉在健身房内看台的栏杆上，用足球作比赛工具，向竹篮内投掷。每次投球进竹篮后，要爬梯子将球取出再重新开始比赛。后来为了方便，人们逐步将竹篮改为活动的铁篮，再改为铁圈下面挂网。1893 年，随着篮球游戏内容的充实与改进，近似于现代的篮板、篮筐和篮网出现了。

　　1904 年第 3 届奥运会上，第一次举行了篮球表演赛。1908 年，美国制定了全国统一的篮球规则。

　　在 1936 年第 11 届奥运会上，男子篮球被列为正式比赛项目，在 1976 年第 21 届奥运会上，女子篮球被列为正式比赛项目。1992 年，美国"梦之队"首次参加奥运会。

1995 年，女子职业篮球俱乐部（WNBA）诞生。

二、基本技术

篮球技术是指在篮球比赛中所运用的各种专门动作的总称，分为进攻技术和防守技术两大部分。进攻技术包括脚步移动，传、接球，运球，投篮，突破和抢篮板球；防守技术包括脚步移动、防持球队员、防无球队员和抢篮板球。

（一）脚步移动

脚步移动是通过各种快速、突然的脚步动作，在篮球比赛中变换运动员的位置、方向和速度，达到进攻时摆脱防守，防守时防住对手，以便在攻守对抗中争取主动的重要手段。最重要、最常用的进攻脚步动作有起动、急停、转身、变方向跑；防守脚步动作有各种滑步和后撤步。

1. 基本站立姿势

基本站立姿势是篮球运动员在起动前的准备姿势。正确的准备姿势为：两脚左右（或前后）开立约与肩同宽，两膝弯曲，大小腿之间的角度约为 135°，脚掌着地，两臂屈肘，置于身体两侧，上体微前倾，两眼平视。正确的站立姿势，对更好地发挥进攻和防守技术起着重要的作用。

2. 起动

起动是从基本站立姿势开始，快速获得位移初速度而超越对手的一种方法。在基本站立姿势的基础上，身体重心向跑动方向移动，用后脚或异侧脚的前脚掌短促有力地蹬地，利用反作用力迅速向跑动方向迈出。起动后的前两三步短促而有力，可在最短的距离内发挥有效的速度。

3. 急停

急停是队员在跑动中突然制动速度的一种动作方法。急停不仅能够摆脱防守，而且可以衔接脚步动作的变化，从而更有效地完成攻守任务。急停的动作包括跨步急停和跳步急停两种。

（1）跨步急停：是在跑动中突然制动速度的一种方法。急停时一只脚先落地，成为中枢脚，后落地的另一只脚在着地时要用脚掌内侧蹬地，两膝弯曲，两臂屈肘微张，以保持身体平衡。

跨步急停

（2）跳步急停：在移动中用单脚或双脚起跳，上体稍向后仰，两脚同时平行落地。它是一个单脚起跳、双脚落地的跳步急停动作。"跳"时要短促、低平。落地时两腿微屈，减缓冲力。重心保持在两脚之间，两眼平视前方。

跳步急停

4. 侧身跑

侧身跑是队员向前跑动中为观察球场上的情况或预接传球，侧转身体，进行攻守行动的一种跑动方法。

5. 变向跑

变向跑是在跑动中突然改变方向并加快速度来摆脱防守的一种方法。

6. 后退跑

后退跑是由进攻转入防守时背对移动方向的一种跑动方法。

7. 转身

转身是指队员以一脚做中枢脚进行旋转，另一脚蹬地向前或后跨出，改变原来身体方向的一种动作方法。转身分为前转身和后转身。

8. 滑步

侧滑步

滑步是队员防守时运用的主要移动技术之一，其作用是保持身体平衡，及时起动抢占有利位置。

（二）传、接球技术

传、接球是进攻队员有目的地实施进攻战术的重要手段，是组织进攻的纽带。快速、巧妙、准确和多变的传球既可以有效调动对手的防守，又可以培养队员之间的团队意识。主要包括传球技术和接球技术。

1. 传球技术

传球动作分双手和单手两大类：

（1）双手胸前传球：是一种最基本、最常用的传球方法，可用于不同的方向、不同的距离。这种传球方法传球有力、速度快、方向准确，便于同运球、投篮、突破等动作结合运用。

双手胸前传球

由基本站立姿势开始，双手持球于胸腹之间。传球时，后脚蹬地发力，身体重心前移，向前伸臂，拇指下压，手腕翻转，用食指和中指拨球，将球传出，同时两手心向下，略向外翻（图8-1-1）。

图8-1-1 双手胸前传球

（2）双手头上传球：双手持球把球置于头上，两肘弯曲。近距离传球时，手腕前屈，用拇指、食指和中指用力拨球将球传出。双手头上传球适用于向内侧中锋供球，或被对手封阻时的跳起传球。

（3）体侧传球：传球时双手持球引向体侧，变传球手单手持球于球的侧后方，弧线引球，拨腕指将球传出。体侧传球是近距离传球中一种隐蔽性较强的传球方法。

（4）反弹传球：持球者利用假动作吸引防守队员的手臂上举或侧举，同时将球通过地面反弹迅速传给同伴。传球时向前下方伸臂，手的用力点作用在球的后上方。击地点根据防守者和接球者所站位置来确定，一般应传在距离接球者1/3的地方。

单手肩上传球

（5）单手肩上传球：以右手传球为例，传球时，左脚向传球方向迈出半步，同时向右转体，将球引至右肩上方，上臂与地面近乎平行，右手托球，左肩对着传球方向，重心落在右脚。出球时，右脚蹬地转体并迅速向前挥臂，手腕前屈。最后食指和中指拨球，将球传出。身体重心移至左脚上，右脚随之向前跨步，并保持身体平衡。

2. 接球技术

接球是进攻队员获得球的动作，也是衔接下一个进攻技术的准备动作。接球有双手接球和单手接球两种，不论哪种接球都是由伸臂迎球和缓冲握球动作组成。

（1）双手接球方法：接球时，两眼注视来球，两臂伸出迎球，手指自然分开，两拇指成"八"字形，两手成半圆形。当手接球的瞬间，双臂随球后引以缓冲来球力量，成双手持球姿势（图 8-1-2）。

接球

图 8-1-2　双手胸前接球

（2）单手接球方法：伸手迎向来球，当手接触球的同时迅速借来球惯性将球后引至胸前，成双手持球姿势。

（三）运球技术

运球是篮球比赛中个人进攻的重要技术，它不仅是运动员摆脱、吸引、突破对手进攻的方法，而且是组织全队进攻的桥梁。对发动快攻、组织战术配合起着重要的作用。

运球技术动作由身体姿势、手臂动作、球的落点和手脚配合 4 个环节共同构成。

1. 高低运球

高运球时，两腿微屈，上体前倾，两眼平视。以肩关节为轴，上臂发力带动前臂，五指自然分开，手心空出。高运球时，球的落点在身体的侧前方，球的反弹高度在胸腹之间。低运球时，两膝深屈，重心迅速降低，上体前倾，用手短促地拍按球，使球的反弹高度在膝关节以下，以便更好地控制球。

高运球

2. 运球转身

以右手运球为例，左脚在前为轴，做后转身的同时，右手将球拉至身体的左侧前方，然后换左手运球并加速前进。常用于遇到对手紧逼而又不能运用体前变向时。

低运球

3. 胯下运球

以右手运球为例，运球变向时，跨出左脚，右手按拍球的右侧上方，使球从右腿侧穿过两腿之间，离地反弹到左脚侧，右腿向左前方迅速跨步，换左手运球继续前进。

4. 背后运球

为了摆脱防守者，在身体的后方横向运球至身体另一侧。

（四）投篮技术

投篮是篮球运动中主要的进攻技术，是篮球比赛唯一的得分手段，是一切篮球技战术运用的最终目的和篮球比赛的焦点。主要包括原地单手肩上投篮、跳起投篮、行进间单手肩上投篮等。由于跳起投篮突然性强，出手点高，稳定性好，较难防守，所以应用较广。

投篮技术主要包括：持球手法、投篮动作、投篮手法、瞄准点、球的旋转和抛物线等。

1. 原地单手肩上投篮

原地单手
肩上投篮

以右手投篮为例，两脚左右或前后开立，两膝微屈，重心在两脚之间。右手持球于同侧头或肩的前上方，左手扶球的左侧。投篮时，下肢蹬地发力，右臂抬肘向前上方伸直，手腕前屈，食指和中指用力拨球，通过指端将球投出。球出手后，身体自然伸展。

2. 跳起投篮

跳起单手
肩上投篮

跳起投篮有急停跳投、转身跳投、侧跨步跳投、后仰跳起投篮等。以右手投篮为例，双手持球于胸腹之间，两脚前后或左右开立，两膝微屈，重心在两脚之间。跳起时两膝弯曲，脚掌用力蹬地向上跳起，双手举球至肩上，左手扶球的左侧。当身体到达或接近最高点时，左手离球，右手向前上方伸直，手腕前屈，食指和中指拨球，通过指端将球投出。球出手后，屈膝缓冲，准备下一个动作（图 8-1-3）。

图 8-1-3　跳起投篮

3. 行进间单手肩上高手投篮

行进间单
手肩上高
手投篮

以右手投篮为例，右脚跨出一大步的同时接球，接着左脚跨出一小步并用力蹬地起跳，举球至肩上，跳起后身体接近最高点时，右臂向前上方伸直，手腕前屈，食指和中指用力拨球，通过指端将球投出。

4. 行进间单手肩上低手投篮

行进间单
手肩上低
手投篮

以右手投篮为例，右脚跨出一大步的同时接球，接着左脚跨出一小步并用力蹬地起跳，右腿提膝，双手向前上方举球。当身体接近最高点时，左手离球，右手外旋，掌心向上，并充分向球篮方向伸展，接着屈腕，食指和中指用力拨球，通过指端将球投出（图 8-1-4）。

图 8-1-4　行进间单手肩上低手投篮

（五）抢篮板球

篮板球的争夺是当今世界各球队实力较量的标志。抢篮板球是一项复杂的技术，主要由判断球、抢占位置、起跳、抢球动作和获球后的落地动作组成。

1. 判断球

（1）判断球反弹的距离。

（2）判断球的方向。

2. 抢占位置

抢占位置时，要根据对手和投篮队员所处的位置，正确判断篮板球的反弹落点方向和距离，及时合理地移动脚步，才能抢占有利位置。

3. 起跳

防守队员抢篮板球多采用原地上步、撤步或跨步起跳，进攻队员多采用助跑单腿起跳或跨一两步双脚起跳的方法。

抢进攻篮板球

（六）防守技术

防守技术是防守队员为阻挠和破坏对手进攻，利用合理的脚步和手臂动作，积极抢占有利位置，以达到控制球的目的所采用的各种专门动作的总称。防守技术包括移动，站位，抢、断球等。

抢防守篮板球

三、基本战术

篮球战术是篮球比赛中进攻或防守时集体配合与协调行动的组织形式。其目的是使全队形成有机联系的整体，充分发挥个人技术和特长，以便在对抗中争取主动。

篮球战术基础配合是2~3人参加的简单配合，分为进攻战术和防守战术配合。进攻战术配合包括快攻、传切、掩护、策应和突分配合。防守战术配合包括防快攻战术、挤过、绕过、穿过、夹击、关门、换人、协防、补位等战术配合。

篮球战术分为全队进攻战术和全队防守战术。

1. 全队进攻战术（表8-1-1）

全队进攻战术是根据对方的防守战术而采用的针对性的进攻战术。可分为快攻战术、人盯人进攻战术、进攻区域联防战术、进攻全场紧逼人盯人战术、进攻全场区域紧逼战术、混合防守时的进攻战术。

表 8-1-1　全队进攻战术简表

进攻战术名称	战 术 方 法
快攻战术	以最快的速度发动快攻，创造以多打少的投篮机会。发动快攻有4个时机：抢得篮板球时、抢得或断得球时、掷界外球和跳球获球时
人盯人进攻战术	分为单中锋进攻、双中锋进攻、中锋策应进攻
进攻区域联防战术	应首先采用快攻突击，对方联防布阵后，则要针对防守阵型的薄弱地区决定经过落位阵型，采用快速而有节奏的传球或突破，破坏防守阵型，利用其出现漏洞的机会进行投篮。常用阵型有："1-3-1""2-1-2""1-2-2""2-2-1"

续表

进攻战术名称	战 术 方 法
进攻全场紧逼人盯人战术	应采用无球队员的掩护配合,斜插中路策应配合和拉空后场运球突破
进攻全场区域紧逼战术	应多采用随球跟进向回传球、空切反跑、中路策应和侧对防守人慢速运球,以便将球安全推进前场
混合防守时的进攻战术	应主动利用同伴做定位掩护,或给同伴做掩护配合,以便摆脱防守者,创造有利的投篮机会

2. 全队防守战术

全队防守战术是从有利于破坏对方进攻战术而确定的针对性防守战术。可分为:防守快攻、半场人盯人防守、全场区域紧逼人盯人防守、区域联防和混合防守等。

(1)防守快攻:原则是提高进攻成功率,拼抢进攻篮板球,减少对方可能发动快攻的机会和次数,堵截发动快攻的第一传和接应一传,防堵进攻队员,提高以少防多的能力。

(2)半场人盯人防守:是在后场进行人盯人的一种防守战术。它是在由攻转守时,放弃前场的防守,全队迅速退回后场,每人盯住自己对手的配合方法。

根据球的变化,要球、人、区兼顾,对强侧与弱侧进行不同的防守(以球场的纵轴线为界,有球的一侧为强侧,无球的一侧为弱侧)。强侧的防守,对持球队员要紧逼防守,限制其投篮、突破、传球。对于近球者,采用积极的错位防守,不让其接球;弱侧的防守要回撤篮下保护、协防,同时注意抢断高吊球,及时堵截对方的背插和溜底线。

例如,⑥持球时,❻紧逼⑥,❼内侧侧前防守⑦,❹紧逼防守④,❽回缩篮下,防⑥的高吊球及⑧的横切等。❺可适当向强侧靠拢(图8-1-5)。如果弱侧队员⑤接球,❺紧逼⑤,❼侧前或绕前防守⑦。❹错位防守④并准备协防。弱侧的❻向中锋一侧靠拢,保护中锋。❽错位防守⑧的接球或空切篮下(图8-1-6)。

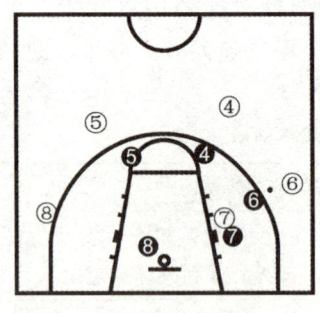

图8-1-5 强侧防守

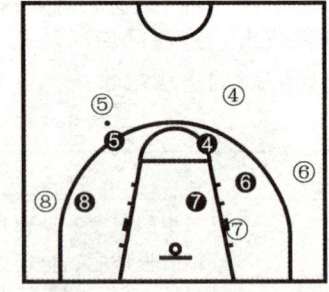

图8-1-6 弱侧防守

(3)全场区域紧逼人盯人防守:即按一定防守阵型分区落位,防守时以球为主,造成有球地区以多防少、进攻夹击,断球布阵时分为全场或半场或3/4场和2/3场的防区落位的配合方法。

知识窗

篮球风云人物

1. 大卫·斯特恩

美国男子职业篮球联赛（NBA）的总裁。自 1984 年担任总裁起，他抓住美国经济发展和篮球魅力特点的机遇，经过多方努力和市场开拓，使美国篮球比赛成为一项对社会各阶层及各年龄段，特别是对青少年有巨大吸引力的运动，并使得 NBA 成为一个商业价值巨大的品牌。现在 NBA 已经深入人心，走向世界。

2. 威尔特·张伯伦

威尔特·张伯伦生于 1936 年 8 月 21 日，身高为 2.16 米，体重为 113 公斤，场上号码为 13 号，选秀：1959 年第一轮第三位。他在 NBA 赛场上创造了众多令人惊叹的纪录，包括单赛季斩获 4 000 分，单场得分 100 分，连续进球 18 个和单场篮板 55 个。1967 年和 1969 年两次获得 NBA 总冠军，7 次成为 NBA 得分王，11 次成为篮板王。1962 年 3 月 2 日创下了一场独得 100 分的 NBA 纪录，是篮球历史上第一位全才明星。1978 年，张伯伦入选美国篮球名人堂。他的篮球天赋惊人，是第一位突破得分 3 万分大关的 NBA 球员。他在 14 年的 NBA 生涯中，共得 31 419 分，后来贾巴尔用了 16 个赛季才突破这一纪录。

3. 迈克尔·乔丹

迈克尔·乔丹是公认的伟大的篮球运动员，被誉为篮球天才。他有着惊人的表演才能和强烈的感染力。乔丹共获得 6 次 NBA 总冠军，5 次当选 NBA 常规赛最有价值球员，10 次入选 NBA 最佳阵容，10 次获得"得分王"称号。

4. 姚明

姚明 1980 年 9 月 12 日出生于上海，现任亚洲篮球联合会主席、中国篮球协会主席。作为前职业篮球运动员，他 2002 年率队获得中国男子职业篮球联赛（CBA）总冠军，并于同年以"状元秀"身份被 NBA 休斯敦火箭队选中，连续 7 个赛季入选全明星赛阵容。2011 年他宣布退役。2016 年姚明正式入选奈·史密斯篮球名人纪念堂，成为首位获此殊荣的中国人。

第二节 排球

一、简介

排球运动于 19 世纪末始于美国。1895 年，美国马萨诸塞州霍利奥克城的基督教青年会的体育干事威廉·摩根（William Morgan）首创了这项运动。排球运动英文"volleyball"的原意是空中击球或空中飞球。

1896 年，美国斯普林菲尔德体育专科学校举行了世界上最早的排球比赛。1897 年，摩根制订了排球规则，有力地推动了排球运动的发展。1900 年，排球运动传入印度。1905 年，排球传入中国。亚洲最早的排球比赛于 1913 年在菲律宾马尼拉举行。1947 年 4 月，国际排球联合会（FIVB）在巴黎成立，统一了 6 人制排球的比赛规则，并在此后举办了一系列国际性排球比赛，这使得排球运动逐渐演变为一项世界性体育项目。1964 年，排球项目首次亮相奥运会赛场。

二、场地与用球

排球比赛场地包括比赛场区（图 8-2-1）和无障碍区。场地的地面必须平坦、水平，不得有任何可能伤害运动员的隐患，不得在粗糙、湿或滑的场地上进行比赛。国际排联世界性比赛规定排球场地的地面只能是木质或合成物质的，场地界线为白色。比赛场区和无障碍区应为不同颜色。

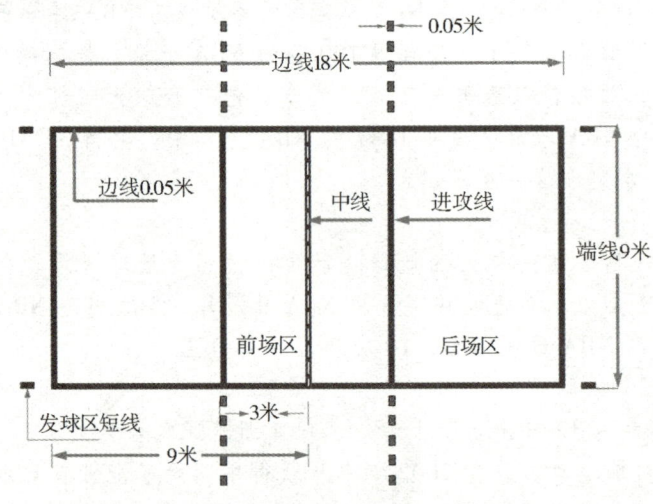

图 8-2-1　排球比赛场地示意图

比赛场区为长 18 米、宽 9 米的长方形，中线把它分为相等的两个场区。两条长线是边线。两条短线为端线。端线后两条边线间的区域为发球区。所有界线的宽为 5 厘米，线的宽度均包括在场区内。中线与进攻线构成前场区。中线与进攻线距 3 米。前场区向边线外的无障碍区无限延长。进攻线与端线构成后场区。男子网高为 2.43 米，女子网高为 2.24 米。

比赛用球的颜色可是一色的浅色球或国际排联批准的多色球，圆周为 65~67 厘米，重量为 260~280 克，气压为 0.30~0.325 千克/平方厘米。

三、基本技术

排球基本技术是指在排球规则允许的条件下，运动员采用的各种合理的击球动作和其他配合动作的总称。准备姿势与移动称为无球技术；传球、垫球、发球、扣球、拦网技术称为有球技术。

（一）准备姿势

准备姿势和移动是排球运动中各项技术的基础技术。准备姿势是移动的基础，只有准备姿势正确才能及时、快速向各个方向移动。正确的准备姿势是：两脚左右开立与肩同宽，一脚在前，两膝微屈，身体重心位于两脚之间，并稍靠近前脚，后脚跟稍提起，上体稍前倾，两臂放松，自然弯曲置于腹前。两眼注视球并兼顾场上各种情况，两脚保持微动状态。准备姿势有稍蹲准备姿势、半蹲准备姿势和深蹲准备姿势。

（二）移动

移动的目的是迅速地接近球，取好人与球的合理位置。它是完成好各项技术的重要条件，同时也是连接攻防技术的重要环节。常用的移动步法有并步、滑步、交叉步、跨步、跑步、垫步（跨跳步）和后退步等。

（1）并步：前脚向来球方向跨出一步，后脚迅速蹬地跟上，并做好击球前的姿势。特点是容易保持身体平衡，便于做击球动作。并步可向前、后、左、右各方向移动。

（2）滑步：连续并步就是滑步。

（3）交叉步：两脚左右开立，向右侧交叉步移动时上体稍向右转，左脚从右脚前向右交叉迈出一步，然后右脚再向右侧方向跨出一大步，同时重心移至右脚，身体转向来球方向，保持击球前的姿势。交叉步的特点是步子大，动作快，便于制动。

（4）跨步：上体前倾，身体重心移至跨出脚上。跨步时，一腿用力蹬地，另一腿向来球方向跨出一大步，后腿随重心前移自然跟上，两臂做好迎球动作。跨步的特点是，跨距大，便于向前、斜前方降低重心进行低点击球。

（5）跑步：跑步时，一脚蹬地起动，另一脚迅速向前迈出，两脚交替进行，两臂配合摆动，不要过早做击球动作的准备，以免影响跑步速度。球在侧方或后方时，应边转身观察球边跑。跑步的特点是，移动速度快，便于随时改变方向。

（三）传球

正面传球

传球是在额前上方通过利用全身协调力量并通过手指、手腕的弹力，将球传至一定目标的击球动作。

1. 技术要点

当来球接近额前时，开始蹬地、伸膝、伸臂，手指微张从脸前向前上方迎出，全身各部位动作应协调一致。手触球时，十指应自然张开使两手成半球状，手腕稍后仰，以拇指内侧、食指全部、中指的第二三指节触球的后下部，无名指和小指在球两侧辅助控制球的方向。两拇指相对成"一"字形。在迎球动作的基础上，当手和球即将接触前，手腕和手指要有前屈迎球的动作，当手和球接触时，各大关节应继续伸展，最后用手指、手腕的弹力将球传出（图8-2-2）。

2. 动作要领

额前击球较适当，触球手型半球状；蹬地伸臂指腕弹，指腕缓冲控方向。

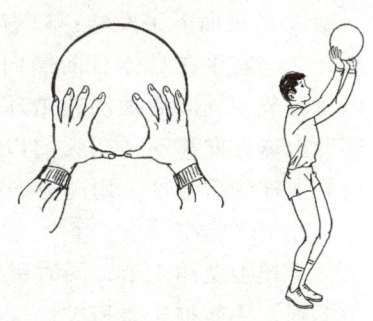

图 8-2-2 传球

（四）垫球

利用双臂或单臂及身体的其他部位将来球击出的方法称为垫球。垫球是组织战术的基础技术，也是夺回发球权的重要技术环节。

正面双手垫球是指运动员用双手在腹前将球垫起的动作方法。它是最基本的垫球方法，是各项垫球技术的基础，适合于接各种发球、扣球和拦回球，有时也用于垫二传。

正面双手垫球

1. 技术要点

垫球时面对来球，成半蹲或稍蹲姿势站立，两手掌根相靠，两手手指重叠，手掌互握，两拇指平行向前，手腕下压，两前臂外翻成一个平面。当球飞到腹前约一臂距离时，两臂夹紧前伸，插入球下，同时配合蹬地、跟腰、提肩、顶肘、压腕、抬臂等全身协调用力迎向来球，身体重心随着击球动作向前上方移动。用前臂的手腕关节以上10厘米左右的两小臂桡骨内侧所构成的平面击球的后下部。在击球瞬间，两臂要保持稳定，身体重心继续协调地向抬臂方向伴送球（图8-2-3）。垫击动作结束后，立即松开双臂做好下一动作的准备。

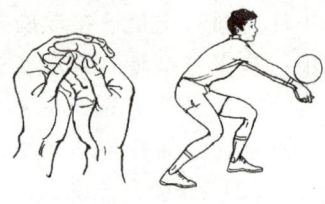
图8-2-3 垫球

2. 动作要领

两臂夹紧插球下，抬高送臂腕下压；蹬地跟腰前臂垫，轻球重球有变化。

（五）发球

队员在发球区用一只手将自己抛起的球直接击入对方场区的技术动作称为发球。发球是比赛的开始，也是排球技术中唯一不受他人制约的技术。

正面上手发球

1. 技术要点

（1）正面上手发球：以右手发球为例，面对球网，两脚自然开立，左脚在前，左手托球于体前；左手将球平稳地抛于右肩的前上方，高度适中，同时右臂抬起，屈肘后引，肘与肩平，上体稍向右侧转动，抬头、挺胸、展腹、手掌自然张开；利用蹬地，使上体向左转动，同时收腹，带动手臂向前上方快速挥动，在右肩前上方伸直到手臂的最高点处，用全掌击球的后中下部。击球时，手指和手掌要张开与球吻合，手腕要迅速做推压动作，使击出的球呈上旋飞行。击球后，随着重心前移，迅速入场（图8-2-4）。

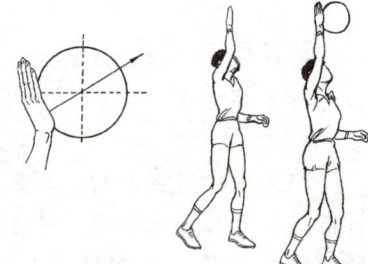
图8-2-4 正面上手发球

侧面下手发球

（2）正面下手发球：以右手发球为例，两脚前后自然开立，左手在身体右前侧向上抛球，高度适中，右臂以肩关节为轴向后摆动，击球时右脚蹬地，身体重心随摆臂击球方向移动，在腹前以全掌或半握拳的拳面或虎口处击球的后下部，用力方向朝前上方。

2. 动作要领

手托上抛约1米，同时引臂右旋体；转体收腹带挥臂，弧形鞭甩应加速；全掌击球中下部，手腕推压要积极。

（六）扣球

队员跳起在空中，用一只手臂做弧形挥动将本方场区上空的球，从两标志杆内的球网上空击入对方场区的技术动作称为扣球。扣球是完成战术配合的最后一击，是攻击性最强、最有效的进攻手段。

1. 技术要点

助跑前采用稍蹲姿势，两臂自然下垂，站在离网 3 米左右处，身体转向来球方向，观察来球，做好向各个方向助跑起跳的准备。助跑开始时，左脚先向前迈出一步，紧接着右脚再快速跨出一大步，左脚及时并上，踏在右脚之前，两脚尖稍向右转。两臂绕体侧向上引摆，在助跑跨出最后一步（即第二步）左脚并上踏地制动的同时，两臂自后积极向前摆动，随着双腿蹬地向上起跳，两臂配合起跳有力地向上摆动。起跳后，挺胸展腹，上体稍向右转，右臂向后上方抬起，身体成反弓形。挥臂时，以迅速转体、收腹动作发力，依次带动肩、肘、腕各部位关节向前上方成鞭甩动作挥动。击球时，五指微张，以掌心为主，全掌包满球，在手臂伸直的最高点的前上方击球的后中部，同时主动用力屈腕屈指向前推压，使扣出的球呈上旋。落地时，以两脚前脚掌先着地再迅速过渡到全脚掌着地，同时顺势屈膝、收腹，以缓冲下落的力量，立即做好做下一个动作的准备（图 8-2-5）。

图 8-2-5　扣球

正面扣球

2. 动作要领

助跑节奏慢到快，一步定向二步迈；后步跨上猛蹬踏，两臂配合向上摆；腰腹发力要领先，协调挥臂如甩鞭；击球保持最高点，全掌击球要上旋。

知识窗

排球扣球技术的发展

随着排球技术和战术的发展，扣球技术也在不断创新和提高。20 世纪 70 年代后，各国排球队掌握了短平快、位置差、时间差等新的扣球技术。此后，我国排球运动员又创新了不少扣球技术，如空间差和单脚起跳扣快球及快抹技术等。目前，扣球技术无论是男子排球还是女子排球都向着"高、快、狠、变、巧"的方向发展。

● 短平快：是多变扣球方法之一，为 20 世纪 70 年代日本男排运动员所创造，现在为各国运动员广泛运用。其动作为：扣球人在二传队员前面 2 米左右跳起，二传手将球既平又快地传到扣球手手上，扣球手挥臂击球过网。

● 位置差：扣球队员在助跑后假装起跳，但并不跳起，待对方拦网队员起跳时，扣球队员突然向体侧跨出一步，用双脚或单脚起跳扣球，造成自己扣球与对方拦网位置上的明显错位，这种扣球也称为"错位"扣球。

● 时间差：扣球队员以逼真甚至夸大一点的动作，伴作快球或短平快球的起跳，但实际并不起跳，以欺骗对方拦网队员起跳，待拦网者下落时，再迅速原地起跳扣半高球或小弧度球，造成佯装扣球和实际扣球时间上的差异，而佯装扣球和实际扣球时间上差异的结果是扣球、拦网之间时间上的差异，从而使扣球人成功地摆脱拦网。

拦网

（七）拦网

拦网是队员在网前以腰部以上身体任何部位，主要是手臂、手掌，在球网上阻挡对方击球过网的技术动作，一般是单人拦网、双人拦网和三人拦网几种形式。拦网是破坏对方进攻并组织反击的重要手段。有效的拦网可将对方有力的扣杀拦起，减轻后排防守的压力，为本方组织反攻创造条件，并对扣球者造成心理上的威胁，削弱对方进攻的锐气和信心。拦网技术应贯彻"快、准、狠"的原则。

单人拦网技术要点：队员面对球网，两脚左右开立，约与肩同宽，距网 30～40 厘米，两膝微屈，两臂屈肘置于胸前。常用的步法有跨步、并步、交叉步、跑步等。无论采用哪种移动步法，都要做好制动动作，以保证向上起跳，避免触网和冲撞同队队员。原地起跳时，两腿屈膝，重心降低，随即用力蹬地，两臂以肩发力，在体侧近身处，做划弧前后摆动，帮助身体迅速跳起。移动后的起跳，其起跳动作与原地起跳一样，但要注意制动并使移动与起跳动作紧密衔接。起跳时，两手从额前沿球网向上方伸出，两臂伸直并保持平行，两肩上提。拦网时，两臂应伸过网去接近球。两手自然张开，屈指屈腕成半球状。当手触球时，两手要突然紧张，手腕下压盖在球的前上方。拦球后，要做含胸动作，以保持身体平衡。手臂要先后摆或上提，从网上收回至本方上空，再屈肘向下收臂，以免触网。与此同时屈膝缓冲，双脚落地，随即转身面向后场，准备接应来球或做下一个动作准备（图 8-2-6）。

图 8-2-6　单人拦网

四、基本战术

排球的基本战术是指比赛双方运用进攻与防守的对抗，并结合临场变化，合理地运用技术，有组织、有针对性地配合行动。一个队的战术水平往往反映着该队的技术水平，因为只有全面、准确、熟练地掌握了基本技术才可以形成战术。

（一）阵容配备

阵容配备是合理搭配本队队员的一种组织手段，阵容配备有三种形式（表 8-2-1）：

表 8-2-1　排球阵容配备

"三三"配备	由三名进攻队员和三名二传队员组成 此种形式的战术形式简单，攻击力较弱，适合于初学者
"四二"配备	由两名主攻队员、两名副攻队员和两名二传队员组成 队员分别对角站立，这种阵容配备便于采用"中一二"和"边一二"进攻战术。前排始终保持两名进攻队员和一名二传队员，能够组织多种战术配合，充分发挥本队的进攻力量
"五一"配备	由一名二传队员和五名进攻队员组成 这种配备形式攻击力强，能组织多种战术体系。二传队员在前排时，能组织"中一二"和"边一二"进攻战术。二传队员在后排时，可采用"插上"战术，保持前排三点进攻。具有一定水平的队多采用此种阵容配备

（二）交换位置

为了解决某些轮次上进攻和防守力量的搭配及阵容配备上的某些缺陷，以便有效地组织攻防战术，规则允许，在发球击球后，双方队员可以在本场区内任意交换位置。交换位置的主要目的是为了充分发挥每个队员的专长，以取得扬长避短的效果。前排队员之间的换位，主要是为了便于进攻战术的实施和拦网实力的调整。前后排队员之间的换位，主要是为了保持前排三点进攻。后排队员之间换位，是为了加强后排重点部位的防守。

（三）进攻战术

1. "中一二"进攻战术

此种战术是最基本，最简单的战术形式。由 3 号位队员担任二传，2 号位、4 号位队员进攻（图8-2-7）。其特点是比较容易组织，初学者易掌握，但只能两点进攻，变化小，进攻意图易被对方识破。

2. "边一二"进攻战术

由 2 号位队员担任二传，3 号位、4 号位队员进攻，如由 4 号位队员担任二传，由 3 号位、2 号位队员进攻，称为"反边一二"进攻战术（图 8-2-8）。它相比较"中一二"战术变化多些，难度大，战术配合也较复杂。由于两名进攻队员的位置相邻，便于进行互相掩护配合，可以组织更多的战术配合，它的突然性和攻击性程度比"中一二"进攻战术高。

图 8-2-7　"中一二"战术图

图 8-2-8　"边一二"战术图

3. "后排插上"进攻战术

"后排插上"进攻战术是现代排球先进战术的主要形式，是在"中一二""边一二"进攻战术的基础上发展起来的。因此，"中一二""边一二"进攻战术中各种战术配合，均可在"后排插上"战术中加以运用和发挥。由于此种战术有三名进攻队员参加进攻，可充分地利用网的全长组织进攻，而使进攻点增多，战术配合更加复杂多变，因此，战术更具有突然性大，进攻点多的特点（图8-2-9）。

（四）防守战术（"边跟进"防守战术）

拦网与后排防守的配合是防守成功的关键。比赛中常采用单人、双人和三人拦网。其中，双人拦网是最常采用的。在双人拦网情况下，此种防守方法是：后三名队员要形成面对进攻点的弧形防守区域，并明确各自防守区域和范围。前排两名队员组成拦网，后排1号位或5号位队员跟进到进攻线附近做保护（图8-2-10）。

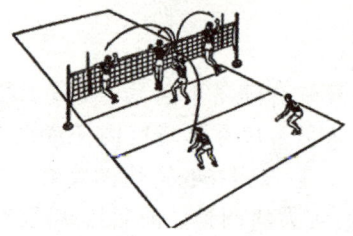

图8-2-9　后排插上战术图

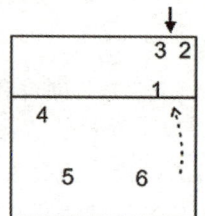

图8-2-10　边跟进战术图

第三节　足球

一、简介

足球运动是以脚支配球为主，两支队伍在同一场地内进行相互对抗、互有攻守，且将球攻入对方球门多者为胜的体育运动项目。现代足球运动是世界上最受人们喜爱、开展最广泛、影响最大的体育运动项目，被誉为"世界第一运动"。足球运动在比赛中可采用规则所允许的各种动作，包括奔跑、急停、转身、倒地、跳跃、对抗等。经常从事足球运动能促进人体的速度、力量、耐力、灵敏、柔韧等素质全面发展，并能使人的高级神经活动得到改善，尤其能增强人体的心血管系统、呼吸系统等内脏器官的功能，从而促进人体的健康。

足球运动是一项古老的体育活动，源远流长。据说，古希腊人和古罗马人在中世纪以前就有了足球游戏。然而众多文献资料表明，中国古代足球的出现比欧洲更早，世界足球起源于中国古代的蹴鞠。"蹴鞠"一词最早出现在《史记·苏秦列传》，汉代刘向所著的《别录》和东汉班固的《汉书·枚乘传》中均有记载。到了唐宋时期，"蹴鞠"活动已十分盛行。

现代足球运动起源于1863年，当时英国的学校和俱乐部开始盛行此项运动，并制定了"剑桥规则"。1863年10月26日，英国人在伦敦皇后大街弗里马森旅馆成立了世界上第一个足球运动组织——英国足球总会。会上除了宣布英国足球总会正式成立，还制定和通过了世界第一部较为统一的足球竞赛规则。英国足球总会的诞生，标志着足球运动的发展进入了一个崭新的阶段。1904 年 5 月 21 日，国际足球联合会（简称"国际足联"，缩写 FIFA）成立。1904 年 5 月 23 日，国际足联召开了第一届全体代表大会，推选法国的罗伯特·盖林为第一任主席。

依据考古发现和历史文献记载，中国古代的鞠戏有相当久远的历史，证明了中国是世界上"球类游戏"起源最早的地区。2005 年，时任国际足联主席的布拉特向世界正式宣布"足球起源于中国"。

二、基本技术

足球基本技术是指运动员在进行足球活动和比赛中，有目的、有意识地运用脚和规则允许的身体各个部位去合理地支配球的动作的总称。随着足球运动的发展，尤其是现代足球比赛攻守速度不断加快、对抗争夺日趋激烈的条件下，运动员只有熟练地掌握技术，才能在比赛中有目的地采取行动和合理地处理球，以达到战术上的要求。它是完成战术配合、决定战术效果的前提和保证。

足球基本技术包括踢球、控球、头顶球、抢截球、掷界外球、守门 6 类。

（一）踢球

踢球是运动员有目的地用脚把球击向预定目标的技术。它是完成战术配合的基础和主要手段，主要用于传球和射门。传球是比赛中组织进攻，变换战术和创造射门机会的主要手段，也是踢球技术在集体配合中的实际运用。射门是运用各种方法将球射入对方球门。它是一切技战术配合的最终目标，也是决定比赛胜负的关键。

踢球的方法很多，动作要领也有所不同，但是每一种踢法都是由助跑、支撑脚站位、踢球腿的摆动、脚触球和踢球后的随前动作 5 个环节组成。踢球主要有脚内侧踢球、脚背正面踢球、脚背内侧踢球、脚背外侧踢球、脚尖踢球和脚跟踢球。

1. 脚内侧踢球

用脚内侧部位触击球的一种踢球方法。其特点是脚接触球面积大，出球准确平稳，且易控制触球方向。但由于踢球时要求大腿前摆到一定程度时需要外展且屈膝，故大腿与小腿的摆动都受到限制，因此出球力量相对较小。适用于近距离传球配合和射门。

脚内侧
踢球

踢定位球时，直线助跑，支撑脚站在球的侧面约 15 厘米处，膝关节微屈，脚尖指向触球方向，踢球腿以髋关节为轴由后向前摆动，在前摆过程中大腿外展，脚底与地面平行，踝关节功能性地紧张使脚型固定，小腿做爆发式前摆，用脚内侧触击球的后中部（图 8-3-1）。

图 8-3-1 脚内侧踢球

2. 脚背正面踢球

用脚背正面部位触击球的一种踢球方法。其特点是摆幅相对较大，加之用脚背踢球接触面（与球）相对较大，因而踢球力量也大，准确性也较强。适用于中长距离传球和射门。比赛中经常使用脚背正面踢定位球、空中球、反弹球及倒钩球。

脚背正面
踢球

踢定位球时，直线助跑，最后一步稍大，支撑脚积极着地，在球的侧面 10～15 厘米处，脚尖指向出球方向，膝关节微屈，踢球腿屈膝后摆，支撑脚着地同时，踢球腿以髋关节为轴，大腿带动小腿由后向前摆动。当膝关节摆至接近球的正上方时，小腿做爆发式的摆动，脚趾紧扣，以脚背正面部位击球的后中部（图8-3-2）。

3. 脚背内侧踢球

用脚背内侧部位触击球的一种踢球方法。适用于中、远距离传球和射门。比赛中经常用脚背内侧踢定位球、过顶球或转身踢球。

踢定位球时，斜线助跑，要与出球方向约成45°，最后一步稍大，支撑脚积极着地，距球内侧后方20~30厘米处，膝关节微屈，脚尖指向出球方向。支撑脚着地的同时，踢球腿以髋关节为轴，大腿带动小腿由后向前摆动，当大腿摆至与支撑腿接近同一平面时，小腿做爆发式前摆，此时脚尖外转，脚背绷直，脚趾紧扣，脚尖指向斜下方，以脚背内侧触击球的后中下部。击球后踢球腿及身体继续随球向前（图8-3-3）。

脚背内侧踢球

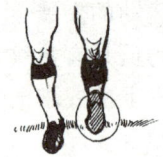  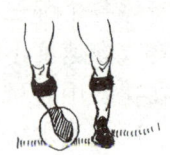

图 8-3-2　脚背正面踢球　　图 8-3-3　脚背内侧踢球　　图 8-3-4　脚背外侧踢球

脚背外侧踢球

4. 脚背外侧踢球

用脚背外侧部位触击球的一种踢球方法。这种踢法难度大，但运用范围广、变化多、突然性强，适用于中、短距离传球和射门。

踢定位球时，助跑、支撑脚站位及踢球腿摆动均与脚背正面踢球技术的三个环节相同，只是在踢球的瞬间，摆动腿的膝关节和脚尖内转，脚背绷紧，脚趾紧扣，以脚背外侧触击球的后中下部（图8-3-4）。

（二）控球

控球是运动员运用身体的各个部位把球控制在自己的范围内。在现代足球比赛中，谁能较长时间地控制球，谁就赢得了场上主动权，而控球能力的优劣又是衡量一个队整体实力的基本标志。控球包括接球、运球、护球三个部分。

1. 接球

运动员有目的地用身体合理部位，把运行中的球接控在所需的控制范围内，为更好地做出传球、运球过人和射门的动作。

接球方法有脚底接球、脚内侧接球、脚背外侧接球、大腿接球和胸部接球等。

（1）脚底接球：由于脚底接触球的面积大，易将球接稳，一般用于接正面地滚球和反弹球。

（2）脚内侧接球：由于脚触球面积大，动作简单，较易掌握，比赛中经常使用这种技术接各种地滚球、反弹球、空中球。

（3）脚背外侧接球：脚背外侧接球常与假动作结合起来做，具有隐蔽性。一般用于接地滚球和反弹球。

（4）大腿接球：一般可以用来接抛物线较大的高空球和略高于膝的低平球。

（5）胸部停球：由于胸部面积大、有弹性、位置高，常用于接高球。

2. 运球

运球是指运动员在持球跑动中用脚的推、拉、拨、扣，使球保持在自己控制范围内的连续触球动作。运球技术从狭义上讲，仅是指运球的方法，即指用身体的某一部分触球，使球能随运球者一起运动；从广义上看，则不仅是让球随人运动，还必须越过对方的防守，也就是说如何使用这些运球方法达到越过对方防守的目的。

运球方法有脚内侧运球、脚背正面运球、脚背外侧运球和脚背内侧运球。

（1）脚内侧运球：要求在运球前进时支撑脚始终领先于球，位于球的侧前方，肩部指向运球方向，支撑腿膝关节微屈，重心放在支撑腿上，另一条腿提起屈膝，用脚内侧推球前进，然后运球脚着地。

脚内侧
运球

（2）脚背正面运球：运球时身体持正常跑动姿势，上体稍前倾，步幅不宜过大，运球腿提起，膝关节稍屈，髋关节前送，提踵，脚尖下指，在着地前用脚背正面部位触球后中部将球推送前进。常用于快速带球。

（3）脚背外侧运球：运球时身体持正常跑动姿势，上体稍前倾，步幅不宜过大，运球腿提起，膝关节稍屈，髋关节前送，提踵，脚尖绕矢状轴向内旋转，使脚背外侧正对运球方向，在运球脚落地前用脚背外侧部位推拨球的后中部。常用于快速奔跑和改变运球方向（图8-3-5）。

脚背外侧
运球

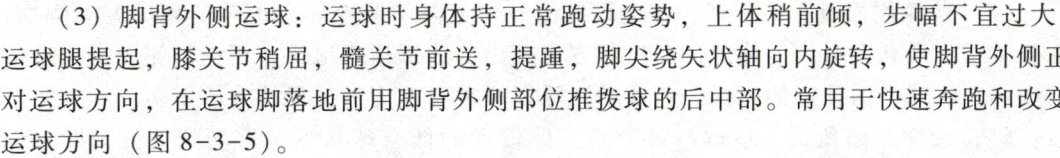

图8-3-5　脚背外侧运球

（4）脚背内侧运球：身体稍侧转并自然协调放松，步幅小，上体前倾，运球腿提起外展，膝微屈外转，提踵，脚尖外转，使脚背内侧正对运球方向，在运球脚落地前用脚背内侧推拨球，使球随身体前进。多用于向支撑脚一侧的转动变向运球。

3. 护球

当持球队员不能转身时，则利用身体把球与对手隔开。常用的护球方法有背身护球和侧身护球。

（三）头顶球

头顶球是指运动员有目的地用前额将球击向预定的目标的动作，是处理高空球的最重要手段及一项重要的基本技术。它是进攻与防守的有效手段。因此，必须熟练地掌握头球技术，并能灵活运用。它包括前额正面头顶球、前额侧面头顶球、鱼跃头顶球等（图8-3-6）。

头顶球

各种头顶球技术都是由移动选位、身体的摆动、头触球、触球后的身体平衡4个环节组成。头触球的部位和触球的时间是头顶球的重要环节，头顶球时要养成目迎目送的习惯。

（1）前额正面原地头顶球：身体正对来球方向，眼睛注视运动中的球，两脚左右开立（或前后开立），膝关节微屈，身体重心置于两脚间（或后脚上），两臂自然张开成保护。当球运行到将垂直于地面的垂线时，两腿用力蹬地，迅速向前摆体，微收下颌，在触球瞬间颈部做爆发式振摆，用前额正面击球中部，上体随球前摆。

（2）前额正面跳起头顶球：常用在本方传来或对方传来高球时。两膝微屈，重心下降，然后两脚用力蹬地起跳，同时两臂屈肘上摆，在身体上升阶段展腹挺胸，两臂自然张开成保护，身体自然成背弓。当球运行至身体额状面时，迅速收腹，上体前摆，触球瞬间颈部做爆发性振摆，用前额正面将球顶出。同时两腿向前做振摆，球顶出后屈膝落地。

（3）前额侧面原地头顶球：观察来球的运行速度、运行轨迹，及时移动到位。两脚前后开立（或左右开立），出球方向的异侧脚在前，重心逐渐过渡到前脚上，两眼注视来球，前膝微屈，两臂前后自然张开，当球运行至体前上方时，用力蹬地，前脚掌适度旋转，上体随着出球方向扭摆，同时用力向击球方向甩头，以前额侧面击球的后中部。

（4）前额侧面跳起头顶球：在起跳后的身体上升阶段上体向出球的相反方向侧摆，在身体达到最高点时，上体急速向出球方向摆出，颈部扭摆甩头，用前额侧面击来球的后中部，将球击向预定的目标。落地时屈膝以缓冲落地力量并保持身体平衡。

（5）前额正面鱼跃头顶球：对于离身体较远的低空球来不及移动到位处理时，以及必须抢点击球时（如抢救险球、射门等）可使用鱼跃头顶球技术。

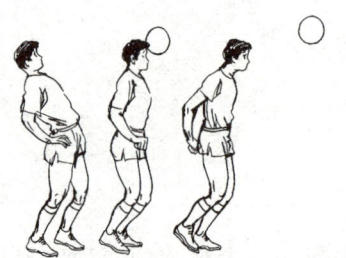
前额正面原地头顶球

前额正面跳起头顶球

前额侧面原地头顶球

前额侧面跳起头顶球

前额正面鱼跃头顶球

图 8-3-6　头顶球

（四）抢截球

抢截球是指运动员在规则允许的范围内，使用身体的合理部位将对手的控球权夺过来或破坏掉。它是转守为攻的积极手段，是防守技术的综合体现。

抢截球的方法主要有抢球、截球、封堵和铲球。

1. 抢球

（1）正面跨步堵抢：抢球者两脚前后开立，面向对手，两膝微屈，身体重心下降并置于两脚间，当运球者与抢球者间的距离缩小到一定范围（即抢球者上前跨一大步可能触及球），运球者触球脚即将着地或刚刚着地时，抢球者后脚用力蹬地并跨步向前，以脚内侧去堵截球，并将另一只脚迅速前移做支撑脚。如双方脚同时触球，抢球脚要迅速向上提拉，使球从对手脚面滚过，身体重心也迅速跟上并将球控制住（图8-3-7）。

（2）合理冲撞抢球：在与对方带球队员并肩跑动时，防守者身体重心稍下降，靠近对手一侧的手臂紧贴身体，利用对方同侧脚离地的时机，用肩以下、肘关节以上的部位，用适当的力量去冲撞对手相应的部位，使对手身体失去平衡而离开球，并迅速将球控制在自己脚下（图8-3-8）。

图8-3-7　正面跨步堵抢　　　　　图8-3-8　合理冲撞抢球

2. 截球

截球是把对方队员之间传出的球（空间运行或地面滚动）抢截下来或破坏掉。选择恰当的位置和时间，从对方侧后方突然插上，果断、快速地利用踢球、顶球、铲球或接球等技术动作完成。

3. 封堵

封堵是在抢截球没有把握的情况下运用的一种手段。在比赛中应采用"照应"的方法先判断传球角度，然后边判断边封堵，看准时机出脚抢球。封堵时，两脚前后开立，两膝稍弯曲，身体重心下降并置于两腿之间，面向对手，两眼注视对手的下肢动作，随球的变化，迅速调整防守重心。

4. 铲球

铲球是倒地抢球的一种技术。常用于对手接球前或带球过程中，以及来不及用其他方法抢球时采用。

当对方拨出球的一刹那或对方在接球时，左脚用力蹬地成跨步，以抢球脚（右脚）的外侧沿地面向前内侧滑出，用脚掌将球蹬出，或者用脚背或脚尖将球踢或捅出，然后小腿外侧、大腿外侧和臀部依次着地（图8-3-9）。

图8-3-9　铲球

（五）掷界外球

由于掷界外球时接球人不受越位规则的约束，因此，不仅用于恢复比赛，而且可以为进攻创造有利条件。尤其是在前场 30 米内掷界外球，将球直接掷入门前，可以给对方造成很大威胁。掷界外球包括原地掷界外球和助跑掷界外球。

1. 原地掷界外球

面向出球方向，两脚前后或左右开立，站立在边线上。膝关节弯曲，上体成背弓，重心移到后脚上（左右开立时，重心在两脚间），两手自然张开，拇指相对，持球的侧后部，屈肘将球置于头后。掷球时，后脚用力蹬地（或两脚用力蹬地），两腿迅速伸直，身体重心由后脚移至前脚，收腹屈体，同时两臂急速前摆。当球摆到头上时用力甩腕将球掷入场内。掷球时，后脚可沿地面向前滑动，两脚均不得离地。

2. 助跑掷界外球

两手持球放于胸前，在助跑迈出最后一步时，上体成背弓，同时将球上举至头后，掷球时的动作与原地掷界外球动作相同。将球掷出后，后脚可在地面上向前滑行，但不得离地。

（六）守门

守住本方球门是守门员的主要职责，守门也是全队的最后一道防线。守门员可用身体的各个部位阻止对方将球射入本方球门，同时还要协助控制罚球区，并组织和指挥全队的防守和进攻。守门员出色的技能和顽强的斗志，不仅可以提高防守的稳固性和进攻的有效性，而且还能提高全队的士气和战斗力。由此不难看出守门员在一个球队中的重要作用。

守门员技术分为位置选择、准备姿势和移动、接球、击球、发球等。

1. 位置选择

守门员为更好地守好球门，首先要选择正确合理的位置。位置的选择应根据对方的射门地点和射门时球所处的位置所形成的分角线上。

2. 准备姿势和移动

守门员为更好地封堵和接住对方的传球和射门，必须根据对方射门前球和人的位置变化而相应调整自己的位置。

3. 接球

接球是守门员的主要技术，包括接高空球、接平直球、接地滚球和扑球等（图 8-3-10）。

4. 击球

准确判断来球运行路线，及时移动到位，握紧拳，在接近球的刹那迅速出拳击球。击球有单、双拳击球，单拳击球动作灵活，摆动幅度大，击球力量大；双拳击球接触球面积大、准确性高。

5. 发球

守门员获得球后要迅速将球发出，使本队由守转攻。发球技术分手掷球和脚踢球两类。

（1）手掷球：在现代足球比赛中，利用手掷球发动进攻，是使用最多也是最有效

掷界外球

的方法。手掷球能更及时、准确地将球发至占据有利位置的同伴脚下，因此更有利于进攻。

（2）脚踢球：是守门员把获得的球和球门球直接传给远离自己的队友的技术动作。脚踢球分手抛踢球和踢定位球。

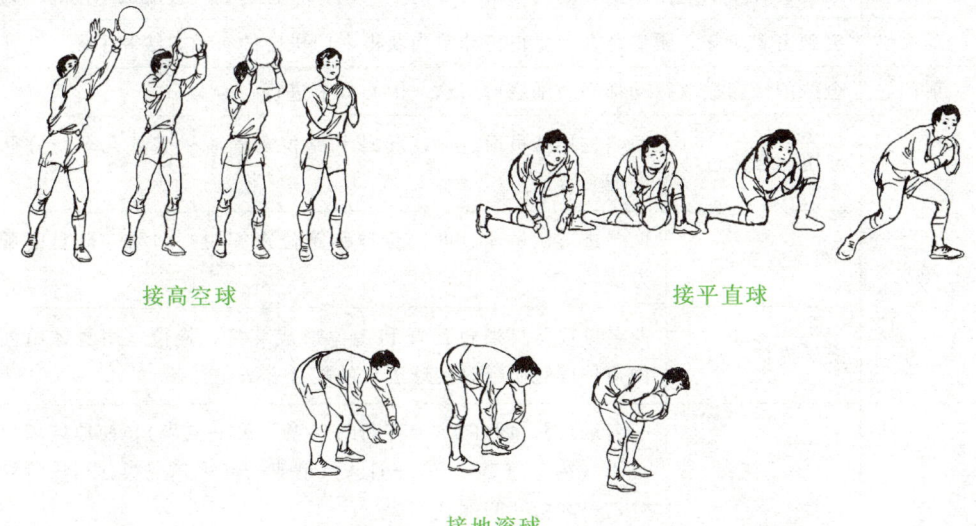

接高空球　　　　　　　　　接平直球

接地滚球

图 8-3-10　接球

三、基本战术

足球战术是比赛中为了战胜对手，根据主客观的实际情况所采用的个人和集体配合的手段的综合表现。足球战术可分为进攻和防守两大系统。进攻和防守中又分别包含着个人战术和集体战术两类。比赛实践证明，成功地组织战术和巧妙地运用战术是夺取足球比赛胜利的重要因素。比赛阵型是指赛场上队员的位置排列，是本队攻守力量搭配和职责分工的形式，它有助于各种战术目的和方法的实现。目前普遍采用的阵型有 "4-3-3" "4-4-2" "3-5-2" "5-3-2"（图8-3-11）。

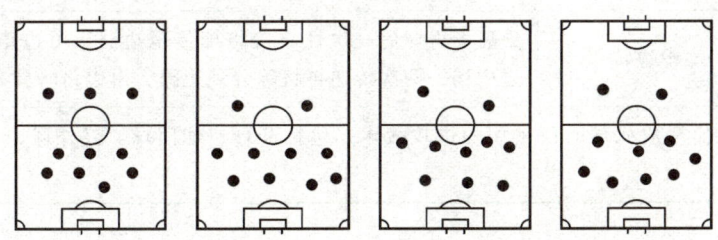

图 8-3-11　足球基本战术

（一）进攻战术

进攻战术是进攻者利用不断跑动、穿插、策应来打乱防守方的防御体系，在局部地区打破攻守双方人数上的平衡，造成以多打少的局面。进攻战术包括个人进攻战术、局

125

部进攻战术、全队进攻战术三种形式（表8-3-1）。

表 8-3-1　进攻战术简表

个人进攻	接应		一种无球的战术行动。在局部制造以多打少、瓦解对方防守的有效手段
	传球		运动员有目的地用脚把球踢向预定目标的技术动作，也是完成进攻战术配合的基础
	运球突破		突破密集防守、紧逼盯人，觅得传球空当获得射门机会的有效方法和手段
	射门		全队的一切进攻行动都必须围绕射门这一中心环节进行
局部进攻	二人配合	传切配合二过一	两名进攻队员通过一次传球和跑位来摆脱一名或几名防守队员的配合方法
		踢墙式二过一	两名进攻队员通过两次传球和跑位来摆脱一名防守队员的配合方法
		交叉掩护二过一	两名进攻队员通过运球和跑位形成交叉、换位，用身体给同伴做掩护摆脱防守时传球进攻的配合方法
	三人配合	第二空当	一名进攻队员跑向一个有利的空当（第一空当），使原区域出现空当（第二空当），另一名队员迅速插向第二空当，利用传切配合，突破防守的配合方法
		连续二过一	至少由两组二过一配合组成的配合方法
全队进攻	阵地进攻	边路传中	在对方半场两侧发展的进攻，以传中创造射门为目的
		中路渗透	有后场、中场、前场发动进攻进行短传配合，以各种二过一战术来摆脱对方的防守
		中边转移	中路进攻受阻，应及时转移边路，分散守方中路的压力，然后由边路突破再将进攻方向转向中路
	快速进攻	边路传中	有个人突破及边路队员快速插上到防守者的身后接球突破两种形式
		中路突破	有个人突破和配合突破
		中边转移	中后场得球后一次性直接将球传至边路，由边路队员突破或经过中场一两次传递再将球分到边路，由边路队员突破

定位球战术是指比赛成死球时所采用的进攻战术，包括开球、球门球、界外球、角球、任意球、点球

（二）防守战术

防守战术是在比赛中为阻止对方的进攻，以及本方重新取得控球权所采用的个人防守行动和集体配合的方法。主要目的是延缓、封堵、阻截、抢断和破坏进攻方的战术。防守战术包括个人防守战术、局部防守战术、全队防守战术三种形式（表8-3-2）。

表 8-3-2　防守战术简表

个人防守	选位	防守队员选择的位置应站在对手与本方球门中心所构成的直线上，并保持适当的距离，以多防少或以少防多时，都要及时地选位
	紧逼	防守队员所处的位置能够制约进攻队员的活动，以达到封堵、抢断对手接球、传球或射门路线
局部防守	保护	在逼抢控球对手的同伴身后，协防并阻止对方的突破可能的战术配合行动
	补位	防守队员弥补同伴在防守中出现的漏洞所采取的相互协助的战术配合
	围抢	在特定区域，两人以上的防守队员突然、快速、有效地多方位夹击对方控球队员，把球抢断或破坏的战术配合
全队防守	盯人防守	每一防守队员都有明确的防守对象，采用紧逼、跟跑，限制进攻队员的一切进攻行动
	区域盯人防守	每一防守队员都有一定的防守区域，进攻者一旦进入该区域时，防守队员即对其严密盯防，限制其在该区域的一切进攻行动
	混合防守	人盯人与区域防守相结合的一种防守形式。充分发挥人盯人和区域防守的优点，提高整体防守的综合效益

定位球战术是指比赛成死球时所采用的防守战术，包括中圈开球、球门球、界外球、角球、任意球、点球

知识窗

足球风云人物

1. 贝利

贝利 16 岁时代表巴西国家队参加了他人生第一场国际比赛。在其长达几十年的职业足球生涯中，赢得过世界杯冠军、洲际俱乐部杯赛冠军、南美解放者杯赛冠军，几乎赢得了国际足坛上一切成就，被人们誉为"一代球王"。1987 年，国际足联授予贝利金质勋章，1994 年被巴西政府任命为体育部长。2000 年，第一届劳伦斯世界体育奖贝利获得劳伦斯终身成就奖。2001 年，贝利被国际足联评为"20 世纪最佳球员"。

2. 马拉多纳

马拉多纳 16 岁代表阿根廷队开始了自己的职业足球生涯。马拉多纳在他的职业足球生涯中多次转会，其中两次创造了当时转会价格最高纪录，同时他的职业生涯又备受药品之害，曾两次因滥用药品而被停赛。马拉多纳最闪光的时刻是 1986 年率领阿根廷队一举夺得了世界杯冠军，同年他还当选为世界足球先生。2001 年，马拉

多纳被国际足联评为"20世纪最佳球员"。

3. 克鲁伊夫

克鲁伊夫被誉为荷兰足坛最具创造力的球员。克鲁伊夫曾获得三次欧洲冠军杯冠军，并在1971年、1973年和1974年三次当选欧洲足球先生。退役后，克鲁伊夫在阿贾克斯和巴塞罗那的执教经历也给他带来了无数荣誉和骄傲。2006年，第七届劳伦斯世界体育奖克鲁伊夫获得了劳伦斯终身成就奖。

4. 贝肯鲍尔

贝肯鲍尔被称为"足球皇帝"，是德国足球荣誉的象征，在1974年其作为球员赢得了世界杯冠军，1990年作为教练再次赢得世界杯冠军，成为历史上作为球员和主教练都获得过世界杯冠军的第一人。贝肯鲍尔获得的荣誉包括三次欧洲冠军杯冠军、一次欧洲优胜者杯冠军、一次欧锦赛冠军和一次世界俱乐部杯冠军，1972年和1976年两次当选欧洲足球先生。2007年，贝肯鲍尔获得了第八届劳伦斯世界体育奖终身成就奖。曾任拜仁慕尼黑俱乐部主席和德国足协副主席。

5. 普拉蒂尼

普拉蒂尼被誉为20世纪80年代最出色的中场球员，在1984年欧锦赛5场比赛中攻入9球写下了一段传奇，并在1983年、1984年和1985年连续三年当选为欧洲足球先生。

6. 尤西比奥

尤西比奥是有史以来最伟大的非洲球员，有"欧洲贝利"之称。他在1966年世界杯中以9个进球获得最佳射手称号，创造了一个赛季射入41球的葡萄牙联赛纪录。他还被评为1965年的欧洲足球先生，至今在葡萄牙里斯本街头仍有一座他的雕像。

7. 范·巴斯滕

范·巴斯滕在1988年欧洲锦标赛决赛中攻入的那粒"跨世纪的入球"，帮助荷兰获得了欧洲冠军。1988年、1989年、1992年其当选三届欧洲足球先生，1992年当选世界足球先生。1993年范·巴斯滕因为脚伤而过早地离开了绿茵场。

8. 罗纳尔多

1996年、1997年、2002年罗纳尔多三次当选世界足球先生，1997年、2002年当选两届欧洲足球先生，1994年、2002年获得两届世界杯冠军，在三届世界杯赛上的累计进球数已达15个，从而超过有"轰炸机"之称的德国著名球星穆勒在世界杯赛上累计14个进球的纪录，成为世界杯赛场上进球最多的球员，一生精彩进球无数，人们称呼他为"外星人"，一个时代的球王。

9. 贝克汉姆

曾任英格兰代表队队长，擅长精准的长传、传中和极其出色的定位球，被誉为"贝氏弧线"。获1999年欧洲冠军杯联赛最有价值球员，是英格兰历史上第一位在三届世界杯中都有进球的队员。2000—2001赛季，他带领曼联队实现了英超联赛的三连冠，至今在世界足坛仍具有一定影响力，曾担任2012年伦敦奥运会形象大使。

10. 克里斯蒂亚诺·罗纳尔多

葡萄牙著名足球运动员，2008 年在英格兰超级联赛单赛季打进 42 球，至今保持着英格兰超级联赛的最高进球纪录。2008 年被评为世界足球先生、欧洲金球奖、欧洲金靴奖、英超欧冠双料最佳射手。2009 年以创纪录的 9 400 万欧元的身价转会西班牙皇家马德里队，2022 年他转会加盟沙特利雅得胜利足球俱乐部。

11. 梅西

他被大众称为"新马拉多纳"。2005 年率领阿根廷获得第 15 届世界青年锦标赛冠军。2008 年北京奥运会男子足球项目冠军。梅西凭借着 2008—2009 赛季带领巴塞罗那俱乐部取得西班牙甲级联赛、西班牙超级杯、西班牙国王杯、欧洲冠军联赛、欧洲超级杯、世俱杯冠军六冠王，2009 年当选世界足球先生，职业生涯 8 次荣获金球奖。2022 年，梅西帮助阿根廷夺得世界杯冠军和美洲杯冠军。

第四节　网球

一、简介

网球一直有"绿色芭蕾"之称。网球不仅具有古典美，而且极具现代美。可以说网球运动是一项艺术的运动，也是一项全身心参与的有氧运动。它不仅有助于人们心肺功能的提高，而且还对人体脂肪代谢和控制体重有着积极的意义。

"网球"一词"tennis"源自"jeu de pauml（击掌游戏）"。由于制作网球的绒布来自埃及的坦尼斯镇，故将网球称为"tennis"。早在公元 5 世纪的古埃及、古希腊、古罗马都曾流行过近似现代网球的游戏。公元 15 世纪，网球由法国传入英国，当时斯图亚特王朝的第一位君主詹姆士一世（1566—1625 年）十分热衷于网球，并在全国广泛推广，1873 年，有位叫温菲尔德的少校将网球的早期打法进行了改进，使之成为一种适合于夏天在草坪上开展的运动，将其定名为"草地网球"，并制订了竞赛规则。1877年 7 月，全英网球俱乐部在温布尔登举办了首次草地网球锦标赛。1896 年，在第一届现代奥运会上，网球被列为正式比赛项目。

二、场地

（一）场地图示（图 8-4-1）

网球场地是一个平整的长方形地面，长 23.77 米，宽 8.23 米，球网（网的中央高度为 91.4 厘米，两端高度为 107 厘米）把全场隔成相等的两个半场，接近球网两边的 4 块相等的区域是发球区，双打场地的两边较单打场地宽 1.37 米。全场除端线可宽至 10 厘米，其他各线的宽度均不得超过 5 厘米，也不得小于 2.5 厘米。全场各区域的丈量，除中线外都从各线的外沿计算。

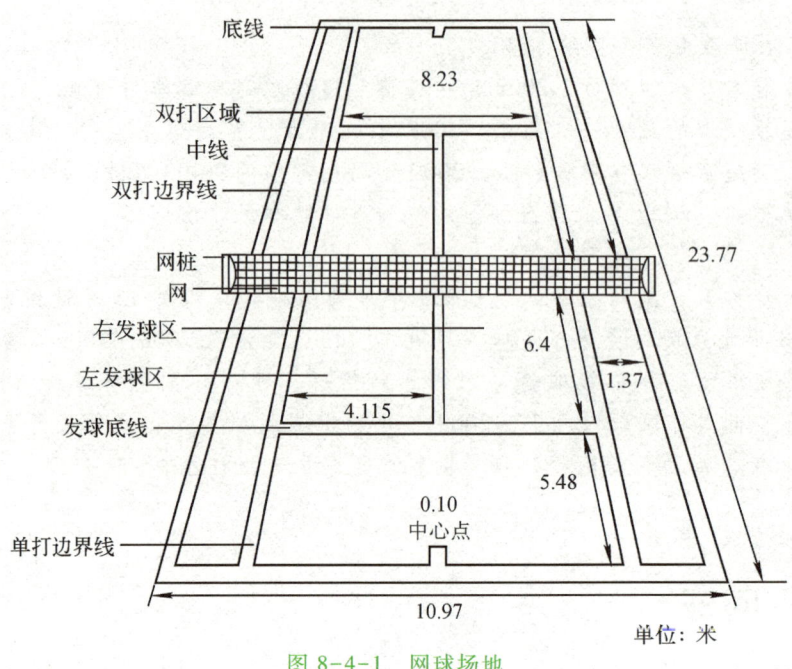

图 8-4-1　网球场地

（二）场地性能

网球场可分为室外和室内，根据各种不同的球场表面，网球场地分为红土场、沙地场、草地场、硬地面场 4 种。

三、基本技术

（一）基本站位

网球是一项全身运动，其基本姿势是屈膝沉腰，身体重心在双脚前掌，随时准备向各方向跑动。击球时要不停地跑动，转身带动手臂去击球。基本站位是网球场上的第一基本功，无论是正手击球还是反手击球，不管是网前截击还是底线抽击，做完动作后都要回到准备姿势，因为它是任何一种动作的开始。移动击球三种基本的站位：闭合式、开放式与半开放式。

（二）握拍方法

学习网球首先要了解球与球拍之间的作用力与反作用力，握拍法直接影响球拍面接触球的角度，不同的握拍法可产生各种不同的击球效应和打法。球拍是击球者手臂的延伸和手掌的扩大，每个击球动作都是由手臂、手腕、手指相互配合用力来完成的。握拍法有 4 种：东方式、大陆式、西方式和半西方式握拍法（表 8-4-1）。

表 8-4-1　网球握拍方法

握拍法	技　术　要　点
东方式握拍法	将手平放在拍弦上，然后下滑到拍柄根部抓握。适合各种场地和各种打法
大陆式握拍法	食指的根部压在与拍面水平的那个平面上，拍面的角度几乎与地面垂直。发球、截击球、削球，以及防守时采用这种握拍效果较好

握拍法	技 术 要 点
西方式握拍法	拍面平行地面，手掌从上面握住球拍。适合击打强烈上旋的球
半西方式握拍法	是介于东方式与西方式握拍之间的一种握拍方式

（三）拍面与球的旋转

1. 拍面

打网球击球时的基本拍面有三种：开（拍面上仰）、关（拍面向地面下倾）、垂直，它们都是相对于拍面与地面的角度而言的，并且掌心所对方向为出球方向。在击球的过程中若出现出界、下网球，可以从拍面的角度及拍面的控制上去找原因。

2. 不同拍面角度的不同效果

（1）在球反弹后处于上升阶段完成击球时：

① 拍面如果垂直地面，根据入射角＝反射角的原理，球会在被击打后产生向上的飞行轨迹（图 8-4-2）。入射角越大，向前的力量损耗得就越多，向上的飞行轨迹就越明显。直接的感觉就是球拍压不住球，导致回球又高又飘，且落点不深。

② 拍面如果关闭，与地面形成锐角（图 8-4-2），同样遵循入射角＝反射角的原理，球会在被击打后产生向前几乎平行地面的飞行轨迹。入射角越大，球被拍面压出的飞行弧度越高。

（2）在球反弹后处于下落阶段完成击球时：

① 拍面如果垂直地面，或者更多地打开，就像大陆式握拍法，遵循同样的原理，球会在被击打后产生较为理想的飞行弧度。直接的感觉是球拍将快要落地的球向上挡了回去（图 8-4-2）。

② 拍面如果在触球时较为关闭，遵循同样的原理，球往往会被直接打下网（图 8-4-2）。

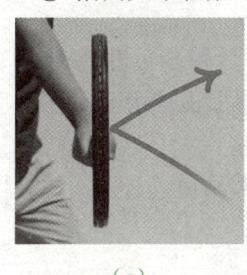 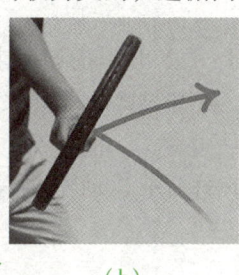 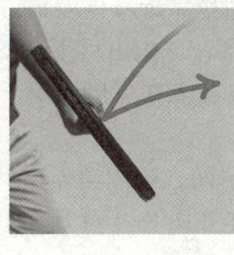 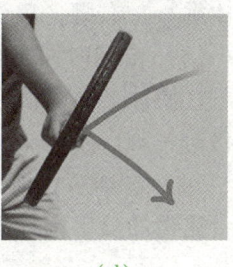

| （a） | （b） | （c） | （d） |

图 8-4-2 不同拍面角度击球的不同效果示意图

（四）正手击球

正手击球是网球技术中最基本的击球方法，是初学者最先学习的击球技术。正手击球的动作比较深长，击球有力，速度也快。根据球的旋转可分为正手平击球、正手上旋球、正手下旋球和正手侧旋球。

（1）准备姿势：面对球网，双脚向前自然分开与肩同宽，双膝微屈，身体略向前倾，重心落在双脚的前脚掌上，右手握拍，左手轻托拍颈，双肘微屈，球拍舒适地放在

正手击球

身前，拍面垂直于地面，拍头指向对方，两眼注视对方来球，做好击球准备。

（2）后摆引拍：当判断来球需用正拍回击时，转动双脚，左脚跟抬起并向右前方上步，右脚向右转 90°与底线平行，同时转肩转髋带动右手向后摆动引拍（此为关闭式步法，适用于初学者转体；另一种步法为开放式步法，左脚不必上步，两脚平行站位，但需要更多地向右转体）。

（3）击球动作（前挥击球）：从后摆向前挥动时紧握球拍，手腕后伸、固定，用力蹬脚，转动身体和挥拍，正拍的击球点在身体的右侧前方不超过腰的高度，击球时的挥拍速度最快，球打在拍面的中心，击球挥拍时的拍头是自下而上的挥动使球稍带上旋球。

（4）随挥跟进动作：球触拍后，使拍面平行于网的时间尽量长些，挥拍沿着球飞行的方向前送，重心前移落在左脚，身体也随之转向球网，挥拍动作在左肩上方结束，拍头指向上方高出头部。

完整的正手击球动作如图 8-4-3 所示。

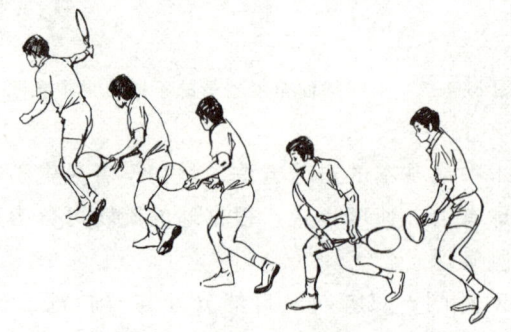

图 8-4-3 正手击球

（五）反手击球

反手击球

反手击球是网球基本技术中和正手击球同样重要的击球方法，初学者一般先学习正手击球后再学习反手击球。反手击球分为单手反手击球和双手反手击球。反手击球的许多动作要领与正手击球相似，只是方向相反。

动作要领：

（1）反拍双手握拍击球，两只手都是东方式握拍法。如果是右手握拍者，右手以东方式反拍握拍法握拍，手掌根靠近球拍柄的端部，左手以东方式正手握拍法握在右手的上方。

（2）侧身转肩背朝网，向后充分引拍，以获得必要的击球力量，右脚向前跨出，身体重心在右脚，后引动作靠近身体腰部。

（3）击球时回身扭腰，球拍由后下向前上方挥出，拍面垂直，触球的中部或中部偏下，使球产生上旋，击球点在右脚侧前方，利用双臂的伸展来增加击球力量，身体重心移向右脚。

（4）击球后，面向球网，随挥动作由后下向前上，动作在肩部结束。

完整的反手击球动作如图 8-4-4 所示。

图 8-4-4 反手击球

（六）削球

削球主要是使球击出后产生下旋，球落地后弹跳低，迫使对手由下向上拉球，或使对手难于借助回球力量，击出平而快攻击性强的来球。

（1）握拍法：东方式反手握拍法或大陆式握拍法。

（2）准备姿势：面对球网，两脚分开与肩同宽，身体前倾，双膝微屈，重心落在前脚掌，双手握拍，拍面垂直地面并指向对方，注意力集中准备迎击来球。

（3）引拍动作：转肩使手臂后拉，带动拍子向后上方引，双脚前后开立，重心在左脚上。与此同时，拍头高于击球点，拍面稍后仰。

（4）击球动作：拍子从后上方向前下方挥动，拍面略向后倾斜。击球后下部产生下旋，击球点在右脚左侧前方与腰齐高处，此时应紧握球拍固定手腕，身体重心移至前脚。

（5）随挥动作：身体由侧身对网转向正面对网，拍子随挥至右侧方结束，动作放松。

（七）截击球

截击球是网前的一种攻击性击球方法，当球在落地之前，将球回击到对方半场区，此种方法回球速度快、力量重、威胁大，分为正手截击与反手截击。掌握好网前截击，对单打时的发球上网、随击球上网和双打中的上网，都有很大的帮助，同时也能使自己的水平提高到一个新的高度。

1. 正手截击（图 8-4-5）

（1）判断清楚对方来球的质量，包括球速、球离网高度及球的角度，以便迅速起动调整位置，控制拍面。

（2）后摆动作小，身体重心向前，转体同时带动完成后摆动作，击球点在身体侧前方。

正手截击

（3）击球时左脚应向侧前方跨出，同时重心落在左脚上，肘关节与身体距离不应太远，以便顶住重球。

（4）动作短促简单，随球动作小，并迅速准备下一拍截击球。

2. 反手截击（图 8-4-6）

反手截击

（1）前期准备动作与近网正手截击动作相同，要求重心向前，后摆动作小，根据来球高低，调整后摆引拍高低。

（2）以肩和肘关节为轴，由上向下或由后向前顶撞击球，手腕紧固，以前臂发力控制落点。

（3）击球时右脚跨出，重心在后脚上，随击动作短小有力。

（八）发球

在现代网球运动中，发球是最重要的技术之一，是唯一可由自己控制的击球法。它可以不受对方制约，在较大的程度上能够发挥出个人的特点，用以控制对方，为自己的进攻创造有利条件。发球分为平击发球、切削发球、上旋发球。

图 8-4-5　正手截击　　　　　　　　　　图 8-4-6　反手截击

发球

（1）握拍法：大陆式或东方式反手握拍法。

（2）准备姿势：全身放松，侧身站立在端线外中场标记处，左肩对着左边网柱，面向右边网柱，两脚分开约与肩同宽，左脚与端线约成45°，右脚约与端线平行，重心在左脚上。

（3）抛球与后摆：当球拍向下向后引拍时，抛球手同时下降至左腿处，紧接着当球拍从身后向头上方做大弧度摆动，身体做转体，屈膝、展肩时，持球手柔和地在左脚前上举，直至伸直高及头顶。抛球送至最高点再离开手指顺势到空中，此时右肘向后外展约同肩高，拍头指向天空，左侧腰、髋成弓形，身体重心随着抛球开始先移向右脚，然后平稳地开始前移。

（4）击球动作：当左手抛出球时，球拍继续向上摆起，这时握拍手的肘关节放松，可以让向前转动的身体和右肩自动化地使手臂产生一个完美的"绕圈搔背"动作，当球下降至击球点时，迅速向上挥拍击球，左脚上蹬，使手臂和身体充分伸展。当身体向前上方伸展挥拍击球时，持拍手腕带动小臂有一个旋内的"鞭打"动作。

（5）随挥动作：球发出后，身体向场内倾斜，保持连续的、完整的向前上方伸展的随挥动作。球拍挥至身体的左侧，重心移向前方，做到完全自然地跟进并保持身体平衡。

完整的发球动作如图8-4-7所示。

图 8-4-7　发球

134

（九）接发球

接发球就是将对方发过来的球接回去。比赛中，如果接发球不好，不仅会给对方较多的进攻机会，而且常会引起自己心理上的紧张和畏惧，并造成失误，甚至导致全盘失败。反之，如果接发球好，不仅有时可以直接得分，而且还可以破坏对方的抢攻，成为战术上和心理上的有力武器，为自己的进攻创造有利条件。

接发球

（1）握拍法：大陆式握拍法的正、反手击球无须换握拍；东方式或西方式握拍法的正、反手击球需换握拍法，当球一离开对方的球拍，就应该决定是否要转变握拍法。向后小拉拍时，换握拍要做到迅速及时。

（2）准备姿势及站位：接发球的准备姿势只要能以最快的速度还击球就可以。当对方发球前，可以膝关节弯曲，两腿分开；当对方抛球准备击球时，可以重心升起，两脚快速交替跳动，并判断来球迎前回击。接发球站位要根据对方的发球水平和自己的接发球水平、习惯、场地快慢和战术需要来确定，一般应站在对方能发到内外角的中角线上，接第一发球时站位稍后些，接第二发球时站位略前。

（3）击球动作：根据对方发球好坏、速度快慢而定。动作一般介于底线正、反手击球动作和截击球动作之间。对发球差的选手，可用自己的底线正、反拍动作来接对方的发球；而对发球好、速度快的选手，可用网前截击球的动作来顶接对方的发球，这样接出的球很有威胁。

（十）高压球

高压球是网球技术中最有力的攻击方法，高压球一般分为近网高压球、后场高压球、落地高压球和反手高压球（表8-4-2）。

高压球

表8-4-2　高压球的分类

高压球种类	击球前	击球时间	击球部位	发力方法及方向
近网高压球	步法迎上	下降期	中上部	向下
后场高压球	后退跳起	下降期	中部偏上	向前向下
落地高压球	后退再迎上	下降期	中部偏上	向前向下
反手高压球	后退站稳	下降期	中部偏上	向前向下

高压球由脚步动作、瞄准的准备动作和击球动作组成。

（1）脚步动作：移动到球后下方位置，保持侧身对球。

（2）瞄准的准备动作：侧身，挥拍臂屈肘举起拍头，另一手伸直指向来球。

（3）击球动作：将手臂伸直，用整个拍面在身体前方击球，并且像发球一样完成击球动作。

完整的高压球技术如图8-4-8所示。

图 8-4-8　高压球

（十一）挑高球

挑高球

挑高球就是把球向高空挑起，以争取机会取得优势的一种击球方法。挑高球虽然是被迫使用的一项防御方法，但是它对水平较高的对手也是一种可怕的武器，它可以破坏对方的进攻节奏，改变对方回击球的速度。挑高球可分为上旋高球和下旋高球两种（表 8-4-3）。

表 8-4-3　挑高球的分类

挑高球种类	击球前	击球时间	部位	发力方法方向
上旋高球	大臂带动前臂做绕圈后摆，拍头低于手腕，拍面朝地或垂直	下降期	中下部	手腕回拨，前臂翻转，球拍由后下向前上似弧圈形挥动
下旋高球	大臂带动前臂上提，拍面朝上	上升后期或下降期	下部	拍面朝天，手腕固定，球拍由上向下再向上以舀送挥动

挑高球由回拉、击球、跟进动作组成（图 8-4-9）。

（1）回拉动作：转身的同时，向后拉拍，回拉至极点时，肘部放松，然后向前一步，向前摆动拍头。

（2）击球动作：击球时握紧球拍，保持腕部稳定，当球在膝和腰之间的高度时将球击出。

（3）跟进动作：击球后，球拍继续向上摆动，并在头部以上位置结束动作。

图 8-4-9　挑高球

（十二）放小球

放小球是一种不用力的击球，也称触击球，是一种战略击球，掌握放小球这样细腻的球感，可使自己的网球技术多样化。

四、单打战术

（一）上网型打法

上网型打法战术的指导思想就是利用网前进攻为主要得分手段。它的基本战术可分为发球上网、随球上网和接发球上网（表8-4-4）。

表8-4-4　上网型打法简表

战术名称	战术方法
发球上网	利用发球的力量、速度、旋转与角度使对方出现被动接球，并随着发球所得的优势主动上网抢攻的战术
随球上网	当对方回球出现质量不高的中场球或落点较浅的球时，利用正拍或反拍打出较大角度和较深落点的球，并随抽球动作上网的战术
接发球上网	针对对方发球的弱点，主动攻击后上网的战术

（二）底线型打法

底线型打法是以底线正、反抽击球为基础组织的战术。它的指导思想是要用速度、旋转、落点的变化来创造进攻机会。底线型打法的主要战术有：对攻、拉攻、侧身攻、紧逼攻和防反攻。

（三）综合型打法

综合型打法是以基本功扎实、全面为基础，可根据不同的对手和不同的技战术掌握情况、场地特点与战术需要，灵活的变化战术打法。综合型打法攻守平衡，符合积极主动、机动灵活的战术原则。

五、双打战术

（一）发球局战术

（1）发球人控制底线，同伴网前截击球：主要用于底线技术好、威胁大并能为网前同伴制造得分机会的发球轮次。

（2）发球后上网：主要用于一发的成功率高并威胁较大的发球轮次。

（3）发球后抢网：在发球前作出抢网决定，抢网是网前人横向移动，拦截对方接球员打过来的斜线球。它要求发球方有敏捷的思维和快速的步法。

（二）接发球战术

（1）接发球双底线站位战术。

（2）接发球前后站位战术。

（3）接发球后双上网战术。

第五节 羽毛球

一、简介

羽毛球是在室内外均可进行的小型球类运动。比赛时，一个人或两个人为一方，中间隔一羽毛球网，以球拍击打用羽毛及软木托制成的球，经网上往返使球落在对方场地上或使对方击球失误而得分。这项运动器材设备简单，便于开展，是一项适合男女老少休闲和锻炼身体的运动项目。

羽毛球于14—15世纪源于日本，球拍是木制的，球用樱桃核插上羽毛制成。约18世纪，印度的普那出现了一种与早年日本的羽毛球运动极为相似的游戏，印度称此项运动为"普那"。19世纪60年代，一批退役的英国军官把印度的"普那"带回英国，并加以改进，完善了规则，逐渐成为现代的羽毛球运动。1873年，英国公爵鲍弗特在格拉斯哥郡伯明顿镇的庄园里举行了世界上第一次羽毛球比赛，后来，"伯明顿"即成了羽毛球的名字，即"badminton"。

1893年，世界上第一个羽毛球协会在英国成立。1934年，国际羽毛球联合会成立，总部设在伦敦。

二、羽毛球运动场地与器材

（一）场地（图8-5-1）

（二）器材

1. 羽毛球

羽毛球所用的球可由天然材料、人造材料或用它们混合制成。检验羽毛球质量的方法为在端线外用低手向前上方全力击球，球的飞行方向应与边线平行，符合标准速度的球，应落在离对方端线外沿530～990毫米的区域内。

2. 球拍

羽毛球球拍由拍柄、拍弦面、拍头、拍杆、连接喉组成。

三、基本技术

羽毛球基本技术是指运动员在比赛中所采用的动作方法的总称。羽毛球的主要

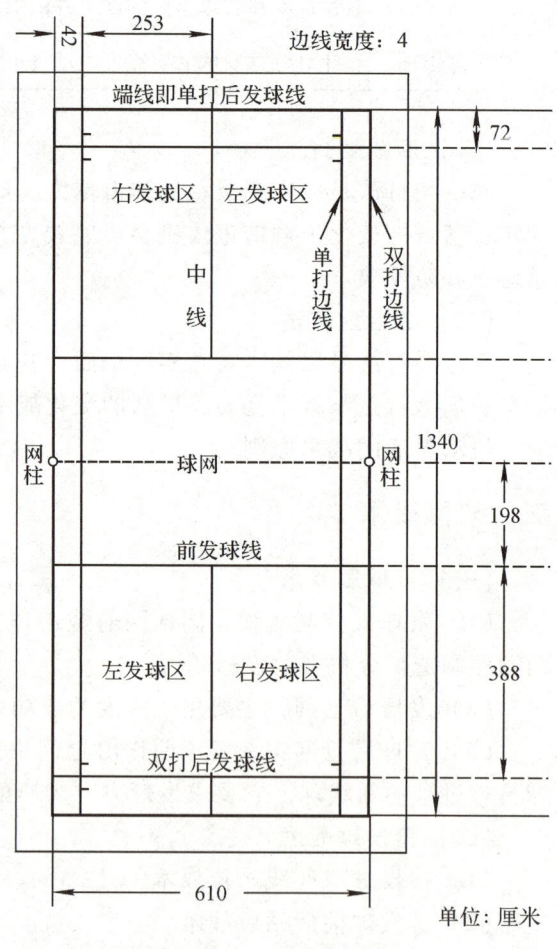

图 8-5-1 羽毛球场地

单位：厘米

基本技术包括步法和手法两大类：步法有基本步法和前后左右衔接步法，手法有握拍法、发球法和击球法。

（一）基本步法

羽毛球步法分为跨步、垫步、并步、交叉步、蹬跳步。

（1）跨步：指以一脚向来球方向跨出一大步，另一脚跟着移动的步法。多在球速快、角度大的情况下使用。特点是移动范围较大，身体重心起伏也大，一般适用于打借力球。例如，接左右场区的杀球等。

（2）垫步：右脚先向来球方向迈出一步，紧接着左脚垫一小步，同时右脚抬起，利用左脚的蹬力蹬跨一大步，到位击球。例如，接网前球时。

（3）并步：击球前的身体重心偏向右腿，然后左脚向右侧蹬地，右脚向左侧蹬地，双脚腾空，当左脚落地后，右脚还在空中，此时左脚落地后的位置相当于起动前右脚位置的右侧，蹬地的时候要尽量减小蹬的力量，上身要前倾，否则身体向上的幅度过大，会导致重心不稳定。并步的第二阶段是：当左脚落地后，身体已经基本移动到位。例如，接后场高远球时多采用并步后退。

（4）交叉步：指离球远的脚朝来球方向跨出一大步，并从前面超过另一脚形成交叉状，另一脚再向来球方向移出一步的步法。例如，上网和后退击球都可采用交叉步。

（5）蹬跳步：是指在对来球的准确判断的基础上，迅速蹬地扑向球网，以争取在球刚越过球网时立即进行还击的脚步移动方法。网前扑球时可采用蹬跳步。

（二）基本手法

1. 握拍法

（1）正手握拍法：左手拿拍使拍面与地面垂直，然后张开右手，使右手大拇指斜贴在拍柄的左侧宽面上（即拍柄左侧垂直地面的面），食指第二指关节斜贴在拍柄右侧宽面（即拍柄右侧垂直地面的面），食指第一指关节扣回，其余三指自然缠绕在拍柄上，掌心空出，用近似握手的方法握住拍柄，其位置以球拍柄端靠近手掌的小鱼际肌为宜（图8-5-2）。

（2）反手握拍法：在正手握拍的基础上，将球拍柄稍向外旋，拇指顶贴在拍柄左侧宽面，食指稍向下靠，四指并拢（图8-5-3）。

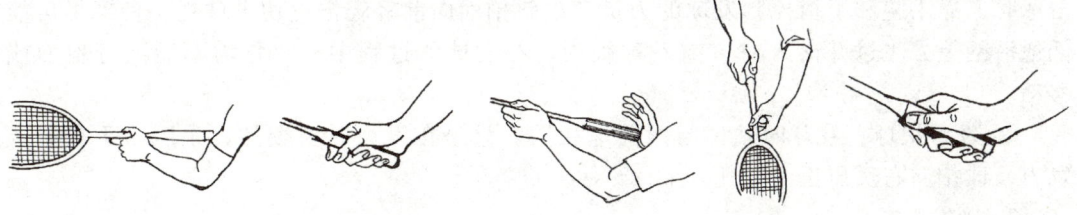

图 8-5-2　正手握拍法　　　　　　　图 8-5-3　反手握拍法

正手发高
远球

2. 发球法

发球是运动员在发球区将球由静止状态用球拍击出，使之在空中飞行，落在对方的接发球区的技术动作。发球可分为正手发球和反手发球两种。若按球在空中飞行的弧线，又可分为发高远球、平高球、平快球和网前球等。

（1）正手发球（以右手握拍为例）：站在靠近中线一侧，离前发球线约1米的位置上。身体左肩侧对球网，左脚在前，脚尖向网，右脚在后，脚尖稍向右侧，两脚距离与肩同宽，身体重心放在右脚上。准备发球时，右手握拍向右后侧举起，肘部微屈，左手拇指、食指和中指夹住球，举在腹部右前方，然后放开球，挥拍击球。击球时，身体重心由右脚移至左脚上。用正手发不同的弧线球时，击球前的准备和前期动作是相一致的，只是在击球时及其后的动作有所不同（图8-5-4）。

图8-5-4　正手发球

① 发高远球：左手放开球使之下落，右手转拍由上臂带动前臂，自右后方沿身体向前左上方挥动。当球落到右臂前下方伸直能够接触到球的刹那，紧握球拍，并利用手腕屈收的力量向前上方发力击球，然后顺势向左上方挥动缓冲。

② 发平高球：动作过程大致与发高远球相同，只是在击球的一刹那，前臂加速带动手腕向前上方挥动，拍面要向前上方倾斜，以向前用力为主。注意发出球的弧线以对方伸拍击不到球的高度为宜，并应落到对方场区底线。

③ 发平快球：要充分利用前臂带动屈腕的爆发力向前方用力击球。使球直接从对方肩稍上高度越过落到后场。关键是出手击球动作要小而快。

④ 发网前球：握拍要放松，上臂动作要小，主要靠前臂带动手腕向前切送，球的弧线要贴网而过，落点在前发球线附近。注意手腕不能有上挑的动作。

（2）反手发球：

① 发网前小球：站位靠近前发球线，右脚在前，左脚尖侧后点地，重心放在右脚上，左手拇指、中指、食指握住球的羽毛处置于腹前，右手弯肘稍向上提起，用反手握拍以反拍面将球拍自然置于腹前持球手的后面，两眼正视前方，呈发球前的准备姿势。击球时，靠手腕和手指控制发球的力量，以斜拍面向前轻轻推送切击球托，使球尽可能低地沿网上方飞过并落入对方前发球线内。在发球的过程中，双脚均不能离开地面或移动。

② 发平快球：发球时站位与网前球相同，只是在发力时要突然，手腕、手指迅速发力，球拍向右反压正击球托。

3. 接发球

还击对方发过来的球称为接发球。接发球和发球一样，都是羽毛球最基本的技术。在比赛中同样起着重要的作用。如果说发球发得好是走向胜利的开始，那么也可以说，接发球接得好是走向胜利的第一步。发球方利用多变的发球来打乱接发球方的阵脚争取主动。接发球方则是通过多变的接发球来破坏发球方的企图。因此，对初学羽毛球的人来说，接发球是不可忽视的技术。

反手发网
前球

（1）单打站位：单打站位时，离前发球线 1.5 米处。在右发球区要站在靠近中线的位置；在左发球区则站在中间位置，主要是防备对方直接进攻反手部位，一般左脚在前，右脚在后，双膝微屈，收腹含胸，身体重心放在前脚上，后脚脚跟稍抬起。身体半侧面向球网，球拍举在身体前方，两眼注视对方。

（2）双打站位：由于双打发球区比单打发球区短 0.76 米，发高远球易被扣杀，所以双打多以发网前球为主。接发球时要站在靠近前发球线的地方。双打接发球准备姿势和单打的接发球姿势基本相同，只是双打的接发球身体前倾较大，身体重心可以随意放在任意一脚，球拍举得高些，在球来到网上最高点时击球，争取主动，但要注意右场区对方平快球突然反手进攻。

4. 击球法

（1）高远球：高远球是用较高的弧线把球击到对方底线附近。高远球分为正手、反手和头顶三种手法。

① 正手击高远球：首先判断好来球的方向和落点，侧身后退，使球处在自己的右肩稍前上方的位置。左肩对网，左脚在前，右脚在后，重心在右脚上。左臂屈肘，左手自然高举，右手持拍，手臂自然弯曲，将球拍举在右肩上方，两眼注视来球。击球时，右上臂后引，随之肘关节上提明显高于肩部，将球拍后引至头部，自然伸腕拳心朝上。然后在后脚蹬地，转体收腹的协调用力下，以肩为轴，上臂带动前臂向前上方甩腕，在手臂伸直的最高点击球。击球后，持拍手臂顺惯性往前左下方挥动并收拍至体前，与此同时，左脚后撤，右脚向前迈出，身体重心由后脚移到前脚上（图 8-5-5）。

图 8-5-5 正手击高远球

② 反手击高远球：当对方将球击到己方左后场区时，用反手击高远球。首先判断好对方来球的方向和落点，迅速将身体转向左后方，移动步伐，最后一步用右脚前交叉跨到左侧底线，背对网，身体重心在右脚上，使球处在身体右上方。击球前，迅速换成反手握拍法，持拍于右胸前，拍面朝上。击球时，以上臂带动前臂，通过手腕的闪动，自下而上地甩臂，将球击出。在最后用力时，要注意拇指的侧压力与甩腕的配合，以及两腿蹬地转体的全身协调用力（图 8-5-6）。

③ 头顶击高远球：动作要领与正手击高远球基本相同，只是击球点偏左肩上方。准备击球时，身体

反手击球

图 8-5-6 反手击高球

偏左倾斜。击球时，上臂带动前臂使球拍绕过头顶，从左上方向前加速挥动，利用手腕的爆发力击球。落地时，左腿向左后方摆动幅度大些。

（2）吊球：是把对方击来的球从后场轻巧地还击到对方网前区域的技术。吊球技术分为正手、反手和头顶三种，按球的飞行弧线和击球动作的不同分为劈吊、拦截吊和轻吊。

劈吊击球前的动作和击高远球、杀球相似。击球时用力较轻，带有劈切动作，落点一般离球网较远。拦截吊击球是把对方击来的平高球拦截回去，击球时用拍面正对来球，轻轻拦切或点击，使球以较平的弧线、较慢的速度越网垂直下坠。轻吊击球前动作和打高远球相似，击球时拍面正对来球，在触球的刹那，突然减速或轻切来球，使球刚一过网即下坠。

后场吊球

① 后场正手吊球：准备姿势、引拍和击球后的动作及击球点的选择均与后场正手击高远球相同。击球时手腕由伸腕到屈收发力，并以手指转动拍柄使球拍形成一定的外旋，用斜拍面"切击"球托后部的右侧。吊球技术主要靠手腕、手指控制击球的力量。吊直线球，击球时拍面的"包切"动作要小一些，击球瞬间以斜拍面击球托后部右侧偏中的位置，并向前下方切压击球。吊斜线球，击球时拍面的"包切"动作要大一些，几乎是向前下方侧击球托后部右侧的位置。

② 后场头顶吊球：运用头顶后退步法向左后场区移动，其技术要领与后场正手吊球大致相同，所不同的是击球点选择在左肩头顶的上方。头顶吊直线球时动作与后场正手吊直线球动作相同。

（3）杀球：是把对方击来的球在尽量高的击球点上扣斜压下去。杀球分为正手杀球、反手杀球和头顶杀球。

正手杀球

① 正手杀球（侧身起跳）：准备姿势和动作要领与正手击高远球大体相同。移动到位后，屈膝下降重心，准备起跳。侧身起跳时，往后上方提肩带动上臂、前臂和球拍上举，以便向上伸展身体。起跳后，身体后仰挺胸成反弓形，接着右上臂往后上摆起，前臂自然后摆，手腕后伸，前臂带动球拍由上往后下挥动，这时握拍要松。随后凌空转体收腹带动右上臂往右上摆起，肘部领先，前臂全速往前上挥动，带动球拍高速前挥。当击球点在肩的前上方时，前臂内旋，腕前屈微收，闪腕发力杀球。这时手指要突然抓紧拍柄，把手腕的爆发力集中到击球点上（图8-5-7）。

图 8-5-7　正手杀球

② 反手杀球：准备姿势和动作要领与正、反手击高远球大体相同。击球点略低于高远球的击球点，在击球瞬间手腕迅速向斜下方扣压下去。

③ 头顶杀球：准备姿势和动作要领与正手头顶击高远球大体相同。击球点在偏左肩上方，击球瞬间手腕全力向击球方向发力。

（4）搓球：是用球拍搓击球的左侧或右侧下部与球托底部使球向右侧或左侧旋转与翻滚过网的技术，搓球有正手搓球和反手搓球。

正手搓球

① 正手搓球：侧身对右边网前，正手握拍。球拍随着前臂伸向前上方斜举，当球

拍举至最高点时，前臂向外旋转，手腕由后伸至稍内收闪动，握拍手的食指和拇指夹住球拍，中指、无名指和小拇指轻握拍柄，使球拍在手腕和手指的挥摆用力下，搓击来球的右下底部，使球旋转翻滚过网。

② 反手搓球：击球前前臂稍往上举，手腕前屈，手背约与网同高，而拍面低于网顶，反拍面迎球。搓球时，主要靠前臂的前伸外旋和手腕由内收至外展的合力，搓击球的右侧后底部，使球侧旋滚动过网。

反手搓球

（5）推球：是与网前假动作相配合，在引诱对手上网时，突然把对方击来的网前球推击到对方的后场两底角去，球飞行的弧线较低平，速度较慢的技术。

① 正手推球：站在右网前，球拍向右侧前上举。在肘关节微屈回收时，前臂稍外旋，手腕稍向后侧，球拍也随之往右下后摆，拍面正对来球。这时，小拇指和无名指稍松开，使拍柄稍离开鱼际肌，拇指和食指向外捻动拍柄，拍面更为后仰。推球时，身体稍往前移，右前臂往前伸并带内旋，手腕和手指控制拍面角度，手腕由后伸至伸直并闪腕，食指向前压，小拇指和无名指突然握紧拍柄，球拍急速地由右经前上至左挥动推球，使球沿边线飞向对方后场底角，在挥动过程中，拍子回收。

② 反手推球：站在左网前，以反手握拍前臂往前上方伸举。在前臂稍向左胸前收引，肘关节微屈，手腕外展时，变成反手推球的握拍法，球拍松握，反拍面迎球。当前臂前伸并带外旋，手腕由外展到伸直闪腕，中指、无名指和小指突然握紧拍柄，拇指顶压，击球后，手臂回收，恢复击球前的准备姿势。

网前推球

（6）勾球：是在网前回击对角线球，与推球、搓球结合运用，勾球分正手勾球和反手钩球两种。

① 正手勾球：用并步加蹬跨步上右网前，球拍随前臂往右前斜上举。在前臂前伸时稍有外旋，手腕微后伸，握拍手将拍柄稍向外捻动，使拇指贴在拍柄的宽面上，食指的第二指关节贴在拍柄背面的宽面上，拍柄不接触掌心。击球时，靠前臂稍有内旋往左拉收，手腕由稍后伸至内收闪腕，挥拍击球托的右侧下部，使球向对方网前掠网下落，击球后，球拍回收至右肩前。

② 反手勾球：站在左网前，反手握拍前平举。在身体前移的过程中，球拍随手臂下沉至离网顶20厘米处，握拍变成反拍勾球握拍法，拍面正对来球。当来球过网时，肘部突然下沉，同时前臂稍外旋，手腕由稍屈至后伸闪腕，拇指内侧和中指把拍柄往右侧一拉，其他手指突然握紧拍柄，拨击球托的左侧后部，使球沿对角线飞越过网。击球后，球拍往右侧前回收。

（7）扑球：对方发网前球或回击网前时，在球刚越到网顶即迅速上步在网前扑杀，称为扑球。扑球有正手扑球和反手扑球两种方法。

① 正手扑球：右脚蹬步上网，身体右侧前倾，手举球拍于右肩上方。击球时，利用手腕由后伸到前屈手腕的力量，带动球拍向下扑击球。如果球离网顶较近，靠近腕从右前向左前"滑动"击球。

② 反手扑球：右脚跨至左前再蹬跳上网，身体右侧前倾，反手握拍举于左前上方。击球时前臂伸直外旋带动手腕内收至外展，拇指顶压加速挥拍扑球。若来球靠近网顶，手腕可外展由左向右拉切击球，以免触网。击球后，右脚着地屈膝缓冲，回收球拍于

体前。

（8）抽球：击球平飞过网的一种打法，是下手击球速度较快的一项进攻技术，抽球有正手抽球和反手抽球两种。

① 正手抽球：站在右场区中部，两脚平行开立稍宽于肩，重心在两脚间，微屈膝收腹，正手握拍举于右肩前。击球前肘关节前摆，前臂稍往后带外旋，手腕稍外展至后伸，引拍至体后。击球时前臂内旋，手腕伸直闪动，手指抓紧拍柄，球拍由右后往右前方高速平扫盖击来球。击球后手臂左摆，左脚往前方迈一步，右脚跟一步回中心位置。

② 反手抽球：右脚前交叉在左侧前，重心在左脚上，右手反手握拍在左侧前。击球前肘部稍上抬，前臂内旋，手腕外展，引拍至左侧。击球时，在髋的右转带动下，前臂外旋，手腕由外展到伸直闪动，挥拍击球托的底部。击球后，球拍随身体的回动到右侧前。

（9）挑球：是把对方击来的吊球或网前球挑高回击到对方后场去的技术。这是在比较被动的情况下采取的一种防守性技术。挑球有正手挑球和反手挑球两种。

① 正手挑球：正手握拍举在胸前，右脚向网前跨出一大步，左脚在后，侧身向网，重心在右脚上。同时右臂向后摆，自然伸腕，使球拍后引，然后以肘关节为轴，屈臂内旋，并握紧球拍，用食指及手腕的力量，将球向前上方击出。

② 反手挑球：反手握拍举在胸前，右脚向左前方跨出一大步，重心放在右脚上。同时右肩向网，屈肘引拍至左肩旁，然后以肘关节为轴，握拍经体前由下往上，用拇指第一指关节压住拍柄的宽面，用力将球击出。

四、基本战术

羽毛球战术是指运动员在比赛中为表现出高超的竞技水平并战胜对手，而采取的计谋和行动。在羽毛球比赛中，双方都想要控制对手，力争主动。以己之长，克己之短，抑彼之长，避己之短，控制与反控制的竞争是十分激烈的。能够根据不同对手的特点，采取相应变化的技术手段战而胜之，这便是战术的意义。表 8-5-1 是羽毛球比赛的各种战术要点。

表 8-5-1 羽毛球基本战术

战术名称		战术描述
单打战术	发球抢攻战术	从发球的第一拍起，争取控制对方，攻杀得分
	攻后场战术	对后场还击力量较差的对手，可攻对手后场底线两角
	攻前场战术	对基本功较差的对手，可将其引到网前争取得分
	打四方球战术	对步法较慢，体力差的对手，可以快速、准确的落点攻对方场区的四个角落
	杀吊上网战术	先在后场以轻杀配合吊球把球下压，落点要选择在场地两边，使对方被动回球
	先守后攻战术	先以高球诱使对方进攻，在对方只顾进攻疏于防守时，即可突击进攻

续表

战术名称		战 术 描 述
双打战术	接发球战术	根据对手情况，选择好站位，注意球路、落点变化争取主动
	攻人（二打一）战术	在比赛中，当发现对方有一个人的防守能力或心理素质较差，失误率比较高或防守时球路单调，就可采用这种战术
	攻中路战术	不论对方把球打到什么地方，己方攻球的落点都应集中在对方两人之间的结合部，并靠近防守能力较差者一侧或在中线上
	攻后场战术	如果对方后场扣杀能力差，可采用平高球、推平球、接杀挑高球等，迫使对方一人在底线两个底角移动
	后攻前封战术	当己方取得主动攻势时，后场队员逢高必杀，前场队员积极移动封网扑杀
	防守反攻战术	防守时，对方攻直线球，己方挑对角平高球；对方攻对角球，己方挑直线平高球，以达到调动对方移动的目的，然后可采用挡或勾网前逼近对攻的战术

第六节　乒乓球

一、简介

乒乓球运动于 19 世纪末起源于英国，由网球运动派生而来。1890 年，英国人吉姆斯·吉布去美国旅行时，偶然间发现了一种由赛璐珞制成的玩具球，弹跳力很强，于是他将这种球带回英国，取代了原来的实心球。由于当时的球拍拍柄长、两面贴着羊皮纸、中间是空的，用这种球拍打赛璐珞球时发出"乒"的声音，球落台时发出"乓"的声音，由此，乒乓的名字诞生了。

1900—1902 年，乒乓球运动传入日本；1904 年，乒乓球运动传入中国。20 世纪初，乒乓球运动在欧洲和亚洲得以开展。1926 年，在英国伦敦举行了第一届世界乒乓球锦标赛，同时成立了国际乒乓球联合会。

乒乓球运动的广泛开展，促使球拍和球有了很大的改进。1903 年，英国的古德发明了胶皮球拍，随即旋转削球打法问世；20 世纪 50 年代，日本率先使用海绵贴面球拍，并推出弧圈球、发球抢攻的打法；20 世纪 60 年代，中国首创近台快攻打法；进入20 世纪 70 年代，欧洲选手创造了弧圈球结合快攻和快攻结合弧圈球的新打法。

1988 年，乒乓球作为奥运会的正式比赛项目走进奥运大家庭，成为参与人数最多的体育项目之一。乒乓球运动被誉为我国的"国球"，群众基础广泛，普及程度很高。中国国家乒乓球队始终处于世界乒坛强队的阵营，创造了一支运动队长达半个多世纪长盛不衰的奇迹。

二、运动场地器材

1. 球台

球台台面呈均匀的暗色，无光泽，沿每个 2.74 米的比赛台面边缘各有一条 2 厘米宽的白色边线，沿每个 1.525 米的比赛台面边缘各有一条 2 厘米宽的白色端线。双打时，各台区由一条 3 毫米宽的白色中线划分为两个相等的"半区"。中线与边线平行，并视为右半区的一部分。

2. 球网装置

球网装置包括球网、悬网绳、网柱及将它们固定在球台上的夹钳部分；球网应悬挂在一根绳子上，绳子两端系在高 15.25 厘米的直立网柱上，网柱外缘离开边线外缘的距离为 15.25 厘米，整个球网的顶端距离比赛台面 15.25 厘米。

3. 球

正式比赛用球直径为 40 毫米；球用高分子复合材料、高弹性橡胶和聚酯材料制成，呈白色、黄色或橙色。

4. 球拍

球拍的大小、形状和重量不限，但底板应平整、坚硬；比赛开始时及比赛过程中，运动员需要更换球拍时，必须向对方和裁判员展示他将要使用的球拍，并允许他们检查。

三、基本技术

（一）握拍法

直拍握拍法：特点是灵活、出手快，正手攻球快速有力，攻斜、直线球时，拍面变化不大，对手难以判断；反手既可挡又可直拍横打（图 8-6-1）。

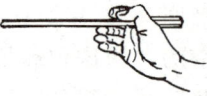

图 8-6-1　直拍握拍法

横拍握拍法：特点是正反手攻球力量大，攻削球时握法变化小，反手攻球容易发力也便于拉弧圈，但正反手交替击球时，需变换击球拍面，攻斜、直线球时调节拍形的幅度大，易被对方识破，不如直拍灵活但照顾面大，处理台内球不如直拍灵活但相持能力高（图 8-6-2）。

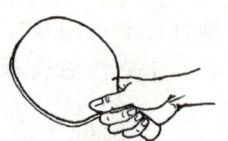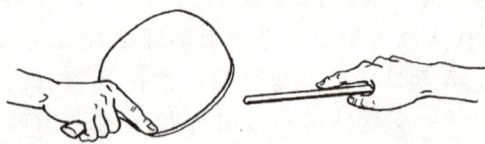

图 8-6-2　横拍握拍法

（二）基本步法

（1）单步：一脚为轴，另一脚向前、后、左、右不同方向移动，重心随之跟上。单步具有移步简单、灵活、重心平稳的特点，一般用于离身体不远的小范围移动，如接近网短球等（图8-6-3）。

（2）跨步：一脚蹬地，另一脚向移动方向跨一大步。多用于进攻型选手左右移动击球。为了防止跨步后失去重心，蹬地脚应随后跟上半步或一小步（图8-6-4）。

（3）并步：一脚先向另一脚并半步或一小步，另一只脚在并步脚落地后即向同方向移动。其特点是身体不腾空，重心起伏小，很稳定。一般为进攻型选手或削球选手在左右移动时运用（图8-6-5）。

（4）跳步：以近来球方向脚蹬地为主，双足有瞬间的腾空，离来球较远的脚先落地，另一只脚跟着落地。其特点是移动范围比跨步大，利于发力进攻。攻球选手在左右移动时常采用（图8-6-6）。

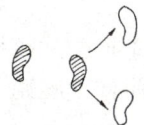 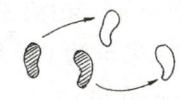  

图8-6-3　单步步法　　　图8-6-4　跨步步法　　　图8-6-5　并步步法　　　图8-6-6　跳步步法

（5）交叉步：近来球方向的脚尖先由前转向移动方向，并略移半步或原地调整一下重心；远来球方向的脚向来球方向跨一大步，在身体前（侧）瞬间呈交叉状态。身体随之向来球方向移动，另一只脚再跟上一步，身体重心随手臂挥运方向略转。在远来球方向脚跨出一步将落地时进行击球，另一只脚移动时击球已完成。此步法移动范围大，侧身攻后打右方空当，或再从右大角回到反手攻球时常采用。削球选手在前后移动时也经常使用（图8-6-7）。

图8-6-7　交叉步步法

（6）小碎步：即较高频率的小垫步，主要适用于步法的调节。在步法移动到一定的位置时还没有找到合适的击球点，就要通过小碎步来调整，争取更好的击球点。小碎步在步法中尤为重要，是衡量一个人步法是否合理、协调的一个重要因素。

（三）发球技术

乒乓球发球方法有：正手发上旋奔球、反手发急下旋球、发短球、正手发转与不转球、正手发左侧上下旋球、反手发右侧上下旋球、下蹲发球、正手高抛发球等。

乒乓球发球应注意以下几点：发球动作要符合规则、发球要有针对性、发球直接得分、为发球抢攻做准备、发球的力量、发球的旋转、发球的变化、发球的创新。

（四）接球技术

（1）接上旋奔球，正、反手攻球或推挡回接：拍面适当前倾，击球的中下部，调节好向前的力量。

（2）接下旋长球：用搓球、削球、提拉球回接，搓或削时多向前用力。

（3）接左侧上、下旋球：可采用攻球和推挡搓球或拉球回接，拍面稍前倾（后仰）并略向左偏斜，击球偏右中上（中下）部位，以抵消来球的左侧上（下）旋力。

正手发球

反手发球

（4）接右侧上、下旋球：可采用攻球或推挡搓球或拉球回击，拍面稍前倾（后仰）并向右偏斜，击球偏左中（上下）部位。回接要点和方法与接左侧上、下旋球相同。

（5）接近网短球：用快搓、快点或台内突击回球，主要靠手腕和前臂的力量。

（6）接无法准确判断转与不转的球：可轻轻地托一板或撇一板，但要注意弧线和落点。

（7）接不同性能球拍的发球：长胶、生胶、防弧胶的发球基本属于不转球，用相应的方法回接。

（8）接高抛发球：如球着台后拐弯的程度大，应向拐弯方向提前引拍。

（五）推挡技术

推挡技术的特点是站位近、动作小、速度快、变化多，是我国直拍打法的一项重要基本技术。比赛中通过落点变化来牵制调动对方，争取主动，为进攻创造有利时机，同时也能起到积极防御的作用。主要包括快推、加力推、减力推、推挤、下旋推挡等。

快推

（1）快推：击球前，上臂靠近身体适当后撤引拍，拍面基本与台面垂直，球拍略高于来球或与球同高，击球时，手臂迅速迎前，在来球的上升期触球，前臂手腕用力向前将球推出，触球的中上部，食指用力压拍（图8-6-8）。

图8-6-8　快推技术

（2）加力推：动作幅度比快推大，当球弹至上升期或高点期，利用伸髋和转腰动作加大手臂向前的推击力，并用中指顶住球拍（图8-6-9）。

图8-6-9　加力推技术

（3）减力挡：击球前不用撤臂引拍，可稍屈前臂调整球拍后位置，当球弹起时，手臂、身体前移迎球，触球瞬间控制好拍面，不要向前用力撞球，甚至还略有后缩动作，借来球力将球反弹回去（图8-6-10）。

图 8-6-10　减力挡技术

（六）攻球技术

攻球具有力量大、速度快等特点，是比赛中争取主动、克敌制胜的重要手段，各类打法都必须掌握攻球技术。攻球技术统分为正手攻球和反手攻球。通常惯称为快攻、快点、快拉、快拨、突击、杀高球、中远台攻球等技术。

（1）正手攻球：成基本姿势，击球前身体稍向右转，腰带臂横摆（忌大臂后拉牵肘）引拍至身体右侧，重心落于右脚，身体与臂的夹角为 35°～40°，前臂自然弯曲约120°，球拍略前倾，手腕自然放松。击球时，右脚稍用力蹬地，腰向左转带动手臂向前上方挥动迎球。触球瞬间，前臂用力收缩，触球的中上部，手腕辅以发力，身体重心由右脚移到左脚，球拍因惯性顺势至头左侧。球击出后，迅速还原，手臂放松，准备下一板击球（图 8-6-11）。

图 8-6-11　正手攻球技术

（2）直板反攻球：两脚平行开立或右脚稍前，上体稍左转，前臂后摆，引拍至腹前左侧击球时前臂向右前上方挥动，肘部内收，食指控制好拍面，击球的中上部，手腕辅助发力（图 8-6-12）。

图 8-6-12　直板反攻球技术

（3）横板反攻球：两脚平行开立，腰、髋略向左转的同时，带动前臂向后引拍，手腕稍后屈，肘部略前出，击球时前臂手腕向右前方发力，触球的中上部，前臂和手掌背部的运行方向决定击球方向（图 8-6-13）。

正手攻球

149

图 8-6-13　横板反攻球技术

（七）搓球

正手搓球

反手搓球

搓球是一项过渡技术，用它应付下旋来球，常为进攻创造条件，也是初学者削球时必须掌握的入门技术，根据击球方位的不同分为正手搓球和反手搓球。根据击球时间，回球落点和旋转又分为快搓、慢搓、摆短、劈长、转与不转及侧旋搓球。

反手搓球：站位近台，击球时，拍面后仰，屈臂后引，前臂向前用力为主，配合手腕动作。根据来球旋转的程度调节拍面角度和用力方向，如来球下旋强，拍触球的底部，向前用力大些；若来球下旋弱，拍触球的中下部，向下用力大些（图 8-6-14）。

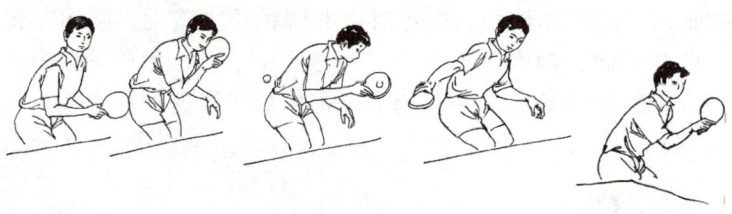

图 8-6-14　反手搓球技术

（八）弧圈球

弧圈球是一种上旋力非常强的进攻技术，它与攻球相比，在对付强烈下旋球低于网的来球时更加稳健，因此被广泛使用，它可分为加转弧圈、前冲弧圈和侧旋弧圈。

（1）正手弧圈：左脚在前，右脚稍后，身体略向右扭转，腹微收，髋稍向右后方压转，左肩略高于右肩。击球时，右脚掌内侧蹬地，以腰、髋的扭转带动手臂向左上方挥动，击球瞬间，快速收缩前臂，直拍的中指、横拍的食指应加速手腕在触球瞬间的甩劲。

（2）反手弧圈：两脚基本平行开立，腰、髋略向左转，稍收腹，肘关节略向前出。前臂向左后方划一个小弧引拍，手腕下垂。击球时，两脚向上蹬伸，展腹、腰、髋，略向右转，以肘关节为轴，前臂向前上方发力，手腕配合用力，摩擦球的中上部。

（九）削球

削球是一种防御性的技术，具有稳健性好、冒险性小的特点。通过旋转和落点的变化，调动对手，伺机反攻，使对手被动，甚至失误。

（1）正手削球：右脚稍后，身体略右转，双膝微屈，拍面近似垂直，引拍至与肩同高。在来球的下降期，前臂在上臂的带动下，随着身体重心的移动向下、向前、向左挥动，触球的中下部，手腕控制好拍面，并有一摩擦球动作（图 8-6-15）。

图 8-6-15 正手削球技术

（2）反手削球：左脚稍后，身体略左转，拍面竖立，引拍至肩高。前臂在上臂的带动下，随身体重心的移动向下、向前、向右挥动，在来球下降前期触球的中下部，手腕控制好拍面，并有一摩擦球动作（图 8-6-16）。

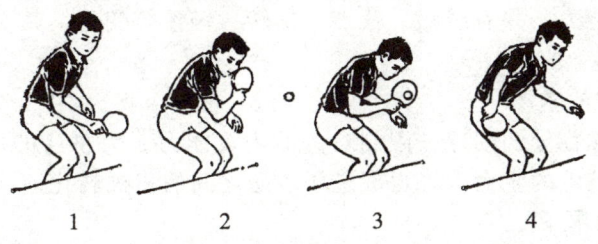

1　　　2　　　3　　　4

图 8-6-16 反手削球技术

知识窗

乒乓球打法可以分为 6 大类型：快攻打法、弧圈打法、弧圈结合快攻打法、快攻结合弧圈打法、以削为主的削球打法、削球和进攻结合的削球打法。

打法分类细致一点，可以分为许多类型，现在的国际乒坛上主要有以下几种打法：直拍左推右攻，如中国的马琳、韩国的柳承敏；直拍横打弧圈结合快攻，如中国的王皓；横拍弧圈结合快攻，如中国的王励勤；横拍快攻结合弧圈，如中国的张怡宁；削攻结合，如韩国的朱世赫、中国的范瑛。

四、基本战术

（一）发球抢攻战术

发球抢攻是我国直板快攻打法的撒手锏，是力争主动、先发制人的主要战术。各种类型打法的运动员都普遍采用发球抢攻来抢占每个回合的上风。发球战术运用的效果主要取决于发球的质量和第三板进攻的能力。发球抢攻战术因打法的类型不同而有所差异。

（二）接发球战术

接发球战术与发球抢攻战术同样重要，在某种意义上讲，接发球水平的高低可以反映运动员的实战能力，以及各项基本技术的应用程度。事实上，接发球者只是暂时处在被控制状态，如果破坏了发球者的抢攻意图或者制造了障碍，减弱了对方抢攻的质量，也就意味着已经脱离被控制状态，变被动为主动了。

（三）搓攻战术

搓攻战术是进攻型打法的辅助战术之一，主要利用搓球旋转的变化和落点的变化为抢攻创造机会。这一战术在基层比赛中被普遍采用。搓攻战术也是削球型打法争取主动的主要战术之一。

（四）对攻战术

对攻战术是进攻型打法在相持阶段常用的一项重要战术。快攻类打法主要依靠反手推挡或反手攻球和正手攻球或正手拉弧圈球的技术，充分发挥快速多变的特点来调动对方。

（五）拉攻战术

拉攻战术是以攻为主的选手对付削球的主要战术。为了发挥拉攻的战术效果，首先要具备连续拉球的能力，并有线路、落点、旋转、轻重等变化，其次要有拉中突击和连续扣杀的能力。

（六）削中反攻战术

这种战术主要靠稳健的削球，限制对方的进攻能力，为自己的反攻创造有利条件。它不仅增强了削球技术的生命力，也促进了攻防之间的积极转化。

（七）弧圈球战术

由于弧圈球战术把速度和旋转有效地结合起来，稳健性好，适应性强，许多著名选手已用它去替代攻球或扣杀。

第七节　橄榄球

一、简介

橄榄球因球形似橄榄而得名。橄榄球可以用脚踢、手传，也可以抱住奔跑。对持球队员可采用各种抓、摔（搂）、抱及合理冲撞等方法阻止其前进。比赛时，将球踢过对方球门横杆上方或在对方得分区内首先触地为得分，得分多者胜。

拉格比是英国中部的一座城市，拉格比学校是橄榄球运动的诞生地。据说，1823年该校学生艾利斯在一次足球比赛中，因踢球失误，情急之下抱球就跑，引得其他球员纷纷效仿。后来，这种方式逐渐被人们所接受，于是一项具有很高锻炼价值的运动项目——橄榄球诞生了。

英式橄榄球分每队场上15人和7人两种比赛形式，始于19世纪20年代，盛行于英联邦国家。美式橄榄球每队场上11人，19世纪80年代从英式橄榄球派生而来，盛行于美国。英式、美式橄榄球在球场、规则和记分方法上均有所不同。1886年，国际橄榄球理事会成立。从1900年第2届奥运会至1924年第8届奥运会期间，橄榄球曾多次被列为比赛项目。

二、英式橄榄球

英式橄榄球有软式橄榄球之称。英式橄榄球在比赛中，运动员不穿着护具，基本上采用足球运动员的服装，比赛中不得冲撞或阻挡不持球队员。对持球队员可以采用抓、抱、摔等方法阻碍其前进，并可进行合理冲撞。这项运动流行于英国、法国、南非、新西兰、澳大利亚等国家。

英式橄榄球比赛每半场40分钟，中间休息20分钟。运动员可用脚踢、用手传球、抱球跑，而防守队员则可抱住并绊倒对方持球奔跑的队员。持球队员带球越过对方球门线并置球于地面时，得4分；然后再有一次踢任意球的机会，踢任意球如越过对方球门横木，再增加2分；其他情况下，踢球越过对方球门横木，得2分。最后以得分多者为胜。比赛无替补队员，即使队员受伤也不允许替补。

三、美式橄榄球

美式橄榄球又称"硬式橄榄球"或"美式足球"，是美国最流行的运动项目。它是一种非常猛烈的运动，队员间有身体猛烈的相互碰撞，所以球员要带上有面罩的头盔和穿上有衬垫的运动服来保护自己。美式橄榄球职业球队一般由45人组成，但只允许11人上场。

美式橄榄球用球较英式橄榄球小一些。比赛分4节，每节15分钟，半场休息15分钟，第1、2间和第3、4节间分别休息2分钟。比赛结束时，如两队得分相等，延长比赛时间15分钟，以先得分者为胜，如两队均未得分则为平局。防守队员为阻止对方持球队员的前进，可以搂抱其腰部或腿部将其摔倒。

四、橄榄球术语

（1）落踢：踢球的一种，指持球队员将球从手中落到地上，在球第一次反弹时踢球。

（2）碰踢：踢球的一种，指持球队员让球从手中落下，在球未触地时踢球。

（3）巧接：英式橄榄球运动术语。指队员在本方半场22米内，稳当地将对方的高踢球接住，同时口喊"马克"。

（4）挽球：英式橄榄球运动术语。指队员在本方半场得分区内首先持球触地。

（5）正集团争球：亦称"司克栏"，英式橄榄球运动术语。指两队队员在裁判员指挥下相互夹杂而形成的争球形式。前排三名队员与对方前排三名队员头部交错楔插，以肩部相互顶住，底下形成一条抛球好滚入的通道。当球抛入通道时，前排队员相互抗争把球钩回给后面的同伴。

（6）乱集团争球：英式橄榄球运动术语。指两名队员抢被抓队员手中或放于地上的球，至少两名进攻队员和一名防守队员相互夹杂在一起争抢。乱集团争球可分为：冒尔（一起抢手中的球）、勒克（一起抢地上的球）。乱集团争球一般发生在进攻队员被抓后，没有很好的传球机会或不能很好地传球时。

（7）关键队员：在控球的球队中，四分卫是关键队员，就像是部队里的少尉，他必须带领球队执行教练布置的战术，有时候四分卫还会根据场上的情况对教练的布置进行调整。每次比赛暂停时，队员们都要聚集起来，由四分卫面授机宜。四分卫必须拥有良好的传球技术，同时又必须拥有较快的速度，以便在将球传出之前躲避对方防守队员。此外，四分卫还必须足够强壮，以抵抗与对方防守队员的身体接触。

五、橄榄球的主要规则

（1）前传：英式橄榄球运动犯规的一种。持球队员把球投向或传向对方球门线方向。判在犯规地点正集团争球，由未犯规队投球。

（2）前掉：英式橄榄球运动犯规的一种。持球队员失落的球或队员手臂碰触后的球，向对方球门线方向飞去并触及其他队员或地面。判在犯规地点正集团争球，由未犯规队投球。

（3）前拍：英式橄榄球运动犯规的一种。防守队员在防守时故意将对手的传球往前拍。判未犯规队一次罚踢。

（4）得分：橄榄球运动比赛规则之一。队员在对方半场的分区内持球触地，或队员射门球从球门横木之上与两球门柱之间穿过，即为得分。

（5）争边球：英式橄榄球运动比赛规则之一。球从边线出界重新发球后继续比赛的一种形式。投球队员在球出界点与边线垂直的假想出界线向场内投球，双方各有至少2名队员分别在5米线和15米线之间离假想出界线0.5米处站立。球投入后，双方争抢继续比赛。

（6）罚踢：英式橄榄球运动比赛规则之一。一方犯规后给不犯规的另一方踢球。同队队员必须在球的后方，对方队员必须退到离球10米远且平行于球门线上。可采用任何一种踢法。

（7）自由踢：英式橄榄球运动比赛规则之一。因巧接或犯规后判给巧接队员或不犯规队的一种踢球。可采用任何踢法，将球踢向任何方向，但不能直接射门得分。

（8）反攻踢：英式橄榄球运动比赛规则之一。因挽球获球从得分区边线、端线出界而给予防守队的一种踢球。由防守队员在本方22米线上或线后任意点采用落踢的形式来执行。

（9）短暂禁赛：英式橄榄球运动比赛规则之一。在比赛中，队员被裁判员出示黄牌判罚短时间离场。被罚时间满可再回比赛。

（10）勒令退场：英式橄榄球运动比赛规则之一。在比赛中，队员被裁判员出示红牌判罚出场。

（11）计分方法：以美式橄榄球计分方法为例。① 攻入对方端区持球触地，得6分；② 得6分后，在球门线前1.8米左右处踢定位球，如射中目标再加1分；③ 在比赛进行中，抛球踢球或踢定位球射中目标，得3分；④ 守方队员在本方端区内持球，如被对方逼成死球，或本方队员犯规，或使球在端区内出界，均判对方安全得2分。

（12）裁判：在英式橄榄球比赛过程中，共有7名执法人员执行监督工作，包括主裁判员、仲裁员、主要巡防员、场地裁判员、后卫裁判员、边线裁判员、边场裁判员。他们用专门的手势向队员传递裁判员的决定。

美式橄榄球每场比赛有6名裁判员，他们均有权判罚犯规。主裁判员1人负责掌握比赛；副裁判员1人负责检查装备并看管对阵开球线；边线裁判员2人，各自分管本侧的边线和越位，并负责计时、记分和暂停；场内裁判员1人，负责监督对阵开球后向前传球或踢球是否按规则进行；后卫裁判员 1 人，负责检查防守队员和接球队员的号码。

六、橄榄球场地与器材

橄榄球运动比赛场地，有英式和美式之分。

英式赛场不超过 100 米长、69 米宽。由赛场和得分区组成。双方阵地不超过 22 米长，69 米宽。阵线与死守线之间称阵区。球门线正中设 5.6 米线。

美式赛场长 110 米、宽 48 米，也由赛场和得分区组成。门设在端线中间，球门横杆高 6.1 米，立柱间宽度为 5.64 米；两球门线之间每隔 5 米画一条横线；对应立柱画有纵向虚线。

橄榄球形为椭圆，似橄榄状。由四块皮革缝制，内装橡皮球胆。英式橄榄球重 400~440 克，长轴长 280~300 毫米，长轴周长 760~790 毫米，短轴周长 580~620 毫米。美式橄榄球重 394~427 克，长轴长 280~293 毫米，长轴周长 717~724 毫米，短轴周长 540~546 毫米。

第八节 棒球和垒球

一、简介

棒球、垒球是比赛双方队员交替进攻与防守的运动项目。据考证，棒球运动源自英国的板球运动，美国人窦布戴伊于 1839 年组织了第一场类似于现代棒球运动的比赛。为统一和规范比赛，1845 年，美国人亚历山大·乔伊·卡特赖德制订了第一个棒球比赛规则，其中场地的尺寸、部分规则条文沿用至今，并且棒球（baseball）的名称也被固定下来。

20 世纪 40 年代末，棒球运动在欧洲迅速开展起来，并于 1937 年在美国成立了世界棒球协会，后改为国际棒球联合会，1978 年得到国际奥委会的承认，其总部设在瑞士洛桑。在 1992 年第 25 届奥运会上，棒球成为正式比赛项目。

目前，中国大学生体育协会棒垒球分会注册有 50 多支球队，全国高校每年举办一次大学生棒球联赛。

垒球运动 1887 年诞生于美国，由美国芝加哥划船俱乐部成员乔治·汉考克将棒球场地缩小移到室内进行活动，又称为"室内棒球"。几年后他又把室内比赛的方法移至室外进行，为了有别于棒球，于 1933 年正式取名为垒球。

1977 年，国际奥委会正式承认垒球项目，并于 1991 年将女子垒球（快投）列为 1996 年第 26 届奥运会正式比赛项目。

二、棒球、垒球的主要区别

棒球、垒球在场地、器材及规则上的主要区别见表 8-8-1：

表 8-8-1　棒球与垒球的区别

比较项	棒　球	垒　球
场地	面积大，投球距离远，垒间距离长；击球员区较短，呈长方形；投手板应高出地面至少 25 厘米，投球区是斜坡型的圆土墩，垒包为白色方形	面积较小，投球距离较近，垒间距离较短；击球员区呈狭长长方形；投手板与地面齐平；一垒用白、橙两色的长方形双垒包，橙色部分在界外地区
比赛用球	体积较小，较轻，很硬	体积较大，稍重，硬而有弹性
球棒	较长，较重，直径较大，呈圆柱形，可用金属、硬木或几条木片胶合而成	较短，较轻，直径较小，呈圆形，可用金属、竹片、塑料等材料或国际垒联批准的其他合成材料制成
手套	尺寸较小，衬垫较厚	尺寸较大，衬垫较薄
投手规则	可用正面或侧身的姿势踏板或投球，可用单脚踏板，可以退板，可用肩上、体侧或低手投球，可以牵制跑垒员	必须两脚踏在投手板上，用正面低手投球，踏板后不得撤板，不允许牵制跑垒员
跑垒员	在比赛进行中叩以随时离垒	必须在投手投球出手后才能跑垒
比赛局数	9 局	7 局

三、比赛方法

（1）比赛时，双方应各有 9 名队员上场参加比赛，替补队员可在死球时换人，但被替补出场的队员不得重新加入本场比赛。

（2）赛前两队选择先攻或先守。攻队队员依次在击球区内用球棒将守队投手投来的球击出，争取跑上一垒或几个垒，争取在三人出局前继续安全跑过余下各垒，最后返回本垒，即算"得分"。一人返回本垒计一分。

（3）防守队队员按防守位置及职责称为：投手、接手、一垒手、二垒手、三垒手、游击手、左外场手、中外场手、右外场手。比赛时9 人分布在场内（图 8-8-1）。

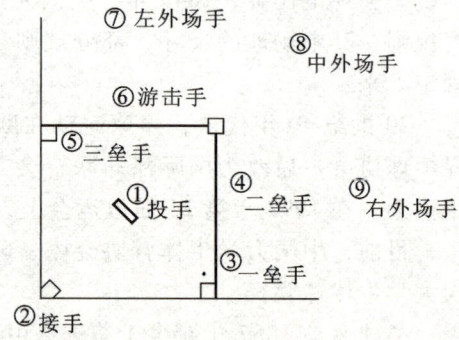

图 8-8-1　防守队员职位名称图

（4）比赛开始时先由守队投手持球站在投手板上，向在击球区内的攻队击球员投球。投手要设法使击球员三次击球不中而出局（攻队击球员击球失败称"出局"，跑垒员跑垒失败亦称"出局"，反之称"安全"）。如击球员将球击出，守队队员即应设法直接接获所击出的球，或运用接球和传球的配合，持球触踏垒包或持球触及跑垒员的身体，使进攻队队员在返回本垒前出局。

（5）攻队有三人出局时，双方即互换攻守。双方攻守各轮一次称为一局。棒球每场比赛进行 9 局，垒球进行 7 局。以累计得分多者为胜。

四、基本技术

(一) 进攻技术

进攻技术主要有击球技术、跑垒与滑垒技术。

1. 击球技术

击球是主要进攻技术之一，也是进攻的开始和关键技术。

（1）挥棒击球：击球中最主要的一种击球方法，它是利用有力的挥棒动作，击出又急又远的球。

① 站位与握棒方法（以右打者为例）：右手较有力的击球员一般站在本垒左侧的击球区内，称为右打者；左手较有力的击球员一般站在本垒右侧的击球区内，称为左打者。较为适当的站立位置是两脚平行（略宽于肩）站在击球区的中间，右脚的脚尖正对本垒的尖角，以双手握棒伸臂使棒头触到本垒板 3/4 处为宜。两手离开棒端 5～10 厘米，左手在下，右手在上，两手靠拢，左手的第二指关节和右手的第二指关节在一直线上，形成一个平面。

② 击球准备姿势：击球员进入击球区，站好位置后，双手握棒靠近右肩前，棒头朝上或稍向后倾斜，左臂弯曲稍大于 90°，前臂与地面平行；右臂屈肘向后，左肩正对投手，两肩与地面平行。上体稍前倾，两膝微屈，身体重心落在两脚上，两眼注视投手，做好挥棒击球的准备。

③ 伸踏：当投手投球出手瞬间，右脚踏地，左脚沿着地面向来球方向迈出一小步，以脚掌内侧轻轻触地。而身体重心不前移，仍保持在右脚上。左脚向前伸踏的同时向后引棒，手臂和全身自然放松。

④ 挥棒与击球：当投手开始向后摆臂时，击球员即双手握棒后引，同时左脚向前伸踏一小步，脚尖内扣，重心在右脚上，双膝微屈，右脚以前脚掌为轴，向内转动，髋关节积极左转前移，带到腰转动向前，握棒双手以腕领先，棒走的路线应近于直线，斜挥过去到击球点，然后做平挥，击中球后双手滚腕，棒要继续随挥并屈肘，双手贴近左肩，身体重心前移。放棒，右脚启动向一垒方向迈进。

⑤ 练习方法：双手在背后屈肘夹棒做伸踏转髋练习；挥空棒练习；挥棒击固定球练习；挥棒击轻抛球练习。

（2）触击：是击球时并不挥动球棒，而是用棒轻触击来球让球碰棒，把球击成界内地滚球。触击可分为牺牲触及和上垒触及两种。

① 触击球的技术动作：击球员以挥击球的准备姿势站立于击球区内，当投手即将投出球时，击球员以左脚跟、右脚掌为轴迅速向左转成面向投手方向，双膝弯曲，重心降低移至偏前脚，上体前倾，左手握棒细端，右手在转体的同时迅速滑至棒中部，拇指在后上，四指弯曲卡住棒，两肘靠近身体，右手高于左手，使棒与地面形成一定的角度，置棒于脸右前方，两臂的弯曲是调整击高低球的位置，右手控制力量，左手控制角度和方向，用小臂和手腕的轻轻推压动作，击球的中部或中上部，使球反弹在本垒附近，或一、三垒方向。

② 练习方法：学习转体、滑棒、推棒动作；以触击动作触固定物练习；两人一组，

一人轻投球，另一人练习触击。

2. 跑垒技术

跑垒是进攻中的重要组成部分。也是在教练指挥下发挥队员的能动性的一种技术。

（1）击球后跑垒：进攻队员在击球时称击球员，击出球后开始跑向一垒时即为击跑员。当击跑员上一垒后，才可称为跑垒员。击球员将球击出后应立即起跑，并全速冲向一垒，力争在球未被守队传至一垒前触踏一垒垒包。起跑快、冲刺猛、踏垒准，是对击跑员的基本要求。

（2）连续跑垒：击跑员在到达一垒后应根据防守、场上跑垒员情况及跑垒指导员的指导来确定是否继续跑垒。跑垒员在上一垒或跑回本垒时，应争取跑直线。当连续跑几个垒时则应跑弧线。跑动中，上体要向内倾斜，重心落在左脚上，右脚以前掌内侧着地，左脚以前掌外侧着地，右肩稍高于左肩，右臂摆动幅度要大于左臂。

（二）防守技术

防守技术包括传球技术、接球技术和各位置的防守技术。

1. 传球技术

主要有肩上传球、体侧传球、低手传球和下手抛球。我们主要介绍肩上传球技术。

（1）握球方法（以右手传球为例）：根据手指长短可采用三指握法和四指握法。三指握法是食指和中指自然分开紧贴球的上部，大拇指第一指关节扶球的左下侧，无名指微屈以指侧托球的右下侧。四指握法是食指、中指、无名指自然分开紧贴球的上面，大拇指在左，小指在右托球（图8-8-2）。

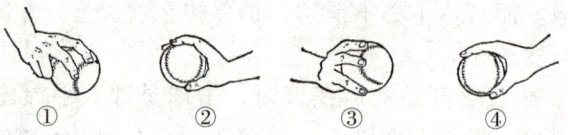

① ② ③ ④

图8-8-2 握球方法

（2）传球动作：传球时两眼始终注视传球目标，左脚向传球方向伸踏，以脚掌内侧落地，足尖稍内扣，同时上体向右转动，右手握球，以肩为轴，屈肘向后摆至肩上方，肘关节不要低于肩，大、小臂形成的角度为90°左右，手腕微前屈，左肩对准传球方向，左臂置于体前，重心落在右脚上，左脚落地后利用右脚蹬地转腰收腹的力量带动上体，身体重心前移，转肩面对目标，右臂以肘内侧领先向前移动，手腕后倒，当肘摆过肩时，小臂急速向传球方向甩出，抖腕拨指形成鞭打动作，球应向对方胸前传出。出球后，重心完全落在左脚上，右臂顺势向前放松摆动，上体稍前压，右脚自然跟上恢复接球动作。

2. 接球技术

主要有接平直球、地滚球、高飞球和反弹球。这里主要介绍接平直球技术。

（1）手套的正确使用：戴手套时，应五指自然分开，分别插进手套的指鞘内，手指不能插得太深，也不能太浅。过深使用时不灵活，太浅则容易被来球打落。不论接高低左右的传球，都要用手套的掌心对着来接球。手套的接球位置在虎口与掌心之间。

（2）准备姿势（以右手传球为例）：两脚平行开立，约与肩同宽，两膝微屈，上体稍前倾，重心落在两脚上，两臂屈肘自然放在胸前，两眼注视来球。

（3）接球技术：接腰部以上传球时，传球手的拇指、食指和中指放在手套的拇指后面，无名指和小拇指放在手套边。球一进手套，双手合拢，传球手的手指把手套开口封住，并伸入手套内把球抓住。

如果传球在腰部以下时，手套手指朝下，传球手的小拇指、无名指和中指放在手套小指后面，拇指和食指放在手套外，球一进手套，双手合拢，传球手的手指把手套开口封住，并伸入手套内把球抓住。

思　考　题

1. 通过学习你掌握了哪些球类技术？它能给你带来什么乐趣？
2. 试述从中国乒乓球和中国女排健儿为国争光的拼搏精神中得到的启示。
3. 你对网球、羽毛球、乒乓球基本技术的手法和步法有何感受？

第九章

操舞类运动

操舞类运动要求技术质量和形态质量高度的统一，即技术准确而娴熟、形态潇洒而飘逸。技术提供厚实的基础，形态赋予美妙的气韵。操舞类运动以人体动作的连续变化构成过程，它的姿态即它的符号体，在流动中不断展示着新的结构和样式。操舞类运动的腾跃和飞动产生出的流畅、变幻的美，使人目不暇接。操舞类运动就是用身体动作——形体、姿态，用生命活力——节奏、旋律来显现人的运动美。

第一节　队列训练

一、简介

队列队形练习是学校体育教学的组成部分，也是部队军事训练，以及大型体操表演的重要内容。通过队列队形训练，能培养学生正确的身体姿势，集中学生的注意力，培养其节奏感、协调性和审美观念，还能加强学生的组织纪律性和协同一致的集体主义精神，以及"团结、紧张、严肃、活泼"的优良作风。同时，在体育教学中合理地采用队列队形练习，还有助于顺利地完成教学任务，提高教学质量。

队列练习：指学生按照一定的队形做协同一致的动作。

队形练习：指在队列练习的基础上，根据教学的特点、任务和需要所做出的队列和图形的变化。

二、基本术语（表 9-1-1）

表 9-1-1　常用队列队形的基本术语列表

术语名称	含　义
列	学生左右并列成一排叫列，多路纵队中左右并列的数名学生叫"一小列"
路	学生前后重叠成一行叫路。路是组成纵队的要素。多列横队前后重叠的两人以上的数名学生叫"一小路"
伍	二列横队中前后重叠的两个学生叫一伍；如果第一列最后的学生后面无人时，叫缺伍。二列横队向后转时，缺伍的学生应向前一步补入前列

续表

术语名称	含 义
翼	队列的两端叫"翼",左端叫左翼,右端叫右翼
轴翼和外翼	多列横队或多路纵队行进变换方向时,处于转弯内侧的一翼叫"轴翼",另一翼叫"外翼"。左转弯或左后转弯走时,轴翼在左端;右转弯或右后转弯走时,轴翼在右端
横队	学生按列形成的队形叫横队。在指出横队数量时,叫"某列横队"。组成横队时,队形的宽度一定要大于(至少要等于)队形的纵深
纵队	按路排成的队形叫纵队。在指出纵队数量时,叫"某路纵队"。组成纵队时,纵队形的纵深一定要大于(至少要等于)队形的宽度
排头	位于纵队之首或横队右翼的学生(一个或数个)叫排头
排尾	位于纵队之尾或横队左翼的学生(一个或数个)叫排尾
正面	队列中,学生面向的一面叫正面
后面	列队中,学生背向的一面叫后面
间隔	学生左右相隔的间隙叫间隔
步幅	是指一步的长度,即后脚脚尖至前脚脚尖的距离或前后两脚平行的内侧间隔
步速	是指每分钟行进的步数
队形宽度	两翼之间的横宽叫队形宽度
队形纵深	从第一名到最后一名或从第一列(站在最前面的学生)到最后一列(站在最后面的学生)的纵长叫队形纵深
单步与复步	一步(单脚走一步)为单步,两步(两脚各走一步)为复步
基准学生	教师指定作为看齐目标的学生和以其行进方向为准的排头叫基准学生。例如,以右(左)翼即排头(尾)为基准,向右(左)看齐;以某人为基准向中看齐。行进间一路纵队变二路纵队及其还原时,常以原排头为基准

三、队列队形的分类 (表 9-1-2)

表 9-1-2 队列队形的分类表

原地队列动作	常用动作	立正、稍息、整齐、报数、集合、解散、蹲下、坐下、起立
	转法	向左(右)转、向后转、半面向左(右)转
	队列变换	一列横队变二列横队及还原 一路纵队变二路纵队及还原 一列横队变三列横队及还原 二列横队变三列横队及还原 一列横队变二路纵队及还原

续表

行进间队列动作	步伐及变换	齐步、正步、便步、跑步、踏步、移步、立定、齐步与正步变换、齐步与跑步变换
	转法	齐步、跑步向左转走 齐步、跑步向后转走
	队列变换	一列横队变二列横队及还原 一路纵队变二路纵队及还原
	转弯	横队左（右）转弯走和左（右）后转弯走 纵队左（右）转弯走和左（右）后转弯走
图形行进	直线	绕场行进、错肩行进
	斜线	对角线行进、交叉行进、三角形行进
	曲线	蛇形行进、圆形行进、螺旋形行进、绳圈形行进、"8"字行进
队形变换	变队	列队走和并队走 分队走和合队走 一路纵队变多路纵队及还原
散开与靠拢	间距	要求间隔、距离的各种散开与靠拢
	梯形	梯形散开与靠拢
	弧形	弧形散开与靠拢

四、练习内容

1. 集合和解散

（1）横队集合："成一列（或×列）横队——集合！"当学生听到预告或信号时，立即停止一切其他活动，站在原地，面向教师成立正姿势。听到"集合"的口令后，迅速跑步站到教师面前集合。凡在教师后面的学生，均从教师右侧绕过，以免发生相互碰撞。第一名首先跑到教师左前方适当位置，成立正姿势。其他学生以第一名为基准，依次向左排列，自行对正、看齐，成立正姿势。

（2）纵队集合：

① 成一路纵队集合（口令：成一路纵队——集合！）。当学生听到"集合"的口令后，第一名（基准学生）迅速跑到教师正前方适当位置，成立正姿势。其他学生以第一名为基准，依次向后重叠排列，自行对正、看齐，成立正姿势。

② 二路或多路纵队集合（口令：成×路纵队——集合！）。做法同上，但基准学生应站在教师右前方适当位置，依次向后重叠成一路纵队站好，双数（第二组）学生站在单数学生的右侧，依次前后重叠成纵队。

（3）解散（口令：解散！）：全体学生听到口令后，迅速离开原位（如学生在稍息姿势时，听到口令应先立正，然后再迅速离开原位）。

2. 立正和稍息

（1）立正（口令：立正！）：两脚跟靠拢并齐，两脚尖向外分开约60°，两腿挺直，小腹微收，自然挺胸；上体正直，微向前倾；两肩要平，稍向后张；两臂自然下垂，手指并拢自然微屈，拇指尖贴于食指的第二节，中指贴于裤缝；头要正，颈要直，口要闭，下颌微收，两眼向前平视。

（2）稍息（口令：稍息！）：左脚顺脚尖方向伸出约全脚的2/3，两脚自然伸直，上体保持立正姿势，身体重心大部分落于右脚。稍息过久，可自行换脚。

3. 整齐

（1）向右（左）看齐（口令：向右/左看——齐！向前——看！）：听到动令后，基准（排头或排尾）学生不动，其他学生同时向右（左）转头，眼睛看右（左）邻学生的腮部。迅速用碎步向前或向后调整位置，使眼光能远视全线。如多列横队时，后列学生先对正后看齐。

听到"向前——看"的口令，恢复立正姿势。

（2）向中看齐（口令：以×××为基准，向中看——齐！向前——看！）：当教师发出"以×××为准"口令时，被指定为基准的学生，左拳高举过头，大臂前伸与肩略平，小臂垂直上举，拳心向右。听到"向中看齐"口令后，基准学生手臂放下，其他学生按左、右看齐要领实施。看齐完毕，仍应下达"向前——看"的口令，动作要领同上。

（3）向前看齐（口令：向前看——齐！向前——看！）：听到动令后，基准学生（排头）不动，其余学生逐次看前面学生的后颈并向前对正，以看不到前面第二人的后颈，前后距离一臂（约75厘米）为宜。

看齐完毕，下达"向前——看"的口令。

4. 报数（口令：报数！）

听到口令后，横队从右至左、纵队由前向后，向左转头依次用短促洪亮的声音报数，最后一名不转头。数列横队时，后列最后一名报"满伍"或"缺×名"。

在教学中，通常有按序数和指数两种报数。所谓序数报数，即照1，2，3，4，5……的顺序报下去；指数报数就是按照指定的1—2，1—3，1—4……或按"1，3，5，7"或按"2，4，6报数"等重复报数。因此，应注意听清教师的要求而按要求进行报数。

5. 踏步与立定

（1）踏步（停止间口令：原地踏步——走！行进间口令：踏步！）：停止间听到动令后，从左脚开始，两脚在原地上、下起落。抬起时，脚尖自然下垂，离地面约15厘米；落下时，前脚掌先着地。上体保持正直，两臂按齐步摆臂的要领摆动。

行进间听到"踏步"的口令后，停止行进，两脚在原地上、下起落，要领同停止间踏步走。

踏步时，横队以右翼为准，向右标齐，纵队向前标齐。

（2）立定（口令：立——定！）：踏步时，听到"立定"的口令（动令落于右脚）后，左脚原地踏一步，脚尖稍向外，右脚向左脚靠拢，成立正姿势。

6. 原地转法

（1）向右（左）转（口令：向右/左——转!）：听到动令后，以右（左）脚跟为轴。左（右）脚掌前部同时用力，使身体和脚一致向右（左）转90°，重心落在右（左）脚，左（右）脚迅速靠拢右（左）脚成立正姿势。转体和靠脚时，两腿挺直，上体保持立正姿势。

（2）向后转（口令：向后——转!）：听到动令后，以右脚跟为轴，右脚跟和左脚掌前部同时用力，使身体和脚一致地从右向后转180°，重心落在右脚，左脚迅速靠拢右脚，成立正姿势。转动和靠脚时，两腿挺直，上体保持立正姿势。

（3）半面向右（左）转（口令：半面向右/左——转!）：听到口令后，按向右（左）转的动作要领转45°。

7. 行进间动作

（1）齐步（口令：齐步——走!）：听到口令后，左脚（脚尖向正前方）迈出，在前方约75厘米处着地，身体重心前移，右脚照此法行进；上体正直微向前倾，手指轻轻握拢，两臂前后自然摆动，向前摆时小臂微向里合，手约与第五衣扣同高，并不超过衣扣线，离身体约20厘米，手心向内稍向下。

（2）正步走（口令：正步——走!）：左脚（向正前方）踢出，腿要绷直，脚尖下压，脚掌与地面平行，离地面约20厘米，约在75厘米处适当用力使全脚掌着地，体重前移，右脚照此法行进；上体正直，微向前倾，手指轻轻聚拢（同齐步）。向前摆时，肘部弯曲，小臂略平，手腕摆到第3、4衣扣之间，离身体约15厘米，手心向内稍向下；向后摆时，摆到不能自然摆动为止。

（3）便步（口令：便步——走!）：听到口令，用适当的步速、步幅行进，两臂自然摆动，上体保持良好姿势，走步比较轻松，不一定要求步法整齐。便步用于行军、操练后恢复体力等。

（4）跑步（口令：跑步——走!）：听到预令时，两手迅速握拳提到腰际，拳心向内，肘部稍向里合。听到动令，上体微向前倾，两腿微屈，同时左脚利用右脚掌的弹力跃出约80厘米，前脚掌着地重心前移，右脚跃出；两臂自然摆动，前摆不露肘，小臂略平，稍向里合，拳不超过衣扣线，后摆不露手。

（5）立定（口令：立——定!）：听到口令后，齐步和正步都是左脚向前大半步，两腿挺直，右脚向左靠拢成立正姿势。跑步时，听到口令后，继续向前跑两步，左脚向前大半步，同两臂收回腰际，右脚向左脚靠拢，同时臂放下成立正姿势。

（6）行进间转法：

① 齐步行进中向左（右）转走（口令：向左/右转——走!）。听到动令后，右（左）脚向前半步，脚尖稍向左（右），重心大部在前脚，身体向左（右）转90°（两脚不移动），同时出左（右）脚，向新的方向行进。

② 齐步行进中向后转走（口令：向后转——走!）。听到动令后，左脚向前半步，脚尖稍向右，以两脚的前脚掌为轴，向右转体180°，出左脚向新的方向行进。转体时，上体正直，两腿挺直，两臂自然摆动，不得外张。

第二节　形体训练

一、简介

形体课是展现人体自身美的体育实践课。形体是人体姿态变换美的展现，是艺术与个体体态美的结合。它运用舞蹈的韵律、健美的力度及造型艺术，通过音乐的不同节奏，以人为载体，充分展现人体形体美，具有较高的艺术价值。

二、形体训练的意义及作用

形体训练是进行美育教育、培养正确姿态、塑造优美形体、陶冶美的情操的训练过程，是一种以徒手体操和舞蹈基本动作及力量、柔韧素质为基础的综合性练习，以改变人的形体动作的原始形态、提高机体的灵活性和增强可塑性、提高人体表现力为目的。

形体训练能全面地发展和增强机体的心血管系统、呼吸系统、神经系统和运动系统的机能，对养成正确的身体姿势及塑造优美、健康的身体形态具有很高的价值。

三、形体训练的特点

形体训练大多采取静力性活动和控制能力的练习。在形体训练中肌肉的运动偏重等长收缩，具有高密度、低强度的特点。形体训练包括力量、柔韧、控制能力、协调和耐力等素质的训练。训练中每个动作都与增强形体专门素质的能力有密切的联系。例如，正确的站立形态，必须加强腿部和膝关节的支撑力量及腰、背和腹部肌肉的力量。因此，可通过把杆压腿、踢腿、蹲等动作的练习，增强肌肉力量，做到髋关节固定不动，增强腰、背的力量和控制能力，保证站立姿势的稳定优美。

四、形体练习内容与方法

本节主要以基本形态控制练习为主要内容，重点介绍基本站立姿势及头部、手部、手臂、腰部、腿部、脚部的姿态及练习方法。

（一）基本站立姿势

正确的站立姿势是形成正确优美的动作和身体姿态的基础。站立的正确姿态是双脚并拢，脚尖开立 45°~60°，双膝伸直，双腿夹紧、紧臀、立腰、收腹、立背、挺胸，双肩后张下沉，头端正上顶，颈自然挺直，两眼平视前方。

（二）头部的基本姿态与练习方法（图 9-2-1）

头部是最富有表现力的部分，头部姿态正确与否，对于整体姿态的影响最大。

预备：站立，两手叉腰。

（1）前屈（低头）。

（2）后屈（抬头）。

（3）左（右）屈（头向左或右倒）。

图 9-2-1　头部的基本姿态

（4）左（右）转（头左、右转）。

（5）左（右）前屈（向左或右前 45°低头）。

（6）左（右）后屈（向左或右后 45°抬头）。

（7）左（右）绕环（向左或右绕环）。

（三）手部的基本姿态与练习方法

1. 直手（图 9-2-2）

由五指并拢，手掌伸直开始，依次做如下动作：

（1）拇指稍向下、向内。

（2）中指稍向下。

（3）小指稍向外，食指、中指及无名指的第一指节轻轻靠拢。

2. 圆手（图 9-2-3）

从手腕到指尖为一圆滑的弧线，后三指轻轻靠拢稍内收，拇指与食指平行，并在一个平面上。

图 9-2-2　直手　　　图 9-2-3　圆手

（四）手臂的基本姿态与练习方法

1. 手臂的基本姿态

（1）直手臂的基本位置（常用）：

① 侧平举：两臂与肩平，手心向下。

② 前平举：两臂前举与肩平，同肩宽，手心向下。

③ 上举：两臂与肩同宽，手心相对，指尖向上，手为直手，但后三指轻轻靠拢。

④ 斜上举：两臂斜上举 45°，由侧面看，露脸不露耳，手心向上或向下。

（2）圆手臂的基本位置（图 9-2-4）：

① 一位手：手臂弧形下垂于体前，掌心向上。

② 二位手：两臂保持一位手的弧形举至胸前，掌心向内。

③ 三位手：两手保持弧形上举至头的前上方，掌心向下。

④ 四位手：一臂弧形上举，另一臂弧形前举。

⑤ 五位手：一臂弧形上举，另一臂弧形侧举。

⑥ 六位手：一臂弧形前举，另一臂弧形侧举。

⑦ 七位手：两臂弧形侧举（略低于肩），掌心向前下方。

图 9-2-4　圆手臂的基本位置

2. 手臂的练习方法

手臂的基本动作主要包括摆动、绕环和波浪动作等。

（1）摆动：手臂摆动是以肩为轴，做向前、向侧和向后的摆动。摆动时要求肩下沉，并领先带动腕和手指、手臂成弧形摆动。

预备：自然站立，成一位手。

1—2 两臂弧形摆至前举（掌心向下）；3—4 两臂向下经体侧摆至侧举（掌心向下）；5—6 两臂从体侧摆至右侧举（掌心向下）；7—8 两臂经体侧摆至左侧举（掌心向下）。

（2）绕环：手臂绕环包括各种以肩为轴的大绕环，以肘为轴的中绕环和以腕为轴的小绕环，两臂可以同时做，也可以依次做（图 9-2-5）。

图 9-2-5　绕环

预备：自然站立，两臂侧平举。

1—2 右臂在体侧做一个水平中绕环；3—4 在头上做一个水平大绕环；5—8 右臂侧平举做一个小绕环。

（3）波浪：手臂波浪动作可由侧举开始，肩关节下压，肘、腕、指依次弯曲，再从肩、肘、腕、指依次伸直。在做波浪过程中，手臂的各关节是不停顿依次地运动着，动作应柔软、圆滑（图 9-2-6）。

预备：自然站立，两臂侧举。

1—2 两臂同时缓慢弯曲各关节；3—4 两臂同时向侧面缓慢伸直各关节；5—6 左臂做波浪动作一次；7—8 右臂做波浪动作一次。

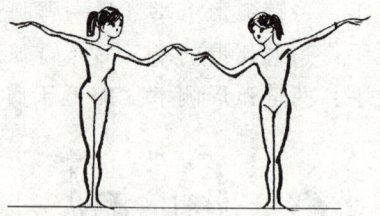

图9-2-6　波浪

（五）腰部的基本姿态与练习方法

腰部是身体的枢纽，也是躯干中最为灵活的部分。因此，身体的各种曲线美，全要靠腰部动作来体现。腰部练习主要是发展腰部的柔韧性、灵活性及增强腰肌力量。

1. 体后屈练习

预备：双手扶把，并步起踵站立。

1—4向后下腰（抬头）；5—8还原（控制腰部肌肉逐渐还原）（图9-2-7）。

2. 体侧屈练习

预备：面向把杆，左手扶把，右手侧平举。

1—2体侧屈，右臂由侧举至上举；3—4还原（手臂经屈腕、圆臂至侧平举）（图9-2-8）。

图9-2-7　体后屈　　　　　　　图9-2-8　体侧屈

3. 腰部绕环练习

预备：两手相握，翻掌上举，左右分腿站立。

第一个8拍：1—2两臂转向左斜前方45°，同时体前屈；3—4两臂绕至正前方，体前屈；5—6两臂绕至右前方45°，体前屈；7—8继续向右绕至体侧屈。

第二个8拍：1—2继续环绕成体后屈；3—4继续环绕成右体侧屈；5—6两腿左右开立，两臂上举；7—8两臂还原成立正姿势（图9-2-9）。

图9-2-9　腰部绕环

4. 跪撑躯干波浪练习

预备：跪撑。

1—4 由腰、腹、胸、肩依次沿地面向前挺成俯撑；5—8 腰、胸、肩依次向前屈成跪撑，全身呈波浪起伏状（图 9-2-10）。

图 9-2-10　跪撑躯干波浪

5. 全身向前波浪练习

由屈膝半蹲，含胸低头开始，踝、膝、髋、腰、胸、颈、头依次向前挺出，两臂由前向后摆至上举（图 9-2-11）。

6. 全身向后波浪练习

两臂上举，上体后屈开始，从膝、髋、腰、胸、颈、头依次弯曲，向后拱起，两臂经后下摆至前上举（图 9-2-12）。

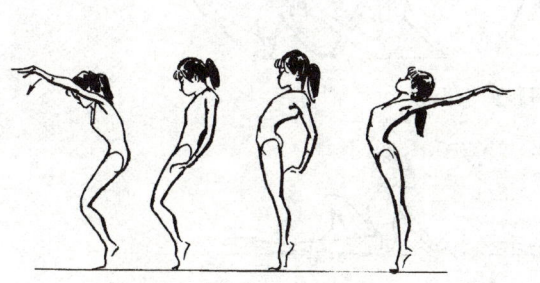

图 9-2-11　全身向前波浪　　　　　　　　图 9-2-12　全身向后波浪

（六）腿部的基本姿态与练习方法

腿部练习的主要任务是发展腿部的力度、立度、速度、稳度和开度等。

1. 坐地练习

坐地时，上体应保持正确的站立时的姿态，舒展挺拔，手臂伸直与肩同宽，在体后撑地，指尖向后，两腿并拢，直膝，绷脚。

（1）踝关节屈伸练习：1—2 屈（勾脚）；3—4 伸（绷脚）（图 9-2-13）。

（2）脚外展练习：1—2 外展；3—4 还原（图 9-2-14）。

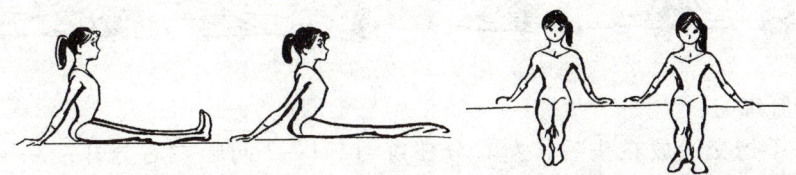

图 9-2-13　踝关节屈伸　　　　　图 9-2-14　脚外展

（3）举腿练习：1—2 左腿伸直举起；3—4 还原（图 9-2-15）；5—8 换另一腿做。

（4）屈伸练习：

第一个8拍：1—2屈右腿；3—4伸直右腿；5—8还原（图9-2-16）。

第二个8拍换另一腿做。

图9-2-15　举腿　　　　　　　　　图9-2-16　屈伸

（5）两腿依次屈伸练习：

第一个8拍：1—2屈右腿；3—4屈左腿；5—6右腿伸直举起；7—8左腿伸直举起（图9-2-17）。

第二个8拍：1—4屈左、右腿；5—6右腿伸直落地；7—8左腿伸直落地。

（6）直屈练习：1—2左腿举起；3—4屈左腿；5—6左腿伸直举起；7—8左腿落地还原（图9-2-18）。

图9-2-17　两腿依次屈伸

图9-2-18　直屈

（7）仰卧练习：

① 两手放在头下，左右分腿练习。1—2两腿左右分开；3—4两腿收回交叉（图9-2-19）。

② 两手放在头下，上下打腿练习。仰卧，两腿向上收起离地面45°。1—2左腿下打（脚不触及地面）；3—4右腿下打（脚不触及地面）。

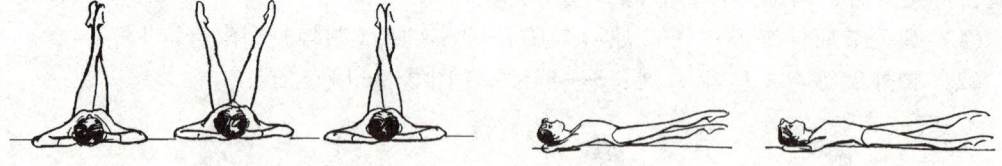

图9-2-19　仰卧

（8）俯卧练习：

① 两手手指交叉放在头后，左右分腿练习。1—2两腿左右分开；3—4两腿收回交叉。

② 两手手指交叉放在头后，上下打腿练习。俯卧，头和脚向上翘起，并腿。1—2左腿下打（脚背不触及地面）；3—4右腿下打（脚背不触及地面）（图9-2-20）。

图 9-2-20 俯卧

2. 扶把练习

扶把练习主要是增加腿部的力量和柔韧性，增强髋关节的灵活性，建立正确的动作姿态，帮助练习者提高身体的控制能力。

扶把的方法有两种：

双手扶把杆：练习者面对把杆站立，双手轻放在把杆上，不要抓把，手臂自然弯曲，肘关节下垂，双手扶把的距离与肩同宽，把杆的高度与练习者腰部齐平。

单手扶把：身体侧对把杆站立，一手轻放在把杆上，扶把的手在身体稍前一点，手臂不要靠在把杆上，身体离把杆约一脚距离。在做练习之前，腿的基本姿势为大腿外旋，脚背绷直、外展；向侧做动作时，膝关节、脚尖向上；向后做动作时，髋外开，脚外展。

（1）腿的基本部位练习：

① 摆（图 9-2-21）：

预备：自然站立，左手扶把，右手叉腰。

第一个 8 拍：1—6 右腿向前、后做钟摆式的摆动；7—8 右腿下落成自然站立。

第二个 8 拍：1—6 右腿向侧做钟摆式的摆动；7—8 右腿下落还原成自然站立。

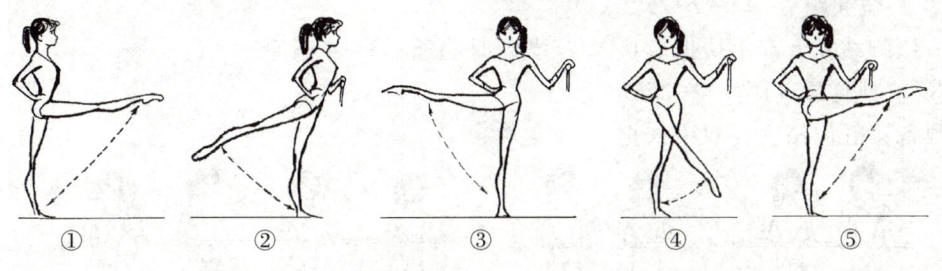

① ② ③ ④ ⑤

图 9-2-21 摆

② 举（图 9-2-22）：

预备：自然站立，左手扶把，右手叉腰。

第一个 8 拍：1—3 左脚站，右腿前举 45°；4 还原；5—7 右腿侧举 45°；8 还原。

第二个 8 拍：1—3 左脚站，右腿后举 45°；4 还原；5—7 右腿侧举 45°；8 还原。

③ 控（图 9-2-23）：

预备：五位脚站立，左手扶把。

第一个 8 拍：1—2 右腿屈，脚绷直贴于左腿膝关节处；3—6 右腿逐渐伸直，并控制在 90°上；7 直腿落下点地；8 还原。向侧、向后控腿的练习方法同上。

④ 压（图 9-2-24）：

将一腿放在一定的高度，向前压腿时身体向前屈，胸部要贴近大腿，向侧压腿时上体侧屈，体侧贴近大腿，向后压腿时，上体尽力后屈。

171

图 9-2-22 举

图 9-2-23 控

图 9-2-24 压

（2）起踵练习：主要是提高踝关节及小腿肌肉的力量和控制能力。

① 并步起踵（图 9-2-25①）：

预备：并步站立，双手扶把。

1—2 双脚起踵（腿脚夹紧）；3—4 还原。

② 一位起踵（图 9-2-25②）：

一位脚站立，双手扶把。1—2 双脚同时起踵；3—4 还原。

③ 单脚起踵（图 9-2-25③）：

预备：五位站立，双手扶把。

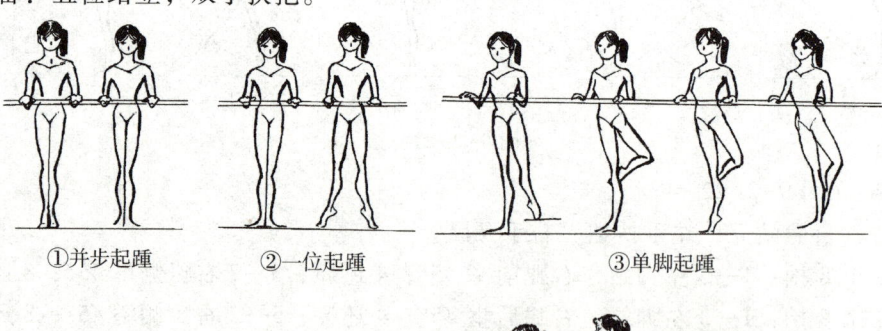

①并步起踵　　②一位起踵　　③单脚起踵

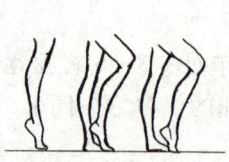

④两脚依次起踵

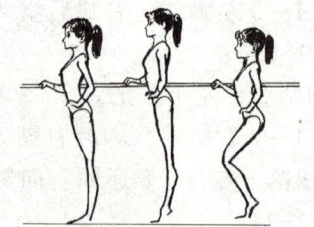

⑤并步起踵半蹲

图 9-2-25 起踵练习

172

第一个 8 拍：1—2 左腿向后擦出；3—4 左腿收回屈膝，脚内侧靠右腿的小腿肚上，开髋、膝关节外展。

第二个 8 拍：1—2 左脚起踵；3—4 还原。

④ 两脚依次起踵（图 9-2-25④）：

预备：并步起踵站立，双手扶把。

1—2 左脚用力下压至脚平放在地，同时右膝弯曲；3—4 两脚交换动作，交换时需经并步起踵。

⑤ 并步起踵半蹲（图 9-2-25⑤）：

预备：并步站立，右手扶把，左手叉腰。

1—4 起踵下蹲；3—4 双脚起踵；5—8 还原。

（3）擦地练习：主要是通过脚尖和前脚掌的擦地动作，训练踝关节的灵活性、柔韧性及脚背力量和控制能力。

① 一位擦地：

预备：面对把杆站立，双手扶把。

1—2 右脚向侧擦出至脚尖点地，脚跟用力向前，脚尖不离地；3—6 停止不动；7—8 收回一位，沿原路线从脚尖、前脚掌到全脚掌擦地放平，收回。

第二个 8 拍的动作同第一个 8 拍，方向相反。

② 五位擦地（图 9-2-26）：

预备：右脚前五位站立，左手扶把，左手一位。

1—4 右臂由一位经二位至七位。

第一个 8 拍：1 右脚向前擦出（脚尖与左脚跟成一直线）；2 右脚收回前五位（沿原路线收回）；3—8 重复 1—2 动作三次。

第二个 8 拍：1 右脚向侧擦出至点地；2 右脚收回前五位；3—4 同 1—2，但收回后五位；5—6 同 1—2；7—8 同 3—4。

第三个 8 拍：1—8 同第一个 8 拍，但向后擦地。向后擦地脚尖先行，脚尖与支撑腿脚跟成一直线，收回时脚跟先行。

第四个 8 拍：1—8 同第二个 8 拍，但先收后五位，再收前五位。

（4）下蹲练习：蹲是双腿屈伸的一种练习，可以增强膝踝、髋关节的灵活性、柔韧性和腿部肌肉的弹性，以及腿部的控制能力。做蹲的练习时，应保持上体正直，重心始终在垂直部位上。

① 一位蹲（图 9-2-27）：

预备：面向把杆，一位站立，双手扶把。

第一个 8 拍：1—4 半蹲（脚跟不离地，髋尽量打开）；5—8 起立。

第二个 8 拍：1—8 同第一个 8 拍 1—8。

第三个 8 拍：1—4 全蹲（脚跟逐渐提起，臀部接触脚跟）；5—8 起立。

第四个 8 拍：1—8 同第三个 8 拍 1—8。

注意：下蹲、起立时速度要缓慢均衡。

图 9-2-26　五位擦地　　　　　　　　　　图 9-2-27　一位蹲

② 一位、二位、五位蹲（图 9-2-28）：

预备：一位站立，左手扶把，右手一位。1—4 右臂由一位经二位至七位。

第一个 8 拍：1—4 半蹲；5—8 起立。

第二个 8 拍：1—4 全蹲；同时右臂由七位摆至一位；5—8 起立，同时手由一位经二位至七位，7—8 拍时右脚向侧擦出成二位。

第三个 8 拍：1—8 同第一个 8 拍 1—8。

第四个 8 拍：1—8 同第二个 8 拍 1—8，7—8 拍时右脚收回前五位。

第五个 8 拍：1—8 同第一个 8 拍 1—8。

图 9-2-28　一位、二位、五位蹲

第六个 8 拍：1—8 同第二个 8 拍 1—8，8 拍时手臂由七位还原至一位。

（5）小踢腿练习（图 9-2-29）：重点发展腿部的力量和速度。其要求是急速踢起，脆而有力，踢起角度为 25°。

预备：右脚前五位站立，左手扶把，右手一位。1—4 右手由一位经二位至七位。

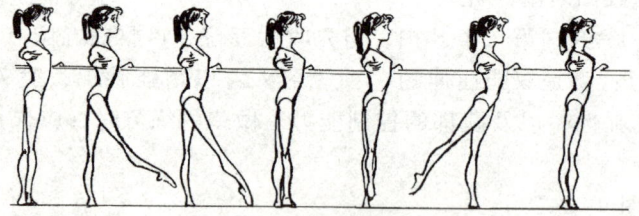

图 9-2-29　小踢腿

第一个 8 拍：1—2 右脚擦地至前踢 25°；3 右脚前点地；4 右脚经擦地收回前五位；5—8 同 1—4。

第二个 8 拍：1—8 同第一个 8 拍 1—8，只是腿向侧踢起，收腿时先收回前五位，再收回后五位。

第三个 8 拍；1—8 同第一个 8 拍 1—8，腿向后踢起。

第四个 8 拍：1—8 同第二个 8 拍 1—8，收腿时先收回后五位，再收回前五位。

（6）屈伸练习（图9-2-30）：重点练习腿部的柔韧性，主要是以膝关节为轴做小腿柔韧性的均衡屈伸。对膝关节、踝关节及大腿肌肉力量具有很好的锻炼价值。

图9-2-30　屈伸

右腿前五位站立，左手扶把，右手一位。1—2右手由一位至二位，3—4右腿向侧举起30°~60°，同时右臂七位。

第一个8拍：1—2左腿半蹲，右腿屈膝，脚贴于左小腿内侧；3—4左腿伸直，右腿以膝为轴向前伸出，5—8同1—4。

第二个8拍：1—8同第一个8拍1—8，腿向侧屈伸。

第三个8拍：1—8同第一个8拍1—8，腿向后屈伸。

第四个8拍：1—8同第二个8拍1—8。

熟练后可做支撑腿起踵的屈伸练习。

（七）脚的基本位置

形体训练中的脚位练习基本采用芭蕾的5个脚位练习（图9-2-31）。

（1）一位脚：两脚跟靠拢，脚尖向外转使两脚成一横线，重心在两脚上，两腿伸直。

（2）二位脚：同一位脚，但脚跟分开相距一脚，重心在两脚中间，两腿伸直。

（3）三位脚：两脚尖外开，脚跟相叠。

（4）四位脚：两脚平行前后分开，相距一脚，重心在两脚之间。

（5）五位脚：将四位脚靠拢，两脚重叠在一起，脚尖外开，两腿伸直靠紧。

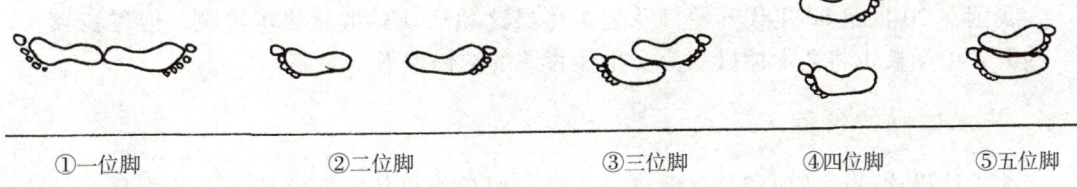

①一位脚　　　　②二位脚　　　　③三位脚　　　　④四位脚　　　　⑤五位脚

图9-2-31　脚的基本位置

五、形体美的评价

形体美应该是体型美、姿势美、动作美及风度美的高度结合。什么是体型美？长久以来，人们就在探索体型美的标准。古希腊人提出了人体各主要部分呈黄金分割比例，文艺复兴时期意大利著名画家达·芬奇提出了绘画中人体各部位的最佳比例关系，他认为，人的头长与胸背最厚处一样，是身高的八分之一；人的肩膀最宽处为身高的四分之一，平伸两臂原宽度等于身长；两腋的宽度与臀宽相同；乳部和肩胛骨在同一水平面上；大腿正面厚度等于脸宽；人跪下时高度减少四分之一，卧倒时剩九分之一等。也有人提出了女子的正常体型标准，认为女子的胸围、腰围、大腿围和小腿围之间的比例最好是 80：62：50：30；而且肩宽应超过骨盆宽，肩弓小于肩宽；体重、身高指数在 300~350 克/厘米。有人根据中国人的实际情况提出：骨盆发育正常，关节不粗大凸出；肌肉发达均匀，皮下脂肪适当；五官端正，与头配合协调，双肩对称（男宽女圆），脊柱正视垂直，侧视曲度正常，胸部隆起，正、背面略成"V"型。女性胸部轮廓丰满，有明显曲线；腰细而结实，微呈圆柱形，腹部扁平。男子腹部有肌肉隐现；臀部圆满适度，腿修长，大腿的曲线柔和，小腿腓肠肌稍突出，足弓高。这些都是理想化的体型标准，不是每个人都能具备的。因此，除体型美之外，人的姿势美、动作美也显得很重要。人在自己思想的支配下，有各种静态的姿势，有各种动态的动作，这些姿势和动作联合起来就构成了风度。稳健、优雅、端正的姿势，敏捷准确协调的动作等；或潇洒翩翩，或稳健持重，或举止文雅，或谈吐不俗，发展形成为人的风度。

第三节　艺术体操

一、简介

　　艺术体操为女子项目，分为集体赛和个人赛。比赛有绳、圈、球、棒、带 5 项，在边长 13 米的正方形场地上进行。由各种跳跃、舞蹈、抛接、平衡等动作组成。运动员成套动作在音乐伴奏下，在规定的时间（集体 2 分 15 秒~2 分 30 秒，个人 1 分 15 秒~1 分 30 秒）内完成。注重节奏、幅度、优美和艺术感染力。1963 年起，举办世界艺术体操锦标赛，有团体赛、个人全能赛和个人单项赛；在 1984 年洛杉矶奥运会上，艺术体操成为正式比赛项目，仅设个人全能赛；1996 年第 26 届奥运会增设团体比赛项目。艺术体操以它独有的魅力征服了整个世界。世界各国对此项目都很重视。

　　我国在 20 世纪 80 年代开始普及艺术体操这项运动。虽然起步较晚，但进步较快，一些大、中学校也将艺术体操列为女生体育课的选修课教学内容。

二、艺术体操的价值

　　艺术体操这一运动项目具有健身、欣赏、娱乐等价值。能够培养人的力量、灵巧、节奏感等素质，从心理和生理角度来看，更符合女子锻炼的要求，是深受现代女性欢迎的运动。

（一）健身价值

　　艺术体操动作自然、协调；并且能全面锻炼身体各个部位。因此，完全适合女性青少年的生理特点。通过经常练习艺术体操，可促进练习者骨骼、肌肉、内脏器官及神经系统等方面的正常发育和功能的发展，有助于养成正确的身体姿势及塑造出健美的形体，并可提高练习者的柔韧、协调、灵敏、力量等身体素质。

（二）欣赏价值

艺术体操是一项极具欣赏价值的运动项目。其动作优美，富于韵律性。通过练习可以培养和提高练习者对身体美、运动美、神态美、音乐美等的感受力。此外，在艺术体操表演或比赛中，运动员优美流畅的动作及富有表现力的表演，可给观众以美的感染，使其得到视觉与听觉上的享受。

（三）娱乐价值

随着物质生活的提高，人们对精神生活的要求也在不断提高。如何享受生活和善度余暇，已成为人们关注的问题。艺术体操作为一项雅俗共赏的体育项目，能满足广大女性朋友的要求。通过练习，身体能量能在和谐的韵律中得以释放，精神上也可获得快感，使练习者能够充分享受生活的乐趣。

三、艺术体操基本技术

（一）绳操

比赛用绳由麻或合成纤维制成，长度因人而异，两端无柄，可有一至两个小结。基本动作有各种摆动、绕环、过绳跳、抛接、转动等动作。

（二）圈操

比赛用圈由木料或塑料制成，重至少为 300 克，内径为 80~90 厘米，表面光滑或呈纹状。基本动作有摆动、绕环、滚动圈、抛接圈、旋转圈、翻转圈及圈中穿过、圈上越过等。本处主要介绍抛接圈和旋转圈。

1. 抛接圈

圈的抛接形式多种多样，可用单手或双手向不同的方向进行抛接。抛圈一般用手抛，也可用脚抛，主要通过摆动或转动将圈抛出。接圈可用手、脚或身体其他部位接。

2. 旋转圈

旋转圈指以圈的直径为纵轴（垂直轴）旋转圈的动作。可将圈放在地面上、手掌或绕手指完成旋转。要求旋转时轴心不移动位置，轴保持垂直。

（三）球操

比赛用球由橡胶或有同样弹性的合成材料制成，重至少为 400 克，直径为 18~20厘米。基本动作有拍、摆动、平衡、绕环、滚动、抛接等。本处主要介绍平衡和抛接。

1. 球平衡

球平衡指球在手掌、手背或身体某一部位保持静止的动作。

2. 抛接球

抛接球指用手、脚或身体其他部位在不同的面向不同方向抛接。抛球可以在原地进行，也可以在移动中进行。抛接球分高、中、低抛球。接球一般用单手接，也可用脚或身体其他部位接。

（四）棒操

比赛用棒由木料或合成材料制成，全长为 40~50 厘米，重为 150 克，分棒体、棒颈及棒头三部分，其中棒头直径在 3 厘米以内。基本动作有摆动、绕环、敲击、小五花、不对称动作、抛接棒等。本处主要介绍小五花、不对称动作和抛接棒。

1. 小五花

由一系列"8"字小绕环组成。两臂大前举、上举或下举等不同部位时两腕交叉靠拢，两棒依次不断地向相反方向做"8"字小绕环，形成五花动作，包括水平小五花和垂直小五花。

2. 不对称动作

两手各持一棒，同时完成两种不同类型或不同方向、不同空间、不同节奏的动作。如同时做一手摆动抛棒，另一手体侧垂直小绕环。

3. 抛接棒

有单棒抛、双棒抛及依次抛棒等形式多样的动作。棒在空中可以转动也可以不转动，可在垂直面上、水平面上或斜面上转动。分高、中、低抛棒。抛双棒形式有两棒同方向或不同方向抛，两棒相同轴或不同轴转动抛；可单手抛双棒，也可双手抛双棒。接棒时随翻转的棒顺势接住棒头。

（五）带操

比赛用带由带子、带棍和连接装置组成。带棍由木料或合成材料制成，长为50~60厘米，呈圆柱形或圆锥形，末端可缠胶带或防滑材料（长10厘米）。带子由缎子或其他纺织品制成，宽为4~6厘米，长至少为6米，重不少于35克。基本动作有摆动、绕环、螺形、蛇形、"8"字形和抛接带等。本处主要介绍螺形、蛇形、"8"字形和抛接带。

1. 螺形

螺形指利用持带棍的手腕做向内或向外的转动使带子出现一串圆环，形成螺旋状。包括水平螺形和垂直螺形。做螺形时要求手腕灵活，螺形圆环的直径应一样大小，螺形至少由5~6个圆环组成，并均匀地分布在整条带子上。

2. 蛇形

蛇形指利用持带棍的手腕做上下或左右的运动，使带子呈现波浪状，包括水平蛇形和垂直蛇形。做蛇形时要求手腕灵活、平稳，蛇形圆环的直径应一样大小，蛇形波浪至少出现5~6个浪峰，并均匀地分布在整条带子上。

3. "8"字形

"8"字形指利用持带的手腕做一次向内转动和一次向外转动，使带形成一个"8"字状，反复进行便形成了一串"8"字。做"8"字形动作时要求手腕灵活，两个圆的大小要一样，"8"字形要做得圆滑、清晰。

4. 抛接带

技术较为复杂。抛带时要利用摆动、绕环、绕"8"字等动作的惯性，或带棍的转动惯性将带抛出，使带子在空中呈抛物线或直线状，并有正确的落点。抛带可以持带棍直接抛出，或握带头在身体不同的面、不同的部位向不同方向抛出。接带可接带棍、带头，或接带尾拉回带棍，另一手接棍。

四、艺术体操赛事

（一）集体项目比赛

分集体全能赛和单套决赛。由5名运动员参加。集体全能赛包括相同器械和不同器械各一套。以两套动作得分之和决出集体全能名次和确定参加单套决赛的资格。单套决赛以一套动作决名次。每套动作规定时间为 2 分 15 秒~2 分 30 秒。

（二）个人项目比赛

包括第一种比赛（团体赛）、第二种比赛（个人全能赛）和第三种比赛（个人单项赛）。第一种比赛需在 4 样器械上完成 3 套动作，共 12 套，决出团体名次和确定个人参加第二、三种比赛的资格；第二种比赛要完成 4 项不同器械的动作，决出个人全能赛名次；第三种比赛完成一套动作，决出个人单项赛名次。每套动作规定时间为 1 分 15 秒~1 分 30 秒。

第四节　健美操和啦啦操

一、健美操

（一）简介

健美操是一项深受广大群众喜爱的，并且普及性极强，是集舞蹈、体操、音乐、健身、娱乐于一体的体育项目。它源于英文"aerobics"，意思是"有氧运动""有氧舞蹈"，又称为"有氧健美操"。它既是增进健康、培养良好体态、塑造美的形体、陶冶美的情操的一种有效手段，又是现代竞技运动项目之一。在 2017—2020 年健美操规则中，健美操定义为"在音乐伴奏下，能够表现连续、复杂、高强度健美操操化动作能力的运动项目。

现代健美操运动实际上是从 20 世纪 60 年代初开始兴起的，最早是由美国太空总署所设计的体能练习，医学博士库珀（Cooper）潜心研究有氧体操，并发表了《新有氧体操》和《有氧体操有利于大众》等著作，促使这一运动很快风靡世界，而库珀博士也因此被称为"健美操之父"。还有一位值得一提的代表人物是美国女电影明星简·方达，她根据自己的健身体会编写出版了《简·方达健身术》，并以自己所编的健美操动作及锻炼成效现身说法。

（二）分类

健美操的内容丰富，种类繁多，因此，关于健美操的分类也有不同的见解，根据参加者和运动本身的侧重点不同，可将其分为健身健美操和竞技健美操。

1. 健身健美操

健身健美操也称为大众健美操，是集健身、娱乐、防病为一体的群众性、普及性健身运动。健身健美操的主要目的在于健身，因此，其运动强度和动作难度相对较低，可为社会不同年龄、层次、性别、职业的人所选用。根据不同的需要，健身健美操还可从不同的角度进一步分类和命名。

（1）按年龄结构，可分为老年健美操、中年健美操、青年健美操、少年健美操、儿童健美操、幼儿健美操等。

（2）按人体解剖结构活动部位，可分为头颈健美操、肩部健美操、胸部健美操、臀部健美操、腹部健美操、髋部健美操、腿部健美操等。

（3）按练习的目的和任务，可分为热身健美操、姿态健美操、形体健美操、减肥健美操、节奏健美操、活力健美操、跑跳健美操、表演性健美操等。

（4）按练习形式，可分为徒手健美操、持轻器械健美操（哑铃、小杠铃、健身球、小球、彩球、花环、绳、橡皮筋、手鼓等）、专门器械健美操（垫上健美操、踏板健美操、水中健美操、健骑机健美操等）

（5）按人名、动作特色，可分为简·方达健美操、瑜伽健美操、迪斯科健美操、搏击健美操、拉丁健美操、爵士健美操、肚皮舞等。

2. 竞技健美操

竞技健美操是根据竞赛规则与规程的要求组编的一套具有较高艺术性、以比赛取得优异成绩为主要目的的健美操。竞技健美操只进行自编动作的比赛，有特定的比赛规则和评分方法，需完成一定难度的动作，对人体的心肺功能、身体素质、技术技能和艺术表现能力有较高要求。一般较适合于青年人，而且要接受专业的训练和指导。竞技健美操比赛共设 5 个项目：男子单人、女子单人、混合双人、混合三人、混合六人健美操。

（三）特点

1. 高度的艺术性

健身健美操同属健美体育的范畴，其艺术性主要体现在其"健、力、美"的项目特征上。健美操的动作多变、协调、流畅，具有节奏感和弹性，能充分体现青春和活力，能满足人们追求"健康、力量、美丽"的心理需求。在动作的内容和组合中，包含着高度的艺术性因素，使其不同于其他运动项目，这也正是人们热爱健美操运动的原因之一。

2. 强烈的节奏感

健美操动作具有强烈的节奏感特点，并通过音乐充分地表现出来，音乐是健美操运动不可缺少的组成部分。健美操音乐的特点是节奏强劲有力、旋律优美，具有烘托气氛、激发人们情绪的效应。健美操动作与音乐的协调，强烈的节奏效果使健美操健身锻炼练习更具有感染力。

3. 广泛的适应性

健美操练习形式多样，运动量可大可小、容易控制，对场地器材的要求不高，不同年龄、不同性别、不同身体素质、不同技术水平的人都能从健美操练习中找到适合自己的方式，都能从健美操练习中得到乐趣，因而具有广泛适应性的特点。

（四）健美操的功能

1. 增进健康美

"健康"即生理功能正常、无病理性改变和病态出现。但随着经济的发展和社会的进步，现代健康已不仅仅是生理意义上的"健康"，更需要兼备心理和行为的健康。一个具有"健康美"的人应该具备的身体素质是良好的心肺耐力、肌肉力量，以及平衡性、灵敏性和柔韧性。健美操不仅具有有氧运动的锻炼功效，且兼备提高身体素质的作用。因此，专家认为健美操是目前发展身体全面素质较为理想的运动。

2. 塑造形体美

良好的身体姿态是形成一个人气质风度的重要因素。健美操练习的动作要求和身体姿态要求与我们日常生活中的姿态要求基本一致，通过长期的健美操练习可改善不良的身体姿态，形成优美的体态，从而在日常生活中表现出一种良好的气质与修养，给人以朝气蓬勃、健康向上的感觉。健美操运动还可塑造健美的体型，弥补先天的体型缺陷，使人变得匀称健美；还可消除多余的脂肪，维持人体吸收与消耗的平衡，降低体重，保持健美的体型。

3. 缓解精神压力，娱乐身心

健美操以其动作优美，协调、全面锻炼身体，同时有节奏强烈的音乐伴奏为特点，是缓解精神压力的一剂良方。在轻松优美的健美操锻炼中，练习者可尽情享受健美操运动所带来的欢乐，得到内心的安宁，从而缓解精神压力，使人具有更强的活力和最佳的心态。

（五）基本动作和技术

健美操基本动作是构成健美操套路动作的基本元素，它包括基本步法和常用上肢动作两部分。

1. 基本步法

常用的健美操基本步法为以下 5 类：

（1）交替类：踏步、走步、一字步、V 字步、漫步、跑步。

（2）迈步类：并步、迈步点地、迈步吸腿、迈步后屈腿、侧交叉步。

（3）点地类：脚尖点地、脚跟点地。

（4）抬腿类：吸腿、摆腿、踢腿、弹踢腿（跳）、后屈腿（跳）。

（5）双腿类：并腿跳、分腿跳、开合跳、半蹲、弓步、提踵。

2. 常用上肢动作

上肢动作由手臂的自然摆动、力量练习，以及基本体操的徒手动作和舞蹈组成，随着健美操风格的不断丰富和更新，上肢动作变化越来越多，手型也越来越多样，除了开掌、并掌、花掌、拳，印度舞手型、兰花指等一些民族舞手型也逐渐被引用到健美操中来，其目的是丰富健美操动作内容，增强动作的美感（表 9-4-1）。

一字步

V 字步

表 9-4-1　上肢基本动作

屈臂 Bicep curl	伸臂 Tricep kickback
侧举 Lateral raise	前举 Front raise
低摆 Low row	上提 Upright row
胸前推 Chest press	下拉 Putdown
肩上推 Shoulder press	冲拳 Punch
绕 Scoop	绕环 Circle
摆动 Swing	交叉 Cross

（六）健美操基本技术

健美操基本技术包括落地技术、弹动技术、半蹲技术和身体控制技术。

181

1. 落地技术

落地技术主要是指落地缓冲技术。落地缓冲的主要目的是使身体尽可能地保持稳定，同时减少地面对关节、肌肉的冲击力，以避免造成运动损伤。健美操的落地技术为：落地时，由脚跟过渡到全脚掌或由前脚掌过渡到全脚掌，然后迅速屈膝、屈髋缓冲。

2. 弹动技术

弹动技术主要依靠踝关节、膝关节、髋关节的屈伸来完成，它的主要作用是减少运动对关节的冲击力，从而减少运动对人体造成的损伤。值得注意的是，在屈伸的过程之中，腿部的肌肉要协调用力才能有效地防止损伤与产生流畅的弹动动作。

3. 半蹲技术

半蹲时，身体重心下降，臀部向后下 45°方向用力，膝关节不应超过脚尖，腰腹、臀部和大腿肌肉收缩，上体保持正直，重心在两腿之间，起落要有控制。分腿半蹲时，应特别注意膝关节弯曲的方向要与脚尖的方向一致，避免脚尖或膝关节内扣或过度外开，避免膝关节角度小于 90°。

4. 身体控制技术

在整个非特殊条件下的运动过程中，身体应该保持自然挺拔，颈椎、胸椎、腰椎处于正常生理曲线的位置，并始终保持腰腹和背部肌肉收缩，避免因腰腹部位的摆动和无控制而可能引起的腰部损伤。四肢的位置避免"过伸"。健美操练习过程中的身体姿态取决于肌肉用力的感觉和程度，总的动作感觉应是有控制，但不僵硬，松弛而不松懈。

二、啦啦操

啦啦操原名 cheer leading。其中，cheer 部分有振奋精神，提振士气的意思。啦啦操来源于早期部落社会的仪式。为激励外出打仗或打猎的战士们，他们通常会举行一种仪式，仪式中有族人欢呼、手舞足蹈的表演来鼓励战士，希望能凯旋。啦啦操是体育运动中的一个新兴项目，起源于美国，遍布美国的 NBA、橄榄球、棒球、游泳、田径、摔跤等比赛现场，至今已经有 100 多年的历史。最初为美式足球呐喊助威的活动，发展到现在成为世界范围内的一项体育运动。1998 年，中国大学生篮球联赛（CUBA）诞生，为其加油呐喊的啦啦操表演应运而生，充满青春活力的啦啦操表演深受我国观众的喜爱。

啦啦操运动依据展示场所来划分，包括场地啦啦操和看台啦啦操两大类。场地啦啦操是指在音乐的衬托下，通过运动员场地内完成高超的啦啦操特殊运动技巧并结合各种舞蹈动作，集中体现青春活力、健康向上的团队精神，并追求最高团队荣誉感的一项体育运动；而看台啦啦操是队员借助服装、道具、口号、指挥等元素的综合作用效果在看台上进行的展示与表演，也泛指观看比赛时，观众席上的一系列有组织的呐喊助威活动。现代啦啦操以团队的形式出现，并结合舞蹈（dance）、口号（cheer）、舞伴特技，是指托举的难度动作（partner stunts）、技巧（tumbling）、轿子抛（basket toss）、叠罗汉（pyramid）、跳跃（jump）等动作技术，配合音乐、服装、队形变化及标示物品（如彩球、口号板、喇叭与旗帜）等要素，遵守比赛规则中对性别、人数、时间、安全等规定进行比赛的运动，称之为竞技啦啦操队。竞技啦啦队分为技巧啦啦队和舞蹈啦啦队。其中，技巧啦啦队包括男女混合组（Mixed）、全女子组（All-Female）和舞伴特技（Partner stunts）；舞蹈啦啦队又包括花球（Pom）、高踢腿（High kick）、爵士（Jazz）和道具（Prop）4个组别。代表世界啦啦操最高水平的全美啦啦操队锦标赛的参赛标准是队伍人数要在6~32人，分为4个组别进行比赛，分别是业余组、中学组、大学组和全明星组。

啦啦操中的手型有多种，是从芭蕾舞、现代舞、迪斯科、武术中吸收和发展的。

（1）并拢式：五指伸直，相互并拢。大拇指微屈，指关节贴于食指旁。

（2）分开式：五指用力伸直，充分张开。

（3）芭蕾手式：五指微屈，后三指并拢、稍内收，拇指内扣。

（4）拳式：握拳，拇指在外，指关节弯曲，紧贴于食指和中指。

（5）立掌式：五指伸直，手掌用力上翘。

（6）西班牙舞手式：五指用力，小指、无名指、中指自掌指关节处依次屈，拇指稍内扣。

第五节　技巧运动

技巧运动是体操运动中竞技性项目的一种。比赛项目分为男子双人、女子双人、混合双人、女子三人、男子四人5项。运动员在规定的场地上做各种翻腾、倒立、平衡、抛接、造型及舞蹈等动作。比赛有规定动作和自选动作。1973年成立国际技巧联合会。1998年并入国际体操联合会。

一、术语

1. 上面人

在集体项目中，指最上面做动作的运动员；在双人项目中，则指在上面做动作的运动员。

2. 中间人

女子三人、男子4人比赛项目成员之一。女子三人指三人上下重叠时，位于下面人之上、上面人之下的运动员。男子4人指4人上下重叠时，位于下面人之上的称"第一中间人"，位于第一中间人之上、上面人之下的称"第二中间人"。

3. 下面人

下面人指双人和集体项目中，在最下面做运动的运动员。

4. 立柱

集体比赛项目动作之一。运动员逐一站在下面一个人肩上，上面人在组成的架子上完成各种平衡或倒立的罗汉造型动作。

5. 半立柱

集体比赛项目动作之一。运动员站在下面人半蹲的大腿上，上面人在组成的架子上完成各种平衡或倒立的罗汉造型动作。

6. 轿

集体比赛项目抛接动作握手方法之一。两人相向而立，各自手背向上，一手自握手腕，另一手握对方手腕，搭成"井"字形，称为"两人轿"。比赛时，将轿上运动员抛至空中完成各种动作。还有"三人轿"。

7. 男子双人

由两名男运动员配合。分别为上面人和下面人。比赛在 12 米见方的特制弹板上进行。预赛中运动员应完成一套平衡动作和一套动力性动作。单套决赛为预赛各套前六名参加。全能决赛为联合套路比赛。每套动作套路时间不得超过 2 分 30 秒。每套动作必须有音乐伴奏。

8. 女子双人

由两名女子运动员配合。分别为上面人和下面人。比赛场地、竞赛程序、动作套路的时间规定等同男子双人赛。

9. 混合双人

由男女各一名运动员配对参赛。上面人为女运动员，下面人为男运动员。比赛场地、竞赛程序、动作套路的时间规定等同男子双人赛。

10. 女子三人

由三名女运动员组成，分别为上面人、中间人和下面人。比赛场地、竞赛程序、动作套路的时间规定等同男子双人赛。

11. 男子四人

由 4 名男运动员组成，分别为上面人、第一中间人、第二中间人和下面人。比赛场地、竞赛程序、动作套路的时间规定等同男子双人赛。

12. 罗汉造型

罗汉造型亦称"叠罗汉"。运动员集体组成具有一定结构和难度的图形。所有罗汉造型的最终图形都要静止一定的时间。

13. 毯子功（单人跳跃）

花样繁多，技术复杂，难度大，充分体现了滚、翻、跌、扑的惊险、独特、新颖，从最简单的滚翻动作到难度较大的翻腾动作组成，但不论是属于哪种类型的翻转动作，都得围绕身体的纵、横轴来进行。毯子功应达到"高、轻、飘、帅"的翻腾要求（"高"指翻腾的高度；"轻"指翻腾落地轻；"飘"指翻腾的灵巧、舒展、优美；"帅"指翻腾的速度快、漂亮），它是现代技巧运动习练者必须掌握的功法。

二、毯子功（单人跳跃）技术

（一）滚翻

滚翻指躯干依次接触地面或器械，并经头部翻转的动作。按动作方向，可分向前和向后两种；按身体的姿态，有团身、屈体、直体等动作。

1. 前滚翻（前毛）

蹲撑脚跟提起，低头，重心前移，屈臂，提臀，两脚蹬地，团身前滚，头的后部、颈、背、臀依次着垫。当背部着地时，屈膝团身，两手抱小腿，上体迅速紧跟大腿，向前滚动成蹲的姿势（图9-5-1）。

2. 后滚翻（倒毛）

由蹲撑姿势开始，身体稍向前移，随即两手推地，使身体迅速向后移，接着低头、团身向后滚动，同时两手放在肩上，手指向后，掌心向上，使臀部、腰部和背部依次着地。当向后滚动至肩和头部着地时，两手迅速用力推地，抬头，两脚着地成蹲撑姿势（图9-5-2）。

图9-5-1 前滚翻（前毛）   图9-5-2 后滚翻（倒毛）

（二）手翻

1. 虎跳（侧手翻）（图9-5-3）

虎跳是向侧面翻转的手翻筋斗，它是毯子功中最基本、最重要的技巧项目之一。它可以单独使用，也可以连翻成串虎跳，虎跳主要用作挂翻或连接其他筋斗。虎跳质量好坏，姿势正确与否关系到筋斗翻腾的高度。虎跳动作应优美、轻盈、舒展。每天练习，有利于身体素质的提高，可培养四肢的协调性和灵活性，增强手臂和腰腿的力量。

图9-5-3 虎跳（侧手翻）

虽然虎跳和蹑子、跺子都是挂翻技巧，但必须是在学会了虎跳之后，才能开始练习蹑子和跺子。这个过程是不能颠倒的。

（1）重心前移，上体前俯，两手向前下方伸出，两眼看手，待双手过膝时变手，左、右手依次按地，两手间的距离仍与肩同宽，前腿稍屈。

（2）左脚蹬地，右腿向后上方摆起时，左腿也相继摆起，转肩转头，成分腿倒立式，立腰、直髋、绷膝、绷脚面，头自然抬起。

（3）右脚落地，脚尖朝向右手，左、右手依次推地，立腰，左脚下落，同时蹑右脚掌、脚尖朝前，向左转体90°，左脚打腿落地，与右脚取齐。两手夹耳在前上方做剪刀动作。

2. 加官（前手翻）（图9-5-4）

（1）向前俯身，左脚蹬地，右腿上摆，手扶地时含胸，两臂前伸，肩要充分拉开。

（2）接着由肩、腕用力做短促有力的顶肩推手动作，使身体向上腾空，腾空后两腿并靠、梗头、立腰。

（3）翻转后用前脚掌着地，臀部夹紧，两臂夹耳落地。

图 9-5-4　加官（前手翻）

3. 叠肩（屈伸起）（图 9-5-5）

（1）眼看两手，提气，身体下蹲。

（2）躺身，臀先着地，然后梗头、后躺，使脊背再顺序着地，两腿并拢上举，腿直，绷脚，两手上按。

（3）肩背着地后，两手按于头两侧，指尖向肩，两腿并拢上伸，立腰。

（4）两腿放稳后，立即推手、梗头、碰腹，猛力向臀处打（掖）。脚掌着地，立腰，提气，扣胸，起身，眼看两手。

（5）站稳后，眼看两手，起身。

图 9-5-5　叠肩（屈伸起）

4. 案头（头手翻）（图 9-5-6）

（1）体前屈，用手和头前上额撑地（头与双手要成三角形）。双脚同时蹬地，纵腰，两腿并拢提起，成屈体倒立式。

（2）重心前移，当臀部刚刚移过垂直面时，两腿用力向前上方伸展，两手用力推地，同时双腿用力蹬地，使身体腾空。

（3）两脚将着地时双腿并拢，挺身，以脚掌着地。

图 9-5-6　案头（头手翻）

186

（三）腾跃

1. 旋子（图 9-5-7）

（1）身立正，目视前方，两臂下垂，两脚略分开。

（2）两脚宽度约 0.5 米，两臂平伸于两侧，手心外张，高低与肩齐，立腰，准备过翻。

（3）上身及头略向左拧转，右臂向左肩处靠拢，手掌向下，两臂伸直。

（4）两手、上身及头再向右手处（身右）拧转，手掌向下，准备蹲腿蹬劲起身。

（5）向右拧转后，立即蹲腿蹬劲，两臂分开于头两侧，面向左，猛力腆胸，提气，立腰，身子迅速向左上方旋起，右腿先起，绷脚，腿伸直。

（6）右腿甩起后，左腿急起，腿直，绷脚，两臂伸开成椭圆形，头向左回，眼回看，提气，立腰，向上长身。

（7）身子腾空旋起后，手脚要四面伸开，上身与头用力上抬，右腿猛力向远上方甩，左腿紧随右腿上（盖）甩，使身子两头翘起，腰部略弯，提气，准备轻轻着地。

（8）串旋子时，身子旋空，两脚落地，注意提气、立腰，脚一着地，立即用脚蹬劲，向上纵身，随后与图 9-5-6 的姿势相接。

（9）身子在空中旋转一圈后，右脚先着地，然后左脚再着地，上身随左腿旋至前方（原来面向），身体向前微倾，两臂仍伸开于两侧。脚落地时，提气、立腰，还原于起时姿势。立稳后，恢复原位。

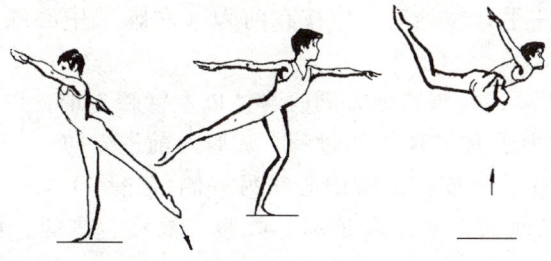

图 9-5-7　旋子

2. 单蛮子（侧空翻）（图 9-5-8）

（1）准备姿势：准备跑步过翻。

（2）左脚先迈，向前跑到几步，仍落在左脚上，带动趋步，蹬劲过翻。

（3）左脚掌蹬劲，提气，立腰，两臂后拎，挺胸，起身。

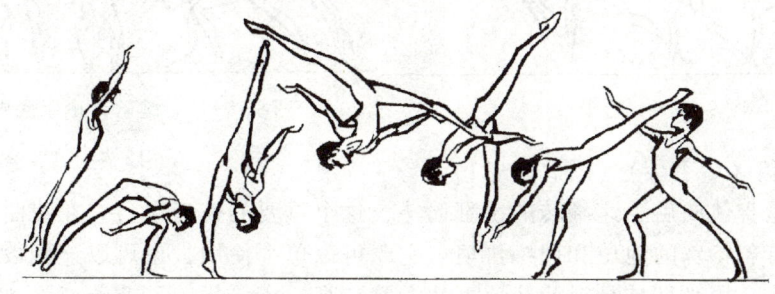

图 9-5-8　单蛮子（侧空翻）

187

（4）左脚一蹬劲，右脚迅速向头后猛力上甩，腿直，绷脚，提气，立腰，挺胸上起，缩紧下颌。

（5）右腿甩起后，左腿迅速上随，全身迅速侧斜，提气，立腰，两臂猛力向两侧上拎，使全身腾起，两腿分开。

（6）右脚先落，身子随之拧变，挺胸，脚掌轻轻落地。

（7）左脚急随右脚下落，使全身翻转立正，两臂上抬，提气，腰部撑劲。立稳后，恢复原位。

三、翻腾技术

（一）单筋斗（单个动作）

1. 趋步（图 9-5-9）

趋步也称为箭步，是筋斗起翻前的助力动作。趋步动作要像箭离弦那样迅速有力，这直接关系到筋斗的完成质量，应作为练习重点。趋步可一步完成，亦可加助跑完成。

（1）先迈左脚前上一步，右脚再上一步，两臂迅速摆至身后。

（2）两臂由后前摆伸出，上体前倾，两眼平视。左脚急向前趋，右脚尖趋向左脚跟，长腰向前做快速起跳。

2. 躜子（侧手翻内转 90°）（图 9-5-10）

（1）趋步，俯身向前，两手下按变手（右手在前，左手在后交叉）。

（2）第一只手（左手）按地时，应按在前脚（左脚）中心线的异侧，手外转，手指朝向前进的相反方向。

（3）摆右腿（向后），左脚蹬地，同时身体以左臂膀为轴，以头、肩带动转体（变身）。在空中快并腿，力求有"顶"的过程，成腹对前进方向。

（4）第二只手（右手）按在前脚中心线另一侧，齐平于第一只手，撑地时臂膀微屈，按着两手猛力推离地面，紧接着顶肩、收腹、提腰、贯腿，同时抬臂、立腰起上身，两脚落地。

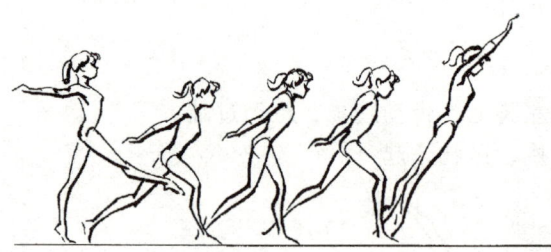

图 9-5-9　趋步

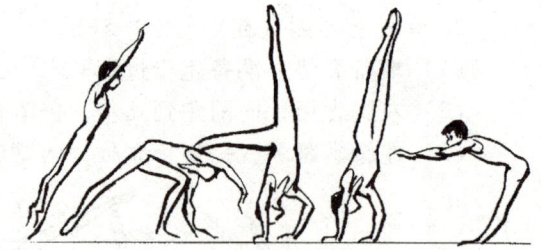

图 9-5-10　躜子（侧手翻内转 90°）

3. 单小翻（后手翻）（图 9-5-11）

单小翻是身体向后急速翻转的手翻筋斗，这个重要的技巧项目，在戏曲、舞蹈、体操、技巧中有着特殊的地位和训练价值。它既可以单个使用，也可以连翻数个，还可以挂翻多种筋斗。用小翻挂翻得筋斗速度快、腾空高，姿势优美，节奏感强。

（1）上体前屈，两臂下摆，重心稍有后移。

（2）两臂用力夹耳后甩（上体同时后甩），挑腰，挑髋，两眼看手，两脚蹬地并绷直双腿随之甩起。

（3）两手前伸撑地，身体经倒立后立即顶肩、推手、提腰、屈髋、勾脚尖，两腿迅速前贯，同时立腰、含胸、抬臂起立。

图 9-5-11　单小翻（后手翻）

4. 单提（原地后空翻）（图 9-5-12）

（1）双腿稍下蹲，然后两脚用力蹬地向上跳起，两臂向前上方领起（至耳根处），两臂与肩同宽，手心相对，五指并拢。上领时，肩上提，梗头，含胸，提气，立腰，两眼看手，身体伸直腾空。

（2）迅速翻臀，提膝靠胸，两手用力抱紧两脚腕处，勾脚尖，两脚和两腿间约有10厘米的距离，团身向后空翻。

（3）当身体翻转至3/4周时，撒腿带臂，两腿伸直下垂，两头抻，提气，以脚掌先着地。落地后两臂前上举，手心相对，两眼看手。

图 9-5-12　单提（原地后空翻）

（二）长筋斗（串筋斗）

1. 虎跳前扑（侧手翻接团身前空翻）（图 9-5-13）

虎跳前扑要求做到"上下一条线，空中一个蛋"。练习者能独立完成虎跳前扑之后，就可以练习串虎跳前扑。串虎跳动作难度很高，主要应掌握好前扑撒腿的时间和撒腿动作。

图 9-5-13　虎跳前扑（侧手翻接团身前空翻）

做虎跳时，要求急快有力，打身的同时左脚用力上点，刀手、梗头、含胸，使身体充分腾空，然后卷腰、提背、提臀、吸腿，完成前扑动作。

2. 蹴子出场（侧手翻内转90°接团身后空翻）（图9-5-14）

这是空翻蹴子连接空翻类动作的典型动作。除了空翻蹴子要做好，关键还在于团身后空翻的技术要领要正确。

蹴子跳起，同时向上领臂、立腰、梗头、提气，迅速屈腰抱腿，积极翻臀，当空翻至3/4时，主动伸腿展体，臂上举准备落地。

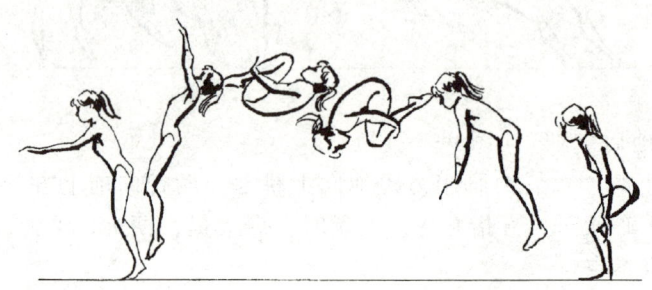

图9-5-14　蹴子出场（侧手翻内转90°接团身后空翻）

3. 蹴子撅腰（侧手翻内转接直体空翻）（图9-5-15）

用蹴子挂翻撅腰，叫蹴子"撅腰"，也叫"撅腰提"。蹴子"撅腰"的成串挂翻叫"甩脆"，在蹴子后面挂翻一串撅腰。翻甩脆时，蹴了不能远踹，像蹴小翻一样快速后甩，挑胸，挑髋，双腿依次着地，保持身体平衡。

做蹴子时，像翻蹴子直体一样起翻，但速度要快，有力量，起翻后身体伸直完成"撅腰"。

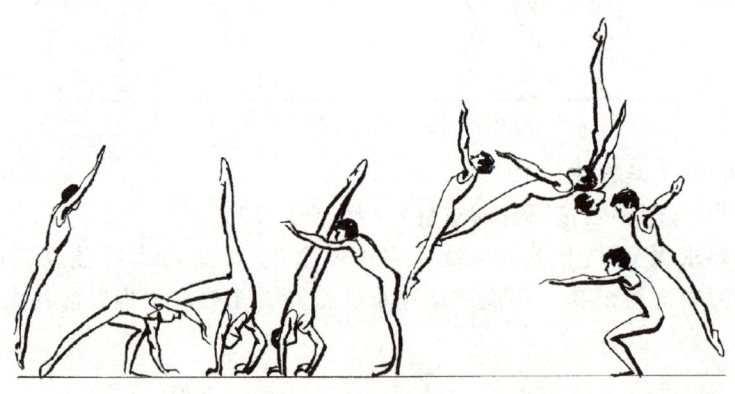

图9-5-15　蹴子撅腰（侧手翻内转接直体空翻）

第六节　竞技体操

竞技体操，这个富有魅力的体育项目，当被人类从一般的健身活动中提炼出来，成为正式的竞技运动项目时，就以极其浓厚的审美趣味，满足着人们的心灵需求。因为它是以展示人的形态和动作，表达人的情感和意绪为特征的，所以它跟田径和球类相比，更突出的表现就在于它的艺术性。

一、单杠

经常从事单杠练习，能发展上肢、肩带、腹背肌肉的力量和柔韧性，提高身体的协调性，培养勇敢、果断、顽强的意志品质。为低单杠设计的动作，主要包括屈伸、回环、转体、腾跃等。由于动作多在支撑状态下完成，难度比较低，练习者可选择由单个动作组合的成套动作进行练习。

（一）单个动作

1. 跳上成支撑

直臂正握，双脚蹬地用力跳上成支撑使腹部靠杠，同时抬头、挺胸保持身体平衡（图9-6-1）。

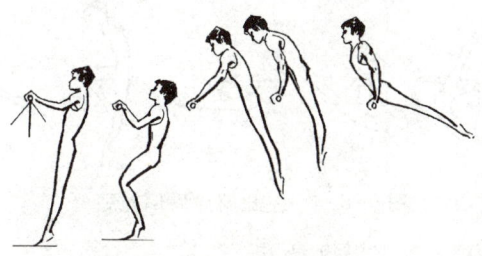

图 9-6-1 跳上成支撑

2. 翻上成支撑

直臂正握、屈臂拉杠，单腿摆动，倒肩、并腿引体，用力使腹部靠杠，同时抬头、翻腕、挺胸成直臂支撑（图9-6-2）。

3. 单腿摆越成骑撑

低杠成支撑，然后顶肩、移动重心，一手及时推杠，同侧腿摆越过杠成骑撑。做此练习时，保护者站在一侧，双手扶练习者上臂，以保持平衡（图9-6-3）。

图 9-6-2 翻上成支撑　　　　　　图 9-6-3 单腿摆越成骑撑

4. 骑撑前回环

由反握、右腿骑撑开始，两臂伸直顶肩撑杠，身体重心前移，同时右腿向前跨出，左大腿前部靠杠，上体挺直迅速前倒。当上体回环至杠后水平部位时，左腿继续后摆。上体立腰，两臂伸直压杠，翻腕成骑撑（图9-6-4）。

图 9-6-4 骑撑前回环

5. 左腿骑撑后倒挂膝上

两臂伸直撑杠，上体后倒，右腿后下伸，左腿屈膝挂杠，接着上体后倒挂膝悬垂前摆，右腿向前上方伸腿送髋，至杠水平面时前伸制动。回摆时右腿伸直后摆，当臀部过杠下垂直部位时，迅速屈左腿挂杠，右腿加速后摆，同时两臂用力压杠，跟上体，翻腕上成骑撑（图9-6-5）。

图 9-6-5 左腿骑撑后倒挂膝上

6. 后腿向前转体 180°，成支撑挺身下

右腿骑撑开始，上体重心右移，左手推杠同时向右转体 180° 成支撑，然后挺身下。

（二）动作组合

翻上成支撑→单腿摆越成骑撑→骑撑前回环→后腿前摆转体 180° 成支撑挺身下。

二、支撑跳跃

支撑跳跃练习，可以发展学生肌肉力量、速度、灵巧和动作的准确性，以及空间的定向能力，同时还可以培养学生勇敢、果断和沉着等意志品质。

（一）基本技术

（1）助跑：为了获得水平速度并为上板踏跳创造条件，要求助跑应正确。

（2）上板：为了保持助跑发挥出水平速度，上板距离为 2～2.5 米，上板高度为 10～15 厘米。上板的摆臂以双臂后引技术可使脚赶在重心投影线之前产生制动力，获得有利的蹬地角度和垂直速度。上板方法以制动性大的搓板技术为好。

（3）踏跳：正确踏跳可使从助跑中获得的水平速度变为上升速度，而由这两种速度构成的腾起初速度和起跳角，决定了身体总重心腾空抛物线的轨迹。踏跳用全脚掌踏板发力，两脚平行找板，宽度为 10 厘米。起跳中的膝关节缓冲角度为 130° 左右，两臂快速向前摆。

（4）第一腾空：踏跳后进入腾空，身体重心的抛物线已不能改变，只能通过内力改变身体的姿势，腾空的技术要求是出手早、摆腿早、伸臂入撑早，最后用力顶肩。

（5）推手：用肩臂等肌群收缩的强度、速度和入撑角的制约与肩角变化的合理性，就能使身体腾得又高又远。

（二）基本方法

1. 分腿腾跃

起跳后领臂含胸使上体稍前倾，接着两臂前伸，两腿积极后摆，撑马顶肩，推手分腿，压腿制动，抬头并腿前伸落地。臂部不低于肩轴，推手瞬间分腿（图9-6-6）。

2. 屈腿腾跃

助跑起跳，两臂前伸撑马。同时提臀屈髋，两臂引向胸部，推手后起肩、梗头、立腰，接着两腿向下伸直落地。屈腿要晚，第二腾空有明显屈腿和伸腿挺身动作（图9-6-7）。

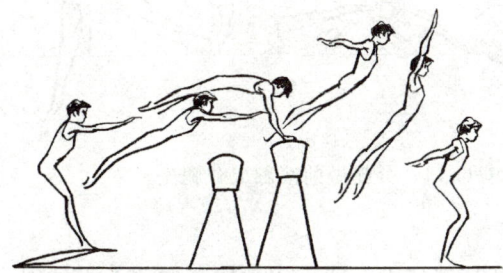
图 9-6-6　分腿腾跃

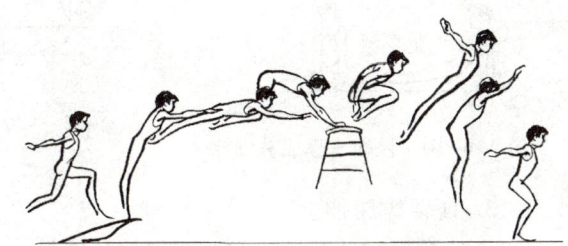
图 9-6-7　屈腿腾跃

3. 屈体腾跃

助跑起跳后两臂前伸撑马，同时提臀屈髋，直腿前伸，推手后、起肩、梗头、立腰，紧接完成伸展动作落地，直腿屈伸，推手后展髋挺身明显（图9-6-8）。

4. 纵马（跳箱）分腿腾跃

助跑踏跳，两臂前伸，两腿后摆。撑马时身体与跳马水平面的夹角为20°~30°，积极顶肩和用掌根推手。同时分腿并下压制动腿，抬上体，梗头，紧腰，腿后伸，空中保持挺身姿势，然后缓冲落地。后摆腿高于肩，身体始终保持挺身姿势（图9-6-9）。

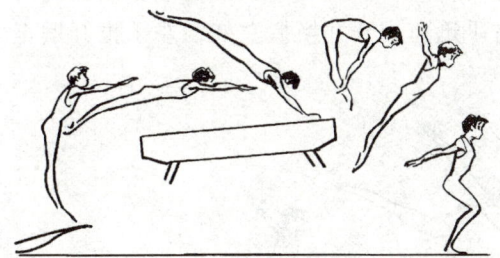
图 9-6-8　屈体腾跃

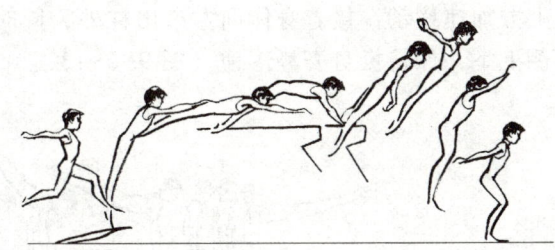
图 9-6-9　纵马（跳箱）分腿腾跃

三、双杠

利用双杠可以使身体在支撑、悬垂状态，完成摆动、屈伸、转体、滚翻、回环等动作。双杠练习可以发展学生上肢、躯干和肩带肌群的力量和柔韧性，提高身体的灵敏和协调性。

（一）单个动作

1. 杠端支撑成分腿坐

杠端跳起支撑，两腿顺势向前举起，当超过杠面后迅速分腿，以大腿内侧做杠成分腿坐，挺直身体（图9-6-10）。

2. 分腿做前滚翻成分腿坐

由分腿坐开始，两手靠近大腿撑杠，上体前倒，顺势提臀、屈臂、低头，团身。当臀部前移过垂直部位时，两手迅速向前握杠。臀部接近杠面时，两腿分开用大腿内侧压杠，两臂撑起，上体成分腿坐（图9-6-11）。

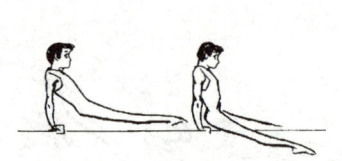

图9-6-10　杠端支撑成分腿坐

图9-6-11　分腿做前滚翻成分腿坐

3. 挂臂撑屈伸上

由挂臂撑摆动开始，前摆成屈体挂臂撑，臀部高出杠面，然后用力快速向前上方伸腿展髋，接着立即制动腿，同时两臂用力压杠，上体向上急振起肩成支撑（图9-6-12）。

图9-6-12　挂臂撑屈伸上

4. 支撑后摆挺身下

由支撑前摆开始，身体后摆过杠下垂直部位后，两臂伸直顶肩，两腿顺势用力向后上方加速摆动，接着身体向左移出杠外，同时右手迅速推开并换握左杠，左手推开摆至侧上举，保持挺身姿势落地（图9-6-13）。

图9-6-13　支撑后摆挺身下

（二）动作组合

杠端支撑成分腿坐→支撑前滚翻成分腿坐→支撑后摆挺身下。

四、高单杠

高单杠的动作，相对来说难度比较高，主要有摆动、转体、回环等。在此，选择比较容易掌握的单个或组合动作进行介绍，此类动作需在有保护的情况下进行练习。

（一）单个动作

1. 慢翻上成支撑（亦称卷上）

由正握悬垂开始，屈臂引体向上，同时屈髋、头后仰、两腿从杠后方向伸出，使身体从杠上翻过成支撑（图9-6-14）。

2. 弧形下

由悬垂开始，摆动，身体保持挺直，然后向前挺身，使身体形成抛物线，完成弧形下（图9-6-15）。

图9-6-14　慢翻上成支撑　　　　　　　　　　图9-6-15　弧形下

（二）动作组合

正握悬垂翻上成支撑→支撑摆越成骑撑→转体180°支撑→后倒摆动弧形下。

思　考　题

1. 操舞类运动对人的意志品质培养如何体现？
2. 你进行操舞类运动的最大收获是什么？
3. 请写下你对形体练习或健美操练习的感受。
4. 举例说明操舞类运动审美的心理过程。

第十章
游泳运动

第一节　游泳运动简介

　　游泳是凭借人自我支撑力和推进力在水里游动的运动，是水上竞技运动之一。游泳的姿势大多模仿某些动物的动作，如蛙泳、蝶泳、蹼泳等。

一、概述

　　游泳是人类最古老的体育活动之一，起源于远古时代。居住在江、河、湖、海一带的远古祖先们为了生存，需在水中捕猎鱼类等食物，通过观察和模仿鱼、蛙等动物的动作，他们逐渐学会了游泳。

　　我国最早的诗歌集《诗经》中就有描写游泳的诗句："就其深矣，方之舟之；就其浅矣，泳之游之。"军事文献《六韬》载："奇技者，所以越深水，渡江河也。"考古出土的"战国宴乐渔猎攻战纹铜壶"（现藏于故宫博物院），壶体绘有战船上士兵搏斗和水中持有兵器的战士在水中游泳的场景。敦煌莫高窟北魏、隋代和唐时期的洞窟壁画中均绘有形象生动的游泳场面。另外，古埃及考古学者发现，在出土的原始时期的陶器上就绘有人潜在水中捕捉水鸟的场景。

　　现代游泳运动起源于英国。17世纪中叶，英国许多地区广泛开展了游泳活动。20世纪初，出现了游泳比赛间歇时的水中表演项目，即现代的花样游泳。1828年，英国在利物浦码头修造了第一个室内游泳池，之后在英国各大城市相继出现了游泳池。1837年，在英国伦敦成立了世界上第一个游泳组织，同时举办了游泳比赛。1869年，英国成立了大城市游泳俱乐部联合会（现英国业余游泳协会前身）。1896年，男子游泳被列为奥运会竞赛项目。1912年，女子游泳被列为奥运会竞赛项目。自1900年开始，相继出现了仰泳、蛙泳。1956年，又出现了蝶泳，从此游泳运动分为4种姿势。今天，游泳已成为令人瞩目的大项之一，奥运会的游泳比赛发展到35个小项。国际游泳联合会从1937年开始，每四年举行一次世界游泳锦标赛，每两年举行一次世界杯游泳比赛。

　　当今世界，欧美国家的游泳实力处于领先地位。中华人民共和国成立后，全民游泳活动迅速普及，技术水平不断提高，我国运动员不畏强手、勇于进取，为祖国争得了荣誉。从1953年吴传玉在第一届国际友谊运动会荣获男子100米仰泳冠军后，1957—

1960 年，戚烈云、穆祥雄、莫国雄等人，先后 5 次打破男子蛙泳世界纪录。20 世纪 80 年代后，我国运动员游泳技术有了显著的提高，成为亚洲游泳强国，实现了在世界大赛中金牌"零"的突破。

随着游泳运动的发展，其分类和内容的划分也越来越细。如过去的花样游泳和潜泳，现都相继与游泳运动分开，成为独立的运动项目。目前，游泳可分实用游泳、竞技游泳两大类（图 10-1-1）。男、女竞技游泳比赛项目见表 10-1-1。根据教学实际和生活技能的需要，本章仅侧重介绍带"★"泳姿。

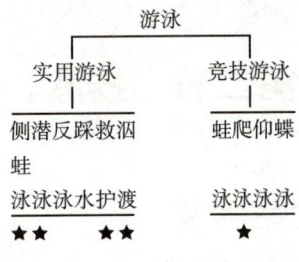

图 10-1-1 游泳项目分类

表 10-1-1 游泳比赛项目

项目 性别 泳式	男 子	女 子
自由泳	50 米、100 米、200 米、400 米、1 500 米	50 米、100 米、200 米、400 米、800 米
蛙泳	100 米、200 米	100 米、200 米
仰泳	100 米、200 米	100 米、200 米
蝶泳	100 米、200 米	100 米、200 米
个人混合泳	200 米、400 米	200 米、400 米
接力	4×100 米混合泳 4×100 米自由泳 4×200 米自由泳	4×100 米混合泳 4×100 米自由泳 4×200 米自由泳
备注	1. 国际比赛男子设有 800 米自由泳，女子设有 1 500 米自由泳 2. 国内比赛设有 4×50 米接力项目 3. 个人混合式游泳姿势顺序为蝶泳→仰泳→蛙泳→自由泳 4. 男女混合式游泳姿势顺序为仰泳→蛙泳→蝶泳→自由泳 5. 混合式游泳中，自由泳是指仰泳、蝶泳、蛙泳以外的任何姿势	

二、锻炼价值

游泳能充分享受"三浴"，而空气、日光和水是人体生命的源泉。经常参加游泳活动，能塑造健美的体型，提高人的心肺功能，促进新陈代谢，增强耐寒能力。游泳既能健身，又是融娱乐、休闲和交友为一体的活动，可以使人忘却烦恼、陶冶情操，是一项十分有益于身心健康的运动项目，它对机体的锻炼价值超过了所有的体育项目，成为现代人生活中应当掌握的一项技能。同时，游泳也是军事训练中必备的重要技能。

此外，游泳也是治疗某些慢性病的理想手段。游泳时，由于水对人体的压力，水流和浮力的按摩作用，对于治疗腰肌劳损、慢性关节炎、静脉炎、哮喘病、高血压和心脏病都有不同程度的疗效。因此，游泳运动具有多种功能和实用价值。

第二节 蛙泳、仰泳、自由泳

一、蛙泳

蛙泳是身体俯卧水中，依靠两臂对称向后划水，两腿向后对称蹬夹（酷似青蛙），向前游水的泳姿，所以取名为蛙泳。蛙泳的动作在水下，支撑面积大、间歇性强、出入水面呼吸方便、可视性好，适合长时间、远距离游进。

1. 动作结构与技术要领

（1）身体位置：蛙泳时，身体位置随着手、腿完成有效动作后，呈水平俯卧于水中，两臂向前，两腿向后伸直并拢，头部略抬，水齐前额，脸下部浸入水中；展胸，稍收腹，微塌腰，呈流线体，身体纵轴与水平面成5°～10°（图10-2-1）。

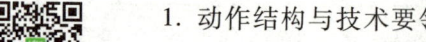

图10-2-1　身体位置

（2）腿部技术：是推动身体前进的主要动力，可分为滑行、收腿、翻脚和蹬夹4个动作阶段。

滑行是蛙泳的开始姿势。当身体借助惯性力高速向前滑行时，两腿（脚尖）并拢向后伸直，臀部、腿部肌肉适当收缩，身体呈水平姿势，为收腿做好准备（图10-2-2）。

① 收腿：两腿稍微内旋，脚跟分开，由大腿带动小腿，膝关节随腿的下沉向前边收、边分。收腿结束时，大腿和躯干之间成130°～140°，小腿尽量靠近臀部（图10-2-3①），并藏于大腿的投影之中，两膝的距离与肩同宽，两脚掌平行向前收，靠腿的内旋使脚跟分开，与臀部同宽（图10-2-3②）。要求收腿路线短，减少阻力，以等速进行。

图10-2-2　滑行　　　　　　　　图10-2-3　收腿

② 翻脚：是收腿的继续，蹬水的开始。而蹬水效果的好坏，取决于翻脚技术是否正确。

为了加长蹬水线路，随着收腿的结束，两脚应继续向臀部收紧，大腿内旋使两膝内压的同时小腿向外翻，接着脚尖也向两侧外翻，使脚掌内侧正对蹬水方向。整个翻脚技术由内收腿、压膝、翻脚三个连贯动作组成（图10-2-4）。压膝是指大腿内旋，带动小腿外翻的过程。

③ 蹬夹：是推动身体前进的主要动力。要想获取向后下方最大力量，必须充分利用阻力和截面的正比关系，由髋部发力，带动膝、踝相继伸直，以大腿、小腿和脚掌内

蛙泳完整
配合动作

侧向后做急速有力的蹬夹动作，造成向前的推进作用力。在蹬夹过程中，大腿内旋造成膝内压，能带动小腿和脚，尤其是踝关节内旋，使蹬水形成一个最后鞭状打水动作（图10-2-5）。

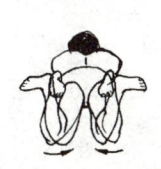
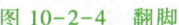
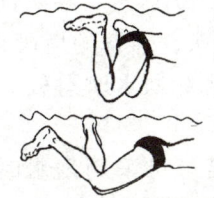

図 10-2-4　翻脚　　　　　　　　図 10-2-5　蹬夹

（3）臂部技术：是推动身体前进的主要力量。臂部技术可分为滑行、抓水、划水、收手和伸臂5个动作阶段。

臂、腿分解配合游

① 滑行：当蹬水动作结束时，两臂保持一定的紧张度，自然向前伸直，两臂与水平面平行，手指自然并拢，使身体在较高的位置上保持稳定，形成良好的流线型（图10-2-6）。

② 抓水：接滑行后，肩保持前伸，两臂内旋，使两臂和掌心转向外斜下方屈腕，两手分开向侧斜下方压水，当手掌和前臂感到有压力时，就开始划水（图10-2-7）。

图 10-2-6　滑行　　　　　　　　　図 10-2-7　抓水

③ 划水：是加速的开始，两臂分至成40°~45°夹角时，手腕开始逐渐弯曲，这时两臂、两手积极地做向侧、下、后、内方的屈臂划水。整个过程是肘高于手并前于肩，主要阶段肘关节弯曲度接近90°（图10-2-8）。

臂、腿连贯配合游

④ 收手：是划水的继续，能产生上升力和前进力。两臂向里、向上快速收到下颌的下前方，掌心由后转向内。肘低于手，上臂不超过两肩的延长线，尽量把两臂收在身体的投影之中，以发挥划水造成的推进惯性作用，减少水对伸臂时的阻力（图10-2-9）。

⑤ 伸臂：由展肩、推肘、伸臂依次完成。掌心转向下，两臂先向前上再向前伸，划出两个圆滑的弧形（图10-2-10）。

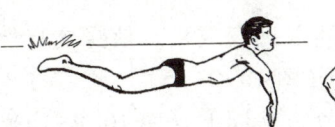

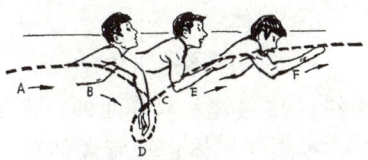

A—滑行　B—抓水　C—划水
D—结束划水　E—收手　F—伸臂

图 10-2-8　划水　　　　図 10-2-9　收手　　　　图 10-2-10　伸臂

（4）呼吸和完整技术的配合：蛙泳的呼吸，是掌握完整技术的关键。一般采用一个动作周期呼吸一次。呼吸的方法有早呼吸和晚呼吸两种。早呼吸是在两臂抓水时抬头用力呼气，在划水过程中吸气，在收手过程中闭气低头，伸臂滑行时慢慢吐气。晚吸气是划水几乎结束时才开始抬头用力呼气，在两臂结束划水和收手过程中，身体达到最高点时吸气，结束收手时闭气、低头，伸臂的后段直至划水过程中慢慢吐气（图10-2-11）。初学者用早呼吸较有利，因两臂划水时有较大的支撑面使头露出水面进行吸气。

图10-2-11　呼吸和完整技术配合

呼吸与腿、臂的完整配合，可采用划水时，两腿微收，抬头吸气；收手时，继续收腿，开始憋气；推肘伸臂时，两腿蹬夹，滑行吐气。

2. 练习方法

（1）熟悉水性：这是学习游泳和消除怕水心理、维持平衡的重要过程。

① 水中行走和游戏：

● 转圈：学生分成内、外两圈，各圈手拉手，两圈反方向走或跑动旋转，听信号后，又各自反方向旋转。

● 撒网：先指定一人或两人当"渔夫"，其余人在有限场地中散开，被"渔夫"抓（拍）到的人，则拉手结网，直至全部"捕获"为止（图10-2-12）。

② 浸水和呼吸：

● 浸水：手扶池槽，深吸气后闭气下蹲，脸、头浸入水中，停留片刻起立，在水中换气（图10-2-13）。

● 睁眼：两人面对面站立，由同伴拉着练习者的双手，练习者吸气后闭气下蹲，呼气睁眼看自己吐出的水泡，呼完气后起立。如此反复练习（图10-2-14）。

图10-2-12　撒网

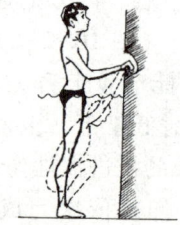

图10-2-13　浸水

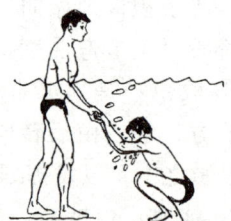

图10-2-14　睁眼

③ 浮体：

● 抱膝浮体：水中站立，深呼吸后，下蹲低头，抱膝团身，闭气放松，使身体自然漂浮。站立时，双臂前伸，向下压水并抬头，同时两腿伸直（图10-2-15）。

● 漂浮展体：抱膝浮体后，臂、腿伸直成俯卧姿势，站立方法同上（图10-2-16）。

④ 滑行：

● 蹬底滑行：两脚前后分立，两臂前伸，深吸气后低头，上体前倾入水。在头、臂、肩全部浸入的同时，屈膝用力蹬池底，然后两腿伸直并拢，身体呈流线型向前滑行（图10-2-17）。

图 10-2-15 抱膝浮体

图 10-2-16 漂浮展体

图 10-2-17 蹬底滑行

● 蹬边滑行：背向池壁，一手拉槽，一臂前伸。一脚蹬住池壁，一脚屈膝站立，深吸气低头，收站立脚和放下拉槽手，收腹、屈腿，头夹于两臂之间，两脚蹬池壁向前滑行（图 10-2-18）。

图 10-2-18 蹬边滑行

（2）腿部动作：

① 模仿练习：

● 仰坐蹬腿：坐在池边或凳上，上体稍后仰，两手后撑，做收腿、翻脚、蹬夹、停的动作（图 10-2-19）。

● 俯卧蹬腿：俯卧在长条凳上，练习腿部动作（图 10-2-20）。

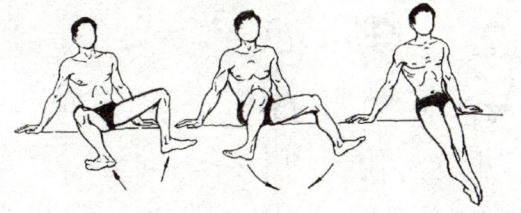

图 10-2-19 仰坐蹬腿

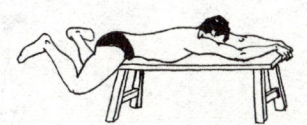

图 10-2-20 俯卧蹬腿

② 水中练习：手扶池槽仰卧和俯卧做腿部动作。

• 手扶池槽成仰卧和俯卧姿势，同伴帮助抓其脚，体会翻脚、蹬腿动作（图10-2-21）。

• 滑行中做腿部动作：手扶救生圈或打水板做腿部动作。

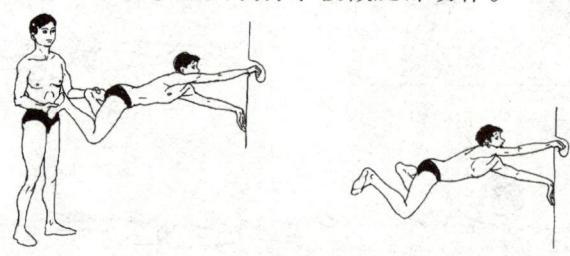

图10-2-21　腿部动作水中练习

（3）臂和呼吸的配合：

• 模仿练习：陆上两脚开立，屈体低头，两臂前伸，做抓水、划水、收手伸臂动作。划水时抬头吸气，伸臂时低头呼气，体会臂与呼吸的配合。

• 水中练习：在齐胸水里两脚开立，上体前屈，两臂前伸，做臂部动作，体会划水路线和收手的动作（图10-2-22）。

练习同上，配合呼吸，臂划下时抬头吸气，收手时低头闭气，臂前伸时换气。借助划水前进力，两脚可在水中向前行走。

双人练习：练习者俯卧水面上，同伴立在练习者两腿之间，抱住练习者腰部或大腿，做臂与呼吸配合。

图10-2-22　臂和呼吸的配合水中练习

（4）完整技术配合：

• 模仿练习：陆上站立，两臂上举并拢伸直，按口令做两臂划水分向两侧，两臂划水时收手，与此同时以单腿站立，另一条腿做收腿动作，收腿结束时立即翻脚；臂向上将伸直时，翻脚的一腿向下做弧形蹬夹动作，还原成预备姿势（图10-2-23）。

图10-2-23　完整技术模仿练习

202

练习同上，抬头呼吸动作配合。

• 水中练习：臂与腿的分解配合练习。在滑行中，先做一次划臂动作，再做一次腿的收、翻、蹬夹动作。手臂与腿交替进行，以建立臂先腿后的技术概念（图10-2-24）。

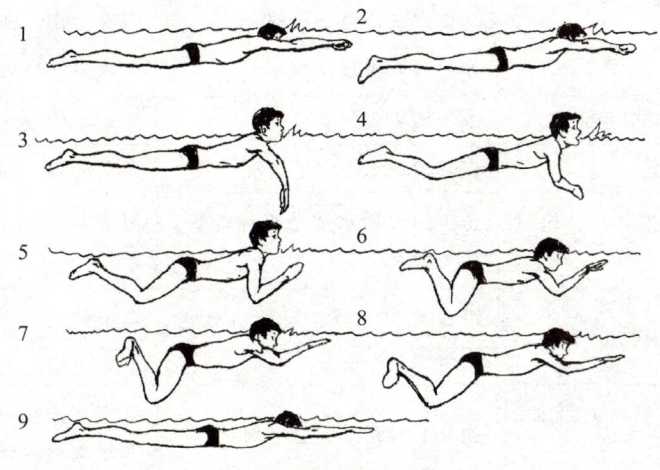

图 10-2-24　完整技术配合水中练习

在上述练习基础上，逐步过渡到连贯的配合练习，练习时可闭气进行。做一次划水、一次呼吸、一次蹬腿练习，动作要求慢而正确，不要急于求成，以防动作变形。然后逐渐过渡到腿和臂配合一次、呼吸一次的完整练习。在初步掌握的基础上，逐步拉长游泳距离，使技术不断完善。

3. 练习提示

蛙泳技术结构比较复杂，动作内部循环的节奏性强，只要突破呼吸，就可以拉长游泳距离。初学者往往会同时出现几个错误动作，应对主要错误加以矫正（表10-2-1）。

表 10-2-1　蛙泳常见错误、产生原因与纠正方法

	常见错误	产生原因	纠正方法
身体位置	游进时身体起伏太大	抬头吸气时太高、太猛，吸气时间长；划臂蹬水偏下	抬头吸气时，嘴露出水面即可；吸气结束低头时，保持在较高的位置；蹬水方向要向后
	臀部下沉	抬头太高；仅收小腿，不收大腿	吸气结束后低头；收腹时两膝往前收
腿	收蹬腿时，脚的部位低	头和上体太高；大腿收得太多，小腿收得太少，没有积极靠近臀部	低头提臀，身体平卧，腰背保持适当紧张；积极收小腿，少收大腿
	收蹬腿时臀部上下起伏	收腿时速度太快，大腿并在一起收；收腿时收腹提臀，蹬腿时挺腹	头肩保持平稳；强调边收、边分慢收腿；腰背肌肉保持适度紧张

续表

	常见错误	产生原因	纠正方法
腿	蹬腿时未翻脚	收腿时两膝分得太宽；收腿动作太快，急于蹬腿	分别在陆上和水中做收、翻、蹬夹动作，强调翻好再蹬
	收腿太快	动作节奏未掌握好	收腿时放松慢收
臂	手臂伸出的同时手划水	急于抬头吸气	要求水中吐气要慢
	两臂划水过宽	直臂浅划水，收手太晚	要求屈臂小划
	两臂划水路线太长，超过肩的延长线	急于用力划水推动身体前进；抬头太晚	要求屈臂小划；分手时配合吸气
动作配合	伸臂、蹬腿同时进行	蹬腿太早，臂、腿配合概念不明确	陆上站立，做臂、腿配合模仿练习
	蹬腿同时划臂，连续伸、蹬	配合节奏紊乱，急于划臂	采用多蹬少划的分解练习，强调蹬水后两臂并拢滑行
	吸不到气	动作紧张，未在水中吐气	采用划两次臂、抬头吸一次气的配合；强调吸气前要在水中先吐气

二、仰泳

仰泳是人体仰卧在水中的一种姿势。仰泳呼吸容易掌握，动作简单易学，一直是深受大众欢迎的一种泳姿。但由于仰泳划水在身体两侧进行，肌肉难以充分伸展，不能像自由泳和蝶泳那样充分发挥上肢的力量，因而速度受到一定的影响。与蛙泳一样，仰泳实际上也是"易学难精"的一种泳姿，需要游泳者有较强的力量和极好的柔韧性。仰泳比赛中，在开始阶段和转身时，运动员可以在水下游 15 米。

（一）身体姿势

仰泳的身体姿势应符合使游泳者最大限度地减小阻力，增大推进力的要求。身体自然伸展，平直地仰卧于水面，头和肩部略高于腰和腿部，身体纵轴与水平面构成一个很小的仰角，约为 10°，腰部和腿部均处在水面下。

头部的位置在很大程度上决定了整个身体的位置，起着"舵"的作用，并可以控制身体左右转动。头应保持相对稳定，不要上下左右晃动，但颈部肌肉不要过分紧张。如果头部过于后仰，容易使髋部抬高，腿和脚露出水面，影响打水效果，并容易挺胸弓背，使躯干过于紧张僵硬。反之，如果刻意收下颌，抬高头的位置，髋和腿就会下沉，身体容易"坐"在水中，增大身体前进的阻力。

仰泳游进过程中，腰部肌肉要保持适度的紧张，以不使身体过分平直和屈髋成坐卧姿势为前提。肋上提，不要含胸。快速游进时，身体的仰角能使体位升高，水平较高的运动员不仅会肩和胸部露出水面，而且腹部也经常会露出水面。

另外，游仰泳时，身体的纵轴应随着两臂划水动作而自然滚动，滚动的角度根据个人情况不同而稍有差别，肩关节灵活性较好的人滚动小，反之则大。身体滚动的目的主要是有利于划水臂处于较好的角度，能够加强划水的力量；能保持屈臂划水的一定深度；有利于臂出水和向前移臂。

（二）腿部动作

仰泳腿部动作的主要作用与自由泳相似，是协助维持身体平衡、调节动作频率、协调身体，并产生一定推进力。

仰泳打水的作用主要是保持身体位置，并给身体一个稳定的支撑力。打水动作由下压动作和上提动作组成，即支腿下压，屈腿上踢。仰泳腿向下压的动作是借助臀部肌群的收缩来完成的。下压时，膝关节充分展开，腿部肌肉放松。下压到一定程度，受腹肌和腰肌的控制，停止向下而过渡到向上移动，但受到惯性的影响，小腿仍然继续向下而造成膝关节弯曲。随着惯性的逐渐减弱和大腿的带动，小腿也逐渐开始向上移动，此时脚仍然继续向下，直到惯性消失，大腿、小腿和脚依次结束向下的动作，构成向下"鞭打"的动作。当腿部动作下压结束时，小腿弯曲到最大程度，小腿和脚对水面压力较大。上提动作开始时，就需要用脚打的力量和速度来平衡，并逐渐加大到最大力量和速度。当腿向上移动超过水平面时，结束向上的动作。上踢动作是以大腿带动小腿、小腿带动脚来完成的，在任何情况下，尽量不要使膝关节或脚尖露出水面。

（三）划臂动作

仰泳的划臂动作是推动身体前进的主要因素。一个完整的手臂动作分为入水、抱水、推水、出水和空中移臂等几个阶段，手掌由入水、抱水和推水几个动作在水下形成一个"S"形的移动线路。

1. 入水

仰泳臂入水时，应借助空中移臂动作的惯性，自然放松，入水点在身体纵轴与肩部的延长线之间，过宽或过窄都会影响速度，手臂入水时应保持直臂，小指向下，拇指向上，掌心向侧后方。

2. 抱水

抱水是为推水创造有利条件。臂入水后要利用移臂时产生的速度积极下伸到一定的深度，手掌向下、向侧移动，通过伸肩、屈肘、内旋和屈腕的动作，结合身体的滚动，使手掌和前臂对准水。

3. 推水

仰泳的划水动作是推动身体前进的主要动力。整个动作由屈臂抱水开始，以肩为中心，划至大腿外侧下方为止。仰泳的划水动作包括拉水和推水两个阶段。

拉水是在前臂前伸抱水的基础上进行的。开始时前臂内旋，手掌上移，肘部下降，手的运动为向上、向外、向后的三个分运动。推水是在手臂划过肩侧时开始的，这时肘关节和上臂应逐渐向身体靠近，同时用力向脚的方向推水。当推水即将结束时，前臂内旋做加速转弯下压动作，掌心由向后转向下。推水结束时，手臂要伸直，手掌在大腿侧下方。

4. 出水

推水结束后，借助手掌压水的反弹力迅速提臂出水，注意使手臂自然、放松、迅速，并且要先压水、后提肩，肩部露出水面后，由肩带动上臂、前臂和手依次出水。

5. 空中移臂

提臂出水后，手应迅速从大腿外侧垂直于水面移至肩前。当手臂移至肩上时，手掌要内旋，使掌心向外翻转。空中移臂时，要伸直放松，空中移臂的最后阶段要注意肩关节充分展开，为入水和划水做好准备。

（四）呼吸和完整技术的配合

仰泳两臂的配合是一臂划水结束时，另一臂已入水并开始划水；一臂处于划水的中部，另一臂正处于移臂的一半，在整个臂部动作中，两臂几乎都处在完全相反的位置。仰泳的呼吸相对比较简单，一般是两次划水一次呼吸。即一臂移臂时开始吸气，当另一臂移臂时进行呼气。现代仰泳技术中一般都采用 6 次打腿 2 次划水的配合，也有少数人采用 4 次打腿 2 次划水的技术。

三、自由泳

自由泳也称"爬泳"，是速度最快的一种泳姿。自由泳的动作特点是运动员全身伸展，俯伏在水中，两腿上下交替打水，两臂轮流划水，当手划出水面时，脸部侧转换气，从而使身体得以迅速向前游进。自由泳比赛时，除开始和转身阶段外，身体的一部分必须一直保持在水面以上。

（一）身体姿势

游自由泳时，首先让身体尽量保持水平。水面接近发际，髋部略低于肩，身体纵轴与水面成很小的锐角。其次，不能有明显的侧向摆动。肩、髋和腿应该作为一个整体随着手臂在一个假想的略宽于双肩的通道内转动，人在水中只占用很小的空间。再次，身体要保持良好的流线型。双肩略向上耸，可以使胸部和腹部较平，形成平滑的流线型表面，使水流顺利通过。另外，要保持流线型，肩部要前伸，还要尽量使手臂和腿的动作不偏离身体纵轴太远。最后，身体随手臂动作围绕纵轴有节奏地转动。身体围绕纵轴转动，可以充分发挥躯干大肌群的作用，有效增大推进力；身体的转动还有助于髋和肩部保持流线型及呼吸动作的完成；在一定范围内，身体转动幅度增大还可以增加推进力。

（二）腿部动作

自由泳腿部动作的主要作用是协助维持身体平衡、调节动作频率、形成身体协调效果，并产生一定的推进力。

自由泳打腿分为向下打腿和向上打腿两部分。向上打水时，由大腿带动小腿向上移动，腿呈伸直姿势。当整条腿移到水面并与水面基本平行时，大腿停止继续上移，转入向下，但小腿和脚由于惯性的作用仍然继续上移，使膝关节弯曲。当小腿和脚也完成向上打腿时，大腿已经进入下打水过程。小腿上打水不能露出水面，脚掌接近水面或略露出水面。

小腿和脚在上打水结束后，在大腿的带动下开始向下打水。由于膝关节的弯曲，小腿和脚的打水方向是后下方。当大腿向下打水到最低处并开始向上打水时，小腿和脚仍

自由泳
完整配合
动作

未完成向下打水，直到膝关节完全伸直，小腿和脚才随大腿转入向上打水，然后开始下一次动作循环。

自由泳的打水动作应该是向下屈腿打水，向上直腿打水，打水幅度为 30~40 厘米。

（三）划臂动作

自由泳划臂动作可分为入水和前伸、向下划水和抱水、向内划水、向上划水和出水、空中移臂等几个阶段。

1. 入水和前伸

手入水的位置在身体纵轴与肩的延长线之间。入水以大拇指先斜插入水，此时掌心向外。

2. 向下划水和抱水

入水后手臂积极向前下方伸展，以便使手掌和前臂向后对准水，使手臂像抱住一个圆桶似的，抱住水。

3. 向内划水

手臂抱住水后，肘关节越来越弯曲，手臂向内、向后、向上方，沿一个虚拟的对角线方向划水。

4. 向上划水和出水

向内划水结束后，手臂改变划水方向，向上、向外、向后沿一个虚拟的对角线划水。手臂划水结束后应立即改变手的迎角，肘外旋，使小指朝上，掌心朝向大腿，在肩的带动下将手臂提出水面。出水的正确顺序是上臂—前臂—手。出水动作应快速连贯，但前臂和手应尽量放松。手像是从裤袋里掏出那样，以小拇指领先出水。

5. 空中移臂

空中移臂与出水并没有明显的界限，不能停顿。在身体滚动的作用下，身体接近侧卧位，空中移臂可以轻松、自然地完成，直到手再次入水。空中移臂时的感觉就像肘关节上系了一根绳子，绳子向上拉，肘关节因此被提起，直到头到达适宜的位置再次入水。手的速度快于前臂和上臂的速度，手在肩前领先入水。

（四）呼吸和完整技术的配合

1. 划水与呼吸的配合

以向右侧转头吸气为例，右手入水后吐气，右手一边划水，身体一边向右上侧转动，手臂向上划水接近出水时，身体转动幅度最大，头随身体转动，此时嘴自然露出水面吸气。随着空中移臂，身体和头向左上转动，头回到水中。呼吸是身体转动的一部分，不用刻意抬头，否则头就偏离了与身体形成的直线，破坏了身体姿势和平衡。

2. 两臂的配合

根据两手之间的位置关系，自由泳的两臂配合有三种基本形式，即前交叉、中交叉和后交叉。前交叉阻力小，容易掌握，但推进力不均匀；后交叉阻力大，易破坏身体平衡，不提倡；中交叉介于二者之间。初学者最好学习前交叉配合，易于控制身体平衡。

3. 划水、大腿与呼吸的配合

自由泳配合技术有多种形式，其中 6：2：1 配合是较常见的一种，即 6 次打水、2 次划水、1 次呼吸。此外还有 4：2：1 和 2：2：1 等多种配合形式。初学者最好学习

6：2：1的配合方式，容易保持身体的平衡。

第三节　游泳救生与救护

一、游泳运动的卫生知识

（1）在江河湖泊游泳前，应先了解水域的情况，选择水底平坦、无淤泥、碎石、水草、桩柱、无急流漩涡、无水质污染的水域。并应结伴而行，以便相互照顾，防止发生意外事故。

（2）空腹或饭后一小时之内不宜游泳。空腹时游泳，由于血糖浓度降低，反应迟钝，四肢乏力，容易引起"低血糖"症。饭后游泳不仅会加重心脏负担，影响消化系统的功能，而且容易发生呕吐、食物呛进呼吸道，甚至溺水等事故。

（3）凡患有精神病、癫痫病、严重心脏病、皮肤病、中耳炎等，以及其他传染病者不能游泳。女生月经期间也不宜游泳。

（4）游泳前必须做好充分准备活动，并且可用水冲淋身体，以防止温度骤变而引起机体不适。游泳时如遇雷雨，应迅速上岸停止游泳，切不可在大树底下躲避或更衣。

（5）游泳完后应及时冲洗全身，把身体擦干，以防感冒。回宿舍后最好滴几滴眼药水，预防沙眼和结膜炎等眼病。稍作休息后再进食或进行其他活动。

二、救护

（一）自我保护和自救

初学者由于误入深水区或漩涡等其他险区，因心慌造成呛水现象时，首先应保持镇定，使身体横卧放松漂游，力争呼吸自理。如在漩涡中，要保持平卧姿势，采用爬泳和仰泳顺漩涡斜方快速游出险区。由于准备活动不充分、天气较冷，常常容易引起部位痉挛。此外，过分紧张、动作不协调，也会引起痉挛，消除方法是身体仰卧水面，牵引痉挛的肌肉，使收缩的肌肉松弛和伸展直至解脱。如身体痉挛严重，应向人呼救。

（二）水中救护

实施救护中尽可能采用救生圈、木板、竹竿等器材进行间接救护，如在没有任何救生器材的情况下，必须实施入水直接救护。救护者要沉着、冷静，入水前应迅速观察周围环境，辨别水流方向、水面宽窄，选择入水地点。对熟悉的水域可跳入，但对不熟悉的水域应脚先入水，以最快速度接近溺水者，采用抬头爬泳或蛙泳，以便观察溺水者的情况。当游到离溺水者2~3米处，深吸气潜入水中，从溺水者背后进行拖带。如游到溺水者前面时，为防止被溺水者抓住，可在水下扶住其髋部，将其转为背向自己，然后进行拖带。拖带时必须让溺水者口鼻露出水面，一手拖溺水者，另一手划水，两腿做蛙泳或侧泳动作，将溺水者拖运上岸。若被溺水者抓住或抱住时，应设法解脱，一是利用杠杆原理挣脱，二是向水下钻去。

（三）岸上救护

溺水者被救上岸后，首先要检查其呼吸和心跳，如有心跳应马上清理呼吸道，将口打开，进行倒水（图10-3-1）。如呼吸和心跳已停者，应立即进行口对口人工呼吸与胸外心脏按压，切不可因倒水延误抢救时间。

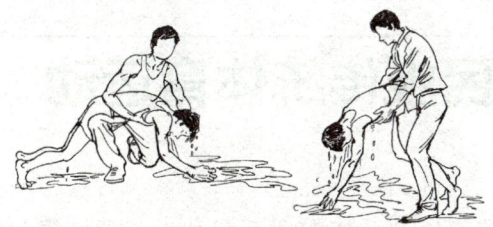

图 10-3-1　救助溺水者上岸

① 人工呼吸：将溺水者移至空气较好的地方，宽松衣裤，取出口鼻异物。然后使溺者仰卧，救护者两手在溺水者耳垂下托住其下颌骨，使头部尽量后仰，保持呼吸道畅通。救护者一手托住下腭，另一手捏紧鼻孔，救护者深吸气后，口对口方法将气吹入，然后松开鼻孔。吹气应均匀、有规律（15次/分钟左右）。如有效时，可见胸部起伏（图10-3-2）。

② 胸外心脏按压：发现溺水者呼吸和心跳均已停止，应立即做人工呼吸和胸外心脏按压。救护者跪在溺水者的胸侧，双手重叠，用掌根部置于溺水者胸骨的中、下1/3交界处，肘关节伸直，充分利用上半身的重量和肩、臂部肌肉的力量，垂直按压胸骨，使之下陷5~6厘米（图10-3-3），一压一松重复进行，频率为100~120次/分钟。如单人操作，其比例为15：2；双人操作其次数的比例为4：1。救护者必须持续进行抢救待救护车到来。

图 10-3-2　人工呼吸

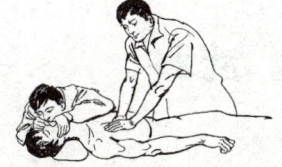

图 10-3-3　胸外心脏按压

思　考　题

1. 谈谈你对游泳运动的认识，游泳有何作用？
2. 阐述该如何施救溺水者。

第十一章

民族传统体育运动

　　民族传统体育运动的本体是动作的姿态和动力，其风貌和体系有它自身的运动规律。中国武术是通过一种"圆之美"的悟觉思维实现的。而"悟"是一种直觉，它具有多种形态，包含了西方学者所论述过的"感性直觉"与"理性直觉"，也包含了抽象思维、形象思维、灵感的若干特点在其中。

　　民族传统体育中的武术（如气功、拳、操、棍、棒、刀和剑）及各种民间体育活动（如跳绳、拔河、踢毽了、划龙舟、扭秧歌、荡秋千和放风等等），多以个人锻炼为主，集体活动为辅。不论个体体质好坏，差异如何，均能得到有效的锻炼，且注重技能和艺能，要求持之以恒，循序渐进。此外，民族传统体育项目如导引养生等格外讲究"神、气、意、境"，越习感悟越深，越练收益越大。在相互交流方面，以切磋技艺为主，双手抱拳，谦让恭敬，点到为止。民族传统体育既不需要占用大片操场，也不依赖复杂昂贵的体育器材，因时因地制宜，因人因材而异，就地取材，随手可施。

　　中国传统体育文化以强身健体为主，兼有自我防身作用；也以自娱自乐为主，修身养性为上，要求体能、心智、精神和技巧运用合为一体。

第一节　武术

一、简介

　　中华民族创造了五千多年的灿烂文明，其强大的文化主体性和旺盛的生命力一直支撑着中华民族独立自主探索本民族发展的道路，并为人类文明进步作出不可磨灭的贡献。考古发现，在数千年前，我国就已存在较为成熟的原始习武操练活动。

　　武术的起源，可以追溯到原始社会。那时，人类为了生存和自卫，逐渐学会了徒手、用木棒和石块等器具击打野兽的方法，于是产生了拳打、脚踢、躲闪和跳跃等格斗技能。而武术的另一个源头可能是"武舞"。"武舞"表现的是人与兽斗和人与人的搏斗，它应该是狩猎或战争场面的再现。舞者手执各种兵器，做击、刺、劈、砍等动作。在我国内蒙古、宁夏、甘肃、新疆等地区考古发现的岩画中可以寻觅到古代原始"武舞"的踪影。尤其在原始巫术活动的舞蹈中，也有不少"武舞"。巫术在当时被广泛运用于人类社会，它渗透在人类早期生活和人的心理机制中，浸润人类的原始知识和实用

210

技艺，成为人类在蒙昧阶段对物质世界和精神世界的一种认识形式和实用手段。中国武术正是从巫术文化氛围中的仪式和仪式感里，获得了更为丰富的武术因素和创造灵感，从而在仪式凝聚层上实现了武技的基质，进入中国武术的原始形态。

武术文化的成熟形态在明清形成，无论是各种拳种拳派的理论还是技术，均铸有深刻的武德文化内涵，它不仅为后世武术的发展开创了广阔的空间，而且也确立了中国武术在世界武坛的地位。

（一）武术的门派（拳术的种类）

1. 南拳北腿

南拳北腿是中国武术的一种习惯称谓，是从地域来划分拳术的风格，一般南方喜用拳法，而北方喜用腿法。

南拳流行最广的为广东的五大名拳，即洪家拳、刘家拳、蔡家拳、李家拳和莫家拳，福建的咏春拳、五祖拳、鹤拳和罗汉拳，湖南、湖北、江西省则流行邹家拳。

北腿是武林中一种习惯性的说法，形象地概括了北方武术的本质特点。拳经上云："少林武功全在腿，弹踢蹬扫摆合威""手是一扇门，全靠腿打人"。这说明要充分利用身高腿长的优势，攻杀主要靠腿。但北方也有特别有名的拳术，如八极拳、太极拳、三皇炮拳、形意拳等，都是用拳见长的武术门派。

2. 内功与外功

所谓"内功"，即内练，就是那种以意领气的意气运动。这种运动沿身体内部的经络而行，所以称为"内功"。内功源于古代的导引术，受道家养生思想影响较深。所谓"内练一口气"，就是通过道教内丹术的练气法，打通人体血脉，以达到健身治病的效果。

"外练筋骨皮"指的是武术中的外功，即外练。就外功而言，几乎所有拳术流派都有外功训练的方法，它主要是通过武技练习，对人体外在的骨骼、关节、肌肉等进行锻炼，从而提高人体外在能力的表现。

外功的主要内容有：人体的拳、掌、指用于技击时所发出的力度和硬度，如铁砂掌、二指禅、少林金刚大力功等，甚至可以练出头破石板、指劈卵石、掌切砖块等硬功；还可练身体的防击打能力，如金钟罩、铁布衫等。

3. 长拳与短打

长拳是武术的主要拳种之一，最早见于明代戚继光所著《纪效新书·拳经捷要篇》："古今拳家，宋太祖有三十二式长拳……"明代唐顺之《武编》言："逼近用短打，若远开则用长拳。"可见，长拳是相对于短打而言，其内容有：以少林拳为主的一类北方拳种，包括查拳、华拳、洪拳、炮拳、花拳、少林拳、六合拳、戳脚和翻子拳等。它们共同特点是延长击点，其姿势舒展大方、动作灵活快速，出手长、跳得高、蹦得远，刚柔相济、快慢相间、动迅静定、节奏分明。

另外，长拳以自然界的物象来喻拳势，也是指长拳在练习过程中对动作变化的12种要求："动如涛，静如岳；起如猿，落如鹊；立如鸡，站如松；转如轮，折如弓；轻如叶，重如铁；缓如鹰，快如风。"但对长拳的物象拳势，必须通过"悟性"和反复实践才能领会其意。

短打是相对长拳而言的。一般来讲，所有的南拳都可以包括在短打之内，还有北方一带的八极拳等。它们都具有近身靠打等短打特征，属于一种攻防意识很强的短打拳术。

4. 以静制动的内家拳

内家拳是武当派的代表功夫。其特点是以静制动，以柔克刚。内家拳在技法上讲求以静制动，后发制人，修炼至上乘者内功深厚。据黄百家的《王征南先生传》对内家拳技法叙述详尽。他指出，内家拳"其法主于御敌"，拳法有应敌打法、十四种"禁犯病"、三十五种基本手法、十八种基本步法、七十二种跌法和三十五种拿法。

内家拳讲求"点穴法"，即在与敌交手时，有意识地点击对手身上的一些特殊穴位。这些穴位若用手指、肘、膝等迅猛点击，可使气血受阻，可能会出现疼痛、酸软甚至昏迷、死亡的现象。这些穴位被称为麻穴、哑穴、晕穴、死穴，习惯上说麻、哑、晕、死各九穴，共三十六穴。内家拳还有"敬、紧、径、劲、切"五字诀，其拳法非常丰富。

5. 形神兼备的形意拳

形意拳，也称"心意拳""六合拳"等。据考证，形意拳是由山西蒲州人（今山西永济张营乡尊村）姬际可（字龙峰）所创。据史料记载，姬际可曾在少林寺习武十年，他汲取了少林、武当的拳理和拳法，并以六合为法，五行（劈、崩、钻、炮、横）、十形为拳（龙、虎、鸡、鹰、蛇、马、猫、猴、鹞、燕），以心之发动曰意，意之所向为拳，名曰"心意六合拳"，即形意拳。

形意拳有着丰富的技击理论和技术、战术内容。它强调敢打必胜、勇往直前的战斗意识。在战术思想上，主张快速突然，以我为主，交手时"乘其不备而攻之，由其不意而出之"；在攻防技术上，提倡近打快攻。

6. 游龙走凤的八卦掌

八卦掌，又称"游身八卦掌""八卦连环掌"等，是一种以掌法变换和行走转为主的拳术。由于它运动时分为四正、四隅八个方位，与"周易"八卦图中的卦象相似，故名八卦掌。相传，八卦掌由河北省文安县人董海川所创。

八卦掌的特点是身捷步灵、随走随变，与对方交手时身体起伏扭转、敏捷多变。拳谚说它"形如游龙，视若猿守，坐如虎踞，转似鹰盘"。其基本功以桩步、行步为基础。步法要求起落平稳、摆扣清楚、虚实分明，行步如蹚泥、前行如坐轿、出脚要摩胫（两脚踝关节相贴而过）。身法讲究拧、旋、转、翻、圆活不滞。手型有龙爪掌、牛舌掌等。主要手法有推、托、带、领、搬、拦、截、扣、捉、拿、勾、打、封、闭、闪、展十六法。要求能进能退、能化能生、虚实结合、变化无穷。每掌发出，皆要以腰作轴，周身一体，内外结合，外重手眼身法步，内修心神意气力。

7. 风靡世界的太极拳

太极拳是我国首创的一种经典养生运动。太极拳的拳理是："头顶太极，怀抱八卦，脚踩五行。"它的形态是"圆中求方"，其动作要求弧形绕行，达到松肩、沉肘、含胸、拔背、裹裆、溜臀、松腰、抽胯和顶头；战术是"随屈就伸"；运用是"引进落空"；其法度是"立身要中正"，要"中规中矩"。因此，对太极拳不知其"圆"就无以成太极，不知其"方"就无以善太极。太极拳通过肢体运动贯通精气血脉，在练拳过程中，习练者应尽量达到"六合一"，即手与脚合、肘与膝合、肩与胯合、心与意合、意与气合、气与力合。

太极拳功法以掤、捋、挤、按、采、挒、肘、靠、进、退、顾、盼和定十三式为基本方法。在推手中要求以静制动、以柔克刚、避实击虚、借力发力，主张一切从客观出发，随人则活，由己则滞，以听劲（懂劲）为拳中要诀。

太极拳具有深邃的文化内涵，蕴含了中国传统文化的哲学思想，不仅体现了中国人的处世哲理和对人生的理解，而且体现了中国人的智慧，为世界提供了文化的认知体系，极大丰富和拓展了世界人民的文化视野和体验。

8. 象形拳、翻子拳

象形拳，是对模拟各种动物的特长和形态，以及表现人物搏斗形象和生活形象的拳术的总称，主要有猴拳、鹰爪拳、蛇拳、螳螂拳、鸭形拳和醉拳等。象形拳中的套路和动作十分丰富，以形为势，以意传神，形象十分生动，其拳势多以动物命名，如"白鹤亮翅""金鸡独立""鹞子翻身""大鹏展翅"等。

翻子拳，又名"翻子""番拳"，原名"八闪番"，有闪、意、番等8个主要招式。翻子拳在明代已广为流传。据明戚继光《纪效新书·拳经捷要篇》记载，其三十二式中吸收了翻子拳的招法，如"当头蛇""拗鸾肘""顺鸾肘""旗鼓势"等。翻子拳主要流传于西北、东北一带，两地同属一根，但在劲力和风貌上有所不一。西北所传，通过通臂拳的演化，着重以腰发力，浑厚一气；东北所传，注重脆快一气。

以上各类拳种，必须重视基本功的练习。注重精气神，伸筋拔骨，脱胎换骨，手眼身法步，纵跳翻飞，闪展腾挪，进退抽撤，上下左右，四面八方，火候、节奏等，这是对习武者的全面要求。因此，习武不但要苦练，还要狠练、久练、巧练，也要练习悟性，从混沌练到开窍，达到心明自明，这才真正由"术"走上了"道"。

（二）武德

中国是举世闻名的礼仪之邦。礼是中国文化的核心，是中国人文精神的体现。礼仪强调内在德行的能动作用，把道德作为礼仪的依据。"德"是礼的灵魂。中国武术一向重礼仪，讲道德，"尚武崇德"。武术谚语中有"未曾习武先学礼，未曾习武先习德"之说，这充分显示了武德教化在武术传授过程中所表现出的"道德至上"的文化特征。中国武术始终把武德列为习武的先决条件。武德，即武术道德，是指从事武术活动群体中形成的对习武者行为规范的综合要求。它包括习武者在社会活动中必须遵循的道德规范和必备的道德品质。武德对习武者的心性修养、道德作风、精神境界等具有较深的影响，从而达到"德"与"艺"（武技）的统一，致使尚武与崇德成为习武者必须具备的两个密不可分的素质。这也意味着武术已由术升华为一种道，是一种人生哲理。它不再仅仅是武术，还有一种道德体验在里面。武术要求习武者注重体魄和心性的统一与和谐，这种教化已经达到了一种出神入化的境界，蕴涵着丰富的人文精神。

二、基本功

（一）手形

（1）拳：五指卷紧，拳面要平，拇指压于食指、中指第二指节上（图11-1-1）。

（2）掌：拇指弯曲，其余四指伸直并拢（图 11-1-2）。

（3）勾：屈腕、五指撮拢（图 11-1-3）。

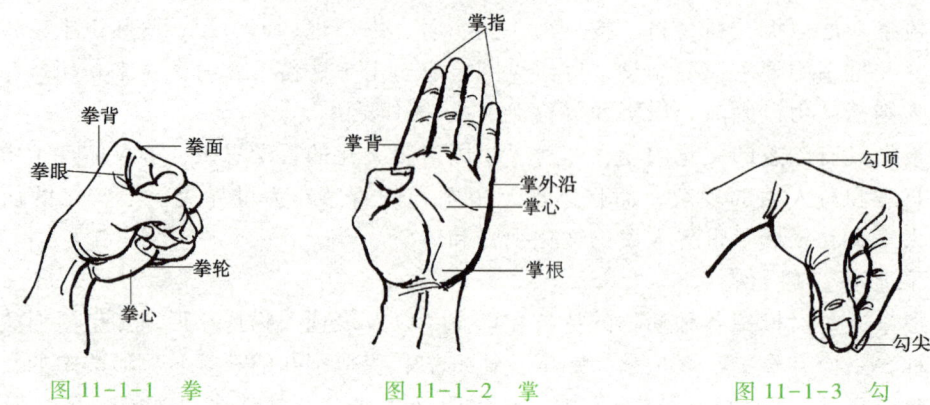

图 11-1-1 拳 　　　　　图 11-1-2 掌 　　　　　图 11-1-3 勾

（二）手法

（1）冲拳：拳从腰间旋臂向前快速击出，力达拳面（图 11-1-4）。

（2）推掌：掌由腰间旋臂向前立掌推击，速度要快，臂要直，力达掌外沿（图 11-1-5）。

图 11-1-4 冲拳 　　　　　图 11-1-5 推掌

（三）步形

（1）弓步：前脚微内扣，全脚着地，屈膝半蹲，大腿呈水平，膝部与脚尖垂直；另一腿挺膝伸直，脚尖里扣，斜向前方，全脚着地（图 11-1-6）。

（2）马步：两脚左右开立，约为脚长的三倍，脚尖正对前方，屈膝半蹲，大腿呈水平（图11-1-7）。

图 11-1-6 弓步 　　　　　图 11-1-7 马步

（3）虚步：后脚尖斜向前，屈膝半蹲，大腿接近水平，全脚着地；前腿微屈，脚面绷紧，脚尖虚点地面（图 11-1-8）。

（4）仆步：一腿全蹲，大腿和小腿靠紧，臀部接近小腿，全脚着地，膝与脚尖稍外展；另一腿平仆接近地面，全脚着地，脚尖内扣（图11-1-9）。

（5）歇步：两腿交叉屈膝全蹲，前脚全脚着地，脚尖外展；后脚脚跟离地，臀部外侧紧贴小腿（图11-1-10）。

图11-1-8　虚步　　　　　　图11-1-9　仆步　　　　　　图11-1-10　歇步

（四）腿法

（1）正踢腿：支撑腿伸直，全脚着地，另一腿膝部挺直，脚尖勾起前踢，接近前额。动作要轻快有力，上体保持正直（图11-1-11）。

（2）侧踢腿：脚尖勾起，经体侧踢向脑后，其他同正踢腿（图11-1-12）。

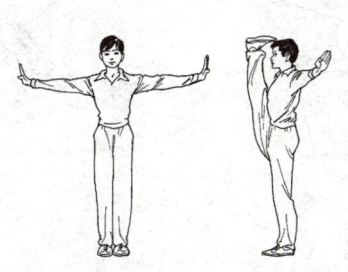  

图11-1-11　正踢腿　　　　　　　　　图11-1-12　侧踢腿

（3）里合腿：支撑腿自然伸直，全脚着地；另一腿从体侧踢起，经面前向里做扇面摆动落下，其他同正踢腿（图11-1-13）。

（4）外摆腿：同里合腿，唯摆动方向相反（图11-1-14）。

图11-1-13　里合腿　　　　　　　　　图11-1-14　外摆腿

（5）单拍脚：支撑腿伸直，另一腿脚面绷平向上踢摆，同侧手在额前迎拍脚面，击拍要准确响亮（图11-1-15）。

（6）弹腿：支撑腿直立或微屈，另一腿由屈到伸向前弹出，高不过腰，膝部挺直，脚面绷平。小腿弹出轻快有力，力达脚尖（图11-1-16）。

（7）蹬腿：支撑腿直立或稍屈，另一腿由屈到伸，脚尖勾起，用脚跟猛力蹬出，高不过胸，低不过腰（图11-1-17）。

（8）踹腿：支撑腿直立或稍屈，另一腿由屈到伸，脚尖勾起内扣或外摆，用脚底猛力踹出，高踹与腰平，低踹与膝平，侧踹时上身倾斜，脚高过腰部（图11-1-18）。

（9）伏地后扫：上身前俯，两手扶地。支撑腿全蹲做轴，扫转腿伸直，脚尖内扣，脚掌擦地，迅速后扫一周（图11-1-19）。

图 11-1-15　单拍脚　　　　　图 11-1-16　弹腿　　　　　图 11-1-17　蹬腿

图 11-1-18　踹腿　　　　　　图 11-1-19　伏地后扫

（五）平衡

（1）提膝平衡：支撑腿直立站稳，上体正直；另一腿在体前屈膝提近胸，小腿斜垂里扣，脚面绷平内收（图11-1-20）。

（2）望月平衡：支撑腿直立站稳，上体侧倾，拧腰向支撑腿同侧上翻，挺胸塌腰，后举腿在身后向支撑腿的同侧上举，小腿屈收，脚面绷平（图11-1-21）。

图 11-1-20　提膝平衡　　　　　　图 11-1-21　望月平衡

（六）跳跃翻腾

（1）腾空飞脚：摆动腿高提，起跳腿上摆伸直，脚面绷平，脚高过肩，击手和拍脚连续快速准确响亮（图11-1-22）。

（2）旋风脚：摆动腿直摆或屈膝，起跳腿伸直，向内腾空转体270°，异侧手击拍脚掌，脚高过肩，击拍响亮，转体360°落地（图11-1-23）。

图11-1-22 腾空飞脚

图11-1-23 旋风脚

（3）腾空摆莲：摆动腿要高，起跳腿伸直，向外腾空转体180°，脚面绷平，脚高过肩，两手依次击拍脚面，不能一手拍空（图11-1-24）。

图11-1-24 腾空摆莲

三、套路

（一）初级长拳三路

预备势

并步站立，两臂自然下垂，目视前方（图11-1-25）。

（1）虚步亮掌：① 右脚向右后方撤步成左弓步，右掌向右、向上、向前划弧，掌心向上，左掌提至腰侧，掌心向上，目视右掌。

② 重心后移，右腿微屈，左掌从腋下向前穿出，右掌收至腰侧，掌心朝上，目视左掌。

③ 重心继续后移，左脚稍向右移，成左虚步，左臂内旋向左、向后划弧成反勾手，右手继续向后、向右、向前上划弧，在头上屈腕亮掌，目视左方（图11-1-26）。

初级长拳
三路

217

图 11-1-25　预备势　　　　　　　　　　　　图 11-1-26　虚步亮掌

（2）并步对拳：① 右腿蹬直，左膝提起，上肢姿势不变。

② 左侧前落，左勾手变掌经左肋前伸，右臂外旋向前下落于左掌右侧，两掌同高，掌心均向上。

③ 右脚前上一步，两臂向下后摆。

④ 左脚向右脚并步，两臂向外、向上经胸前屈肘对拳，下按至小腹前，拳心向下，目视左侧（图 11-1-27）。

图 11-1-27　并步对拳

第一段

（1）弓步冲拳：① 左脚向左上一步，成半马步。左臂向上、向左格打，拳眼向后，与肩同高，右拳收至腰侧，拳心向上，目视左拳。

② 右腿蹬直成左弓步，左拳收至腰侧，拳心向上，右拳前冲，高与肩平，拳眼向上，目视右拳（图 11-1-28）。

（2）弹腿冲拳：重心前移，左腿独立，弹右腿，高与腰平；右拳收至腰侧，左拳前冲，拳眼向上，目视前方（图 11-1-29）。

（3）马步冲拳：右脚前落，上体左转90°，成马步，左拳收至腰侧，右拳前冲，拳眼向上，目视右拳（图 11-1-30）。

图 11-1-28　弓步冲拳　　　　　图 11-1-29　弹腿冲拳　　图 11-1-30　马步冲拳

（4）弓步冲拳：① 上体右转 90°，成半马步。右臂屈肘向右格挡，拳眼向后，目视右拳。

② 左腿蹬直成右弓步。右拳收至腰侧，左拳前冲，拳眼向上，目视左拳（图 11-1-31）。

（5）弹腿冲拳：重心前移，右腿独立，弹左腿，高与腰平，左拳收至腰侧，右拳前冲，拳眼朝上，目视前方（图 11-1-32）。

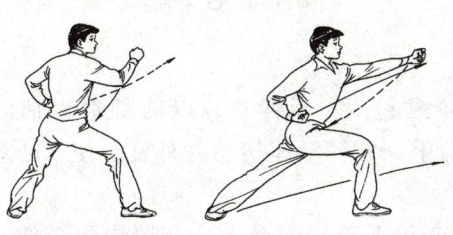 

图 11-1-31　弓步冲拳　　　　　　图 11-1-32　弹腿冲拳

（6）大跃步前穿：① 左腿屈膝，右拳变掌内旋，以手背向下挂至膝外侧，上体前倾，目视右手。

② 左腿前落，两腿微屈，右掌继续向后挂，左拳变掌向后、向下伸直，目视右掌。

③ 前提右膝，左脚立即猛力蹬地向前跃出，两掌向前向上划弧摆起，目视左掌。

④ 两脚依次（右先左后）落地后成仆步，右掌变拳收至腰侧，左掌由上向右、向下划弧成立掌，停于右胸前，目视左脚（图 11-1-33）。

图 11-1-33　大跃步前穿

（7）弓步击掌：右腿蹬直成左弓步，左掌经左脚面向后划弧至身后成反勾手，臂伸直；右掌变立掌向前推出，目视右掌（图 11-1-34）。

（8）马步架掌：① 重心后移，上体右转 90°成马步。右臂稍屈向左侧平摆，同时左勾手变掌由后经左腰侧从右臂内向前上穿出，掌心均向上，目视左手。

② 右掌立于左胸前，左臂向左上屈肘亮掌于头部左上方，掌心向前，目视右方（图11-1-35）。

图 11-1-34 弓步击掌

图 11-1-35 马步架掌

第二段

（1）虚步栽拳：① 右脚蹬地，屈膝提起，左腿伸直，以前脚掌为轴向右后转体180°，右掌向下经右腿外侧向后划弧成勾手，左臂随体转动并外旋，使掌心朝右，目视右手。

② 右脚向右落地，成左虚步。左掌变拳下落于左膝上，拳眼向里，拳心向后，右勾手变拳上架于头右上方，拳心向前，目视左方（图 11-1-36）。

（2）提膝穿掌：① 右腿稍伸直，右拳变掌收至腰侧，掌心向上，左拳变掌由下向左、向上划弧盖压于头上方，掌心向前。

② 右腿蹬直，提左膝，右掌经左臂内向右前上方穿出，掌心向上，左掌收至右胸前成立掌，目视右掌（图 11-1-37）。

（3）仆步穿掌：右腿全蹲，左腿向左后方铲出成左仆步。右臂不动，左掌向下经左腿内侧，立掌向左脚面穿出，目随左掌转视（图 11-1-38）。

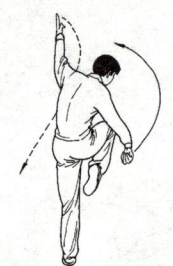
图 11-1-36 虚步栽拳

图 11-1-37 提膝穿掌

图 11-1-38 仆步穿掌

（4）虚步挑掌：① 重心前移成左弓步，右掌稍下降，左掌随重心移动向前挑起。

② 右脚向左前方上步，成右虚步。身体随上步转180°，同时左掌由前向上、向后划弧成立掌，指尖与眼相平，目视右掌（图 11-1-39）。

（5）马步击掌：① 右脚落地，左掌变拳收至腰侧，右掌俯掌向外搂手。

② 左脚向前上一步，以右脚为轴向右后转体180°。两腿下蹲成马步，左掌从右臂上立掌向左侧击出，右掌变拳收至腰侧，目视左掌（图 11-1-40）。

（6）叉步双摆掌：① 重心稍右移，同时两掌向下向右摆，掌指均朝上，目视右拳。

② 右脚向左腿后插步，两臂继续向上向左摆，停于身体左侧，均成立掌，右掌立于左肘窝处，目随双掌转视（图 11-1-41）。

（7）弓步击掌：① 两腿不动，左掌收至腰侧，掌心向上，右掌向上、向右划弧，掌心向下。

② 左腿后撤一步，成右弓步。右掌向下、向后摆动成反勾手，左掌成立掌向前推出，目视左掌（图 11-1-42）。

图 11-1-39 虚步挑掌　　　　　　　　　图 11-1-40 马步击掌

图 11-1-41 叉步双摆掌　　　　　　　　图 11-1-42 弓步击掌

（8）转身踢腿马步盘肘：① 两脚以前脚掌为轴向左后转体 180°，同时左臂向上、向前划半立圆，右臂向下、向后划半圆。

② 上动不停，两脚不动。右臂由后向上向前划半圆，左臂由前向下、向后划半立圆。

③ 上动不停，右臂向下成反勾手，左臂向上亮掌，掌心向前上方，右腿伸直勾脚尖踢起。

④ 右脚向前落地、右手不动。左臂屈肘下落于胸前，掌心向下，目视左掌。

⑤ 上体左转 90°，两腿下蹲成马步。同时左掌向前向左平捋变拳收至腰侧，右臂伸直，勾手变拳由体后向右向前平摆，至体前屈肘，肘尖向前，高与肩平，拳心向下，目视肘尖（图 11-1-43）。

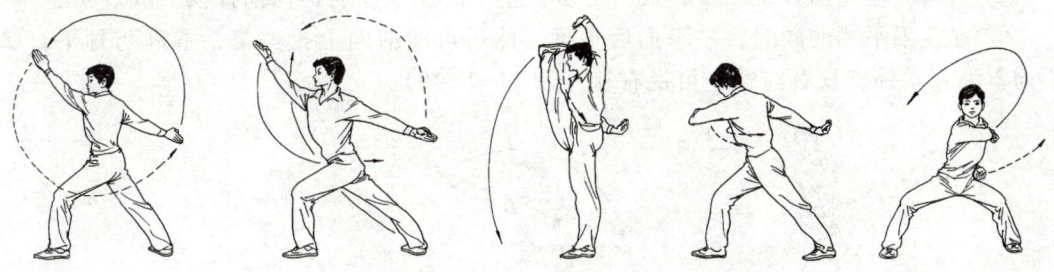

图 11-1-43 转身踢腿马步盘肘

第三段

（1）歇步抡砸拳：① 重心稍升高，右臂由胸前向上向右抡直，左臂向下向左抡直，目视右拳。

② 上动不停，两脚以脚掌为轴向右后转体180°。右臂向下向后抢摆，左臂向上向前随身转动。

③ 接上动，两腿全蹲成歇步。左臂随身体下蹲向下平砸，拳心向上，肘部微屈，右臂伸直向后上举起，目视左拳（图11-1-44）。

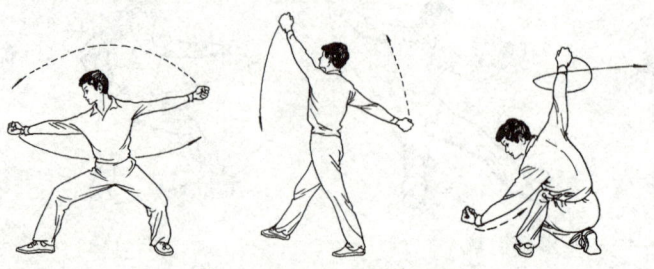

图 11-1-44　歇步抢砸拳

（2）仆步亮掌：① 左脚由右腿后抽出向前上一步，成右弓步。左拳收至腰侧，右拳变掌向下经胸前向右横击掌，目视右掌。

② 右脚蹬地屈膝提起，上体右转。左拳变掌从右掌上向前穿出，掌心向上，右掌平收至左肘下。

③ 右脚向右落步，成左仆步。左掌向下向后划弧成勾手，右掌向右向上划弧亮掌，掌心向前，头随右手转动。亮掌时，目视左方（图11-1-45）。

图 11-1-45　仆步亮掌

（3）弓步劈拳：① 右腿蹬地立起，左腿收回并向左前方上步。右掌变拳收至腰侧，左勾手变掌由下向前上经胸前向左捋手。

② 右脚经左腿前方绕一步，成右弓步。左手向左平捋后再向前挥摆，虎口朝前。

③ 在左手平捋的同时，右拳向后平摆，然后再向前向上抡劈拳，拳高与耳平，拳心向上，左掌外旋扶右前臂，目视右拳（图11-1-46）。

图 11-1-46　弓步劈拳

（4）换跳步弓步冲拳：①重心后移，右脚稍向后移动。右拳变掌臂内旋以掌背向下划弧挂至右膝内侧，左掌背贴靠右肘外侧，掌指向前，目视右掌。

②右腿自然上抬，上体稍向左转。右掌挂至体左侧，左掌伸向右腋下，目随右掌转视。

③震右脚，同时左脚急速离地抬起。右手由左向上向前搂盖而后变拳收腰侧，左掌伸直向下向上向前屈肘下按，掌心向下，上体右转，目视左掌。

④左脚前落，成左弓步。右拳前冲，高与肩平，左掌藏于右腋下，掌背贴靠腋窝，目视右拳（图11-1-47）。

（5）马步冲拳：上体右转90°成马步，右拳收至腰侧，左掌变拳向左冲击，拳眼向上，目视左拳（图11-1-48）。

图 11-1-47　换跳步弓步冲拳　　　　　　图 11-1-48　马步冲拳

（6）弓步下冲拳：上体左转成左弓步，左拳变掌向下经体前向上架于头左上方，掌心向前，左拳向左前下方冲出，目视右拳（图11-1-49）。

（7）叉步亮掌侧踹腿：①上体稍右转，左掌由头上下落于右手腕上，右拳变掌，双手交叉成十字，目视双手。

②右腿向左腿后插步，左掌向下向后划弧成反勾手，右掌向右向上亮掌，掌心向前，目视左侧。

③右腿支撑，左腿侧踹，上肢姿势不变，目视左侧（图11-1-50）。

图 11-1-49　弓步下冲拳　　　　　　图 11-1-50　叉步亮掌侧踹腿

（8）虚步挑拳：①左脚在左侧落地，右掌变拳稍后移，左勾手变拳由体后向左上挑，拳背向上。

②上体左转180°左拳继续向前向上划弧上挑，右拳同时向下向前划弧挂至右膝外侧，同时提右膝，目视右拳。

③右脚向左前方上步成右虚步，左拳向后划弧收至腰侧，右拳向上，屈腕挑拳至体前，拳眼向上，与肩同高，目视右拳（图11-1-51）。

223

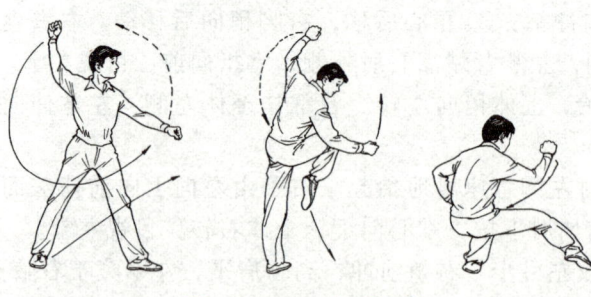

图 11-1-51　虚步挑拳

第四段

（1）弓步顶肘：① 重心升高，右脚踏实。右臂内旋向下直臂划弧以拳背下挂至右膝内侧，左拳不变，目视前下方。

② 左腿伸直，右腿屈膝上抬，左拳变掌，右拳不变，两臂向前向上划弧摆起，目随右拳转视。

③ 左腿蹬地，身体腾空，两臂继续划弧至头上方。

④ 右脚先落地，接着左脚落地，同时两臂向右向下屈肘停于右胸前，右拳变掌，左掌变拳，右掌心贴靠左拳面。

⑤ 左脚向左前上一步，成左弓步。右掌推左拳，以左肘尖向左顶出，高与肩平，目视前方（图 11-1-52）。

图 11-1-52　弓步顶肘

（2）转身左拍脚：① 以两脚掌为轴向右转体180°。随转体，右掌向上、向右、向下划弧抡摆，同时左拳变掌向下、向后、向前抡摆。

② 左腿伸直绷脚面向上踢起。左掌变拳收至腰侧，右掌由体后向上向前拍击左脚面（图 11-1-53）。

（3）右拍脚：① 左脚前落，左拳变掌向下向后摆，右掌变拳收至腰侧。

② 右腿伸直绷脚面向上踢起，左拳变掌由后向上向前拍击右脚面（图 11-1-54）。

（4）腾空飞脚：① 右脚前落。

② 左腿向前摆起，右脚蹬地起跳，左腿屈膝继续上摆。同时右拳变掌向前向上摆起，左掌先向上摆而后下降拍击右掌背。

③ 右腿伸直绷脚面继续上摆，右手拍击右脚面，左掌由体前向后上举（图 11-1-55）。

（5）歇步下冲拳：① 左、右脚相继落地，左掌变拳收至腰侧。

②身体右转90°，两腿全蹲成歇步，右掌抓握，外旋变拳收至腰侧，左拳向前下冲击，拳心向下，目视左拳（图11-1-56）。

图 11-1-53　转身左拍脚　　　　　　　　图 11-1-54　右拍脚

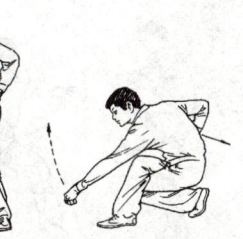

图 11-1-55　腾空飞脚　　　　　　　　图 11-1-56　歇步下冲拳

（6）仆步抡劈拳：①重心升高，右臂向体后伸直，左臂随身体重心升高向上摆起。

②以右脚掌为轴向左转体270°，同时左膝提起。左拳由前向后下划立圆一周，右拳由后下向前上划立圆一周。

③左腿向后落步成右仆步。右拳由上向下抡劈，拳眼向上，左拳后上举，拳眼向上，目视右拳（图11-1-57）。

（7）提膝挑掌：①重心前移成右弓步，同时右拳变掌由下向上抡摆，左拳变掌稍下落，右掌心向左，左掌心向右。

②左、右臂在垂直面上由前向后各划立圆一周，右臂伸直上举，掌心向左，掌指向上，左臂伸直停于身后成反勾手，同时提右膝，左腿支撑，目视前方（图11-1-58）。

图 11-1-57　仆步抡劈拳　　　　　　　　图 11-1-58　提膝挑掌

（8）提膝劈掌弓步冲拳：①两腿不动，右掌向下猛劈伸直，停于右小腿内侧，力达小指一侧，左勾手变掌向前停于右上臂内侧，掌心向左，目视右掌。

②右脚向右后落地，身体右转90°。同时左掌变拳收至腰侧，右臂内旋向右划弧

劈掌。

③上动不停，左腿蹬成右弓步，右手抓握变拳收至腰侧，左拳前冲，目视左拳（图11-1-59）。

结束动作

（1）虚步亮掌：①右脚扣于左膝后，两拳变掌，两臂右上左下屈肘交叉于体前，目视右掌。

②右脚向后落步，屈腿半蹲，上体稍右转。同时右掌向上、向后、向下划弧停在左腋下，左掌向左、向上划弧停于右臂与右胸前，两掌左下右上，目视左掌。

③左脚尖稍右移成左虚步。左臂伸直向左、向后划弧成反勾手，右臂伸直向下、向右、向上划弧亮掌，掌心向前，目视左方（图11-1-60）。

图 11-1-59　提膝劈掌弓步冲拳　　　　　　　图 11-1-60　虚步亮掌

（2）并步对拳：①左腿后撤一步，同时两掌从腰侧向前穿出伸直，掌心向上。

②右腿后撤一步，同时两掌分别从体侧下摆。

③左腿后退半步向右脚并拢。两臂由后向上经体前屈臂下按，两掌变拳停于腹前，拳心向下，拳面相对，目视右方。

还原

两臂自然下垂，目视前方。

（二）二十四式简化太极拳

第一组

1. 起势（图11-1-61）

动作要点：两肩下沉，两肘松垂，屈膝松腰，两臂下落和身体下蹲的动作要协调一致。

二十四式
简化太
极拳

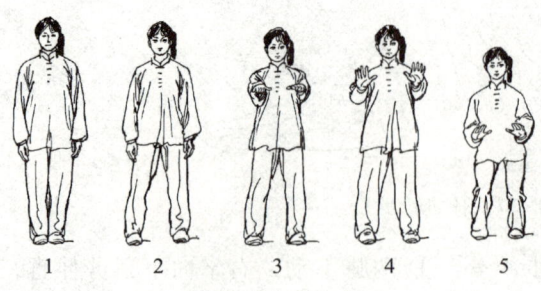

1　　　2　　　3　　　4　　　5

图 11-1-61　起势

2. 左右野马分鬃（图 11-1-62）

动作要点：两臂始终要保持弧形，身体转动时要以腰为轴，弓步动作与分手的速度要均匀一致；做弓步时，膝不要超过脚尖，后面的脚要向后蹬转，前后脚尖夹角成45°~60°，两脚之间的横向距离保持在 10~30 厘米。

攻防含义：用一手化解对方攻击之手臂，另一手攻击对方。

图 11-1-62　左右野马分鬃

3. 白鹤亮翅（图 11-1-63）

动作要点：两臂上下保持半圆形，左膝微屈。身体重心后移，右手上提，微向左转腰，左手下按成左虚步。动作要协调一致，并注意以腰带臂。

攻防含义：可用右手防止对方的上面攻击，左手化解对方下部的攻击。

图 11-1-63　白鹤亮翅

第二组

4. 左右搂膝拗步（图 11-1-64）

动作要点：上步时，脚跟先着地，重心要稳；向前推手时，身体不可前俯后仰，要松腰松胯；推掌时要沉肩垂肘，坐腕舒掌，同时须与松腰、弓腿上下协调一致。

攻防含义：一手化开对方的进攻，另一手攻击对方。

227

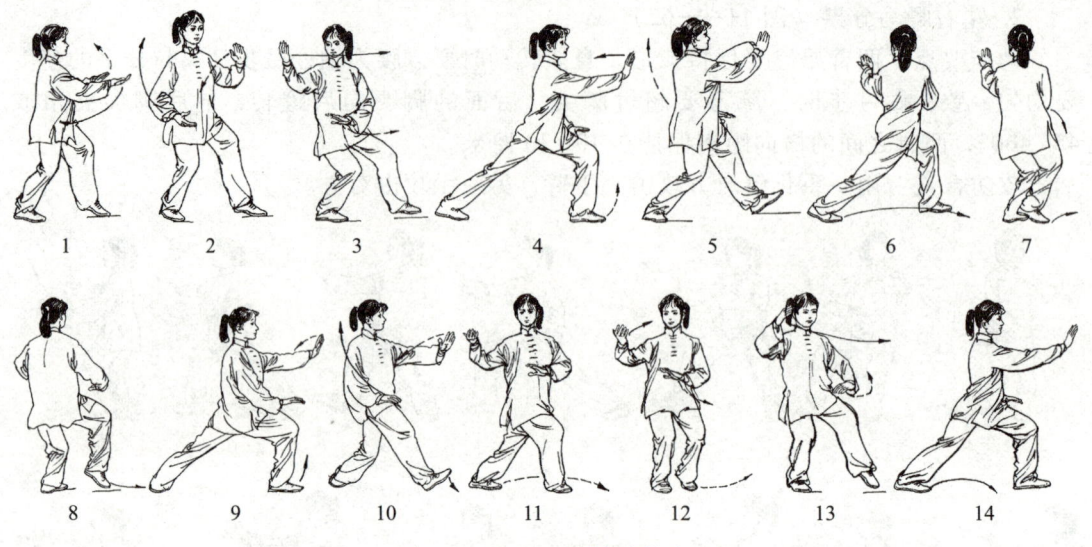

图 11-1-64　左右搂膝拗步

5. 手挥琵琶（图 11-1-65）

动作要点：定势时要沉肩垂肘，胸部放松；左手上起时不要直接向上挑，要由左向上向前，微带弧形；右脚跟进时，前脚掌先着地，再全脚踏实；身体重心后移和左手上起、右手回收要协调一致。

攻防含义：用右手防止对方的进攻，同时左手攻击对方。

图 11-1-65　手挥琵琶

6. 左右倒卷肱（图 11-1-66）

动作要点：两臂始终保持弧形，前推时要转腰松胯，两手的速度要一致，避免僵硬。退步时，前脚掌先着地，再慢慢全脚踏实；同时，前脚随转体动作以脚掌为轴扭正。退左脚略向左后斜，退右脚略向右后斜。

攻防含义：化解对方的攻击。

228

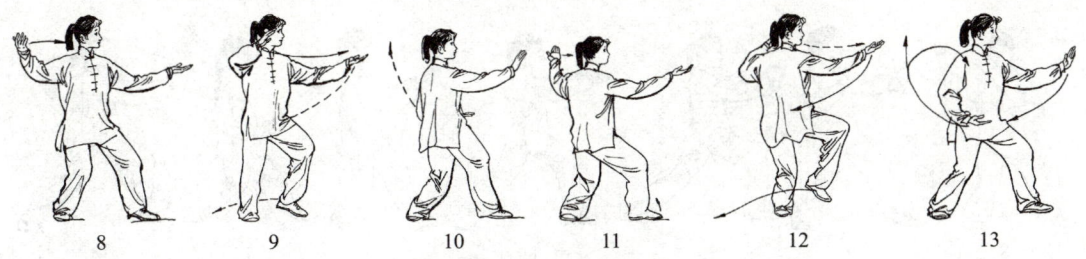

图 11-1-66 左右倒卷肱

第三组

7. 左揽雀尾（图 11-1-67）

动作要点：掤出时，两臂均保持弧形，分手、松腰、弓腿三者必须协调一致；下捋时，上体不可前倾，臀部不要突出，两臂下捋须随腰旋转，仍走弧线，左脚全脚掌着地；向前挤时，上体要正直，挤的动作要与松腰、弓腿相一致；向前按时，两手须走曲线，手腕部高与肩平，两肘微屈下沉。

攻防含义：用左手向对方掤出，并用两手顺势捋拉对方，待对方失去重心或回撤时，挤按攻击对方。

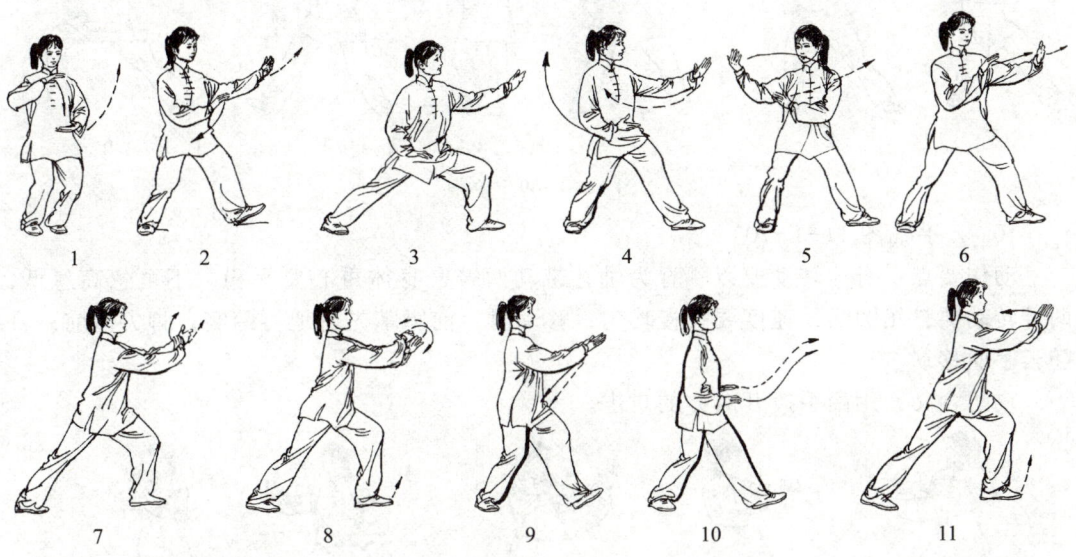

图 11-1-67 左揽雀尾

8. 右揽雀尾（图 11-1-68）

动作要点：同左揽雀尾，唯左右方向相反。

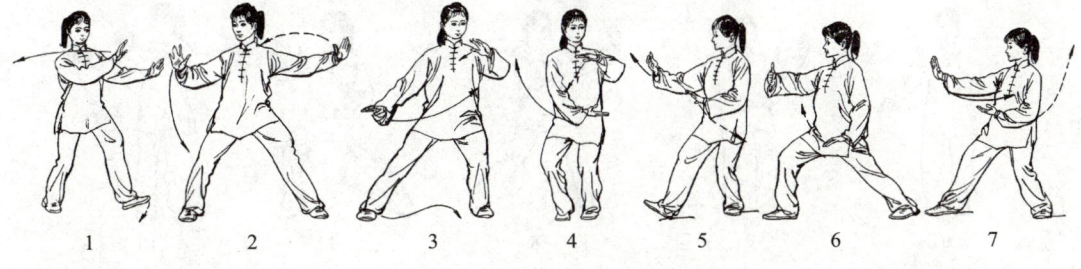

229

8　　　9　　　10　　　11　　　12　　　13　　　14

图 11-1-68　右揽雀尾

第四组

9. 单鞭（图 11-1-69）

动作要点：上体保持正直，松腰；定势时，右肘稍下垂，左肘与左膝上下相对，两肩下沉。

攻防含义：用右手化解对方的进攻，左手攻对方胸、面部。

1　　　2　　　3　　　4　　　5　　　6

图 11-1-69　单鞭

10. 云手（图 11-1-70）

动作要点：身体转动要以腰脊为轴，带动两臂，身体重心要平稳，不可忽高忽低；两臂转动要自然圆活，速度要缓慢均匀；移动时，前脚掌先着地再踏实，脚尖向前；目随云手而移动。

攻防含义：用两手拨开对方的攻击。

1　　　2　　　3　　　4　　　5

6　　　7　　　8　　　9　　　10

图 11-1-70　云手

11. 单鞭（图 11-1-71）

动作要点：与前"单鞭"相同。

图 11-1-71　单鞭

第五组

12. 高探马（图 11-1-72）

动作要点：上体自然正直，双肩下沉，右肘微下垂；跟步移换重心时，身体不要有起伏。

攻防含义：左手撤防，用右手攻击对方。

图 11-1-72　高探马

13. 右蹬脚（图 11-1-73）

动作要点：支撑腿膝微屈，以保持身体重心稳定，上体不可前俯后仰；两手分开时，腕部与肩齐平，右臂和右腿上下相对；蹬脚时，右脚尖回勾，力达脚跟；分手和蹬脚须协调一致。

攻防含义：用两手向外分开对方的进攻，同时用右脚蹬击对方胸、腹部。

14. 双峰贯耳（图 11-1-74）

动作要点：定势时头颈正直，松腰松胯，两拳松握；沉肩垂肘，两臂保持弧形。

攻防含义：双拳下落化开对方攻击，随之双拳合击对方耳部。

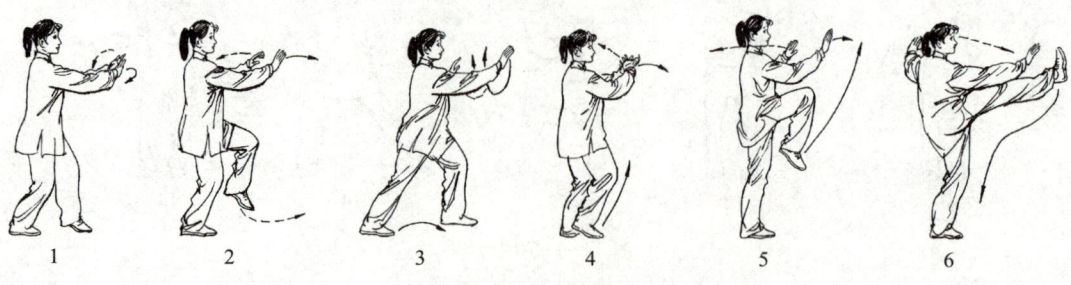

图 11-1-73　右蹬脚

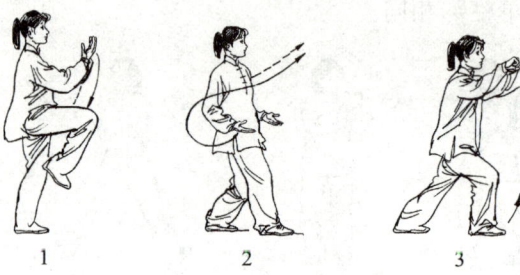

图 11-1-74　双峰贯耳

15. 转身左蹬脚（图 11-1-75）

动作要点：左蹬脚与右蹬脚方向相差 180°，左手与左脚蹬出的方向要一致。

攻防含义：同右蹬脚，唯左右方向相反。

图 11-1-75　转身左蹬脚

第六组

16. 左下势独立（图 11-1-76）

动作要点：上体要正直，支撑腿膝微屈，提膝腿的脚尖自然下垂。

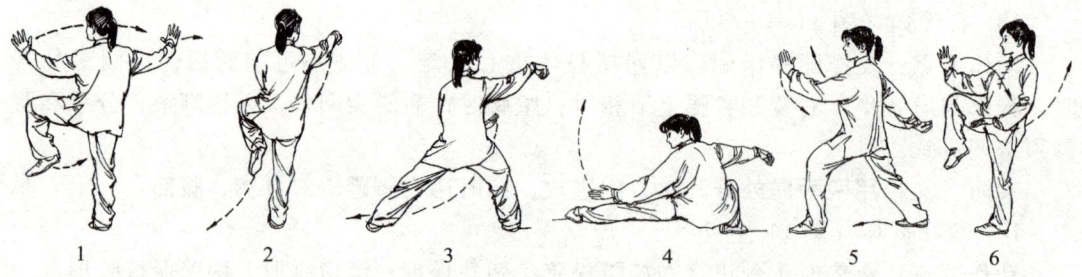

图 11-1-76　左下势独立

攻防含义：用右手牵带对方的进攻，并用右膝、右手进攻对方。

17. 右下势独立（图 11-1-77）

动作要点：与"左下势独立"相同，唯左右方向相反。

图 11-1-77　右下势独立

第七组

18. 左右穿梭（图 11-1-78）

动作要点：两个定势分别面向右侧前方和左侧前方；手推出后，上体不可前俯；手上举时，不要耸肩；两手动作与弓步要协调一致。

攻防含义：一手向上架开对方的进攻，另一手推击对方。

图 11-1-78　左右穿梭

19. 海底针（图 11-1-79）

动作要点：在右手向前下插掌时，手腕稍向上提，上体稍前倾，收腹敛臀。

攻防含义：化解对方的进攻，顺势进攻对方。

20. 闪通臂（图 11-1-80）

动作要点：定势时，上体不可过于侧倾，两臂均保持微屈。

攻防含义：右手上架，左手攻对方胸部。

图 11-1-79　海底针　　　　　　　图 11-1-80　闪通臂

第八组

21. 转身搬拦捶 （图 11-1-81）

动作要点："搬"应先按、后搬并与右腿伸落相配合；"拦"应以腰带臂平行绕动，向前平拦；"捶"应与弓步配合，上下肢协调一致。

攻防含义：在两手搬、拦开对方的进攻后，右拳攻对方胸部。

图 11-1-81　转身搬拦捶

22. 如封似闭 （图 11-1-82）

动作要点：在身体后坐时，上体不要后仰，臀部不可凸出；在两手推出时，上体不得前倾。

攻防含义：用两手化解开对方的进攻后，推击对方。

1　　　　2　　　　3　　　　4　　　　5

图 11-1-82　如封似闭

23. 十字手 （图 11-1-83）

动作要点：在两手分开合抱时，上体不要前俯；站起后，身体自然正直，头微向上顶，下颌稍向后收；两臂环抱时须圆满舒适，沉肩垂肘。

攻防含义：可用两手推架对方的进攻。

1　　　　2　　　　3　　　　4

图 11-1-83　十字手

24. 收势 （图 11-1-84）

动作要点：在两手左右分开下落时，要注意全身放松，同时气也要徐徐下沉（呼吸略加长）。呼吸平稳后，慢慢把左脚收到右脚旁。

图 11-1-84　收势

（三）器械

　　武术器械是武术演练用的器械，主要由古代兵器演化而来，古代兵器除用于实战外，大多在其发展中用于演练、防身或健身。现代武术器械有很多种，最常用的是刀、枪、剑、棍等。刀为"百器之胆"，枪为"百器之王"，剑有"百刃之君"的美称，而棍为"百器之首"，其他兵器还有如弓、戈、铲、叉、钩、铜、鞭、盾牌和流星锤等。武术项目的器械，因健体防身和武术表演比赛等的需要，不少被保留下来，如刀、枪、剑、棍、三节棍和九节鞭等；有的分化出来成为独立的运动项目，如射箭、射弩等。

　　刀、枪、剑、棍的演习，应从头一招学起。学习千招万招，都应由少到多，因此头一招很重要，没有头一招，就学不会千招万招。有了千招万招，还要学会由多到少，这就要学会"化"，化多招为一招，化多招为一套，化出绝活来。

　　刀、枪、剑、棍的演习，不仅仅是个技术问题，应该是招熟，打起来要"生"，所谓"生"，就是要打出绝招。心里要熟，外表要生，熟是技术性，生是真实性，熟和生相结合就是技术性和真实性的统一。而且在演练中一定要注重"劲头"，要把"明劲"和"暗劲"相结合，使人看了不散神。无论是刀、枪、剑、棍，在演练中都必须达到武中有美，拙中透秀，一招一式，真是动如游龙，立如苍松，在感官上给人们留下永久的享受。

　　1. 初级刀动作名称

预备姿势

起势

第一段

（1）弓步缠头	（2）虚步藏刀	（3）弓步前刺	（4）并步上挑
（5）左抡劈	（6）右抡劈	（7）弓步撩刀	（8）弓步藏刀

第二段

（9）提膝缠头	（10）弓步平斩	（11）仆步带刀	（12）歇步下砍
（13）左劈刀	（14）右劈刀	（15）歇步按刀	（16）马步平劈

第三段

（17）弓步撩刀	（18）插步反撩	（19）转身挂劈	（20）仆步下砍
（21）架刀前刺	（22）左斜劈刀	（23）右斜劈刀	（24）虚步藏刀

第四段

（25）旋转扫刀　　（26）翻身劈刀　　（27）缠头箭踢　　（28）仆步按刀

（29）缠头蹬腿　　（30）虚步藏刀　　（31）弓步缠头　　（32）并步抱刀

收势

2. 初级剑动作名称

预备势

起势

第一段

（1）弓步直刺　　（2）回身后劈　　（3）弓步平抹　　（4）弓步左撩

（5）提膝平斩　　（6）回身下刺　　（7）挂剑直刺　　（8）虚步架剑

第二段

（9）虚步平劈　　（10）弓步下劈　　（11）带剑前点　　（12）提膝下截

（13）提膝直刺　　（14）回身平崩　　（15）歇步下劈　　（16）提膝下点

第三段

（17）并步直刺　　（18）弓步上挑　　（19）歇步下劈　　（20）右截腕

（21）左截腕　　（22）跃步上挑　　（23）仆步下压　　（24）提膝直刺

第四段

（25）弓步平劈　　（26）回身后撩　　（27）歇步上崩　　（28）弓步斜削

（29）进步左撩　　（30）进步右撩　　（31）坐盘反撩　　（32）转身云剑

收势

3. 初级棍术动作名称

预备势

起势

第一段

（1）弓步劈棍　　（2）弓步撩棍　　（3）虚步上拨棍　　（4）虚步把拨棍

（5）插步抢劈棍　（6）翻身抢劈棍　　（7）马步平抢棍　　（8）跳步半抢劈棍

第二段

（9）单手抢劈棍　（10）提膝把劈棍　（11）弓步抢劈棍　　（12）弓步背棍

（13）挑把棍　　（14）转身弓步戳棍（15）踢腿撩　　　（16）弓步拉棍

第三段

（17）提膝拦棍　　（18）插步抢把劈棍（19）马步抢劈棍　（20）翻身马步抢劈棍

（21）上步右撩棍　（22）上步左撩棍　（23）转身仆步摔棍　（24）弓步崩棍

第四段

（25）马步把劈棍　（26）坐盘半抢劈棍（27）左平舞花棍　（28）右平舞花棍

（29）插步下点棍　（30）弓步下点棍　　（31）插步下戳棍　（32）提膝拦棍

收势

知识窗

武术风云人物

1. 李小龙

李小龙原名李振藩，1940 年 11 月 27 日生于美国三藩市，卒于 1973 年 7 月 20 日。一代武术宗师、武术技击家、武术哲学家，著名童星、功夫影帝、功夫电影的开创者，武道哲学的创立者，截拳道的创始人。他是将中国功夫传播到全世界的第一人，打入好莱坞的首位华人，他革命性地推动了世界武术和功夫电影的发展。他使 Kung-Fu（功夫）一词写入了英文词典。

李小龙由于在武术和电影等方面有卓越的贡献，他先后在 1972 年和 1973 年两度被国际权威武术杂志《黑带》评为世界七大武术家之一。1972 年还被香港评为十大明星之一。美国报刊把他誉为"功夫之王"，日本人称他为"武之圣者"，香港报纸赞誉他为"当代中国武术及电影史上的奇才""发扬中国武术最有成效的人"。

李小龙的一生是短暂的，但却对现代技击术和电影表演艺术的发展作出了巨大的贡献。他主演的功夫片风行海外，中国功夫也随之闻名于世界。尽管他过世已久，但李小龙却依然是功夫代名词。他的才华，他的正气，他的辉煌，都已成为一份无法拷贝的神话。

2. 成龙

成龙原名陈港生，六岁时，父母把他送进中国戏剧学校学习戏曲、唱功和武打，师从京剧大师于占元。成龙最初以武师身份进身电影圈，凭借个人的才华和热诚，其电影事业亦由武师发展至演员、导演以至监制。

成龙除极力发展其个人电影事业外，亦热心公益。他于 1986 年荣获为"香港十大杰出青年"；1988 年又获评为"世界杰出青年"；1992 年，成龙被授予"世界杰出华人青年奖"的荣誉。1989 年，他荣获英女皇颁发英帝国员佐勋章，又于 1996 年获香港浸会大学颁授社会科学博士学位。成龙于 1987 年于香港成立了"成龙慈善基金会"，主要向有志修读与表演艺术和电影技巧有关的学生提供奖助学金，也同时向本地主办青少年活动的慈善机构提供经济资助，基金会成立至今，已有过百香港演艺学生受惠。

第二节　散手

（一）简介

散手又称散打，在中国历代有诸多称谓，如相搏、手搏、白打、对拆和技击等。由于这种对抗多采用摆台形式——一种高于地面，见方的台子，所以在民间还被称为

"打擂台"。散手在中国已有几千年的历史，一直为广大人民群众所喜爱。然而，现代散手比赛与中国传统的散手却有着质的区别。现如今散手比赛是两人按照一定的规则，运用武术中的踢、打、摔和防守等技法，进行徒手对抗的现代竞技体育项目，它是中国武术的重要组成部分。现在的散手已不仅仅是对中国武术中传统的徒手格斗术进行单纯的继承和表现，而是在继承的基础上有了进一步发展和提高。其中最为突出的就是把传统中注重"招法"的观念发展成为把体能、智能与技能结合起来的理念，进而突出了它的综合应用能力。

（二）散手基本技术

1. 实战姿势

（1）动作方法：两脚按开立步站立，两手握拳，左前右后，拳眼均朝上，左手臂弯曲，肘关节夹角在 90°～110°，左拳与鼻同高；右手臂弯曲，肘关节夹角小于 90°，大小臂紧贴右侧肋部侧立，微收下颌，闭嘴合齿，面部、左肩、左拳正对对手。

（2）要点：实战姿势是实战时的预备姿势，因此，要求进攻灵活，防守严密，移动方便，姿势不可太低，重心控制在两脚之间；两手紧护躯体，暴露给对手打击的有效部位尽量缩小。

2. 拳法

（1）左冲拳：① 动作方法：预备势为正架势，即左脚、左手在前（以下均同），右脚微蹬地面，重心微向前移动；同时左拳直线向前冲出，力达拳面（图 11-2-1）。

图 11-2-1　左冲拳

② 要点：

a. 冲拳时，上体不可前倾，腰略向右转。

b. 拳面领先，大臂催前臂，臂微内旋，肘微屈。

c. 快击快攻，切勿停顿，迅速还原成预备势。

③ 用法：左冲拳是一种直线进攻型动作，特点是距离对手较近，易发动，灵活性强，但相对力度较小，可以变换身体姿势，或左、右闪躲击打对方腰部以上任何部位。既可主动进攻，又能防守反击，而更多是以假乱真，虚招引诱对手，为接用其他方法"探路"，是进攻技术中最常见、最主要的动作之一。

④ 示例：

例1：抱攻对手的中、上盘（上盘：胸部以上；中盘：腰部以上；下盘：腰部以下，以下均同）。双方在对峙的状态下，突然快速上步，以左冲拳攻击对方。当对方向前追击时，突然向左侧闪躲反击其头部（图 11-2-2）。

图 11-2-2　左冲拳示例 1

例 2：当对手用左冲拳击上盘或用右掼拳攻击上盘时，迅速俯身下躲避，同时用左冲拳反击其腹部（图 11-2-3）。

例 3：当对手进步欲俯身抱摔或欲抱腿时，迅速前移重心，并以左冲拳反击对方头部（图 11-2-4）。

图 11-2-3　左冲拳示例 2　　　　图 11-2-4　左冲拳示例 3

（2）右冲拳：① 动作方法：由预备势开始，右脚微蹬地向内右转腰送肩的同时，右拳直线向前冲击，力达拳面，左拳变掌回收至右肩内侧（图 11-2-5）。

② 要点：

a. 右冲拳的发力顺序是起于右脚，传送到腰、肩、肘，最后达于拳面。

b. 上体向左转动，以加大冲拳力量。

c. 还原时以腰带动肘，主动回收。

图 11-2-5　右冲拳

③ 用法：右冲拳是主要进攻动作之一。其特点是攻击距离长，能充分利用蹬腿转腰的力量加大冲拳的力度，具有较强的威慑力。

④ 示例：

例 1：在双方对峙状态下，突然以快速的步法逼近对方，同时右冲拳抢攻其中、上盘部位（图 11-2-6）。

例 2：当对手左冲拳攻击上盘时或当对手左掼拳向头部攻击时，俯身下躲，同时右冲拳反击其中盘（图 11-2-7）。

图 11-2-6　右冲拳示例 1　　　　图 11-2-7　右冲拳示例 2

例 3：当对手右冲拳进攻中盘，先以左手拍压其拳，继而右冲拳反击其头部（图 11-2-8）。

例 4：当对手以右横踢向下盘进攻时，左手外挂防守，随即进步右冲拳反击其上盘（图11-2-9）。

图 11-2-8　右冲拳示例 3　　　　　　　图 11-2-9　右冲拳示例 4

（3）左掼拳：① 动作方法：上体微向右转，同时左拳向外约 45°，向前向里横掼，臂微屈，拳心朝下，力达拳面或偏于拳眼侧，右拳护于右腮（图 11-2-10）。

② 要点：

a. 力从腰发，腰绕纵轴向右转动。

b. 掼拳发力时，臂微屈，肘尖抬至与肩平。

图 11-2-10　左掼拳

③ 用法：左掼拳是一种横向型进攻动作，可以结合身体姿势的高、低变化击打对方侧面。上盘可击其太阳穴，中盘可击其腰肋部位。

④ 示例：

例 1：双方对峙时，突然向左闪步，左掼拳抢攻对方头部右侧（图 11-2-11）。

例 2：对方右掼拳向己方上盘进攻，俯身向下躲闪后左掼拳反击其肋部（图 11-2-12）。

例 3：对手左横踢腿向中盘进攻，右手外截防守后急速进步，同时以左掼拳反击其头部（图 11-2-13）。

（4）右掼拳：① 动作方法：预备姿势开始，右脚微蹬地并向内扣转，合胯并向左转腰，同时右拳向外约 45°，向前、向里横掼，力达拳面或偏于拳眼侧，左拳变掌屈臂回收到腹前（图 11-2-14）。

图 11-2-11　左掼拳示例 1　　　　　　图 11-2-12　左掼拳示例 2

图 11-2-13　左掼拳示例 3　　　　图 11-2-14　右掼拳

② 要点：

a. 右脚内扣，合胯转腰与掼拳发力要协调一致。

b. 掼拳发力时，肘尖微抬，使肩、肘、腕基本成水平。

③ 用法：右掼拳也是一种横向型进攻动作，其特点是能充分借助右脚蹬地转腰的力量，力度较大。但因其进攻路线长，动作幅度宜小不宜大。此拳法多用于连击或防守反击。

④ 示例：

例1：双方对峙时，俯身以左拳虚晃，佯攻其腹部，继而起身右掼拳攻其头部（图11-2-15）。

例2：双方对峙时，左冲拳佯攻头部，对手举臂防守的瞬间，俯身右掼拳击其左肋部（图11-2-16）。

图11-2-15　右掼拳示例1　　　　图11-2-16　右掼拳示例2

例3：对手右蹬腿进攻中盘，以左手里挂防守，进步，以左掼拳反击其胸部（图11-2-17）。

图11-2-17　右掼拳示例3

3. 腿法

（1）左蹬腿：实战姿势站立，右腿直立或稍屈，左腿提膝抬起，勾脚，以脚跟领先向前蹬出，力达脚跟；亦可送髋，脚掌下压，力达脚前掌（图11-2-18）。

（2）右蹬腿：① 动作方法：身体重心前移，左腿直立或稍屈，身体稍左转，右腿屈膝前抬，勾脚，以脚跟领先向前蹬出，力达脚跟；亦可送髋，脚掌下压，力达脚前掌（图11-2-19）。

② 用法：散手中的蹬腿，除与套路中的要求相同外，还吸取了前点腿的优点，当击中对方时，脚踝发力，前脚掌下压，这样，蹬击后脚易将对方蹬开或使其倒地。

③ 示例：

例1：主动蹬腿。双方移动，当与对方正面相对时，蹬腿击其躯干（图11-2-20）。

例2：迎面蹬腿。当对方上步，用拳法进攻时，迎面抢先用蹬腿击其躯干（图11-2-21）。

图 11-2-18　左蹬腿　　　　　　　　　图 11-2-19　右蹬腿

图 11-2-20　主动蹬腿　　　　　　　　图 11-2-21　迎面蹬腿

例 3：防腿蹬腿。对方以侧弹腿、踹腿进攻，在用手防守后，抬腿将对方蹬开（图 11-2-22）。

图 11-2-22　防腿蹬腿

（3）左踹腿：① 动作方法：右腿直立或稍屈支撑，左腿屈膝抬起，小腿外摆，脚尖勾起，脚掌正对攻击目标，展髋、挺膝向前踹出，力达脚掌，上体可侧倾（图 11-2-23）。

② 示例：

例 1：低踹腿击对方下肢（图 11-2-24）。

例 2：中踹腿击对方躯干（图 11-2-25）。

例 3：高踹腿击对方头部（图 11-2-26）。

例 4：封堵踹腿。当对方抬腿进攻时，抢先以踹腿堵击对方（图 11-2-27）。

图 11-2-24　左踹腿示例 1

图 11-2-25　左踹腿示例 2

图 11-2-26　左踹腿示例 3

图 11-2-27　左踹腿示例 4

例 5：连续踹腿。当对方进步时，先用踹腿击其下肢，若对方提膝躲闪，可当其提膝腿落时，二次踹腿，击其胸部（图 11-2-28）。

例 6：出拳踹腿。先以左冲拳击对方头部或虚晃，随之右腿跟步左踹腿攻击其胸部（图11-2-29）。

图 11-2-28　左踹腿示例 5

图 11-2-29　左踹腿示例 6

（4）右踹腿：① 动作方法：左腿直立或稍屈支撑，身体向左转 180°，同时右腿屈膝前抬，小腿外摆，脚尖翘起，脚掌正对攻击目标，用力向前踹出，力达脚掌，上体可侧倾（图 11-2-30）。

图 11-2-30　右踹腿

② 要点：上体、大腿、小腿、脚掌成一条直线，踹出时一定要以大腿推动小腿直线向前发力。

③ 用法：踹腿是比赛中使用率较高的腿法之一，容易调整步法，因此，踹腿的使

用变化较多。它做直线运动、速度快、力量大、不易防守，而且配合步法使用、变化多，易于在不同距离上使用。

（5）左里合腿：上体稍右转并侧倾，同时带动左腿收髋、扣膝，直腿向右上方横摆打腿，踝关节屈紧，力达脚背至小腿下端（图11-2-31）。

（6）右里合腿：① 动作方法：左膝外展，上体右转，收腹，带动右腿收髋，扣膝，直腿向前方横摆打腿，踝关节屈紧，力达脚背至小腿下端（图11-2-32）。

图 11-2-31　左里合腿　　　　　　　　　　　图 11-2-32　右里合腿

② 要点：以转体带动摆腿，动作连贯、快速。

③ 用法：里合腿是在实战中使用较多的一种腿法。它以身带腿，速度快、力量大，使用得好能起到重创对手的作用。但因其弧形横摆，路线长、幅度大，较易被对手察觉和防守。实战中使用应注意动作快速、不带预兆。

④ 示例：

例1：左冲拳击对手头部，对手撤步闪躲，随即左转身右里合腿击其肋部（图11-2-33）。

例2：对手重心在前腿时，突然以右里合腿击其下肢（图11-2-34）。

图 11-2-33　右里合腿示例1　　　　　　　图 11-2-34　右里合腿示例2

例3：对手右冲拳进攻时，向左侧身闪躲，同时右冲拳击其胸部，随即再以右里合腿踢击其胸部（图11-2-35）。

图 11-2-35　右里合腿示例3

4. 摔法

（1）抱腿前顶：① 动作方法：甲出拳击乙头部时，乙上左步，下潜躲闪，两手抱甲双腿，屈肘，两手用力回拉，同时用左肩前顶甲大腿或腹部，将甲摔倒（图 11-2-36）。

图 11-2-36 抱腿前顶

② 要点：下潜快、抱腿紧、两臂后撤、肩顶有力。

③ 用法：可用于主动进攻或防守反击。

（2）夹颈磕腿：① 动作方法：甲用左冲拳击乙头部，乙右前臂外格甲左臂，左手由甲右肩上穿过，屈肘夹甲颈部，同时左腿背步与右腿平行，随即左转体用左小腿向后横打甲左小腿，将甲打倒（图 11-2-37）。

图 11-2-37 夹颈磕腿

② 要点：格挡迅速，夹颈有力，打腿、转身协调一致。

③ 用法：在对手用冲（掼）拳击打时，防守反击。

（3）抱腿别腿：① 动作方法：甲站立或做左侧弹腿时，乙将甲左腿抱住，并向甲的支撑腿后上左步，上体左转，长腰成右弓步，用左腿别甲右腿，同时用胸部下压甲左腿（图 11-2-38）。

② 要点：抱腿准、有力，弓步转体协调，长腰压腿顺势。

③ 用法：可用于主动进攻或防守反击。

图 11-2-38 抱腿别腿

（4）抱腿上托：① 动作方法：甲用蹬腿蹬乙胸部，乙两手立即抓握住甲左脚，屈臂上抬，两手上托其左脚后，向前上方推送使甲倒地（图 11-2-39）。

② 要点：抓脚准，托推动作连贯一致。

③ 用法：适用于防守反击对方的蹬腿动作。

图 11-2-39　抱腿上托

5. 防守法

（1）接触防守：

① 拍挡：

a. 动作方法：正架预备势开始。左手（右手）以拳心或掌心为力点向里横向拍挡（图11-2-40）。

b. 要点：前臂尽量垂直，拍挡幅度小，用力短促。

c. 用法：防守对方直线型拳法或横向型腿法对上盘的攻击。

② 挂挡：

a. 动作方法：右手（左手）屈臂向同侧头部或肩部挂挡（图 11-2-41）。

b. 要点：大小臂叠紧并贴于头侧，要含胸侧身，暴露面小。

c. 用法：防守对方横向型的手法或腿法攻击上盘，如左、右掼拳或左、右横踢腿等。

③ 拍压：

a. 动作方法：左拳（右拳）变掌，以掌心或掌根为力点由上向前下拍压。

b. 要点：拍压时，臂要弯曲，手腕和掌要紧张用力，臂内旋，虎口、指尖均朝右（左）。

c. 用法：防守对方正面的手法或腿法攻击中盘，如下冲拳、勾拳、撩拳及蹬踹腿等。

图 11-2-40　拍挡　　　　　　图 11-2-41　挂挡

④ 外抄：

a. 动作方法：左（右）手臂外旋弯曲，上臂紧贴肋部，前臂水平，手心朝上；同时右（左）手屈臂紧贴腹部，立掌，手心朝外，手指向上（图11-2-42）。

b. 要点：上臂紧护躯干，两手成钳子状。抱腿时，两手相合锁扣。

c. 用法：抄抱对方横踢腿对中盘的进攻，如左右横踢腿等。

⑤ 里抄：

a. 动作方法：左（右）手臂微屈并外旋，紧贴腹前，手心朝上，同时右（左）手屈臂紧贴胸前，立掌，虎口朝上，掌心朝外。

b. 要点：两臂紧贴体前，保护裆部、胸部和腹部，抱腿，右（左）手掌心朝下与左（右）手相锁合。

c. 用法：抄抱对方直线型腿法和横向型腿法。如正面的蹬、踹腿和左横踢腿等。

（2）闪躲防守：

① 撤闪：

a. 动作方法：前脚由前向后收步，接近后脚时脚前掌着地，重心落于后腿（图11-2-43）。

b. 要点：前脚回收迅速，虚点地面，上体正直，支撑要稳。

c. 用法：防守对方以腿法攻击下盘部位，如低蹬腿，低踹、弹腿，低横踢或勾踢腿等（图11-2-44）。

图 11-2-42　外抄　　　　图 11-2-43　撤闪 1　　　　图 11-2-44　撤闪 2

② 后闪：

a. 动作方法：重心后移，上体略后倾闪躲（图11-2-45）。

b. 要点：后闪时下颌收紧，闭嘴合齿，后闪幅度不宜过大，重心落于后腿。

c. 用法：防守对方拳法攻击上盘部位，为腿法反击做准备，因此常常配合前蹬腿防守反击。

③ 侧闪：

a. 动作方法：两膝微屈，俯身，上体向左侧或右侧闪躲（图11-2-46）。

b. 要点：上体要含胸，侧身不转头，目视对方。

c. 用法：向两侧闪躲对方用手法正面攻击上盘部位，如左、右冲拳等。

④ 下躲闪：

a. 动作方法：屈膝、沉胯，重心下降，缩颈，弧形向下躲闪，两手紧护胸部。

b. 要点：下躲闪时，膝关节、髋关节和颈部要同时弯曲、收缩，目视对手。

c. 用法：防守对方手或脚横向攻击头部，如左、右掼拳，高横踢腿等。

⑤ 提闪：

a. 动作方法：后膝微屈独支撑，前腿屈膝提起（图11-2-47）。

b. 要点：重心后移，提腿迅速，根据对方腿法进攻的路线及方位，膝关节分别有里合、外摆或垂直的变化。

c. 用法：防守对方正面或横向腿法攻击下盘部位，如低踹腿、弹腿、低横打和勾踢腿等，若对方的腿法攻击的是大腿或腰腹部，则可用小腿阻挡或接触防守。

图 11-2-45　后闪　　　　图 11-2-46　侧闪　　　　图 11-2-47　提闪

第三节　实用防身术

所谓"防身"，是运用各种手段对付他人对自身的人身攻击，确保自身的安全。防身技法是汲取武术与体育在健身、防卫上的功能和技法，从面临犯罪分子的袭击、抢劫、侵害的实际出发研究设计出来的。防卫技法近可以用手、肘，远可以用足、膝，此外，人体的其他各部位也都可以成为攻击对方的武器。

女性演练好防卫技法，不但能提高自我防卫能力，增强身体力量、速度、灵敏和反应能力，同时对培养沉着、冷静、勇敢、果断的心理素质也具有良好的作用。

（一）女子防身须知

侵犯女子者，多是身材和力量较女子强壮的男子，其多有恶意，且有准备。因此，女子防身时应注意：

（1）顺其视我柔弱，佯装畏惧，乘其松懈，还击其要害。

（2）不与对方正面较量，多些避让、闪躲，然后看准机会，攻其不备。

（3）平时可练习一些解脱对手搂抱、扑按的自卫法。如有可能，最好进行对抗练习。

（二）防卫基本攻击技术

1. 手法攻击

手法攻击是指利用各种手型、手法打击不法歹徒身体要害部位的方法，主要包括各种拳法、掌法和手指法等。

（1）直拳：出直拳时，腰部先发力，肩部放松，并向击打方向送出手臂，手臂伸直将拳猛击对方（图 11-3-1）。直拳可用于攻击鼻子、眼睛、心窝、太阳穴。

（2）半拳：握拳时，第二指关节突前，掌心伸直，拇指置于食指侧面，腕部平直（图11-3-2）。打击方法同直拳，主要用于攻击颈喉部（图 11-3-3）。

（3）爪：手指分开并外张，指节微屈（图 11-3-4）。打击目标时，像鹰爪挖抠，主要攻击眼睛和脸部（图 11-3-5）。

（4）勾手：五个手指的第一指节捏拢在一起，回屈手腕（图11-3-6）。击打技巧以喙击动作为主，攻击歹徒要害部位，主要攻击眼睛和裆部（图11-3-7）。

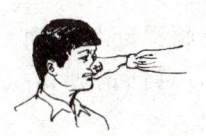
图 11-3-1　直拳

图 11-3-2　半拳手型

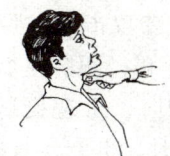
图 11-3-3　半拳应用

图 11-3-4　爪手型

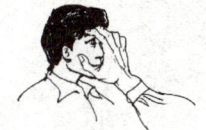
图 11-3-5　爪应用

图 11-3-6　勾手手型

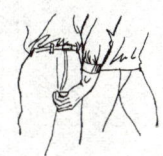
图 11-3-7　勾手应用

2. 肘膝法攻击

（1）横肘：握拳，手臂抬平，腕关节保持伸直状态，拳心向下，手臂回屈夹紧，以腰发力，肩部放松，横向前摆手臂，以肘尖部击打歹徒太阳穴、脸部正面和下颌骨处（图11-3-8）。

（2）挑肘：握拳，手臂屈肘夹紧，自然下垂，以腰发力，肩部放松，自然张开双臂，从侧面将手臂抬起以肘尖部挑击歹徒（图11-3-9）。主要从侧面袭击对方的下颌、胸窝和太阳穴。

图 11-3-8　横肘

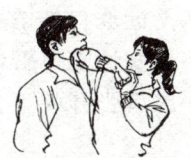
图 11-3-9　挑肘

（3）正顶膝：两腿前后或左右稍微分开站立，稳定重心。提腿之前，将重心移到另一腿支撑，猛蹬地，大腿发力屈膝提起，膝关节朝正前上方顶击（图11-3-10，图11-3-11）。主要攻击对方的裆部、腹部，或当对方屈体时，攻击其头部。

图 11-3-10　正顶膝（裆部）

图 11-3-11　正顶膝（腹部）

3. 腿法攻击

（1）蹬腿：两脚前后或左右站立，重心稳定。一条腿屈膝提起，脚尖与膝关节正对前方，大腿抬起与腰同高。发力时，抬起腿，脚跟向前平蹬，大小腿成一条直线。另一条腿伸直或微屈支撑（图11-3-12）。蹬腿时，挺胸、直腹、转髋，动作突然，要有爆发力。主要攻击对方胫骨、膝关节、大腿肌肉、小腹部。

（2）弹腿：两脚左右或前后站立，重心平稳。一条腿屈膝提起与地面平行，脚面绷直。发力时，迅速挺膝，小腿快速前摆，以脚弓部为发力点向前弹出（图11-3-13）。发力时，挺胸、直腰、收髋。主要攻击对方裆部、下颌。

图 11-3-12　蹬腿　　　　　　　　　图 11-3-13　弹腿

（3）后磕腿：以磕右脚为例，两脚开立稍比肩宽，身体站稳。然后重心移到左脚作为支撑腿，将右脚尖回勾并向前摆出，然后以腰发力，猛力回收膝关节带动小腿后摆，用脚跟部位磕击歹徒（图11-3-14）。主要对付从后搂抱的歹徒，以攻击胫骨、膝关节、裆部为主。

图 11-3-14　后磕腿

（三）常见防身技法

1. 单腕被抓

一是转动手臂从歹徒虎口处滑脱，二是从虎口滑脱时手臂屈肘收臂，加大力量。如果歹徒腕力较大，多数女性靠单臂动作是无法解脱的。所以，以侧身站为好，右脚向后撤一步，随之用左手虎口张开朝下，猛推歹徒右手腕，同时右手上提即可解脱（图11-3-15）。

动作要领：推腕与提臂动作要协调一致，用力要猛，移动脚步和身体加大解脱力量。

图 11-3-15　单腕被抓

2. 左肩被对方右手正面抓住

当被歹徒用右手从正面抓住自己左肩时，佯装害怕，右手抓住歹徒右手，表情放松，不让对方察觉己方攻击意图，将左手握拳上举，随后身体稍向右转，注意身体右转时右手控制歹徒右手要牢固。上述动作不停，左臂屈肘垂直下砸，将歹徒右手腕折伤（图11-3-16）。

动作要领：下砸要有爆发力，双腿可屈膝加强下击速度和力量。歹徒被迫下蹲屈体后，可以用膝或脚继续攻击。

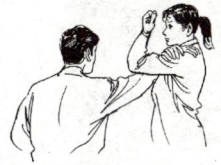

图 11-3-16　左肩被对方右手正面抓住

3. 左肩被对方右手从背后抓住

如果被歹徒用右手抓住左肩时，可用右手按住歹徒手背，左脚向后撤一步，身体向左转，同时握左拳抬起手臂随身体转动之际抡砸歹徒手臂，随之左手臂抡转顺势夹其右臂，左脚向前移动一步，用右手猛击歹徒喉结（图 11-3-17），然后右脚上步绊住对方双脚将其摔倒。

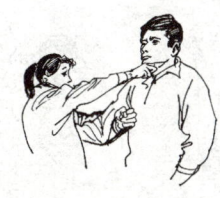

图 11-3-17　左肩被对方右手从背后抓住

动作要领：砸时要狠、准，有爆发力，夹臂、击喉、上步绊摔一气呵成。

4. 单手摸前胸

当被歹徒用右手摸胸部时，应用右手抓住其右手背，同时左手也协助抓其右腕，然后挺胸稍上左步，将歹徒右手牢牢固定在胸前，随后身体猛向右转，折伤歹徒右手腕（图 11-3-18）。

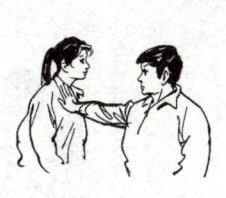

图 11-3-18　单手摸前胸

动作要领：抓腕挺胸动作要快，转体折腕要有爆发力。

5. 头发被正面抓住

对付头发被抓，首先要采取措施减轻对方手腕的拉扯力。如果被歹徒用右手从前面抓住头发，赶快用右手抓紧歹徒右手掌，用左手握牢其右手腕，不让对方的右手肆意抓扯。然后，右脚向后撤一大步，身体随之前俯，双手控牢歹徒右手，向下屈压其手腕，结合身体重心下降前俯动作，并向右侧猛扭身体，让歹徒右手腕被折受伤（图11-3-19）。

图11-3-19 头发被正面抓住

动作要领：控腕要牢固，俯身屈压和扭身折腕动作要有爆发力。

6. 被正面双手掐颈

如果被歹徒用双手掐住脖子时，并往墙上或其他物体上推时，应借势将左脚向后退步，同时右臂向左抡转，靠较大的抡转力量折压歹徒左手腕关节，迫使其松手。然后，将右臂再迅速向回挥动，用反背拳击打歹徒右太阳穴（图11-3-20）。

图11-3-20 被正面双手掐颈

动作要领：抡臂动作要快，上臂夹紧，反背拳要以爆发力出拳。

7. 被从侧面搂住脖子

如果被歹徒用左臂搂住脖子时，不动声色，用左手抓住其左手背，使其不易察觉，抓手时可假装触摸，猛然抬起右臂用拐肘方法狠击歹徒面部（图11-3-21）。

另一种方法是用左手抓住歹徒左手后，用勾手方法扣其裆部（图11-3-22），上述肘击和扣裆可配合使用。

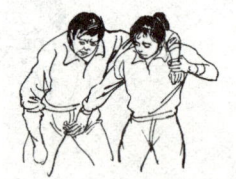

图11-3-21 被从侧面搂住脖子1　　　　图11-3-22 被从侧面搂住脖子2

动作要领：拐肘、扣裆动作要狠、准，有爆发力。

8. 后衣领被抓

当被歹徒从背后用左手抓后衣领时，应立刻左脚向前上步，同时身体向右后转身，同时挥起左臂用砍掌方法猛砍歹徒右颈动脉，然后顺势用双手搂其脖子下拉，以左膝正顶其裆部（图11-3-23）。

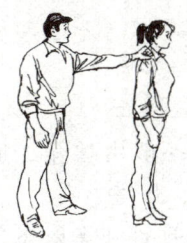

图 11-3-23　后衣领被抓

动作要领：转体快，砍掌有力，顶膝迅猛。

9. 倒地骑上

如果被歹徒摔倒在地上并骑压在自己身上，双手正掐脖子时，左手抓住歹徒右手腕，右手伸过来从上抓住歹徒右手背，看准时机，右臂用力夹紧，同时身体向右侧翻滚，将歹徒右手腕反扭，并借势将歹徒右臂背屈控制（图 11-3-24）。

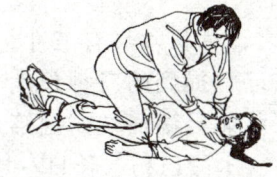

图 11-3-24　倒地骑上

动作要领：翻身扭臂动作要协调，夹臂要有爆发力。

第四节　射箭运动

一、射术起源

射箭，即借助弓的弹力将箭射出，在规定的距离内比赛选手射正箭靶准确性的一项体育运动项目。远在 1 万年前的中石器时代，人类就发明了弓箭来狩猎捕鱼。之后弓箭又作为战争的武器之一，现代弓箭作为人们喜欢的体育运动项目被保留下来。

射箭运动在我国有着悠久的历史。考古发现，早在旧石器时代晚期就有了弓箭。现代射箭运动在我国开展较晚，中华人民共和国成立前，射箭只是武术项目中的表演项目。中华人民共和国成立后，射箭运动先后在 25 个省、自治区、直辖市开展起来。1961 年，上海运动员赵素霞首次打破世界纪录，此后，从 1961—1994 年，先后有赵素霞、李淑兰、徐开才、王锡华、孙春兰、石桂珍、王荣娟、扎拉嘎、姜胜玲、黄淑艳、宋淑贤、王文娟、孟凡爱、孙伟、刘光志、王晓竹、林桑、张帆等优秀运动员，共计46 次打破世界纪录。李淑兰曾一人 11 次打破个人世界纪录，6 次与队友打破团体世界纪录。在民间，射箭运动也较为普及，特别是在少数民族地区开展较好，每年少数民族的节日都举办形式多样的射箭比赛，如青海省藏族举办射远比赛、拉弓比赛、射准比赛，内蒙古自治区的"那达慕"大会进行传统的骑马射箭、射准比赛。

二、传统弓的装备

原始的制弓材料较为单一，由竹木制成，后发展为复合材料，一般由兽角、筋、竹、木材、丝、漆、胶等制成。弓的种类繁多，如春秋战国时分王弓、弧弓、夹弓、庚弓、唐弓和大弓6种。王弓、弧弓用于守城和车战；夹弓、废弓用于打猎和飞射飞鸟。汉代分虎贾弓、雕弓、角端弓、路弓、疆弓。唐代分长弓、角弓、稍弓和格弓4种，长弓供步兵用，角弓供骑兵用，稍弓、格弓供皇朝禁卫军用。

弓箭在中国古代的重要性毋庸置疑，除了广泛用于战争、打猎，还如谭旦冏先生所言，"在中国，历代保持着'礼乐射御书数'六艺并重的精神，甚而合射以明教，借射以学礼，自天子下降及庶人，莫不讲习。"

传统弓箭制作时间较长，一般都在一年以上，制作程序繁杂。

1. 传统弓的长度

弓的长度因人而异，"弓长六尺有六寸，谓之上制，上士服之；弓长六尺有三寸，谓之中制，中士服之；弓长六尺，谓之下制，下士服之"。《考工记》提到的三种长度不一的弓，约合今152.46厘米、145.53厘米、138.6厘米。据《临潼县秦俑坑试掘第一号简报》，秦始皇兵马俑出土铜弩机、木弓和弓囊28件，其中，"木弓已朽，长117~140厘米"。在居延汉代遗址也发现一张缺弦的反弓"长130厘米"。

2. 传统弓的射程以及拉力

《仪礼·大射仪》中规定"大侯九十"，即天子举行射礼时所用侯道为九十狸步。一狸步为六尺，约合今日124.74米，此为天子举行射礼的侯道长度，比现代奥林匹克运动会射箭项目的最远距离（90米）还要多出34.74米。

至于传统弓的拉力，明代宋应星在《天工开物·佳兵》篇提道："凡造弓视人力强弱为轻重。上力挽一百二十斤，过此则为虎力，亦不数出。中力减十之二三，下力及其半。"明代一斤，约合今1.1936市斤，120斤约合今143.232市斤，即71.616千克。上力之人，拉开一张近72千克的弓，这在现代人几乎不可能做到的。《天工开物》可以为我们推测《考工记》的拉力提供一个参照。根据古今度量的换算，明代人弓箭拉力之大令人瞠目结舌。古代多有射箭世家，一旦即戎，即是生死系之，其体质之强，用弓拉力之大，恐非今人可比。

3. 箭的长度

根据《临潼县秦俑坑试掘第一号简报》，秦始皇兵马俑，出土箭镞近7 000支，其中，Ⅰ式箭镞"箭通长68~72厘米"，根据出土的铜弩机，这些短箭更可能为弩用箭，而非弓用箭。

比较古今弓箭的制作，可以得出如下结论：① 在制作目的上，古代主要用于军事、射礼、打猎等，今天主要用于体育竞技、商业娱乐、射礼复原等；② 在制作材料上，古代若干制作材料已经失传或者不再使用，而现代制作材料内容丰富，如弓弦、箭镞、箭羽的制作还引入了诸多新材料；③ 在制作方法上，古代更加精细，对时令、阴阳、等级等关切甚多，现代技术更先进，制作更便捷，交流更方便；④ 在制作文献上，《考工记》在当时以及后世起到巨大的指导作用，但《考工记》本身对弓的拉力、箭杆的厚度等重要参数均未记录，另有一些数据已经无法解读，而后来的经师对涉及弓箭文献的理解多半拘泥于注疏，罕能结合实际。

4. 射箭运动的特点和所需场地器材

射箭运动能够有效地增加人体臂部、背部、腰部、腿部力量。培养人顽强、勇敢及战胜困难的意志品质。受训者经过系统地训练能够提高对肌肉的控制力和精神专注力。

弓是抛射兵器中最古老的一种弹射武器。它由富有弹性的弓臂和柔韧的弓弦构成，当把拉弦张弓过程中积聚的力量在瞬间释放时，便可将扣在弓弦上的箭或弹丸射向远处的目标。

三、射箭运动的特点及要求

（一）射箭运动的特点

1. 人的操作是关键

在持弓臂与拉弦臂的作用下，使弓变形产生弹力。当射手做撒放动作后，弓的弹力通过弓弦作用于箭。这说明在射箭的过程中，箭射得准与不准，关键是靠人的操作，合理、准确的动作与用力是射好箭的基础。

2. 突出准确性

射准射箭比赛，是指通过比赛看射箭准确度，准确性是射箭最突出的特点。

（二）射箭运动的要求

1. 射箭运动的练习要求

（1）射箭运动是一项比赛准确性、动作技巧要求很高的运动项目，因而要求动作必须具备高度的一致性、稳定性与协调性。在发射过程中用力要流畅，并且具备鲜明的快节奏感。

（2）花最小的力量，在最短的时间之内，完成有效的射箭动作。

（3）每一支箭的动作程序必须十分流畅，在任何环节上都不可稍有迟疑。

（4）简化动作程序，去掉不必要的动作，使完整的动作一气呵成。应运用身体最适当的部位，做动作时力求自然，不做勉强动作，在转换动作时应自然流畅，尽量利用惯性和自然力。

（5）在学习过程中，不论采用什么内容的练习方法和手段，基本动作规格和时间节奏要求应该是一致的。例如，拉弓、近程撒放、射草靶、射环靶、考核等。

（6）在发射过程中，两手、两臂的各种动作都应同时开始，同时向相反的方向做相应的动作，并同时结束。

（7）由于射箭运动的固有特点和比赛规则的各种限制，解决射准问题的关键是靠射手的自身肌肉用力感觉。因而，在练习过程中要高度集中注意力，把正确的用力感觉落实到射每一支箭的训练过程中。

（8）射箭动作虽然简单，但要求精确度却是极高的。因此，在完成练习的过程中，射手要有强烈的"质量意识"，具备自觉的、严格的、高标准的要求自己的基本素质。

2. 射箭运动的规范动作要求与程序

射箭运动的规范动作是依据人体运动科学原理（符合运动生物力学、运动解剖学、运动生理学的要求）和射箭运动的特点及客观规律，根据射手的人体形态和所使用器材的规格，为了获得技术动作的一致性、稳定性、连贯性、协调性和严格的时间节奏，充分动员和发挥射手的机体能力、心理素质，有效地完成射一支箭动作的标准化程序（它必须符合直线用力的原则）。

技术动作的标准化程序包括站立、举弓、开弓、靠弦、瞄准与继续用力、撒放、动作暂留 7 个主要环节。

规范动作的练习在初级练习阶段是十分重要的，初级练习阶段是打基础阶段，对射手以后的成长和发展起着决定性的作用。基础没有打好，形成一些错误的动力定型，再重新调整就需要一个较长的练习周期。

四、射箭基本动作

（一）准备动作部分

准备动作部分的主要任务：使注意力处于高度集中的状态，对射好一支箭或一组箭发出指令性动作信号，做好一切准备工作。

1. 审靶（观察自己射的靶子）

基本要求：射手进入训练或比赛场地后，首先要观察好自己所射的靶位以及场地上的情况和周围的环境，并对光线、湿度、风向和风力等客观因素有所了解。

2. 选位（运动员选择自己在起射线上的位置）

基本要求：每名射手在起射线上都应有自己固定的站立位置，最理想的位置是站在靶的中心线上。但根据目前的比赛规则，单轮比赛均采用同靶位三名射手在同一时限内发射，射手根据抽签的顺序决定站位，这样就出现了三种可能的站立位置，所以射手必须具备前、中、后射箭的能力。

3. 站立（起射时两脚站立的姿势与躯干姿势）

（1）站立姿势：射箭时通常采用的站立姿势有侧立式、暴露式和隐蔽式三种（图11-4-1）。

① 侧立式：又称平行式，是射箭运动最基本的一种站立姿势。基本要求是两脚开立与肩同宽，站在起射线两侧，脚稍外展，尽量紧靠靶心线。侧立式采用人体的基本站立姿势，比较自然，能保证人体器官正常机能的活动，使有机体保持长时间的工作能力，不易对躯干产生过分的屈曲和扭转，初学者和女运动员采用此种站立姿势比较适宜。

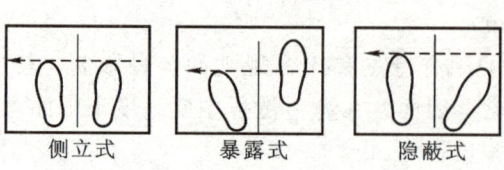

侧立式　　　暴露式　　　隐蔽式

图 11-4-1　站立姿势

② 暴露式：又称斜向站立法。基本要求是两脚开立站在起射线两侧，右脚比左脚向前超出半脚以上，两脚之间的距离与肩同宽或稍宽于肩，上体稍向右转。

③ 隐蔽式：基本要求是两脚开立站在起射线两侧，右脚比左脚向后1/3脚。

（2）躯干姿势：躯干是保证站姿正确与否的基本因素之一。基本要求是：躯干姿势要稳定、一致、自然、轻松，以保证人体器官的正常机能活动，保证有机体能较长时间维持工作能力。身体应垂直于地面，躯干的任何面（沿任何轴）都不得过分屈曲或扭转。为有利于前、后用力保持平衡，重心必须平均落于两脚之上。为提高身体的稳定程度，保证后背肌群的用力不受干扰，身体的重心必须落于前脚掌。两腿自然伸直，两膝稳固不动；眼睛平视前方，将整个身体摆正放稳，尽可能保持自然姿势；两肩下沉，呼吸均匀，充实气力。

规范的站立动作能体现出：① "人与弓"系统的稳定性；② 有利于持弓臂的前撑直线用力，并尽量使持弓臂的前臂处在箭的延长线上；③ 有利于后背肌群的用力，并使拉弓臂的肘关节中心在射箭面；④ 使身体各部位和内脏器官处于尽量接近自然的状态。

站立是一个很简单的动作，但却是射箭技术的重要环节。由于站立动作比较简单，往往被运动员所忽视，造成许多不应有的失误。射箭的准确性在很大程度上取决于运动员身体的稳定性，因此，在完成站立动作时，必须认真，不可草率从事。

4. 搭箭

先将箭尾插入弓弦的箭扣部位，并将箭杆置于箭台上，然后把箭杆压入信号片下，最后将箭尾插入弓弦的箭扣处（图11-4-2）。

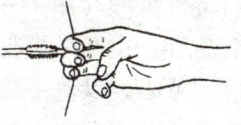

图 11-4-2　搭箭

5. 推弓

（1）推弓的基本要求：① 弓把与手的接触面应尽量小；② 开弓后，弓与手的压力方向应通过腕关节桡侧（尽量靠近关节中心）；③ 手指屈肌不要参与工作，并做到最大限度的放松；④ 推弓的施力点要始终落在弓把的同一位置上，做到对位推弓。

（2）推弓的方法：① 低推法：弓把抵住掌部，推弓的施力点在大鱼际上，弓的压力落在桡侧关节上。这样可使手部肌肉和桡腕关节周围肌肉的紧张程度相应减小；② 高推法（用虎口抵住弓把）：此种方法的支撑力点与桡腕关节处在同一水平面上，即虎口与前臂形成一条直线，手掌不完全接触弓把，手指自然下垂保持手掌的水平姿势。采用此种方法，触弓的施力点比较集中，也最接近于弓的中心部位。

6. 勾弦

勾弦动作由食指、中指、无名指完成（地中海式），拇指和小指不参与勾弦。为防止其干扰，拇指应自然弯曲指向掌心，小指自然弯曲或自然伸直靠在无名指上。手腕及第一指关节要放松，并同手背连成一条直线。

勾弦时，弓弦位于三指末指骨靠近关节处，箭在食指和中指之间，拉弦的负荷要均匀地分配到三个手指上。

勾弦的手指形成一个特殊的钩子，将弦勾住。勾弦手的任务就是勾弦，除将弓弦牢牢钩住外，不参与其他工作。因此，手的其他部位必须处于最大限度的放松状态，否则勾弦手任何多余的紧张，都会给整个射箭动作带来许多不利的因素。

7. 转头

做好推弓和勾弦动作后，在保持身体姿势不变的情况下，头部自然转向靶面。在选择头部最佳位置时，射手除要考虑到自己的特点外（如鼻子的高低、下颌距眼睛距离的长短以及下颌的角度等），还应注意以下两点：① 转头后眼睛应向箭靶自然平视，头部既不后仰也不前低；② 颈部肌肉要自然放松，否则会对背部和肩带肌肉用力产生不良影响。

（二）基本动作部分

1. 举弓

左手持弓，右手勾弦，头部自然转向靶面，眼睛平视前方，两臂举起，弓与地面垂直，箭要成水平并同拉弦臂的前臂连成一条直线，两肩自然下沉，调整呼吸，准星对准靶心或靶心上方的某一个固定位置（图11-4-3）。通常采用的举弓方法有两种：高位举弓、水平举弓。

2. 开弓

开弓是借助持弓臂的伸展和拉弓臂肩带（肩胛骨）内收的力将弓拉开，持弓臂对准靶心直推，拉弓臂在前者的同一延长线上直拉。

基本要求是举弓稳定以后，利用两肩带肌肉的力量，采用前撑后拉的方法，延最短距离将弓拉开（图11-4-4）。开弓的具体方法由举弓动作来决定，如采用高位举弓法的运动员，在开弓过程中，眼睛不要离开准星以检查准星是否偏离了黄心的垂直线，是否接近黄心，以使弓弦在到位的同时，准星也进入黄心。采用水平举弓法的运动员，采用水平开弓的方法。在开弓过程中，除保持两肩沿水平方向用力外，还应保持准星在黄心内。

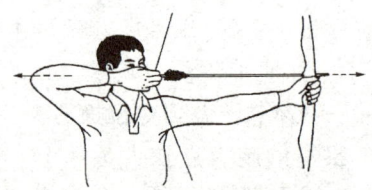
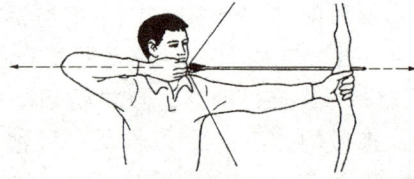

图 11-4-3 举弓　　　　　　　　　　　　图 11-4-4 开弓

开弓是射箭基本姿势动作的一个重要环节，应做到：

（1）开弓要两准：① 拉距要准：开弓后，信号片应压在箭头的一个固定位置上，否则会破坏整体动作的节奏；② 准星要准确进入黄心：弓开满（即弓弦到位）时准星瞄入黄心，不进行第二次移动瞄准。

（2）开弓既要稳定又要果断：① 要稳定：是指弓举起后要有一个稳定过程。在开弓过程中，也要保持这种稳定状态；② 要果断：就是要大胆果断地将弓拉开，开弓时思想上没有任何顾虑，古人云"怒气开弓"，也有这方面的含义。

（3）在开弓时，要保持最初站立时的身体位置。

3. 靠弦

（1）靠弦的方法（勾弦手的定位方法）：① 颌下定位：基本要求是大拇指自然弯

曲指向掌心，食指靠在颌下，弓弦对正鼻、嘴和下颌的中央；② 侧向定位：基本要求与颌下定位法相同，只是开弓后弓弦靠在嘴右角处（左手持弓者）。这种靠弦方法一般用于前臂较短的运动员。采用这种方法可以加大锁骨和肱骨的角度，使前臂的纵轴更接近于射箭面，有利于后背肌群的用力。

（2）靠弦的特点：靠弦动作结束的同时，即射箭基本姿势形成。这时最大的特点是各部分动作必须按技术规格要求完全就绪。因为靠弦动作的结束，便进入了一个新的更重要的阶段，所以靠弦动作一定要到位。

（3）基本姿势的形成：靠弦到位基本姿势就形成了，这是射箭运动基本技术中的重要一环，是射好一支箭的基础。它是各部位肌肉在开弓以后继续保持连续性紧张以平衡弓的张力，并且是各部肌肉持续正确用力的前提条件。

基本姿势形成，射箭运动的直线用力也就形成了。

直线用力，是指持弓臂向用力方向（靶心方向）前撑和拉弓臂靠后背肌群（主要是菱形肌和斜方肌中部）的积极牵引向相反的方向运动，从而形成了两个力量相等、方向相反并作用于一条直线上的力。

基本姿势形成以后，总的要求是身体端正，重心平均落于两脚之上；塌肩舒胸，动作层次清楚，左右用力对称；整个动作自然轻松，稳固持久。

古人对射箭姿势的要求是"身法亦当正直，勿缩颈、勿露臂、勿弯腰、勿前探、勿后仰、勿挺胸，此为要旨，即尽善矣。""身端体直，用力平和，拈弓得法，架箭从容，前推后走，弓满式成。"

从古到今，善射者都很重视基本姿势动作的练习，因为它是提高射击技术的基础，这个基础打得越牢固、合理、轻松、自然，就能越长时间地保持工作能力，越好地完成下面各环节的动作。

4．继续用力

继续用力是指开弓后肌肉不间断连续用力的过程。

继续用力不是一个孤立的动作，它在完成开弓和基本姿势的过程中都在不停顿地进行，并且不断加强。具体指加强持弓臂的内旋前撑和拉弓臂后背肌群的柔和用力，即所谓"舒展两肩"的用力。它是整个射箭技术节奏清晰、稳健流畅的基础。

5．瞄准

在靠弦的同时，眼睛通过弓弦一侧的参瞄向黄心构成一条直线的过程为瞄准。瞄准应在弓的平面上进行，因为准星这一点并不能决定平面在空间的位置，可根据弓，尤其是弓弦的垂直位置来确定（图11-4-5）。

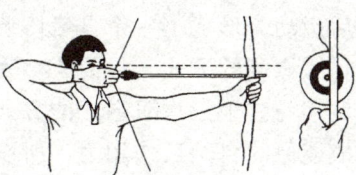

图 11-4-5　瞄准

现代的比赛用弓，被称为"中心撒放式"弓，即弓上的瞄准窗凹度比较大，弓弦可以垂直地将箭射出。利用弓弦瞄准可分为弦内瞄准（通过弓弦的右侧）和弦外瞄准（通过弓弦的左侧）。采用弦外瞄准（弦内瞄准相同），开弓后将弓弦左侧对准准星的右侧，在瞄准的全过程中始终不变，每支箭均应如此。如弓弦的一侧对准准星一侧有困难，对准弓的某一位置也可以，但每一支箭都应是同一位置。

　　将弓弦作为瞄准的一部分，不仅有助于瞄准时的"视力回收"，而且对固定射箭姿势会起到很大的监督作用，即借助弓弦和准星的相对位置，检查动作的变化情况，这对提高动作的一致性是十分有益的。

　　在瞄准训练中应掌握以下要点：

　　（1）把注意力集中于自身：瞄准时，应做到"星实靶虚"。在瞄准时，准星是清楚的，把视线的焦点集中于准星，而靶子可以是模糊的，这点对初学者十分重要。如初学者养成了"靶实星虚"的习惯，以后再将视线的焦点集中于准星会比较困难。

　　射箭运动是非身体接触的间接性对抗，要求射手在对自身动作的进行过程中，具有准确的感觉反应系统，善于对自己的技术动作和用力敏锐地进行控制、调整和协调，使动作尽量完善、准确、稳定、连贯并形成自动化。所以，注意力必须高度集中于自身的感觉上。

　　在瞄准时，应把注意力集中在以准星为边缘的"内环境之中"，只有这样，才能把注意力集中在内在感觉上。如果把注意力集中于靶面，扩大了注意力的空间范围，会有两个方面的问题：一是人为扩大了注意力的范围，增多了外来干扰；二是由于注意力的分散，降低了自身感觉的灵敏性，技术动作易发生变化，这是产生用力停顿、延长瞄准时间、破坏发射节奏等错误动作的直接原因。

　　在长时间的练习和比赛中，在周围环境比较复杂的情况下，注意力高度集中在自身感觉上，不是一件容易做到的事情，需要通过意志努力与长时间的练习、比赛所带来的疲劳做斗争，同时还要学会自我调整、自我休息。

　　（2）适宜的瞄准时间：瞄准时间是指从靠弦至撒放之间的时间。每一名射手都应固定一个上下不差一秒的相对稳定的瞄准时间，并建立起严格的时间条件反射，这对初学者是十分重要的。瞄准时间可根据射手的不同特点而定。按照现代射箭运动的技术特点，一般在 2~4 秒比较理想。

　　6. 撒放

　　撒放动作是在瞬间进行的，其质量是决定箭命中率高低的重要因素之一，我国古代称其为"画龙点睛"，说明了撒放动作在射箭中的地位。

　　正确撒放时的动作是：推弓和拉弓所产生的两个相反的力要平衡、协调，以勾弦点为中心，左右均匀分开，持弓臂随箭射出的方向沿射击面向前运动，勾弦手沿射击面向后运动，形成了一个自然协调的动作。

　　撒放的方式，目前大多采用滑弦撒放。具体过程是：在持弓臂前撑用力的基础上，利用勾弦手三指肌退让的方式使弦滑离三指/由于后背肌群强有力地收缩，使拉弓臂形成复原的自然反作用力，所以当弓弦离开三指时，带动勾弦手沿射箭面直接向后运动。

　　滑弦撒放是一种理想的撒放方式，目前被世界上广大运动员所采用。因为这种脱弦的方式和拉弓的用力是完全一致的，是拉弓用力的继续，它能最大限度地减少弓的能量消耗，使弓弦沿比较理想的轨迹将箭推出。由于它的动力来源主要是来自拉弓臂的后背肌群，当弓弦离开手指时，拉弓臂反射性地向后退回，使之成为一个很自然、舒展大方和协调的动作。

（三）结束动作部分

1. 动作暂留

（1）保持撒放动作结束时正确姿势不变，射箭术语称动作暂留，暂留时间以秒为宜。它不仅在动作暂留时要维持身体姿势，还要把正确用力表现出来，这不但强化了正确的射箭姿势，而且可使正确的用力得到进一步加强，在一定意义上讲还可以控制箭的正确飞行方向。如果撒放时动作做得不好，但有一个正确的结束动作，也可弥补其不足，减少箭的偏差。

射箭的本体感觉与认知过程

（2）即刻反馈：即刻反馈在动作暂留里占有很重要的位置。在起射前的准备阶段已发出如何射好这支箭的指令性动作信息，当箭中靶，即刻进行反馈，及时总结这一支箭射的情况，并马上决定下一支箭如何射。反馈得越快、越及时，效果就越好。

2. 收势

收势是指一支箭起射过程全部结束时，将弓放下，使身体恢复到站立时的姿势。

第五节　中国式摔跤

中国式摔跤当代价值与历史使命

中国式摔跤即中国民族形式的摔跤运动。20世纪90年代前，比赛按运动员体重分10个级别，进入90年代后合并为5个级别。摔跤在10米见方的场地上进行。常用方法有背、别、挑、缠、踹、踢、拧、搂、弹、插闪、抱腿、勾脚等，以把对手摔倒为胜跤，按胜跤质量评定3、2、1分。每场比赛两个回合，每个回合2分钟，中间休息30秒，以两个回合中得分多者为胜。若比赛终止时间未到，而一方得分已超过对手10分，则判该方获胜。中国在原始社会时期已有摔跤，各地区各民族也有不同的摔跤，如蒙古族摔跤、藏族摔跤、维吾尔族摔跤、朝鲜族摔跤等。

基本技术介绍

（1）上手：使用跤绊时起主导作用的手法。双手分别抓握对于把位时，有主导和辅助之分，其中起主导作用的手就是上手。

（2）底手：使用跤绊时起辅助作用的手法。双手分别抓握对手把拉时，往往会有主导和辅助之分，其中起辅助作用的手就是底手。

（3）散手：一种快速进招的方法。指双方交手时，一方及时抓握对手的腕部、臂部、腰部、颈部或其他把位，快速进招摔对手。

（4）拆手：一种拆对手把位的方法。指对手抢先抓住自身某把位时，以手臂及身体的力量突然用力挣脱。

（5）借手：一种借力进招的方法。指对手刚伸手抓把位时，立即借用这一把位进攻对手的上手或底手，快速进招。

（6）跤架：有行龙和伏虎两种。前者站立姿势高，两手护胸前，"八卦式"行走；后者站立姿势低，两手一前一后护胸，两脚一前一后，前虚后实，如"虎行"。

（7）绊子：是用腿施绊摔人的技术。有多种绊法。基本的有二十四绊，还有左右四十八绊，以及手绊子、手和腿同时施绊等。若是绊子套绊子，则变化无穷。

（8）抢把：亦称"抢手"。指迅速及时地抓住对手的某一把位的方法。"把"分为上领、门襟（又称片门）、衣襟、小衩、上袖、中袖、下袖、腰带（又分前腰带和后腰带）等。比赛时要抢把位，才能摔倒对手。

（9）抢手：即"抢把"。

（10）手得合：右手抓住对手左小袖用力下拉，同时身体前倾用左手反抓着对手右后脚跟并上提，使对手仰面摔倒。

（11）手别子：亦称"手扶腿"。左手抓对手右袖底扣，并以左腋窝挟作其右小臂，使之右脚迈出一步，此时将右手从对手的右腋下插进，扶住其左大腿，并以右肩顶住其右肩胸前往下压，然后向左后旋转身体，使对手上翻倒出。

（12）上把揾：左手抓住对手右袖口，右手臂裹缠其头颈、紧贴其胸部，臀部抵其小腹，然后低头、伸膝、提臀，将对手从右腰背上摔下。

（13）下把揾：右手抓住对手后腰带。左手抓住对手右袖口底部，以腋窝挟住其小臂，然后用倒步或盖步移腰屈膝进胯，以臀部抵住对手小腹，低头，伸膝，提臀，将对手从臀背卜摔下。

（14）倒口袋：左手抓住对手的右袖口，以右脚为支撑脚，左脚走倒步，右手握抱对手右臂，右肩抵在其腋窝里，然后迅速低头伸膝提臀，弓身将其摔倒。因形似倒口袋，故名。

（15）穿裆靠：右腿挡在对手左腿后，右手从其裆下伸进，扣住其右腿，用肩背力量向后靠，摔倒对手。

（16）腰别：亦称"崩别"。左手抓对手右小袖，右手抓对手腰带；右脚先上步，左脚随之背步至对手右脚里侧；同时右脚向外侧移半步别住对手的腿，双手拉提，从腰背部将对手摔倒。

（17）大得合：亦称"得合勒"。两手分别抓住对手的领口和门襟，使对手两脚平行站立，身体重心落在脚上。此时，用抓门襟之手的同侧腿从裆内绊其支撑腿，同时双手前推，使对手后仰倒下。

（18）挑勾子：左手抓住对手右袖口并挟住其小臂，右臂挟其颈部，右腿从对手裆下向上挑起，并低头向左转体，使对手从自己右腿上翻倒。

第六节　传统体育养生

中国古代的养生方法随着时代的变迁，养生的内涵也在不断发生着变化，逐渐形成了一种与体育相融合的强身健体方法，称之为"体育养生法"。主张养生不是"开源"，而是"节流"，提倡"灯用小炷（炷指灯芯）"的理论，以减少人体能量过多的消耗，减慢人体的新陈代谢，从而不使人的各器官和细胞组织过早地走到代谢的尽头。

一、中国传统体育养生的特点及分类

中国传统体育养生讲求内外合一、形神兼备。传统体育养生锻炼不受年龄、性别、时间、气候、场地和器材等条件的限制，易学易练，侧重对生命的整体调节和对大脑潜能的开发，采用外动内静、动中求静、先动后静、静中求动和静极生动等动静结合的锻炼方法。

中国传统体育养生的内容丰富，一般可分为：导引养生、气功养生、身心养生、生物钟养生、精神活动养生、生活作息养生、季节体育养生、武术养生、运动养生、休闲养生、娱乐养生、持戒养生和禅定养生等。

二、中国传统体育养生的方法

（一）导引养生功法

导引锻炼，就是选择坐、卧、站等姿势，结合意念的集中和各种呼吸方法的锻炼，以达到治病强身、延年益寿的目的。这种姿势的选择即为"调身"，意念的集中即为"调心"，呼吸的锻炼即为"调息"。此"三调"构成了导引锻炼的三大要素。所以任何一个导引锻炼的功种，都是根据特定的锻炼目的，选择所需的"三调"操作内容，将它们有机地结合在一起而形成的。

1. 调身

调身是指练功者在练功过程中对体位和形态的调整。要求做到：通过调整身体姿势，使得身体各部位放松、舒适，符合生理体位和形态，进而使呼吸轻松，思想集中，为练功奠定良好的基础。古人说，"形不正则气不顺，气不顺则意不宁，意不宁则神散乱"，说明了调身在练功中的重要性。

姿势选择的恰当与否和治病强身作用密切相关。高血压、青光眼、头痛、头胀和肝阳上亢型的患者，宜采取站式；消化性溃疡、慢性结肠炎、胃肠功能紊乱的患者，宜采取坐式；老年体弱、极度衰弱的患者，宜采取卧式。

所谓调息，就是调整呼吸的方式、速度、节奏和强弱等，呼吸在古代称为吐纳，它是练功中的重要环节之一。古人说："一呼一吸为一息，不呼不吸亦为息。"意思就是说，我们平时没有意识去注意自己的呼吸，但呼吸客观存在。而在导引锻炼时，我们即要有意识地注意对自己呼吸的调整，选择和掌握适合自己身体情况的呼吸方法，尽可能多地摄取和利用空气中的氧，排出机体代谢的废气，这对培养人的真气、提高脏腑各器官组织的功能、增进人体的健康有很大的作用。所以历代养生家都非常重视对呼吸的锻炼。

练功时，注意呼吸的出入，使腹肌、膈肌不断收缩和扩张，这首先加强了胃肠的蠕动，进而带动了肝、肾、脾等内脏的活动，可以起到加强肺的通气量和吸氧排碳的生命活动过程，改变和加速全身的血液循环，促进消化和营养的吸收，调整内分泌系统的功能，增强机体的抗病能力。所以，练功时注意呼吸的调整，不仅能使肺功能得到加强，还改善了其他脏器的功能。

2. 调息

（1）自然呼吸法：是指人们按照原来的呼吸频率和呼吸方法进行呼吸，只是更为柔和，每分钟 16 次左右。要求顺乎自然，柔和均匀，丝毫不用力，不加意念支配，采用鼻吸鼻呼、鼻吸口呼法均可。此法适用于初学者和慢性病患者。

（2）腹式呼吸法：

① 顺腹式呼吸法：吸气时腹部隆起，呼气时腹部缓慢回收。

② 逆腹式呼吸法：吸气时腹部轻轻凹陷，呼气时腹部放松还原。

腹式呼吸增强了膈肌运动，使胸腔容积增大，气体进出量增加。它可以使呼吸完全，功能残气减少，尤其是使双肺下部的通气功能得到改善，所以对呼吸系统的疾病有较好的疗效。由于增强了腹肌的收缩和放松，对腹腔内脏直接起了一定的按摩作用。

（3）停闭呼吸法：在呼气和吸气之间，或者吸气和呼气之间，停闭片刻，称为停闭呼吸法。这种呼吸法能充分扩展肺泡，有利于气体在肺泡中的交换，从而改善肺功能，增强对机体的供氧能力。

（4）鼻腔喷气法：这是一种鼻吸鼻呼法。先吸气，鼻孔微微张开，眉毛轻轻上抬，要求缓、长、匀、深，得法时，腹部隆起，胸部不动；呼气时，鼻腔收缩，速度略快，气体喷出有声，同时腹部收缩，协同逼气外出，自然提肛。此法呼吸量大，气感足，有益气升阳的作用；但对于一些体质过于虚弱及高血压、心脏病的患者要慎用。

（5）三吸一呼和三呼一吸法：此两种均为鼻吸鼻呼法。三吸一呼是连续三次短的吸气，一次长的呼气；三呼一吸是连续三次短的呼气，一次长的吸气。这是根据吐纳的补泻作用而设计的呼吸方法。三吸一呼，由于吸多呼少，作用偏补；三呼一吸，呼多吸少，作用偏泻。两种呼吸法均可加强腹式呼吸作用，加强丹田的聚气和储能作用，加强脾、胃、心脏等内脏的功能。

（6）大呼大吸法：此为古代吐纳、导引采用的一种呼吸方法。即用鼻使劲吸气，用鼻口呼气，每一吸一呼都要求尽量延长时间，尽可能加大气体出入量，并且呼和吸都要发出较大声音。这是一种扩大肺活量为主的呼吸法。此法能增强体质，调动内气，适用于体质较强的练功者。

3. 调心

（1）默念字句法：默念字句法是指在练功中用意念去默诵选定好的句子，而不需要念出声来的一种练功方法。通过默念字句，使机体逐渐放松；若机体已基本放松，默念字句又可以使意念逐渐集中，大脑思维逐渐安静下来。具体的操作方法是：吸气时默念"静"，呼气时默念"松"；或者吸气时不默念，呼气时默念"静坐使我健康"等字句；或者是在吸与呼或呼与吸之间停顿呼吸来默念字句。总之，默念的字句要简单，词义要轻松、愉快。

（2）意守部位法：把注意力集中起来，放在身体的某个部位上，称为意守。常用的部位，大都是经络上的主要穴位。这种意守，一方面是为了更好地排除杂念；另一方面可以打开穴位，疏通经气，加强体内气血的运行和脏腑功能。

（3）注意呼吸法：① 数息法：数呼吸的次数，可从一到十或百，周而复始。可以数息不数呼，也可数呼不数吸；② 听息法：静心细听自己的呼吸是否细长而均匀；

③ 随息法：意念随呼吸的气体的出入，不计次数。

（4）内视法：眼帘下垂或轻闭，目不外视，向内反观，可内视丹田、心肺等五脏六腑，注意内脏的活动，可以起到加强内脏功能的作用。

（5）观想法：观自然界的外景和想内心美情。外景可以是生态景观如青松、花草、山川、河流、大海和蓝天等，也可针对疾病选择外景。如阳虚内寒的患者宜观想明媚温暖的阳光；阴虚内热的患者宜观想宁静凉爽的夜空；阳盛火旺的患者宜观想冰天雪地的冬天；阴盛水寒的患者宜观想骄阳烈日的夏天等，这和中医"热者寒之，寒者热之，温者凉之，凉者温之"的治疗原则是一致的。

（二）八段锦

八段锦是八节运动肢体的动功，也被称为古代医疗保健体操。动作简单易行，效果显著，一直流行于民间，深受欢迎。据说隋唐以后就有此名，多认为是南宋初年创编。在长期流传中，又形成了许多流派。北派托名岳飞所传，以刚为特点，动作繁难；南派所谓梁世昌所传，以柔为特点，动作简易。常练此功不但可以柔筋健骨，养气壮力；而且可以行气活血，调理脏腑。可作为辨证施功的基本功法之一。

八段锦

功法：预备动作、两手托天理三焦、左右开弓似射雕、调理脾胃臂单举、五劳七伤往后瞧、摇头摆尾去心火、两手攀足固肾腰、怒目攒拳增气力、背后七颠百病消、结束动作。

（三）易筋经

易筋经是中国古代流传下来的一种疏通筋骨、强身健体的传统气功方法。它源于中国古代的导引术，历史悠久。据考证，导引是由原始社会的"巫舞"发展而来的，到春秋战国时期已为养生家所必习的功法。易筋经的主要特点是以动为主，动静结合，内静以收心调息，外动以易筋壮骨。易筋经功法包括内功和外功两种。

易筋经

功法：拱手环抱、两臂横担、掌托天门、摘星换斗、出爪亮翅、倒拽九牛尾、九鬼拔马刀、三盘落地、青龙探爪、卧虎扑食、打躬势、掉尾势。

（四）五禽戏

五禽戏是一套动功保健疗法，通过模仿动物的动作和神态达到强身防病的目的。五禽戏又称"五禽操""五禽气功""百步汗戏"等。最早记载"五禽戏"名目的是南北朝陶弘景的《养性延命录》。将五禽戏整理总结成一种疗法的是我国古代著名医家华佗。《三国志·华佗传》记载："吾有一术，名五禽之戏，一曰虎，二曰鹿，三曰熊，四曰猿，五曰鸟。亦以除疾，兼利蹄足，以当导引。体有不快，起作一禽之戏，怡有汗出，因以着粉，身体轻便而欲食。"它是一种外动内静、动中求静、动静兼备、刚柔并济、内外兼练、沉稳含蓄的仿生功法。其特点在身体运动风格上则表现为"温柔敦厚"，是和，是亲，也是节；是静，也是适，是中。

五禽戏

手形有虎爪、鹿指、熊掌、猿勾、鸟翅。功法为：虎戏（虎举、虎扑）、鹿戏（鹿抵、鹿奔）、熊戏（熊运、熊晃）、猿戏（猿提、猿摘）、鸟戏（鸟伸、鸟飞）。

（五）松静功

松静功是一种静功自我疗法，与放松功有相似之处。它主要通过自身意念诱导使身心达到最大限度的松静（气功态），从而达到治疗目的。放松功强调的是身心放松，而松静功的核心则强调的是在放松功的基础上，神志越来越宁静，逐渐达到气功态。

（六）内养功

内养功是通过特定的姿势、呼吸和意念，使形体松适，呼吸调和，以复元固本、协调形神功能。该功法的特点是在调息、调心基础上多法合用，帮助凝神聚气，使心静神宁，真气内养，故名"内养功"。

内养功在调息上，并用腹式呼吸法、节律呼吸法和动舌呼吸法；在调心上，并用意守法和默诵法。这种多法并用的方式能有效地控制心神外驰，使练功者易于收心凝神，进入心神静、脏腑动的境地，从而达到清心宁神、培补元气、健运气血、调和脏腑之功，促进慢性虚损病症的康复，使老弱病残者保健延年。

（七）站桩功

站桩功是一种形与神合、动静相兼、内外兼练的锻炼方法。站桩使整个躯干、四肢肌肉放松，中枢神经系统处于松静的自然状态，使得人自然而然地在轻松的气功状态中消除疲劳、改善精神状态。

站桩功大致分为三类：养气型、练气型、发射型（即内气外放型）。养气型功法以养气为主，内养真元，调理气血，桩式简易平稳，轻松自然，代表功法是乾坤养生桩。

三、保健体操

（一）摩面操

（1）两手四指并拢，手指向上，从前额正中向两旁分推至鬓角发际前，反复30次。

（2）用两手中指和无名指从前额正中向两旁做按揉动作，轻轻挤压太阳穴，反复15次。

（3）用两手背从眼外角朝太阳穴，从眼外角朝耳尖，再从眼外角朝耳垂，从鼻翼和嘴角朝耳垂，从下颌中心朝耳垂做推摩动作，反复10次。

（4）将两手大拇指搂住下颌，中指压住眼内角，用中指向鼻翼、嘴角、下颌、耳前方向揉抹10次。

（5）闭上眼睛，两手食指和中指从太阳穴朝眼内角推摩下眼眶15次，用食指朝眉毛方向推摩鼻梁15次；再将食指、中指分置眉毛上下来回推摩上眼眶15次。

（6）将大拇指、食指在眉毛上下夹住眉毛肌肉揉捏，然后以一手拇指和食指揉捏印堂穴（两眉之间）30次。

本操能提神醒脑、祛风安神、行气活血，有助于消除脑和全身疲劳，防治头痛、眩晕、神经衰弱等。操作前宜先将两手搓热，若配合宁心安神、叩齿、咽津等方法，效果更好。

（二）益脑操

（1）取坐位，用两手中指指端附着在风池穴，逐渐向下按压，待出现酸胀感时，向内做环形揉动约1分钟。

（2）两手半握拳，拇指分开，以拇指端附着在眉头下缘攒竹穴逐渐用力按压，旋揉1分钟。

（3）用两手拇指指腹附在头两侧太阳穴，然后加压按揉 1 分钟。

（4）两手五指指间关节屈曲，五指指端附着在与手同侧发际边缘，用力按压，待出现酸胀感后逐渐向后移，按压头顶，反复操作 3~5 次。

（5）两手食、中、无名指并拢，由眉间印堂穴处开始向上经额头、头顶抹至头后颈中部共 10 次，再由两太阳穴经耳后抹至肩上各 10 次。

（6）掌面紧贴在同侧面部，上下往返擦 15 次左右，以面部感到发热为度；再以掌面放于两耳，先向后推擦，回手时将耳背倒向前推擦，往返操作 15 次。

（7）两掌心紧按两耳，余指置于脑后，两手食指指面置于中指背上，轻轻弹敲后枕部 20 余次；然后手指紧贴住头后枕骨部不动，掌面突然离开耳孔，使耳内出现响声，连续操作 10 次。

本操能振奋精神，增强记忆，对神经衰弱、失眠、头痛等有防治作用。

（三）聪耳操

（1）两手分别按摩左右耳轮，反复按摩 1 分钟。

（2）用拇指、食指捏持耳垂，反复搓揉，并向下牵拉，带动整个耳朵向下延伸。

（3）两手食指分别轻轻插进两侧耳孔，来回转动 10 余次，突然拔出，重复 10~15 次。

（4）两手四指放于头后枕部，掌心按住耳朵，有节律地鼓动 10~20 次；再以掌心按住耳朵，用食指、中指叩击枕部 10~20 次。

（5）两手食指分别插进两耳孔内，拇指放于耳背揉捏整个耳朵 30 次。

本操能提高听力、视力，防治耳鸣、眩晕、头痛，起到抗衰防老的作用。

（四）明目操

（1）按揉上睛明穴（眉头下、眼眶上角处）；挤捏睛明穴（眼内角近鼻根处）；揉四白穴（眼眶正中下方凹陷处）；按揉太阳穴，用屈曲的食指侧轻刮上、下眼眶。

（2）轻闭双目，用食指指腹在眼皮上缓缓旋摩，顺向、逆向各 5 次。也可用四指指腹轻轻按压上眼睑 5~10 秒，放松 2~3 秒，反复 3~5 次。

（3）端坐凝神：① 先用力迅速地眨眼 15~30 秒；② 紧闭双眼 5 秒，睁大双眼 3~5 秒，反复 6~8 次；③ 目视正前方，将视线移至鼻尖注视 3~5 秒，反复 6~8 次；④ 双眼做顺、逆时针的旋转环视运动，6~8 次，幅度尽量大，保持头正、颈直；⑤ 闭目做眼球环视活动 6~8 次。

本操能增强眼球屈光调节功能，消除眼肌疲劳，保护和提高视力。

（五）强腰操

（1）将手搓热后，用右手中间三指在丹田（脐下 3 寸）处旋转按摩 50~60 次。

（2）两手搓热后，在背后腰脊、肾区做上下来回按摩 50 次，以肾区皮肤发热为度。手握空拳，以拳背轻叩肾区 20 下；再活动腰部，可做顺、逆时针转动，幅度由小到大。

（3）用手四指摩擦对侧足心涌泉穴 60~80 次，以足心透热为度。

本操有壮腰强肾的功效，对阳痿、遗精、腰膝酸痛、失眠等有防治及保健作用。

（六）健腿操

（1）以一手或双手对合捏拿、搓摩下肢，自腹股沟至踝部，往返 10 次。

（2）取坐位，手握空拳，分别拍打左、右腿各个部位，从上到下，从里向外，再从下向上，从外向里。

（3）两手掌放于膝上，做圆形推摩动作，可增加点按膝眼穴和足三里穴。

（4）站立，两下肢稍并拢，膝关节微屈，身体前俯，两手掌分别按于膝上，左右转膝 30 次。

（5）用手捏拿跟腱，做直线揉搓或螺旋形按摩 20 次；然后在踝关节处做上下往返揉捏动作。

（6）一足跟抬起，踝关节做顺时针、逆时针转动各 30 次。

（7）取站位，提起一腿，做屈伸及前后、左右摆动活动各 30 次。做完一腿后，换另一条腿。

本操能滑利下肢各关节，增强腿力，调节神经和脏腑。

（七）提肛操

中医认为，肛门能调节五脏之气的升降，唐朝名医孙思邈、明代名医张景岳都推崇"谷道易常撮"，主张宜经常做提肛运动，它能使脏气通利、功能协调，也能防治痔疮。肛肠疾病的发生与多坐、少活动有关，其发病原因在于肛门局部血液循环发生了障碍。提肛运动可以增强肛门括约肌功能，加速静脉血回流，降低静脉压，增强肛门抵抗疾病的能力，促使病灶消失。提肛能促进肠蠕动，可治便秘。

提肛是有意识地收缩和放松肛门括约肌。在收缩肛门括约肌时，应处于吸气状态，肛门上提，肚脐内收，紧腰；放松肛门括约肌时，应处于呼气状态。每次运动可持续 10 分钟左右，早晚各 1 次。早上可仰卧在床上进行，提肛力足，还可促使产生便意，以养成每天晨起解大便的良好习惯。提肛运动还有强精、促进内分泌腺体的分泌功能，因此具有一定的改善性功能和美容的作用。

（八）美容操

每天早上或晚上各做 1 次，每次约 10 分钟，做操之前应洗净脸部。

（1）眼部功：紧闭双眼，随后睁大双眼，反复做 8 次；然后眼睛看上、下、左、右各 8 次，头不要转动；再转动眼珠，顺时针、逆时针各做 8 次。

（2）前额功：睁大眼睛，尽力扬眉，反复做 8 次；然后用双手手指按摩前额及额角发际处，反复做 8 次。

（3）嘴唇功：轻闭齿唇，食指按在外眼角，大拇指指腹按在嘴角形成的皱纹处按揉 20 次；用双手食指指腹自人中穴向两侧按摩至嘴角 10 次，再从下颌中间向两侧按摩至耳垂处 10 次；然后向前伸出嘴唇，稍微张开嘴，反复做 8 次，闭嘴，嘴角上抬，保持 5 秒。

（4）鼻耳功：两手中指指腹紧贴在鼻梁两侧，上下往复摩擦 18 次；用双手拇指和食指夹住耳朵，上下反复摩擦 18 次。

（5）颜面功：用双手拇指按在外眼角形成的皱纹处按揉 20 次，再用双手拇指按在太阳穴上，用双手食指指腹从眼内角向眼外角按摩，按揉上下眼眶各 10 次；然后用双手食指、中指、无名指并拢放于前额，向两侧按摩至面颊、下颌，再由上按摩至鼻梁两侧、内眼角到前额，做螺旋式按摩 24 次。

（6）头皮功：头皮的面积不大，血液循环却非常旺盛，机体 30% 以上的热量由头皮散出。常做头皮操，可改善头皮的微循环，使它常处于抗寒、散热的良好生理状态中，并能改善神经调节功能，缓解血管紧张度，改善脑供血，并有利于高血压患者的血压恢复正常和脑动脉硬化的防治。其手法是：两手十指甲端自然屈指并排，依照自前向后，自中线至两侧的顺序，在整个发际，先划摩 10 遍，再一点一点地按压 3 遍，再短距离往返搔抓 3 遍，每个搔抓区搔抓 5 下，最后轻缓按摩 5 遍。每日晨起之后、晚睡之前，以及用脑后、工休时都可进行。

（7）手指功：① 右手拇指在上，食指在下，夹住左手小指指尖，相对用力做搓揉动作，从指尖向指根方向缓慢前进。双手十指逐个进行，反复搓揉 3~5 遍，再换另一手；② 右手拇指指腹放在左手背的拇指根部，向小指根部做弧形推抹，左右各 50 次；③ 右手拇指指腹放在左手掌心的拇指根部，向小指根部做弧形推抹，左右各 50 次；④ 两手相握，右手拇指要用力握住左手的小鱼际肌，左手四指用力握住右手的大鱼际肌，紧握 3 秒后两手分开，重复 5~6 次，再换另一手；⑤ 掌心向下，双手平放在桌面，然后每次抬起一指，尽量高抬，使掌指关节伸展，动作要轻快敏捷，重复 3~5 遍；⑥ 先紧握两拳，然后张开，尽量伸展五指，重复 20 次；⑦ 两手臂伸直前平举，手腕下垂，然后抬起腕部，使手背与前臂垂直，重复 20 次；⑧ 在左手背上涂抹少量润滑剂，将右手的小鱼际肌放在左手背上，来回摩擦 20 次。左右重复各 2 遍。

此外，平时双手应避免接触有毒物质和碱性物质，不要将双手长时间地浸泡在洗涤剂中。在寒冷的季节里应注意双手的保暖，适当涂抹些护肤霜。

（九）电脑、电视操

在操作电脑和看电视时，人们大多采取坐位，如果连续看较长时间，下肢静脉会受到压迫，导致血液循环不畅，严重时可出现类似坐骨神经痛的症状。因此，在操作电脑和看电视的中间及电视结束之后，如果能科学地活动一下，对改善血液循环、舒展关节肌肉、消除眼睛疲劳都有一定的益处。

（1）揉双眼：闭目，用两手手指分别同时按摩上眼皮、下眼眶各 10 次，然后在前额及两太阳穴各按摩 30~40 次。

（2）梳梳头：十指微微弯曲，以指代梳，从额前向枕后梳 10 次。

（3）点点头：低头、抬头各 5 次，动作宜轻缓。

（4）转转颈：自左向右和自右向左旋转颈部，动作应缓慢。

（5）伸臂拍掌：双臂前伸，然后向左右分开，再向中间合拢并拍掌，双臂回收放下，重复 6~10 次。

（6）挺胸弯腰：先深吸气，挺胸，然后随呼气向前屈身弯腰，重复 6~10 次。

（7）摆摆手：双臂自然下垂，分别向前后及两侧轻轻摆动双臂，各重复 6~10 次。

（8）捶大腿：两手握空心拳，分别从大腿根部向膝关节外捶击，反复数遍。

（9）踢踢脚：左右两脚分别向前下方蹬 10 次，脚尖尽量向上勾。

（10）擦擦腰：两手握空心拳，以空拳上下来回摩擦两侧腰部 10 余次，使腰部皮肤发热。

四、气功

气功是我国宝贵的民族文化遗产，是有几千年历史的养生术，也是医疗与体育结合的健身运动。古代根据功法不同，分别称吐纳、导引、行气、服气、食气、练气、静坐和坐禅或内功等。气功的特点是通过练功者的主观努力对自己身心进行意、气、体结合的锻炼，以达到健身和防治疾病的目的。

（1）气功流派：中国气功流派很多，一般分为医、儒、道、释和武术五大派别，每个派别又分为若干个小流派。各派气功尽管方法各异，但总以练意、练气为主。医家气功主要以防治疾病、保健强身为目的；儒家气功主要以修身养气为目的；道家气功主要以身心兼顾、性命同修、清静无为为目的；释家气功主要以练心为目的，要求精神解脱；武术气功主要以锻炼身体、防身和提高击技为目的。

（2）气功姿势：姿势自然放松，是顺利进行气功呼吸和诱导精神松静的先决条件。不同的姿势有不同的生理特点，姿势本身也起着一定的治疗作用。常用的姿势有平坐、自由盘膝、单盘膝、仰卧、侧卧、站式和走式等。

（3）气功功种：从用途上来分，气功可分为三种：医疗气功，用于治疗慢性病，我们通常所说的气功主要是指这种气功；保健气功，用于日常保健强身和预防疾病；武术气功，是武术的基础功之一，用于强筋骨，长气力，以练站桩为主。

思　考　题

1. 如何通过武术运动保持和增进体能？
2. 太极拳的文化特征有哪些？
3. 散打的进攻技术有哪些？
4. 体会并掌握各种情况下的实战防卫技法，并思考针对这种情况下的其他防卫法。
5. 中国传统体育养生功法除了书中列举的你还知道哪些？

第十二章

课余运动选择

第一节　拳击、举重和击剑

一、拳击

拳击起源于古代的拳斗游戏，古人为了在生活中获取资源，在追逐野兽的过程中，除了使用石器、木棒等原始工具，常常以拳击兽，或者以拳头打击侵犯自己的人，久而久之，这种以拳击兽或击人的动作便成了一种护身的技能，之后，又发展成了拳击运动。公元前 688 年的第 23 届古代奥林匹克运动会上，就已有拳击比赛项目。

拳击技术要求快速有力，准确、清晰、有效地出拳击中对手，而自己又能巧妙地躲避对手的攻击。完美的拳击技术由拳击的姿势、步法、拳法，以及防守与还击等部分构成，而拳术是拳击技术中最重要的一个方面。

（一）拳击技术

1. 直拳

直拳直接从肩部出击，轨迹成直线，是主力拳。其击法是当手臂前伸而还未完全伸直时，拳头旋转，当手臂伸直到最后一瞬间，运用身体重心和出拳的速度力量及肩部突然短促延伸，将力量集中在拳头上并击打出去。

2. 刺拳

刺拳属于直拳类型，以左刺拳为多。刺拳走的路线比直拳短，拳的力量较轻，能起试探对手的作用，并配合其他拳法以连续进攻。其要领是出拳比直拳快而突然，腰部与胯部转动比直拳小，蹬地力量不大，因此重心前移较小，而且出拳后，手臂并不是完全伸直。

3. 摆拳

摆拳是从横侧面击打对手耳以下颌处的一种拳法。摆拳手臂弯曲度约大于 90°，拳的轨迹呈横短半弧形。由于摆拳从侧面击打，身体向相反方向移动，因此能起到分散对手注意力的作用。但摆拳的轨迹长，容易被对手识破，而且因力量大，选手一旦击空则容易失去平衡，所以只在时机有利时才可使用。

4. 勾拳

勾拳是一种距离较短，逼近击打的拳法。勾拳手臂弯曲形状如钩，手臂和拳从侧方移动击出，当接触打击面时，肘和腕向内弯曲。勾拳主要分上勾拳、侧勾拳及平勾拳。上勾拳是由下向上击打对手的腹部或下颌处，侧勾拳是从侧面击打对手腮面下颌处。勾拳在一般情况下都用连击动作。

知识窗

邹 市 明

邹市明的职业生涯始于 1996 年，他在 2004 年雅典奥运会和 2008 年北京奥运会上连续获得了男子轻量级拳击比赛的铜牌。在 2012 年伦敦奥运会上，他实现了自己的奥运金牌梦想，赢得了男子蝇量级拳击比赛的冠军，成为中国拳击史上第一个奥运金牌得主。

邹市明在业余拳击领域的成功赢得了国际声誉，他在 2013 年转为职业拳击手。作为职业拳击手，邹市明在 2016 年获得了 WBO（世界拳击组织）蝇量级世界拳王金腰带，成为中国第一位职业拳击世界冠军。

除了在赛场上的成就，邹市明还因其良好的体育精神和积极的公众形象而受到尊敬。他是中国拳击运动的标志性人物，对推动中国拳击运动的发展和普及作出了重要贡献。

（二）主要规则

拳击比赛分为 12 个级别，最轻是 48 公斤级，最重达 91 公斤以上级。业余拳击赛使用 20 分制；职业赛多采用 5 分制和 10 分制。业余拳击赛以 3 局为 1 场，每局 3 分钟，休息 1 分钟；职业赛以 12~15 局为 1 场，一方被击倒 10 秒不能继续比赛判为负方，如未出现击倒 10 秒，则以击中对方有效部位的点数判胜负，得分多者为胜方。

二、举重

举重是以发展力量为目的的一项运动。我国自春秋战国时期就有举鼎、翘关等活动。唐宋时期，举重一直被列入武举考试制度。1896 年，在希腊举行的第 1 届奥运会上，举重就被列为正式比赛项目。

（一）举重技术

1. 抓举

抓举要求选手在一次连续动作中将杠铃举过头顶，达到手臂伸直的高度。在提拉杠铃的过程中，选手两腿可以分开或弯曲，杠铃可沿大腿和膝关节滑动。而后，选手必须使双脚恢复并行站立，等待裁判员的评判。如果抓举三次失败，仍可以参加挺举，但如果不参加抓举，则不可参加挺举。

2. 挺举

挺举分下蹲举和站起两个过程。下蹲举的过程要求选手将杠铃从举重台举过肩膀，同时成蹲姿，而后站起。杠铃可沿大腿和膝关节滑动，但在未到达最后状态前不得触及胸部。选手可将杠铃停在锁骨或胸部上方，然后并腿成站姿，再完成举铃过头的过程。

（二）主要规则

举重比赛分为个人比赛、团体比赛、个人及团体竞赛三种。举重比赛按运动员的体重分为52公斤、56公斤、60公斤、67.5公斤、75公斤、82.5公斤、90公斤、100公斤、110公斤和110公斤以上10个级别，按抓举和挺举两种方式进行，且必须在同一场比赛中完成。每一个运动员有6次试举，重量不断增加，每次增加必须是2.5公斤的整倍数。如果两位选手举起的重量相同，则体重较轻者名次列前。

三、击剑

击剑是指两人手持钢剑在规定的场地以刺、劈动作进行格斗的体育运动。击剑运动历史悠久，它由古代冷兵器时代演变而来。1896年，在首届现代奥运会上，击剑就被列为正式比赛项目。奥运会击剑比赛分为花剑、重剑和佩剑。

（一）击剑技术

1. 花剑

花剑比赛只能刺，刺中有效部位为身体的躯干部分，包括胸、背、腹部。花剑最基本的实战姿势是两脚分开同肩宽，两膝微屈，身体侧面向前。持剑手臂弯曲，剑尖指向前方，两眼平视，另一只手在头侧后上方自然放松举起。手上动作以剑的动作为主，分为进攻和防守。脚步动作有向前一步、向后一步、跃步和冲刺步。

2. 佩剑

佩剑比赛可用剑刃和剑身前1/3部分做劈状，也可用剑头刺。劈和刺的有效部位是腰部以上躯干，包括手、臂和头部。佩剑技术中的实战姿势与花剑类似，只是持剑手稍低。佩剑的进攻动作有劈头、劈左侧、劈右侧、劈手臂和直刺。佩剑进攻的主要动作是手上劈刺与弓箭步交叉冲刺配合，动作速度和幅度比花剑要大。

3. 重剑

重剑比赛中，剑刺中全身均有效，包括手、臂、腿和脚部。实战姿势比花剑稍高，持剑手臂稍前伸，箭头直对前方。进攻动作除花剑的进攻方法外，多用手腕，箭头从上、下、左、右角度点刺手臂。防守动作与花剑相似，防守时要注意用手盘保护手臂，并采用格挡对抗还击。

（二）主要规则

击剑比赛中，个人赛每场在6分钟内先刺中对方5剑为胜。如果比赛时间已到，双方尚未分出胜负，可延长时间以一剑决胜负。团体赛规定，每队各出4人，每人均须与对方4人比赛，共赛16场，胜9场者为胜队。如果两队各胜8场，且须分出优胜队时，则先以全队被刺中剑数总和少者为胜；如相等，再以刺中剑数总和多者为胜；如又相等，再以被刺中剑数总和减去先刺中剑数总和少者为胜；如再相等，则由两队各派一名队员决赛一场，以分胜负。

比赛场地是金属道，长14米，宽1.8~2米，场地中央的一条线是中线，离中线各两米处为双方运动员的开始线。双方开始线再往后5米为端线。两名运动员在这14米长的区域内做出的任何刺中都是有效的。两端距端线有两米的警告区。金属道的两端各有一个拖线盘，内有可自由进出的电线，这根电线与运动员身上的线接通，而运动员身上的这根线与剑道接通。重大比赛中，场地上使用电动裁判，刺中有效部位时，一方为红色信号灯亮，另一方为绿色信号灯亮，无效部位为白色信号灯亮，重剑无白色信号灯。花剑重量不超过500克，剑长110厘米，剑身不超过90厘米，其横断面为长方形。佩剑重量不超过500克，剑长105厘米，剑身88厘米，横断面为梯形，护手盘一侧成月牙形，用以保护手指。重剑重量不超过770克，剑长110厘米，剑身横断面为三棱形，护手盘为圆形，比花剑大，其他与花剑相同。

击剑比赛时，运动员必须头戴护面，身穿白色击剑衣裤和长筒袜。所有运动员身后系一条传输电子信号的电缆，通过计算机系统打分确定输赢。

第二节　跆拳道和柔道

一、跆拳道

跆拳道起源于韩国，是一种手脚并用的格斗技术，它利用拳和脚进行格斗，以脚法为主。跆拳道的套路共有24套，另外，还有兵器、擒拿、摔锁、对拆自卫术等十余种基本功夫。跆拳道和日本的空手道、中国的武术散手相似，在韩国十分普及。1988年，跆拳道被列为奥运会表演项目。2000年奥运会上，跆拳道正式成为比赛项目。

跆拳道已有2 000余年的历史，早在公元前37年就有这项运动。古时，跆拳道主要用于军事训练，是士兵主要习练的徒手搏斗技巧。1945年，韩国许多技击团体纷纷兴起，并公布了他们各自的技击标准和方法，之后逐步走向统一。1962年，韩国成立了跆拳道协会，跆拳道运动逐渐走向世界。

（一）跆拳道比赛

跆拳道比赛的双方分为蓝方和红方，双方以脚踢打对手的头部和身体，或用拳击打对方的身体部分而得分。跆拳道比赛采用三回合制，每个回合3分钟，回合之间休息1分钟。运动员以拳的正面，踝关节以下部位进攻对手髋骨以上、锁骨以下被护具保护的躯干部位，以及以两耳为基准的头部和颈部的前面部分。运动员按体重分级别进行比赛。比赛以得分判定名次，得分多者名次列前。

跆拳道根据练习者的水平分为十级和九段，初学者从十级开始逐渐升至一级，然后再入段，段位越高表明水平也越高，最高段位达九段。其等级用白、黄、绿、蓝、红等色带表示。进段以后都以黑腰带表示，一段至三段是黑新手的段位，四段到六段居于高水平的段位，七段到九段授予那些有很高学识造诣的杰出人物或对跆拳道运动有较大贡献的人。黑带的段位是通过黑带上的特殊标记区分的。

（二）跆拳道技术

跆是指脚的腾跃蹬踢动作，"拳"指用拳、掌、肘等上肢动作来进行推挡、劈打，"道"是指方法、技艺和道理。

1. 前踢

（1）动作规格：以左势实战姿势开始。右脚向后蹬地，身体重心前移至左脚；右脚蹬地顺势屈膝提起，左脚以前脚掌为轴外旋约 90°，同时，右腿迅速以膝关节为轴伸膝、送髋、顶髋，把小腿快速向前踢出，力达脚尖或前脚掌。踢击目标后，右腿迅速放松弹回，落回原地仍成左势实战姿势（图 12-2-1）。

（2）动作要领：膝关节上提时大小腿折叠，膝关节夹紧，小腿和踝关节放松，有弹性；踢击时，顺势向前送髋；高踢时，向上送髋。

前踢

图 12-2-1　前踢

2. 横踢

（1）动作规格：右脚蹬地，重心移到左脚，右脚屈膝上提，两拳置于胸前；左脚前脚掌碾地外旋，髋关节外旋，左膝内扣；随即左脚掌继续外旋 180°，右脚膝关节向前抬至水平状态；小腿快速向左前横踢出；击打目标后，迅速放松收回小腿。右脚落回成实战姿势（图 12-2-2）。

横踢

图 12-2-2　横踢

（2）动作要领：膝关节夹紧，向前提膝，尽量走直线；支撑脚外旋 180°，髋关节往前顺，身体与大小腿成直线，严格注意击打的力点为正脚背；踝关节放松，击打的感觉是"面团""鞭梢"；横踢攻击的主要部位有头部、胸部、腹部和肋部。

3. 后踢

（1）动作规格：左脚掌为轴内旋约 90°，上身旋转重心移到右脚，屈膝收腿直线踢出，重心前移落下（图 12-2-3）。

（2）动作要领：起腿后上身与小腿折叠成一团；动作延伸，用力延伸；转身，踢膝，出腿一次性完成，不能停顿；击打目标在正前方稍偏右。

后踢

图 12-2-3　后踢

下劈

4. 下劈

（1）动作规格：以右势实战姿势开始，左脚蹬地，重心前移，左脚上举至头部上方时，迅速向前下方劈落，用脚后跟或脚掌击打目标后，放松落地，成右势实战姿势（图 12-2-4）。

图 12-2-4　下劈

（2）动作要领：腿尽量往高、往后举，身体重心抬高；支撑脚脚跟离地。起脚要迅速、果断，尽量向前上方送髋；踝关节放松，脚向前下劈，落地要有控制。

5. 后旋踢

后旋踢

（1）动作规格：实战姿势开始。两脚以前脚掌为轴内旋约 180°，身体右转约 90°，两拳置于胸前；上体右转，与双腿拧成一定角度；右脚蹬地将蹬地的力量与上体拧转的力量合为一体，将右腿向后上以髋关节为轴直腿摆起，右腿继续向右后旋摆鞭打，同时上体向右转，带动右腿弧形摆至身体右侧，右腿屈膝回收；右脚落至右后成实战姿势（图 12-2-5）。

图 12-2-5　后旋踢

（2）动作要领：转身、旋转、踢腿连贯进行，一气呵成；击打点应在正前方，呈水平弧线；屈膝起腿的旋转速度要快；重心在原地旋转 360°；后旋腿攻击的主要部位是头面部和胸部。

6. 侧踢

（1）动作规格：左势实战姿势开始。右脚蹬地，重心移至左脚。同时，右腿以髋关节为轴屈膝上提，两手握拳置于胸前；随即充分送髋，上提膝关节至胸部，左脚以前脚掌为轴外旋约90°，同时，右腿迅速以膝关节为轴伸膝、送髋、顶髋，把小腿快速向前蹬出，力达脚跟。蹬击目标后，右腿迅速放松弹回，落地后仍成左势实战姿势（图12-2-6）。

侧踢

图 12-2-6　侧踢

（2）动作要领：膝关节上提时大小腿折叠，膝关节夹紧，小腿和踝关节放松，有弹性；踢击时，顺势往前送髋。

7. 双飞踢

（1）动作规格：两人从闭势实战姿势开始。攻方先用右横踢攻击对方左肋部，同时，左脚蹬地起跳，身体腾空右转，腾空高度在膝关节以上，但不宜过高；左脚起跳后，在空中用左横踢迅速踢击对方胸部或腹部；左、右脚交换，右脚落地支撑，左脚横踢目标后迅速前落，成左势实战姿势（图12-2-7）。

双飞踢的
辅助练习

图 12-2-7　双飞踢

（2）动作要领。右腿横踢目标的同时，左脚蹬地起跳；左脚起跳后，迅速随身体右转横踢目标；两腿在空中交换，右脚先落地。

（三）跆拳道比赛规则

比赛区域是大小为12平方米的正方形场地，建于高地面约1米的平台上，上面铺有弹性的垫子。蓝色区域外边为红色的警告区，提醒选手正接近边线或平台的边缘，一旦选手的脚踏入警告区则暂停比赛。

（四）跆拳道精神

"以礼始，以礼终"是跆拳道的基本精神。跆拳道练习虽然是以格斗的形式进行的，但由于双方都以提高技艺和磨炼意志品质为目的，所以在各自的内心深处都必须持有向对方表示敬意和学习之心。因此，在练习或比赛前后都一定要向对方行鞠躬礼。

二、柔道

柔道是两人徒手较量的竞技运动。柔道起源于日本，1882年，日本的嘉纳治五郎综合当时流行的各派柔术的精华，剔除其容易伤害对方的动作，规定出练习的戒律，创立了现代柔道。柔道在技术上讲究"柔"，即以柔克刚，有效地利用对手的力量摔倒对手；在精神上讲究"道"，即培养运动员的道德意志品质，陶冶美的情操。

（一）柔道比赛

柔道比赛按运动员的体重分级，男子分为8级，最轻的是60公斤级，最重的是95公斤以上级；女子分为7级，最轻的是48公斤级，最重的是72公斤以上级。比赛时间男子为5分钟，女子为4分钟。如果比赛时间已过，双方得分相等，裁判员根据比赛的风格、技术、进攻次数和有无犯规动作判定胜负。比赛时，禁止击打，不许用头、肘、膝顶撞对方，除肘关节外，不许对其他关节使用反关节动作。如果运动员有犯规行为或踏出比赛区，要受到相应的处罚。

（二）段位制

日本对柔道运动员实行段位制，即根据运动员比赛成绩，对柔道的贡献及从事年限，将其分为五级十段。新手从一级到五级，以一级最低；然后再开始段位，由初段到十段，最高为十段。九段和十段运动员的腰带为红色，六段至八段为红白两色，初段至五段为黑色，无段位的初学者为蓝色。女子的段位在色带正中镶以白色横线，以示区别。

（三）柔道技术

柔道的攻防技术分为立技和寝技。立技即站立技术，寝技即倒在地上的翻滚角斗技术。立技分为站立不倒的投技和主动倒地的舍身技。而寝技分为固技、绞技、关节技。固技是把对方的背部按压在垫子上，使之不能逃脱，而施技者保有行动自由。绞技是两人倒在垫子上，用手臂或柔道服勒绞对方的颈部使之窒息而认输。关节技是倒在垫子上，逼迫对方的肘关节，使之疼痛而认输，关节技只能应用于肘关节。

（四）比赛评分

根据运动员使用的技术，按其效果和质量可评为一本、有技、有效、效果4种分数。一场比赛中未得一本时，则按有技、有效、效果的多少评定胜负。但是1个有技可以胜过所有的有效和效果。如果双方得分相等，则根据比赛的风格、进攻次数多少来判定胜负或平局。站立时，使用的技术未成功，但有一定速度或力量，仅使对方的体侧、胸腹、臂部着地；把对方的背固定在垫子上的时间在10秒以上，不到20秒；对方受到1次"指导"的处罚，均有效果。

（五）比赛礼节

在个人比赛之前，双方运动员站在比赛场中央，相互间距离约4米，向主席台行立礼后，彼此面向站立，互相行立礼。团体比赛前的礼节次序相同，只是省去了个人间的相互行礼。立礼也叫鞠躬礼，采用直立姿势，上体自然前屈至36°，表示对对手的敬意。

第三节　登山、攀岩和拓展训练

一、登山运动

（一）简介

登山运动是在特定的地理环境中，从低海拔的平缓地形向高海拔山峰攀登的体育运动，它可分为旅游登山、探险登山和竞技登山。

人类在其生产生活活动中不可避免地需要翻越山脉。而在文明发展到一定程度后，到高处欣赏景色，开阔眼界，也成为一种令人愉悦的活动。现代登山运动起源于 18 世纪后期的欧洲。1786 年，法国医生 M. G. 帕卡尔和石匠 J. 巴尔玛登上了海拔 4 807 米的阿尔卑斯山脉最高峰——勃朗峰，现代登山运动由此诞生。

1. 旅游登山

旅游登山是一种旅游和登山运动相结合的运动，20 世纪 70 年代初随着登山运动的开展而兴起。80 年代以来，世界各国的登山旅游活动十分活跃。旅游登山具有明显的安全性、易行性和广泛性。

2. 探险登山

探险登山是登山运动项目之一，是运动员在器械和装备的辅助下经受各种恶劣自然条件的考验，以攀登高峰绝顶为目的的登山活动，对登山者有较高的要求。探险登山的一些山区，往往是一般科学工作者平时难以深入的地区。

3. 竞技登山

竞技登山是指人们为克服特定登山路段上的困难，借助于一定器械而进行的攀登技术的竞赛。竞技登山始于 19 世纪末，欧洲登山界把各种陡峭难攀的岩壁划分出 6 个不同难度等级开展攀登竞赛。到了 20 世纪 70 年代，出现了第 7 个级别的高难度等级，80 年代又出现了第 8 个级别的特高难度等级。

（二）登山运动的素质要求

参与登山运动必须具备良好的体质和坚强的毅力。在登山过程中，运动员经常面临滚石岩壁、雪坡冰墙、狂风严寒、高山缺氧等多种困难和难以预料的险情威胁，所以必须具有坚韧的毅力和对各种恶劣自然条件的高度适应能力。此外，登山者还要具备一定的科学技术知识，能运用各种登山技术装备排除各种艰险进行行军、露宿和炊事，要会使用通信、摄影、气象和科研等器材，还应具有识图、观察天象、鉴定生理指标等常识和本领。

（三）登山运动装备

登山装备是登山运动中使用的器材、工具、服装等的统称，包括宿营装备、技术装备和个人装备三大类。宿营装备包括帐篷、炊具、寝具和各种燃料等；技术装备包括登山绳、氧气装备、测量仪器、高度计、干湿度计、钢锥、登山铁锁、升降器、挂梯、滑车和雪铲等；个人装备包括登山服装、登山鞋、登山靴、头盔、电筒、手套、防护眼镜、缓冲扁带、攀岩鞋和户外袜等。

二、攀岩运动

（一）简介

攀岩运动的起源可以追溯到 18 世纪的欧洲。当时的登山者为了克服类似阿尔卑斯山等终年积雪的冰岩地形，发展出一套较为完善的攀登技术。但直到第二次世界大战前后，由于战争的需要，攀岩才逐渐有了今日的雏形。

攀岩是从登山运动中衍生出来的竞技运动项目，指利用原始的、本能的攀爬技术，借助各种装备作安全保护，攀登峭壁、裂缝、海蚀岩、大圆石以及人工岩壁等。1974年，攀岩被列入世界比赛项目。

20 世纪 80 年代，以难度攀登为代表的现代竞技攀登比赛开始兴起，并引起了人们广泛的兴趣。1983 年，法国人发明了可以自由装卸的仿自然人造岩壁，并在法国举行了首届室内攀岩比赛。1985 年，在意大利举行了第一次难度攀登比赛。1989 年，首届世界杯攀登比赛分阶段在法国、美国、意大利、西班牙等国举行。1999 年 1 月，亚洲攀登委员会在我国香港成立。

20 世纪 80 年代初，攀岩运动从北美进入我国，开始时主要是作为中国登山协会的训练内容，以后渐渐在大众流行起来。先是各地的一些大学先后组织了登山、攀岩协会，而后一些热衷于户外运动的年轻人又自发组织了民间户外俱乐部，每到周末或节假日，他们就背起背包到山里去攀登自然岩壁。1987 年，中国登山协会主办了第一届全国攀岩比赛。1993 年 12 月，在长春举行了第一届攀岩亚锦赛。

（二）攀岩的身体要求

攀岩运动对运动员的身体形态有其自身明显的特征要求。在攀岩比赛中，当支点间跨度较大时，身高、臂长者会占有明显优势。此外，体重在一定程度上能反映身体的充实度。过重的体重会直接破坏攀岩时的灵活性，增大身体和各部位的惯性，从而降低了肌肉收缩的能力。所以，攀岩运动员要有和身高成比例的相应体重，才能取得事半功倍的效果。攀岩运动员的最佳体重＝（身高－110）×90%。

（三）攀岩运动的分类

1. 按地点分类

（1）自然岩壁攀登：在野外攀爬天然生成的岩壁，一般是开发和清理过的难度或抱石路线。

（2）人工岩壁攀登：在人工制造的攀岩墙上攀登，包括室内攀岩馆和室外人工岩壁。

2. 按攀登形式分类

（1）自由攀登：不借助保护器械（主绳、快挂、铁锁等）的力量，只靠自身力量攀爬。

（2）器械攀登：借助器械的力量攀登。

（3）顶绳攀登：在岩壁上端预先设置好保护点，主绳通过保护点进行保护，攀登者在攀登过程中不需进行器械操作。

（4）先锋攀登：路线预先打上数个膨胀钉和挂片，攀登过程中将快挂扣进挂片成为保护点并扣入主绳保护自己，攀登者需要边攀登边操作。

3. 按比赛形式分类

按比赛形式来分，攀岩运动可分为：世界杯赛，世界锦标赛，20 岁以上的成年赛和 19 岁以下的青少年赛，男子组赛和女子组赛，国际赛、洲际赛及国家级比赛。此外，攀岩还是各级极限运动会中很重要的一个项目。

世界赛可分几种形式进行，如难度、速度和抱石赛。

（1）难度赛：各赛员在同一难度的人工墙或路线上比赛，攀得高或远者便是胜利者。

（2）速度赛：以速度决定胜负。在最短时间内完成路线，便得以晋级，直至产生冠军。

（3）抱石赛：运动员在指定时间内不限次数去尝试完成多条路线，尝试次数越少而又能完成路线者为冠军。

（4）室内攀岩：是在一个高而大的房间内设置不同角度、不同难度的人工岩壁，在上面装有许多大小不一的岩石点，供人用四肢借助岩点的位置，手攀脚登。室内攀岩的难易程度可由人直接控制，岩壁也分为人工岩壁和天然岩壁。

4. 按比赛性质分类（竞技攀登）

（1）完攀：运动员在比赛之前可以收集路线的有关资料和观察路线，在攀登过程中一旦脱落或犯规即判其失败。

（2）看攀：运动员在比赛前对路线的信息一无所知，边观察边进行攀登，在攀登过程中一旦脱落或犯规即判其失败。

（3）红点攀登：运动员可以对路线进行反复地观察和试攀，只要最终到达终点即可。

（4）速度攀岩：上方系绳保护，运动员按指定路线进行速度攀登的比赛。比赛按运动员完成比赛路线所用的时间来决定每轮比赛的名次。

（5）大圆石攀岩：岩石高度不得超过 4 米，每条路线不超过 12 个支点。攀登时，运动员不系保护绳，每次比赛需要选择 10 条路线攀登。

（四）攀岩的基本方法

三点固定法是攀岩的基本方法，以下是对身体各部位的姿势和动作的要求。

（1）身体姿势：攀登岩石峭壁时，身体要自然放松，以三个支点稳定身体重心，而重心要随攀登动作的转换移动，这是攀岩能否稳定、平衡、省力的关键。要想身体放松，就要根据岩壁陡缓程度，使身体和岩壁保持一定距离。靠得太近，会影响观察攀岩路线和选择支点。但在攀登人工岩壁时，要贴得很近。在自然岩壁攀登时，上、下肢要协调舒展，攀岩要有节奏，上拉、下蹬要同时用力，身体重心一定要落在脚上，保持面向岩壁、三点固定支撑、直立于岩壁上的攀登姿势。

（2）手臂的动作：手在攀登中是抓住支点、维持身体平衡的关键，手臂力量的大小直接影响攀登的质量和效果。因此，一个优秀的攀岩运动员必须有足够的指力、腕力和臂力。对初学者来说，在不善于充分利用下肢力量的情况下，手臂的动作就显得更为重要。手臂如何用力，在攀登人工岩壁和自然岩壁时情况不同，前者要求第一指关节用力抠紧支点的同时，手腕要紧张，手掌要贴在岩壁上，小臂也要随手掌紧贴岩壁而下垂。在引体时，手指（握点）有下压抬臂动作，其动作规律是，重心活动轨迹变化不大，节奏更为明显。但攀登自然岩壁时其动作就变化很大，要根据支点不同采用各种用力方法，如抓、握、挂、抠、扒、捏、拉、推压和撑等。

（3）脚的动作：优秀攀岩运动员的攀登技术发挥得好坏，关键是两腿的力量是否能充分利用。只靠手臂力量攀登不可能持久。脚的动作要领是：两腿外旋，大脚趾内侧贴近岩面，两腿微屈，以脚踩支点维持身体重心，在自然岩壁支点大小不一和方向不同的情况下，要灵活运用。但要切记，膝部不要接触岩石面，否则会影响到脚的支撑和身体平衡，甚至会造成滑脱而使膝部受伤。另外，在用脚踩支点时，切忌用力过猛，并要掌握用力的方向。

（4）手脚配合：凡优秀的攀岩运动员，上、下肢力量是协调运用的。对初学者或技术还不熟练的运动员来说，上肢力量显得更为重要，攀登时往往是上肢引体，下肢蹬压抬腿而移动身体。如果上肢力量差，攀登时就容易疲劳，表现为手臂无力、酸疼麻木、逐渐失去抓握能力。失去抓握能力后，即使有好的下肢力量，也难以继续维持身体平衡。所以学习攀岩，首先要练好上肢力量，上肢又要以手指、手腕和手臂力量为主，再配合以脚踝、脚趾以及腿部的力量，使身体重心随着用力方向的不同而协调地移动，手脚动作的配合也就自如了。

（五）保护方法

攀登者是在保护人通过登山绳给予的保护下进行攀登的。

登山绳的一端通过铁锁或直接与攀登者腰间的安全带连接，另一端穿过保护者身上与其腰间安全带相连的铁锁和下降器，中间则穿过一个或多个固定的安全支点上的铁锁。保护者在攀登者上升时不断给绳（或收绳），在攀登者失手时，拉紧绳索制止坠落。发生突然坠落时，冲击力是很大的，直接手握绳索很难拉住，冲击力主要是通过绳索与铁锁及下降器的摩擦力而抵消的。由于在保护支点上有很大的摩擦力，所以体重较轻的人是可以保护体重较重的人的。保护的形式一般按保护支点的相对位置分为以下两种：

（1）上方保护——引攀：指保护用的攀登绳从上垂下，系到攀登者的安全坐带上。保护绳的另一端经过人工岩墙上方的确保点，系到防护者控制的防护器上，保护支点在攀登者上方的保护形式。在攀登者上升过程中，保护者不断收绳，使攀登者胸前不留有余绳，但也不要拉得过紧，以免影响攀登者行动，这点在登大仰角时尤应注意。上方保护对攀登者没有特殊要求，发生坠落时冲击力较小，较为安全。

（2）下方保护——领攀：是指保护绳从下而上，而攀登者在攀登时需沿途摆放保护点，并把保护绳扣进每个保护点，而防护者则在下方做出防护，保护支点位于攀登者下方的保护方式。没有上方预设的保护点，只是在攀登者上升过程中，不断把保护绳挂入途中安全支点上的铁锁中。这是领先攀登者唯一可行的保护方法，实用性较大，而且是国际比赛中规定的保护方法。进行下方保护时，使用的器材一般有安全带、铁锁和下降器。保护人收绳时，应注意随时要有一只手握住下降器后面的绳索（或把下降器两头的绳索抓在一起），只抓住下降器前面的绳子是难于制止坠落的。但这种保护方法要求攀登者自己挂保护，而且发生坠落时，坠落距离大，冲击力强，因此一般由技术熟练者使用。

（六）野外攀岩与室内攀岩

1. 野外攀岩

野外攀岩即在野外攀爬天然生成的岩壁。野外攀岩的基本装备：安全带、主锁、下降器或 ATC、绳套、头盔、攀岩鞋和镁粉袋等。攀岩装备主要有两种用途：一是用来保证此项运动的安全，二是为了让攀登者的表现更为出色。

2. 室内攀岩

室内攀岩是通过攀登人工设计高度、难度不等的岩壁（通常 6~8 米高）来完成攀岩的体验。室内岩壁上布满可以随意改变位置的岩点。这些人工岩点形态和大小不等，初练者可以选择大一些的岩点，而掌握了一定的技巧后，就可以选择那些小岩点以增加难度，锻炼臂力。活动的岩点还可以改变攀登的路线，当然无论是选择岩壁、岩点还是路线，都应遵循循序渐进的原则。

室内攀岩最大的优势是"危险可预见性"。攀岩者的路线、难易指数，完全可以由改变岩点的位置来人为地掌控。即便如此，攀岩馆的安全措施仍然是需要仔细检查的。一般攀岩馆的绳索和护具一定要有国际认证的标准，如果出现扭曲、断裂的现象，千万不能再使用。

室内攀岩时要注意的问题：

（1）准备活动：室内攀岩在保护员一对一的帮助下，安全几乎是最有保障的，但是不做好准备活动，在攀爬过程中，还是很容易受伤的。如做大幅度的跨越动作，如果攀爬之前热身运动不够，肌肉和韧带很容易拉伤。

（2）攀岩穿着：攀岩时，穿着宽松的衣裤、不妨碍攀爬就可以了。鞋子在攀爬时，起着重要的作用。因为在攀爬过程中，脚的落点很重要，如果鞋子太厚太硬，一些细小的岩点可能就根本感觉不到。所以，也有一些专业的攀岩运动员喜欢光脚攀爬，以便最好地感觉岩壁和岩点。

（3）正确穿戴护具：护具的穿戴也颇有讲究。不能绑得太紧也不能绑得太松，与腿间宽度以保持一个食指的距离为佳。太紧会影响到攀爬的姿势，而太松了则容易脱落。

爬之前，首要是先观察面前的岩壁，想清楚一会上去的路线。攀爬过程中最好不要往下看，毕竟高度会产生恐惧感，很容易让人失去继续向上攀爬的勇气。在爬的同时也要注意跟保护人员沟通。

（4）速降面朝岩壁用脚蹬：下岩——俗称速降，虽然有保护者在下面帮助调节绳索，但如果不留心，还是有可能发生危险。特别是当绳索同岩壁间的距离太靠近时，一定要面朝岩壁、身体微向后倾斜地向下降落。同时，也可以用脚蹬岩壁的方式掌握下降的方向和速度。

三、拓展训练

（一）简介

拓展训练，又称为拓展运动、外展训练，源自英文单词 outward bound，原意为

"一艘孤独的小船，离开平静的港湾，去迎接暴风雨的考验"。后来被人们解释为：船在暴风雨来临之际抛锚起航，义无反顾地投向未知的旅程，去迎接一次次挑战。现今的拓展培训是以体育技术为基础，充分整合各种资源，融入科技手段，运用独特的情境设计，通过创意独特的专业户外项目体验，帮助参与者改变态度及心智模式以期完善行为，达到追求美好生活愿望的训练方式。因此，拓展训练已不再是简单的体能训练和娱乐活动的组合，而是向传统灌输式教育发出的一次挑战，它通过受训者亲身参与并完成自认为无法完成的任务获得个人体验和感悟，并在培训者的指导下，相互之间共同交流，分享个人体验，提升自我认识。

拓展训练起源于第二次世界大战期间的英国。当时，大西洋商务船队屡遭德国潜艇袭击，许多人因此葬身海底，只有极少数人得以生还。后来，著名的教育家库尔特·哈恩博士经过分析研究惊奇地发现：海难中的生还者并不是那些游泳技术好、体能最好、身强体壮的年轻人，而是一些富有经验、年龄较大的老水手，他们具备顽强的意志、坚定的心理、强烈的求生欲望，以及丰富的海上求生技能。

针对这种情况，哈恩等人在1934年创办了戈登思陶恩学校，利用自然条件和人工设施训练海员的心理素质和船触礁后的生存技巧，明显提高了海员的生存率。由于战争原因，学校被迫迁移到威尔士的中部，后来又因课程时间跨度较长、赞助资金短缺面临关闭。这时，当地一位商人劳伦斯·霍尔特资助了哈恩，于1941年在英国威尔士的阿伯德威镇成立了一所帮助年轻水手提高生存能力的海上生存训练学校——"阿伯德威海上学校"。

在国外，关于拓展训练的研究已有30多年的历史了。欧美等发达国家普遍在学校中开展拓展训练，新西兰、美国、英国、澳大利亚等很多国家还把拓展训练列入学校教育的科目中，作为提高学生健康、培养人格、增强适应社会能力和竞争力的教育课程。新西兰的"健康与体育课程标准"认为，通过拓展训练，可以使学生体验合作、交流、设置目标、作出决定、解决问题、信任、领导和责任感等，发展自己个人和社会活动的能力。在美国和英国，发表了大量关于拓展训练的专著和文献资料，并形成了较有影响的一个学校体育的流派。1995年，拓展训练才走进中国。

（二）拓展训练的意义

拓展训练吸收了国外先进的经验，同时注意适应中国人的心理特征与接受风格，将大部分课程放在户外。通过精心设置系列新颖、刺激的情境，让学员在特定的环境中主动去思考、去发现、去体悟、去解决问题，在参与和体验的过程中，对自己、对同事、对团队重新认识、重新定位，然后通过与学员共同讨论总结，进行经验分享，感悟出种种具有丰富现代人文精神和管理内涵的道理，最终达到"磨炼意志、陶冶情操、完善人格、熔炼团队"的培训目的。它糅合了很多现实对人类的挑战元素，学员从中可以在个人和团队的层面，透过危机感、领导、沟通、面对逆境和辅导的培训而得到身心的发展。拓展训练强调学员着重去"感受"，去"体验"和"思考"，而本质区别于课堂上听讲。研究资料表明，传统课堂式学习的吸收程度大约为25%，而要求学员参与实际操作的体验式学习的吸收程度高达75%，能更加有效地将资讯传授给学员。拓展训练正是一种典型的户外体验式培训。

拓展培训这种形式既安全又有一定的趣味性，易于被学员接受。但拓展培训的最终目的，是让学员将培训活动中的所得应用到工作中去。如果缺乏专业培训师的指导及意见，则很难达到理想的效果。通过拓展培训，整合团队，发掘每个人的最大潜力，发扬团队互助协作的精神，这就是拓展培训的真正意义。

（三）拓展训练的特点

1. 综合活动性

拓展训练的所有项目都以体能活动为引导，进而引发出认知活动、情感活动、意志活动和交往活动，让学员在团队中、合作中、矛盾中、解决问题中增长适应社会的能力，领悟做人的道理，通过亲身体验来培养自己的团队精神。

2. 挑战极限

拓展训练的项目都具有一定的难度，需要学员克服心理恐惧，突破生理和心理的"极限"。

3. 集体性与个性相融合

拓展训练实行分组活动，强调集体合作，力图使每一名学员竭尽全力为集体争取荣誉，同时从集体中吸取巨大的力量和信心，在集体中显示个性。

4. 高峰体验

拓展训练让受训者在激动中、恐惧中、犹豫中、喜悦中不断提升对生活的感悟、对挑战的向往，通过亲身体验来培养自己的体育精神。在克服困难、顺利完成课程要求以后，学员能够体会到发自内心的胜利感和自豪感，获得人生难得的高峰体验。

5. 自我教育

自我教育是拓展训练的显著特点之一，培训师在课前把项目的内容、目的、要求及必要的安全事项向受训者介绍清楚后，一般在活动中不进行讲述，也不参与讨论，充分尊重受训者的主体地位和主观能动性。即使在课后的总结中，培训师也只是点到为止，主要让受训者将自己体验后的感受互相交流。这样，对活动的操作、体验和总结，都由受训者自己独立完成。通过项目体验，可以让受训者更加了解自己、认识自己，从而正确地评价自己。

通过拓展训练，可以使受训者在如下方面有显著的提高：认识自身潜能，增强自信心，改善自身形象；克服心理惰性，磨炼战胜困难的毅力；启发想象力与创造力，提高解决问题的能力。

第四节　健美运动

一、健美运动简介

健美运动是体育与艺术的高度结合，是运动员通过不断增加负重，以增强肌肉和力量，使身体变得强壮和健美的一种运动。

健美比赛不是比赛技能，而是比谁的体格最强、最美。2 000多年前，古奥林匹克竞技会上，希腊人在全身涂上橄榄油裸体进行角逐，以显示其身体的健美。近代健美运动是 19 世纪末在欧洲兴起的。德国人尤金·山道是健美运动的创始人。1901 年 9 月 14 日，他在英国举办了世界第一次健美比赛。1902 年以后，山道先后到美国、澳大利亚、新西兰等国家表演并宣传健美锻炼的价值，又在英国、澳大利亚、新西兰、印度等地设立了体育学校，还开办了函授部，对健美运动起到了很大的推动作用，并作出了杰出的贡献。1946 年，加拿大人本·韦德和乔·韦德发起创建了国际健美协会。20 世纪 20 年代，医生出身的美国人列载民在欧美开办了健美函授学校，他还以科学的生理、解剖为根据，编著了《肌肉发达法》和《力之秘诀》，并配上精美的图片，在健美理论研究和实践指导方面都做了很大的贡献。女子健美比赛则始于 20 世纪 40 年代初的美国。1979 年，举行了首次女子体格锻炼锦标赛，并规定运动员必须穿比基尼。近年来，女子健美运动已风行于世界。

二、健美练习

（一）颈部肌肉练习

颈部肌肉主要有颈阔肌、胸锁乳突肌等。

（1）主要作用：发展胸锁乳突肌和斜方肌上部等。

（2）动作方法（图 12-4-1）：选用皮筋带练习，一端固定在头上，另一端固定在与头平行的肋木上。人的位置分别为背对、面对、侧对肋木，采用分腿站立或坐在凳子上，分别进行低头、抬头、头向侧倾斜等练习。用皮筋带的松紧程度调节运动负荷的大小，也可以采用其他有关的器械进行练

图 12-4-1　颈部肌肉练习

习。无练习条件可采用臂和颈对抗法练习。

（3）呼吸方法：头前屈用力时憋气，还原时呼气、吸气。另外两种方法是用力时吸气，还原时呼气。

（二）胸部肌肉练习

胸部肌肉主要有胸大肌、胸小肌、前锯肌等。

1. 卧托举（图 12-4-2）

（1）主要作用：发展胸大肌、三角肌前部、肱三头肌和前锯肌。

（2）动作方法：仰卧在卧推凳上，分腿屈膝，脚踏在地面上，两手握住杠铃与肩同宽或略宽于肩，两臂推杠离开卧推架，控制杠铃缓慢向下轻轻放于胸部，两肘自然外展。然后用力将杠铃垂直推起，两臂伸直。根据练习者的需要，对握距可以调整。不同的握距对肌肉部位的发展有所不同：宽握对发展胸大肌效果尤为明显；窄握对发展肱三头肌有更好的作用。

（3）呼吸方法：用力之前吸一口气，上推时憋气，两臂伸直后呼气，杠铃下落时吸气。

2. 仰卧飞鸟（图 12-4-3）

（1）主要作用：发展胸大肌、前锯肌和三角肌前部。

（2）动作方法：仰卧在长凳上，两手握哑铃（掌心相对），两臂向上伸直与地面垂

直，两膝自然分开，脚踏地面。然后两臂向两侧分开，肘稍屈到最低点，接着胸大肌用力收缩，将两臂由下向上内收至胸前伸直。还可以采用斜板仰卧飞、仰卧直臂上拉等练习方法。

（3）呼吸方法：两臂分开下落时吸气，用力时憋气，两臂内收接近垂直时呼气。

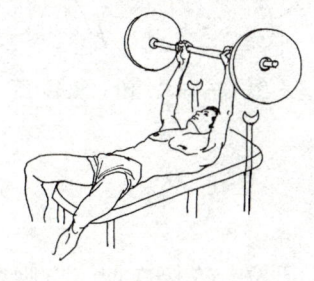　　　　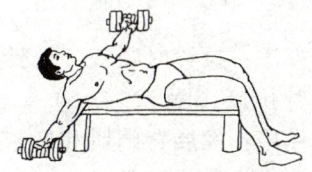

图 12-4-2　卧托举　　　　　　图 12-4-3　仰卧飞鸟

3. 俯卧撑

俯卧撑主要发展胸大肌和肱三头肌。俯卧撑的做法很多，有夹肘式和分肘式。可以提高脚的位置，或背上放置重物（如杠铃片等），还可以在双杠上做，也可以做单臂俯卧撑。

4. 双杠双臂屈伸

双杠双臂屈伸主要发展胸大肌、肱三头肌、三角肌前部。练习时，可以在腰部或脚上挂些重物，以加大难度。还可以采用双杠支撑摆动臂屈伸练习方法。

（三）背部肌肉练习

背部肌肉主要有背阔肌、斜方肌、肩胛提肌和菱形肌，以及背长肌和背短肌。

1. 宽握颈后引体向上（图 12-4-4）

（1）主要作用：发展背阔肌、肩带后肌群和肱三头肌。

（2）动作方法：两臂较宽正握单杠，由悬垂开始，两臂用力屈肘使上体引向单杠，同时低头前伸，肩部触及单杠，然后缓慢下落，两臂伸直成悬垂。引体向上的做法也有很多，有正握、反握，也有宽握、中握、窄握、并握，还有常见的体前引体向上。不同的方法对肌肉的影响也不同。还可以在腰部或脚上挂一些重物，以加大动作的难度。

（3）呼吸方法：上拉时吸气，下落时呼气。

2. 俯立提铃

（1）主要作用：发展背阔肌、上背肌群。

（2）动作方法：两脚开立与肩同宽，膝关节稍屈，上体前倾与地面平行，两手直臂正握杠，握距可根据需要自由选择窄握距、中握距、宽握距、并握距。两臂用力，两肘内夹，将杠铃提拉至胸腹部，稍停后缓慢放下，两臂伸直；两臂用力将杠铃提拉至腹部后，杠铃沿前向下落下，两臂伸直，使杠铃在腹下划一个椭圆，模拟划船动作，加大动作幅度；还可以采用跨铃屈体拉铃的练习方法（图 12-4-5）。

图 12-4-4　宽握颈后引体向上　　　　　　图 12-4-5　俯立提铃

（3）呼吸方法：拉铃时吸气，放铃时呼气。

3. 弓身单臂拉铃（图 12-4-6）

（1）主要作用：发展背阔肌和肩带后肌群。

（2）动作方法（以右手持铃为例）：两脚前后开立，左脚在前，右脚在后，膝关节弯曲，上体前倾，左臂肘关节支撑在大腿上。还可以采用单跪式，即左腿屈膝跪在长凳上，左臂在左腿前支撑，上体前倾，右腿在右斜方支撑。右手直臂拿起哑铃（或壶铃），然后屈肘用力将哑铃提拉至体侧，稍停后缓慢落下。

（3）呼吸方法：提拉时吸气，放铃时呼气。

4. 提铃耸肩（图 12-4-7）

（1）主要作用：发展斜方肌、肩胛提肌和菱形肌。

（2）动作方法：将杠铃提起，身体直立，两臂垂直，然后直臂用力耸肩至最高点，同时挺胸，两肩后张，稍停后缓慢落下。

（3）呼吸方法：耸肩时吸气，还原时呼气。

5. 直立提肘拉铃（图 12-4-8）

（1）主要作用：发展斜方肌、三角肌、肩胛提肌和菱形肌。

（2）动作方法：将杠铃提起，身体直立，髋、膝稍屈，上体稍前倾，两臂垂直，然后蹬地、挺髋、挺胸，屈肘用力将杠铃提拉至胸部，两肘尽量向后上方提起，稍停后缓慢放下。还可以将杠铃从地下直接提至胸部进行练习。

同样，握距能影响肌肉的锻炼效果，采用宽握距对发展斜方肌效果明显，而窄握距则对发展三角肌效果明显。

（3）呼吸方法：用力时吸气，还原时呼气。

图 12-4-6　弓身单臂拉铃　　　　图 12-4-7　提铃耸肩　　图 12-4-8　直立提肘拉铃

6. 直臂扩胸

● 直立直臂扩胸：

（1）主要作用：发展斜方肌、三角肌和肩带后肌群。

（2）动作方法：身体直立，收腹挺胸，两臂握铃前平举，肘稍屈，掌心相对，沿肩水平面分别经两侧向后扩胸，尽量向后用力，然后沿回路还原成前平举。

（3）呼吸方法：向后扩胸时吸气，还原时呼气。

● 俯立直臂扩胸：

（1）主要作用：发展斜方肌、菱形肌和三角肌后部。

（2）动作方法：两脚自然开立，两膝关节稍屈，上体前倾与地面平行，抬头挺胸塌腰，两臂握铃自然下垂，掌心相对，用力时肘稍屈，肩部发力两臂向侧上提起，尽量后振，然后控制哑铃缓慢落下，还原开始姿势。练习时，上体尽量保持原来姿势。

（3）呼吸方法：摆起时吸气，下落时呼气。

● 俯卧直臂扩胸（图12-4-9）：

（1）主要作用：发展斜方肌、菱形肌和三角肌后部。

（2）动作方法：两手握哑铃俯卧在高凳上，两臂伸直，用力时肘稍屈，肩部发力两臂向侧上提起，尽量后振，然后控制哑铃缓慢落下，还原至开始姿势。

（3）呼吸方法：摆起时吸气，还原时呼气。

7. 俯卧抬上体（图12-4-10）

俯卧抬上体主要发展背长肌、背短肌和臀大肌。也可以采用俯卧两头起的练习。

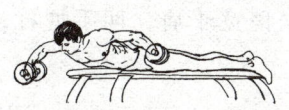 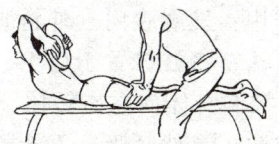

图12-4-9　俯卧直臂扩胸　　　　图12-4-10　俯卧抬上体

8. 体前屈（图12-4-11）

（1）主要作用：发展背长肌和背短肌。

（2）动作方法：将杠铃横置于肩上，两脚开立，膝关节稍屈，两手握杠，抬头挺胸塌腰，上体缓慢下降至与地面平行，然后保持身体姿势，上体抬起成直立，腰背肌始终要收紧。

（3）呼吸方法：上体直立时吸气，上体下降和抬起时憋气，身体直立后再呼气。

9. 直腿硬拉（图12-4-12）

（1）主要作用：发展背肌和臀大肌。

图12-4-11　体前屈　　　　图12-4-12　直腿硬拉

（2）动作方法：杠铃置于体前，两脚开立与肩同宽，两膝稍屈，抬头挺胸塌腰，两臂伸直握杠，宽于肩，腰背收紧，用力向上拉起，伸筋展体，杠铃靠近身体，保持身体直立，稍停后缓慢放下。

（3）呼吸方法：用力前吸气，拉铃时憋气，身体直立后调整呼吸。

（四）腰腹部肌肉练习

腰腹部主要肌肉有：腹直肌，腹内、外斜肌，腹横肌和腰方肌。

1. 仰卧腹部练习

（1）仰卧起坐：主要发展腹直肌上部，腹内、外斜肌。斜板上练习效果更佳。

（2）仰卧收腹举腿：主要发展腹直肌下部，腹内、外斜肌和髂腰肌。

（3）仰卧两头起：主要发展腹直肌中部，腹内、外斜肌和髂腰肌。

（4）仰卧拧转躯干练习：主要发展腹内、外斜肌。

（5）呼吸方法：用力前吸气，用力时憋气，动作完成后呼气，下落时吸气。

2. 体侧屈（图 12-4-13）

（1）主要作用：发展腹内、外斜肌和腰方肌。

（2）动作方法：将杠铃置于肩上，两手握杠，两脚开立稍宽于肩，做左右侧屈。可以用一侧手提着壶铃或杠铃片做体侧屈练习。

（3）呼吸方法：身体侧屈时吸气，身体抬起时憋气，身体直立后呼气。

3. 转体（图 12-4-14）：

（1）主要作用：发展腹内、外斜肌。

（2）动作方法：将杠铃置于肩上，两脚开立稍宽于肩，两手握杠，身体直立收紧腹内、外斜肌，控制身体向左右转体。

（3）呼吸方法：自然呼吸，不能憋气。

图 12-4-13　体侧屈　　　图 12-4-14　转体

（五）臂部肌肉练习

臂部肌肉主要有三角肌、肱二头肌、肱肌、肱三头肌、前臂肌群等。

1. 直臂侧平举

（1）主要作用：发展三角肌中部。

（2）动作方法：身体自然直立，两臂伸直握哑铃，三角肌发力，肘关节稍屈，两臂尽量向侧上平举，稍停后缓慢放下。还可以向前平举，主要发展三角肌前部。

（3）呼吸方法：举臂时吸气，放下时呼气。

2. 宽握推举杠铃

（1）主要作用：发展三角肌前部、中部，肱三头肌，胸大肌和前锯肌。

（2）动作方法：提铃至胸，两脚开立与肩同宽，抬头挺胸，两臂用力向上推举杠铃两臂伸直，稍停后将杠铃放回胸部，同时稍屈膝缓冲。若坐在凳上颈后推举杠铃，对发展三角肌效果更佳；坐在凳子上轮换推举哑铃，对三角肌和肱三头肌的锻炼效果也较大。

（3）呼吸方法：上举前吸气，用力时憋气，两臂伸直后呼气，杠铃下落时吸气。

3. 胸前弯举

（1）主要作用：发展肱二头肌和肱肌。

（2）动作方法：杠铃胸前弯举：两脚自然开立，两手反握杠铃直臂下垂，然后屈臂将杠铃弯举至胸前，缓慢放下，上体不要前后摆动（图12-4-15）；单臂握哑铃胸前弯举（图12-4-16）；单臂握哑铃斜板胸前弯举（图12-4-17）；双手握哑铃轮换胸前弯举；坐姿双手握哑铃轮换胸前弯举。

（3）呼吸方法：弯举时吸气，放下器械时呼气。

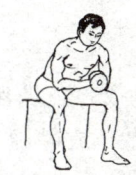

图 12-4-15　杠铃胸前弯举　　　　图 12-4-16　单臂握哑铃　　图 12-4-17　单臂握哑铃

胸前弯举　　　　　　　斜板胸前弯举

4. 小臂屈伸练习

（1）主要作用：发展肱三头肌。

（2）动作方法：颈后臂屈伸，即两脚自然开立，身体直立，两手正握杠铃于颈后，两肘内夹用力将杠铃举过头顶，臂伸直，采用窄握效果最佳（图12-4-18）；单臂颈后臂屈伸（图12-4-19）；仰卧颈后臂屈伸（图12-4-20）。

（3）呼吸方法：屈时吸气，伸时呼气。

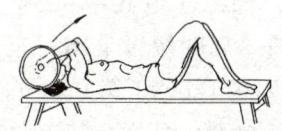

图 12-4-18　小臂屈伸　　　图 12-4-19　单臂颈　　　　图 12-4-20　仰卧颈

后臂屈伸　　　　　　　后臂屈伸

5. 小臂肌肉练习

（1）反握（或正握）腕弯举：成马步或坐在凳上，两手反握杠铃将小臂垫放在凳上或大腿面上，手腕伸腕下垂，用力时使手腕屈，稍停后缓慢放下还原。在练习时，动作要充分，速度要缓慢，与正握练习相同，方向相反。主要发展小臂屈（或伸）腕肌群。

（2）正握或反握卷绳运动（图 12-4-21）。

（3）抓提重物（图 12-4-22）。

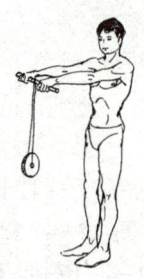

图 12-4-21　正握卷绳运动　　　　　　图 12-4-22　抓提重物

（六）腿部肌肉练习

腿部肌肉主要有臀大肌、股二头肌、半腱肌、半膜肌、大收肌、股四头肌、小腿三头肌和屈足肌群。

1. 主要发展臀大肌的练习

（1）俯卧直腿后背（图 12-4-23）：俯卧在垫上或长凳上、山羊上、跳马上均可，两手握住器械两侧，然后两腿交替（或并腿）伸直向后上方背腿，至最高点，稍停后缓慢落下。髋腹部始终紧贴器械，腿后背时速度要慢，尽量不要利用惯性。呼吸时用力后背腿时吸气，腿落下时呼气，呼吸尽量要自然。

（2）站立后背腿（图 12-4-24）：动作方法、呼吸方法与俯卧直腿后背基本相同，两种方法若负重练习效果更佳。

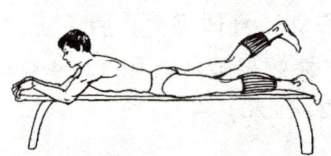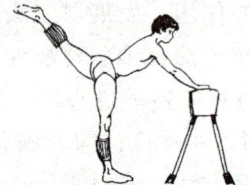

图 12-4-23　俯卧直腿后背　　　　　　图 12-4-24　站立后背腿

2. 主要发展股四头肌的练习

（1）深蹲（图 12-4-25）：将杠铃置于肩上，两脚开立与肩同宽，挺胸收腹紧腰，身体立直。屈膝缓慢下蹲，至大小腿夹角小于 90° 后，稍停，再用力伸腿站立。呼吸时，先吸一口气，下蹲和站立时憋气，身体直立后呼气。

（2）半蹲，使大小腿夹角在 90° 以上。

（3）静蹲，使大小腿夹角固定在一定位置上静止 6~8 秒。

（4）登上台阶，肩负重物（杠铃、铃片或沙袋）。

（5）坐姿小腿屈伸，脚上负重，或在综合练习器上做。

3. 主要发展股二头肌的练习（图 12-4-26）：

（1）动作方法：俯卧在长凳上，两脚后跟勾住身后的皮筋拉力器（或综合练习架上的滚筒），两腿做弯举动作，不弯举到头，下放时腿不要完全伸直，以较慢的速度来完成动作，始终保持肌肉的张力。

（2）呼吸方法：小腿向上弯时吸气，放下时呼气。

4. 主要发展小腿后群肌肉：

（1）站立负重提踵（图12-4-27）：将杠铃置于肩上，两脚自然分开，身体直立，前脚掌下可垫木板或铃片，然后用力直膝提踵，稍停后缓慢放下，提踵时稍快，落下稍慢。呼吸时，向上提踵时吸气，放下时呼气。

（2）坐势负重提踵：动作方法、呼吸方法与前一练习相同，只是重物放在大腿面上，两手扶住重物。

（3）两手直臂持壶铃做蹲跳。

 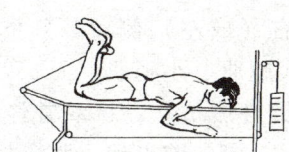 

图 12-4-25　深蹲　　　　图 12-4-26　股二头肌练习　　　图 12-4-27　站立负重提踵

三、健美动作展示

在做规定动作或自选动作前，身体自然直立，头部正直，两眼平视，两臂下垂于体侧，两脚左右开立，各部位肌肉不得故意收缩。

（一）男子个人

男子个人健美比赛有以下 7 个规定动作：

（1）前展双肱二头肌：面向裁判员直立，两脚自然开立，抬起两臂，弯曲肘部与肩齐高，两手握拳，拳心向下，收缩肱二头肌及全身肌肉。

（2）前展双背阔肌：面向裁判员直立，两脚自然开立，以两手握拳或张开的方式置于低腰部，然后用力伸展背阔肌，同时收缩全身前面的肌肉。

（3）侧展胸部（左右侧不限）：选择较好的一只手臂侧向裁判员站立。以右侧为例：右手弯起，紧握拳，左手握住右手腕，右腿屈膝以脚尖点地，挺起胸部，用力弯曲右臂，使右臂肱二头肌收缩隆起，同时收缩腿部肌肉，尤其是股二头肌和小腿肌。

（4）后展双肱二头肌：背向裁判员直立，弯曲双臂与腕部（动作与前展双肱二头肌相同）。然后一脚以脚尖着地提起脚跟向后支撑，用力收缩全部手臂以及肩部肌肉，上、下背肌，大腿、小腿肌肉。

（5）后展双背阔肌：背向裁判员直立，将双手置于腰部，肘部张开，一脚以脚尖着地，提起脚跟向后支撑，将背阔肌尽力伸展，用力收缩小腿肌。

（6）侧展肱三头肌（左右不限）：侧向裁判员站立，双手置于身后，再以双手指互勾或者以后面的手握着前面手的手腕，靠向裁判员的这条腿必须屈膝以足尖着地，用力收缩前侧手臂展示肱三头肌，并提起胸部，用力收缩腹肌及大、小腿肌。

（7）前展腹部和腿部：面向裁判员直立，将双手置于头后，一只腿向前伸出，收缩腹部肌肉，身体向前微倾似含胸拔背的动作，同时收缩前伸腿的肌肉。

（二）女子个人

女子个人健美比赛有以下 5 个规定动作：

（1）前展双肱二头肌：面向裁判员直立，双手上举过头手臂与躯干成 45°，两手张开放松或者握拳，右腿向右方伸直，收缩肱二头肌、腹肌、大腿肌、小腿肌。

（2）侧展胸部（左右不限）：侧向裁判员直立，前腿向前屈膝脚跟提起，前面的手臂弯成 90°，掌心向上。其他要求与男子侧展胸部要求相同。

（3）后展双肱二头肌：背向裁判员直立，双臂上举过头成 45°，两手张开放松或者握拳，一条腿向后侧伸出，脚跟提起，收缩肱二头肌、上背肌群、骶棘肌、大腿肌、小腿肌。

（4）侧展肱三头肌：侧向裁判员站立，要领与男子侧展肱三头肌要领相同。运动员也可选择较好的一只臂展示肌肉，右（或左）侧对裁判员，前腿向后伸直，两臂于身后，收缩肱三头肌、胸肌、腹肌、大腿肌、小腿肌。

（5）前展腹部和腿部：正对裁判员自然站立，将双臂经侧上举然后旋腕，将两手伸于颈后，同时高抬微向内夹的双肘，一脚向前点地，膝向外微分，脚跟抬起，绷紧小腿三头肌。

（三）男女混合双人

男女混合双人健美比赛有 5 个规定动作：要求与男子个人和女子个人规定动作相同。

（四）自由造型

自由造型运动员应从前、后、左、右 4 个面来显示体型和肌肉。动作数量：男子不得少于 15 个；女子不得少于 20 个。每个造型应有短暂的停留。自由造型是运动员能否表现出艺术化及舞台舞蹈化动作，来展示其肌肉发达程度的表演。

知识窗

阿诺德·施瓦辛格

1966 年，19 岁的施瓦辛格获得了"欧洲先生"的称号。此后，他几乎包揽了所有的世界级健美冠军，包括 5 次"宇宙先生"，一次"世界先生"，7 次"奥林匹亚先生"，是当之无愧地成为"王中之王"。从 1970 年拍摄《大力神在纽约》开始，施瓦辛格主演了近 20 部动作片，几乎部部叫座，在全球影响极广。其中，商业上最成功的是《终结者 2》，这部影片使他成为当时全球收入最高的演员。1997 年，国际健美联合会授予施瓦辛格"20 世纪最优秀的健美运动员"金质勋章。

思 考 题

1. 你的力量如何？你进行过力量练习吗？有什么感受？

2. 从力与美的角度分析拳击、举重、健美运动等项目。

3. 结合自己锻炼的实际，简述健美运动对自己的身体、心理和社会适应等方面产生了哪些良好的作用。

参 考 文 献

[1] 李重申，李小唐. 大学体育理论与实践教程 [M]. 3 版. 北京：高等教育出版社，2016.

[2] 魏法汇，杨刚. 新时代大学体育与健康教程 [M]. 北京：高等教育出版社，2022.

[3] 刘卫，张成宝. 新编大学体育教程 [M]. 2 版. 北京：高等教育出版社，2020.

[4] 周与沉. 身体：思想与修行 [M]. 北京：中国社会科学出版社，2005.

[5] 张之沧. 身体认知论 [M]. 北京：人民出版社，2014.

[6] 赵岷，李翠霞，王平. 体育——身体的表演 [M]. 北京：知识产权出版社，2011.

[7] [美] 安德鲁·斯特拉桑. 身体思想 [M]. 沈阳：春风文艺出版社，1999.

[8] [美] 约翰·奥尼尔. 身体形态——现代社会的五种身体 [M]. 沈阳：春风文艺出版社，1999.

[9] 丁兆雄. 体育与健康——理论知识 [M]. 南京：南京大学出版社，2010.

[10] 李重申. 面向新世纪健康教育读本 [M]. 北京：中华书局，1999.

[11] 《新周刊》杂志. 身体使用史 [M]. 广州：花城出版社，2015.

[12] 体育词典编辑委员会. 体育词典 [M]. 上海：上海辞书出版社，1984.

[13] 中国体育科学学会，香港体育学院. 体育科学词典 [M]. 北京：高等教育出版社，2002.

[14] 张德福. 中国古代体育史话 [M]. 北京：北京师范大学出版社，2001.

[15] 金大陆. 体育美学：人·运动·未来 [M]. 上海：上海人民出版社，2008.

[16] 彭锋. 美学导论 [M]. 上海：复旦大学出版社，2011.

[17] [英] 威廉·荷加斯. 美的分析 [M]. 桂林：广西师范大学出版社，2002.

[18] 李重申，李金梅. 体育实践教程 [M]. 2 版. 北京：高等教育出版社，2010.

[19] 孙麒麟，顾圣益. 体育与健康教程 [M]. 5 版. 北京：高等教育出版社，2013.

读者意见反馈

为收集对教材的意见建议,进一步完善教材编写并做好服务工作,读者可将对本教材的意见建议通过如下渠道反馈至我社。

咨询电话　400-810-0598

反馈邮箱　gjdzfwb@pub.hep.cn

通信地址　北京市朝阳区惠新东街 4 号富盛大厦 1 座
　　　　　高等教育出版社总编辑办公室

邮政编码　100029

防伪查询说明

用户购书后刮开封底防伪涂层,使用手机微信等软件扫描二维码,会跳转至防伪查询网页,获得所购图书详细信息。

防伪客服电话 (010) 58582300